# Il romeno
Collana Senza Sforzo

di
Vincent Iluţiu

**Adattamento italiano di
Alexandra Corina Stavinschi**

Illustrazioni di Nicolas Sautel

10034 Chivasso - TO
+390119131965 - info@assimil.it
www.assimil.it

© Assimil Italia 2019
ISBN 978-88-85695-09-2

I nostri metodi

sono completati dall'audio in lingua di tutti i dialoghi.

Inquadra il codice QR per acquistare l'audio di questo corso su **assimil.it**:

Senza Sforzo

Arabo, Cinese, Ebraico, Francese, Giapponese, Greco moderno, Greco antico, Hindi, Inglese, Inglese americano, Latino, Neerlandese, Persiano, Polacco, Portoghese, Portoghese brasiliano, Romeno, Russo, Spagnolo, Svedese, Tedesco, Turco, Ungherese

Perfezionamenti

Francese - Inglese - Russo - Spagnolo - Tedesco

Affari

Inglese

E-Metodi

Francese
Greco moderno
Inglese americano
Inglese britannico
Perfezionamento dell'inglese
Russo
Spagnolo
Perfezionamento dello spagnolo
Tedesco
Perfezionamento del tedesco

Titolo dell'edizione originale francese:
Le roumain – Collection Sans Peine © Assimil France 2014

Sommario

Introduzione VII
Come imparare il romeno con ASSIMIL VII
L'ortografia e la pronuncia del romeno IX

Lezioni da 1 a 100
1. O limbă uşoară 1
2. Doamna Ionescu merge la piaţă 3
3. Ai noroc! 7
4. Ziarul e pe frigider 9
5. Mai târziu 11
6. Cu plăcere! 15
7. *Recapitulare* 17
8. Legume şi fructe 21
9. O fotografie de familie 25
10. Accente 27
11. Ea învaţă limba română 31
12. Un desen pentru şcoală 33
13. Prea multe întrebări 37
14. *Recapitulare* 41
15. Staţia de taxiuri 47
16. Sunt grăbit! 49
17. Nimic de declarat! 53
18. Îmi plac cartofii prăjiţi! 57
19. Un om dificil 61
20. Ţuica de prune 63
21. *Recapitulare* 67
22. Încântat de cunoştinţă! 73
23. Invitaţia 77
24. Gara nu e departe 81
25. La hotel 85
26. La restaurant 89
27. Lecţii de muzică 93
28. *Recapitulare* 97
29. Ce oră e? 103
30. O vară frumoasă 107

• III

31	Unde locuiești?	111
32	Unchiul din America	117
33	Bine ați venit!	121
34	O simplă coincidență	125
35	*Recapitulare*	129
36	Croitorul meu e bogat	139
37	Memoria cifrelor	143
38	Alo, cine e la telefon?	147
39	O familie care știe primi	151
40	Dacia mea veche e în pană	155
41	Nu sunt superstițios!	159
42	*Recapitulare*	163
43	Distracție plăcută!	169
44	Tehnică modernă	173
45	În vagonul de clasa întâia	177
46	E greu de ales!	183
47	La iarbă verde	187
48	O marcă străină	191
49	*Recapitulare*	197
50	Vacanța de vară	205
51	O datorie veche	211
52	După sărbători	215
53	Fiul meu se căsătorește	221
54	Mănânc ce vreau!	227
55	O familie de muzicieni	231
56	*Recapitulare*	235
57	Un nume de botez	241
58	Noul apartament	247
59	Cu cine seamănă băiatul vostru?	251
60	Ghici cine vine la cină?	257
61	Cine ce face acasă?	261
62	O căsnicie aproape perfectă	267
63	*Recapitulare*	271
64	N-am voie!	279
65	De ce înveți românește?	283
66	Sete de lectură	289
67	Nu se pricepe!	293
68	La recepția hotelului	299
69	O cheltuială neprevăzută	303

70	*Recapitulare*	309
71	O alternativă sănătoasă la țigară	317
72	Așa era scris!	321
73	Nu se poate renunța la ziare!	327
74	Cum poți să fii român?	331
75	Cine joacă câștigă	337
76	Vino cu mine la meci!	341
77	*Recapitulare*	347
78	Arta contemporană în dezbatere	355
79	Vreau să vin cu tine!	359
80	În bucătărie	363
81	Vacanță în România...	367
82	Unde se poate vedea un film bun?	373
83	Așteaptă să-ți explic!	377
84	*Recapitulare*	383
85	Un tânăr politicos	391
86	Un alt om	395
87	Pasiunea fotbalului	401
88	Un sfat bun	405
89	Căldură mare	411
90	Alcoolul la volan	415
91	*Recapitulare*	421
92	O carte de călătorii	427
93	Un om distrat	431
94	Planuri de viitor	437
95	În autobuz	443
96	Așteptând poștașul	447
97	La cabinetul medical	453
98	*Recapitulare*	457
99	O familie de poligloți	467
100	Începutul unei noi aventuri...	471

Appendice grammaticale	478
Lessico di espressioni correnti	506
Lessico romeno-italiano	512
Lessico italiano-romeno	564

Ringraziamenti

L'editore desidera ringraziare sentitamente Francesca Melle, per il suo prezioso contributo alla pubblicazione di quest'opera.

Introduzione

Il romeno è una lingua indoeuropea, neolatina, molto simile all'italiano. Bastano pochi accorgimenti per ritrovare la matrice comune, tanto nella grammatica come in gran parte del vocabolario. Se volete cimentarvi col romeno perché avete voglia di visitare la Romania, perché la cultura romena vi attira in modo particolare, o perché vi serve per motivi professionali, *Il romeno* della collana Senza Sforzo è fatto per voi!
Il nostro metodo si propone di farvi acquisire la lingua parlata. Alla fine di quest'avventura con noi, il livello di romeno che avrete raggiunto vi consentirà di comunicare facilmente con i madrelingua, oltre che di capire il linguaggio dei media e persino di alcuni testi letterari più elaborati.
Le nostre lezioni si sviluppano intorno a conversazioni vivaci e spontanee. Sarete immersi nel lessico di tutti i giorni, non privo di qualche tocco umoristico - una caratteristica della cultura romena. Gli elementi di vocabolario e di grammatica verranno spiegati in maniera progressiva, accessibile, senza bisogno di conoscenze preliminari e - dulcis in fundo - senza dover imparare a memoria lunghe regole grammaticali.
Da più di 80 anni, Assimil adopera tutti questi elementi per unire l'utile al dilettevole, a garanzia del vostro successo.

Come imparare il romeno con ASSIMIL

Per imparare velocemente una lingua, la prima condizione è… divertirsi! Pertanto, oltre a impegnarvi seriamente nell'apprendimento, prendete questo percorso come una sfida o come un gioco. Poi, è importante procedere in maniera sistematica. Per rendervi le cose più semplici, abbiamo raggruppato le nostre lezioni in serie di sette:
– le prime sei propongono dialoghi realistici allo scopo di familiarizzarvi subito con il romeno;

– la settima lezione è leggermente diversa: si tratta di una **lezione di ripasso** che fa il punto delle nozioni acquisite, riprendendo e riordinando gli elementi grammaticali e/o lessicali incontrati nel corso delle sei lezioni precedenti.

In questo modo, grazie al principio di assimilazione/ripetizione, farete grandi progressi senza nemmeno rendervene conto. Vediamo adesso in dettaglio come procederemo.

La prima ondata

La "fase passiva", detta anche "prima ondata", è il primo passo del vostro cammino di apprendimento. Serve a lasciarvi permeare dallo spirito della lingua romena: ancora prima di soffermarvi sul dialogo scritto, ascoltate fino alla fine l'audio della lezione. Immergetevi nella melodia della lingua, abituandovi al ritmo e all'intonazione; in seguito ascoltate a una a una le frasi del dialogo e ripetetele ad alta voce (non esitate a ricorrere alla pronuncia figurata, appositamente prevista). Mettete poi a confronto ogni frase con la relativa traduzione italiana: quello che conta è afferrare il senso del dialogo romeno. A volte le strutture delle frasi romene e italiane non corrispondono: in questo caso troverete fra parentesi tonde la traduzione letterale. Quando invece è necessario, per la comprensione, aggiungere uno o più termini nella frase italiana, questi compariranno tra parentesi quadre.

Le **note** vi apporteranno spiegazioni su alcune strutture grammaticali del romeno e chiariranno il senso e l'origine di alcune parole.

Gli **esercizi** vi permetteranno invece di ripassare il vocabolario e i punti grammaticali che state affrontando, fissando così le conoscenze acquisite.

Infine, le **note culturali** forniscono informazioni sugli usi e costumi locali, oltre ad alcune nozioni di storia, che vi aiuteranno a capire meglio la Romania di ieri e di oggi.

In fondo al libro troverete anche: un'**appendice grammaticale**, che sintetizza i punti essenziali del sistema grammaticale romeno, un **lessico di espressioni correnti** e un **lessico bilingue** (romeno-italiano / italiano-romeno). Questi strumenti vi aiuteranno durante il vostro percorso di apprendimento e anche dopo averlo terminato, come riferimento rapido per chiarire eventuali dubbi.

La seconda ondata

Una volta arrivati a metà del metodo (a partire dalla lezione 50), passerete dalla fase "passiva" a quella "attiva" del vostro processo di apprendimento. In questa fase avrete un duplice compito: oltre ad andare avanti come prima per quel che riguarda la lezione del giorno, dovrete anche riprendere una delle lezioni già viste. Così, dopo la 50, per esempio, riprenderete la prima lezione, per mettere in pratica ciò che avete già assimilato senza nemmeno rendervene conto. Nascondendo il testo romeno, dovrete tradurre, ovviamente senza sforzo, il dialogo e l'esercizio di traduzione a partire dal testo italiano. Proseguirete così anche per la lezione 51 (che andrà abbinata alla lezione 2), per la 52 (che andrà abbinata alla 3), e così via, fino alla fine del libro. Certo, si tratta di un piccolo impegno in più, ma a fin di bene! Durante questa "seconda ondata" potrete rendervi conto dei progressi che avete fatto e scoprirete con piacere quant'è facile costruire frasi in romeno. Se seguirete i nostri consigli, ben presto percepirete la lingua romena dall'interno, indovinando così il senso delle parole e delle frasi senza dover ricorrere a nessun tipo di traduzione. Vedrete che sarà divertente cogliere queste piccole sfide linguistiche! Infine, tenete presente che la costanza incide moltissimo sulla qualità dell'apprendimento. Sappiate perseverare! È essenziale non perdere di vista quest'idea: una mezz'oretta ogni giorno vale più di quattro ore di fila, una volta alla settimana. Un po' come andare in palestra: la costanza è la chiave del vostro successo!

L'ortografia e la pronuncia del romeno

1 L'ortografia del romeno

Buone notizie! In teoria, l'ortografia del romeno è fonetica (lo scritto riproduce il parlato) dunque, in linea di massima, non solleva problemi: la maggior parte delle parole si scrive come si pronuncia. C'è tuttavia qualche piccola eccezione. Alcune parole si scrivono in base al principio etimologico, alla tradizione storica o alla forma che hanno nella lingua d'origine. Nel nostro metodo ci siamo attenuti alle regole ortografiche stabilite dall'Accademia romena nel 1993 e completate nel 2005.

2 La pronuncia del romeno

Il principio è semplice: con qualche eccezione, a ogni lettera corrisponde un suono diverso e a ogni suono corrisponde una sola lettera. Ci sono pochissime lettere doppie, o combinazioni di varie lettere per lo stesso suono.

2.1 L'accento tonico

È molto mobile, come in italiano, e può cadere su qualsiasi sillaba, con una preferenza per la penultima e l'ultima. Nei testi di questo metodo indicheremo in **grassetto** la vocale che porta l'accento tonico allo scopo di evitare qualsiasi ambiguità nella pronuncia dei dittonghi (come vedremo nel paragrafo 3.2.).

3 L'alfabeto

L'alfabeto romeno è composto dalle 26 lettere dell'alfabeto latino; inoltre, per trascrivere ulteriori suoni, a 5 di queste lettere sono stati aggiunti segni diacritici, che si usano anche sulle maiuscole.

Lettera maiuscola	Lettera minuscola	Nome della lettera	Pronuncia
A	a	a	*a*
Ă	ă	ă	*ə*
Â	â	â	*ɨ*
B	b	be	*be*
C	c	ce	*ce*
D	d	de	*de*
E	e	e	*e*
F	f	**fe** o e**f**	*fe* o *ef*
G	g	**ge** o g**he**	*ge* o *ghe*
H	h	**ha** o ha**ș**	*Ha* o *Haš*

I	i	i	*i*
Î	î	î	*î*
J	j	je	*že*
K	k	ka	*ca*
L	l	le o el	*le o el*
M	m	me o em	*me o em*
N	n	ne o en	*ne o en*
O	o	o	*o*
P	p	pe	*pe*
Q	q	chiu	*chiù*
R	r	re o er	*re o er*
S	s	se o es	*se o es*
Ş	ş	şe	*še*
T	t	te	*te*
Ţ	ţ	ţe	*tse*
U	u	u	*u*
V	v	ve	*ve*
W	w	dublu ve	*dublu ve*
X	x	ics	*ics*
Y	y	i grec	*i grec*
Z	z	ze o zet	*ze o zet*

3.1 Le vocali

Il romeno ha sette vocali, di cui una (resa nella trascrizione fonetica *[ɨ]*) può comparire sotto due forme grafiche, î e â, un doppione che si spiega per ragioni etimologiche. Nella tabella spiegheremo le nuove regole ortografiche; per alcuni decenni si era preferito invece usare î in tutti i casi, salvo nella parola **România** e derivati. Da non confondere con la ă, che indica un suono diverso.

La pronuncia delle vocali romene **a**, **e**, **i**, **o**, **u** è invece molto simile a quella delle corrispondenti vocali italiane.

Lettera	Trascrizione	Pronuncia	Esempio
a[1]	a	*a* di *asso*	**cal** *[cal]*, *cavallo*
ă[1]	ə	suono inesistente in italiano, che ricorda la vocale finale indistinta presente in alcuni dialetti (es. nel napoletano *aggië fattë*) o la *a* dell'inglese *above*	**casă** *[casə]*, *casa*
â[1]	ɨ	suono inesistente in italiano, pronunciato dal fondo della gola e simile a una *i*; indica il medesimo suono della lettera **î**, ma si trova all'interno di parola	**mână** *[mɨnə]* *mano*; **a cânta** *[a cɨnta]*, *cantare*
e[2,3]	e	*e* di *estate*	**bere** *[bere]*, *birra*
i[2,4]	i	*i* di *ira*	**inocent** *[inocent]*, *innocente*
	ⁱ	in fine di parola, quando non è tonica, la **i** è latente e si sente appena: serve semplicemente ad ammorbidire la consonante che la precede; non trattandosi più di una vera e propria vocale, non forma una sillaba	atona: **arbori** *[arborⁱ]*, *alberi*, tonica: **a veni** *[a veni]*, *venire*

î[1]	i	variante grafica di â: si trova all'inizio o in fine di parola	înger *[înger]*, angelo; **a coborî** *[a coborî]*, scendere
		all'interno di parola le norme ortografiche in vigore impongono la grafia **â**, eccetto i casi in cui si tratti di parole composte	**câine** *[cîine]*, cane, **a reîncepe** *[a reincepe]*, ricominciare
o[2,5]	o	*o* di *ordine*	**obiect** *[obiect]*, oggetto
u[2,6]	u	*u* di *udito*	**urs** *[urs]*, orso

[1] **a, ă** e **â/î** sono sempre vocali.

[2] **e, i, o, u** possono essere semivocali (cfr. paragrafo seguente).

[3] **e** ha un valore speciale quando si trova all'inizio di certi pronomi personali e di alcune forme del verbo **a fi**, *essere*. Va pronunciata come se fosse preceduta da una breve **i** – una yod, come la chiamano i grammatici. D'altronde, diventa quasi sempre semivocale quando è preceduta da una consonante e seguita da una **a** o una **o** nella stessa sillaba: **a mea** *[a mea]*, *la mia*. All'inizio di sillaba, quando è seguita da **a**, diventa semivocalica: **ea** *[ia]*, *lei (ella)*.

[4] **i** viene spesso pronunciata come semivocale quando è seguita o preceduta nella stessa sillaba da una vocale: **iarbă** *[iarbə]*, *erba*; **doi** *[doi]*, *due*.

[5] **o** seguita da una vocale nella stessa sillaba diventa il più delle volte una semivocale: **soare** *[soare]*, *sole*; **oameni** *[oameni]*, *uomini*.

[6] **u** può diventare semivocale quando è preceduta o seguita da una vocale nella stessa sillaba: **eu** *[ieu]*, *io*; **cuarț** *[cuarts]*, *quarzo*.

Le vocali doppie esistono anche in romeno, ma non sono molto frequenti (si trovano soprattutto nei plurali maschili); eccone qualche esempio: **alee** *[alee]*, *vicolo*; **familii** *[familiʲ]*, *famiglie*; **continuu** *[continuu]*, *continuo*; **a reedita** *[reedita]*, *rieditare*.
Un raro caso di vocale tripla: **copiii** *[copiiʲ]*, *i bambini*.

3.2 I gruppi vocalici

Oltre alle 7 vocali di cui sopra, il sistema fonetico romeno conosce anche 4 semivocali. Le semivocali, come dicevamo, vengono indicate come **e**, **o**, **i** e **u**, esattamente come le vocali da cui provengono. La combinazione di vocali e semivocali genera un gran numero di gruppi composti da 2 o 3 vocali, chiamati rispettivamente dittonghi o trittonghi. Alcuni di questi gruppi sono rari e compaiono solo in alcune parole.

• I dittonghi
Semplificando, possiamo dire che un dittongo è un gruppo di due vocali che si pronunciano insieme nella stessa sillaba. In realtà, una sola vocale del gruppo rimane tale a tutti gli effetti (quella che porta l'accento); l'altra è una semivocale.
Quando il primo elemento del gruppo è una semivocale, si parla di dittongo ascendente, o falso dittongo (come nell'italiano *miele*, dove *i* è una semivocale poiché l'accento è sulla *e*, oppure nel romeno **miere** *[miere]*, dallo stesso significato). I dittonghi romeni ascendenti sono: **ea**, **eo**, **ia**, **ie**, **io**, **iu**, **oa**, **ua**, e **uă**.
Quando la semivocale è il secondo elemento del gruppo, si parla di dittongo discendente (come nell'italiano *stai*, dove *a* è la vocale piena e *i* la semivocale; o nel romeno **stai** *[stai]*, che ha lo stesso significato). I dittonghi discendenti del romeno sono: **ai**, **au**, **ei**, **eu**, **ii**, **iu**, **oi**, **ou**, **ui**, **ăi**, **ău**, **îi**, e **îu**.

• I trittonghi
Più rari, i trittonghi sono gruppi di tre vocali pronunciate nella stessa sillaba (come nell'italiano *miao*); una sola vocale è tale a tutti gli effetti, le altre due sono semivocali, come **iei** *[iei]*, *prendi*. La vocale principale può trovarsi nel mezzo del gruppo (**eai**, **eau**, **iai**, **iau**, **iei**, **ioi**, **iou**, **oai**) o in posizione finale (**eoa** e **ioa**).
È importante notare che in genere le vocali successive si pronunciano insieme, a differenza dell'italiano; così **teatru** si leggerà *[tea-tru]*, mentre in italiano le due vocali contigue appartengono a sillabe diverse: *te-a-tro*; esistono anche eccezioni, come **real** *[re-al]*, *reale*, che verranno segnalate con un trattino.

3.3 Le consonanti

Tranquilli: la maggior parte delle consonanti romene si pronuncia esattamente come in italiano. Le consonanti seguenti: **b**, **d**, **f**, **l**, **m**, **n**, **p**, **r**, **t**, **v** non sollevano quindi nessun problema. Nella stessa categoria rientrano anche **c** e **g**, come vedremo tra poco.

Nella tabella troverete solo le consonanti a cui dovrete fare particolare attenzione: **h**, **j**, **s**, **ș**, **ț**, **x**, **z**, più quelle che sono molto rare in romeno e ricorrono solo in voci di origine straniera: **k**, **q**, **w**, **y**.

Lettera	Trascrizione	Pronuncia	Esempio
h	H	aspirata, come la *h* inglese di *hello*	**hol** *[Hol]*, hall
j	ž	come la *j* del francese *je*	**joc** *[žoc]*, gioco
k	k	*k* di *kiwi*, molto rara in romeno	**kilogram** *[chilogram]*, chilo
q	c	*q* di *quattro*, molto rara in romeno	**quasar** *[cuasar]*, quasar
s	s	come in *sale* (suono sempre sordo in romeno, anche con *s* intervocalica)	**sac** *[sac]*, sacco **casă** *[casə]*, casa
ș	š	*sc* di *scena*	**școală** *[škoalə]*, scuola; **șampon** *[šampon]*, shampoo
ț	ts	come in *pezzo* (suono sempre sordo in romeno)	**țară** *[tsarə]*, paese
w	v / u	come in italiano, può essere semi-vocale o consonante	**wolfram** *[volfram]*, wolframio; **western** *[uestern]*, western
x	cs / gz	*cs* come in italiano; a volte sonora, *gz*	**xilofon** *[csilofon]*, xilofono; **examen** *[egzamen]*, esame

y	i	come in italiano, può essere vocale o semivocale	**ytriu** *[itriu], ittrio*; **yoga** *[ioga], yoga*
z	z	come la *s* di *rosa* (suono sempre sonoro in romeno)	**zero** *[zero], zero*; **vază** *[vazə], vaso*

3.4 Qualche nota supplementare:

– come abbiamo anticipato, **c** e **g** si comportano a tutti gli effetti come le *c* e *g* italiane, salvo casi eccezionali, a cui accenneremo tra poco; difatti, seguono le stesse regole dell'italiano anche quando sono seguite da **e** oppure **i**. Non fatevi confondere dalle regole diverse che esistono in altre lingue, come l'inglese, il francese o lo spagnolo; attenetevi sempre a quelle italiane e andrete sul sicuro. L'unica piccola differenza ortografica è che quando questi gruppi precedono una **a**, si userà normalmente la **e** come vocale d'appoggio, a differenza dell'italiano che usa la **i**. In altre parole, il nome *Giannina* sarà trascritto **Geanina** e *giacca* diventa in romeno **geacă**; allo stesso modo, una parola come **ceașcă**, *tazza*, si leggerà *[ciašcə]*. Infatti, come abbiamo visto prima, il romeno tende a pronunciare insieme le vocali contigue. Lo stesso vale anche per **ch** e **gh**: per esempio, **gheață** *[ghiatsə], ghiaccio*.

- La **h** si pronuncia sempre aspirata, salvo nei gruppi **che**, **chi** e **ghe**, **ghi**, che si pronunciano esattamente come in italiano.
- La **k** compare solo nelle parole di origine straniera (ad esempio **kilogram** *[chilogram]*, chilo e **kilometru** *[chilometru]*, chilometro).
- Anche **q**, **w**, **x** e **y** compaiono soltanto in parole di origine straniera.
- Le consonanti doppie sono praticamente inesistenti, salvo nelle parole in cui il prefisso è ancora trasparente, come a **înnoi**, *rinnovare*, o in parole in cui ciascuna consonante ha un valore fonetico diverso: **accent** *[akcent]*, *accento* (nella trascrizione abbiamo usato eccezionalmente la **k**, per mettere in risalto la differenza).

Eccovi pronti adesso a cominciare la vostra avventura con il romeno; non ci resta che augurarvi buon lavoro *insieme a noi!*

Spor la treabă!

1 / Lecția întâia

Prima di cominciare, è assolutamente necessario leggere l'introduzione, anche qualora non foste principianti assoluti.
Nella traduzione italiana dei dialoghi, le parentesi quadre permettono

Lecția întâia *[lectsia intîia]*

O limbă ușoară

1 – Sunteți român?
2 – Nu sunt [1] român,
3   sunt străin, italian.
4 – Vorbiți bine limba [2] română!
5 – Vorbesc bine românește [3]
6   pentru că româna [4] este o limbă ușoară!

Pronuncia

o limbə ușoarə **1** suntetsʲ romîn **2** nu sunt romîn **3** sunt strəin italian
4 vorbitsʲ bine limba romînə **5** vorbesc bine romînește **6** pentru cə
romîna ieste o limbə ușoarə

Note

1 La forma di cortesia in romeno è la seconda persona plurale, quindi si dà del *Voi* e non del *Lei*.
2 L'articolo determinativo si attacca alla fine del sostantivo: qui la **a** è la marca del femminile singolare. Per i sostantivi femminili che finiscono in **-ă**, l'articolo **-a** sostituisce la **-ă** finale.

di indicare parole necessarie in italiano, ma che non compaiono nella frase romena. Le parole in corsivo tra parentesi tonde indicano invece la traduzione letterale, parola per parola, del romeno.

Prima lezione

Una lingua facile

1 – Lei è *(Siete)* romeno?
2 – Non sono romeno,
3   sono straniero, italiano.
4 – Parla *(Parlate)* bene il romeno *(lingua-la romena)*!
5 – Parlo bene romeno *(alla-romena)*
6   perché il romeno *(romena-la)* è una lingua facile!

Osservazioni sulla pronuncia

(Titolo) La pronuncia della vocale **ă** assomiglia a quella dell'articolo indeterminativo inglese *a*, come in *a mouse*.
(1) La **â**, trascritta *[ï]* nella nostra pronuncia figurata, è una specie di **i** pronunciata in fondo alla gola, un suono intermedio tra *i* e *u*. Per questi suoni vocalici vi raccomandiamo di ricorrere alle registrazioni.

3   **românește** è in realtà un avverbio che significa *alla romena, alla maniera dei romeni*.

4   I nomi delle lingue sono femminili: *parlo romeno* si può dire quindi **vorbesc limba română, vorbesc româna** o **vorbesc românește**; in fin dei conti, l'importante è parlarlo!

Exercițiul 1 – Traduceți
Esercizio 1 – Traducete

❶ Sunteți străin? ❷ Nu sunt străin. ❸ Nu vorbiți românește? ❹ Limba română e ușoară. ❺ Vorbesc româna.

***

Exercițiul 2 – Completați
Esercizio 2 – Completate (ogni puntino corrisponde a un carattere)

❶ Non sono romeno.
   Nu sunt . . . . . .

❷ Sono straniero.
   . . . . străin.

❸ Parla *(Parlate)* romeno *(lingua-la romena)*?
   Vorbiți . . . . . română?

❹ Il romeno *(Romena-la)* è una lingua facile.
   Româna este o limbă . . . .

❺ Parlo romeno *(alla-romena)*.
   . . . . românește.

2

Lecția a doua *[lectsia a doua]*

Doamna Ionescu merge la piață

1 – Bună ziua [1], doamnă [2] Ionescu!

Pronuncia
doamna ionescu merge la piatsə 1 bunə ziua doamnə ionescu

Note

[1] **ziua**, *il giorno*, *la giornata*, si forma da **zi**, *giorno* (la parola in romeno è femminile), a cui viene attaccato l'articolo determinativo **-a**. La **u** intercalata serve solo per ragioni eufoniche.

Seconda lezione / 2

Soluzioni dell'esercizio 1
❶ [Lei] è *(siete)* straniero? ❷ Non sono straniero. ❸ [Lei] non parla *(parlate)* romeno *(alla-romena)*? ❹ La lingua romena è facile. ❺ Parlo romeno *(romena-la)*.

***

Soluzioni dell'esercizio 2
❶ – român ❷ Sunt – ❸ – limba – ❹ – uşoară ❺ Vorbesc –

Ricordate che è inutile imparare a memoria le frasi delle lezioni, basta leggerle ad alta voce. Lo stesso vale per gli esercizi (dopo aver ascoltato le registrazioni): col passare del tempo, rimarrete stupiti da quante parole sarete in grado di riconoscere e usare!

Seconda lezione

La signora *(Signora-la)* **Ionescu va al mercato**

1 – Buongiorno *(Buon giorno-il)*, signora Ionescu!

Osservazioni sulla pronuncia
Ricordatevi di distinguere la pronuncia della **a** (come la *a* italiana), della **ă** (come nell'inglese *a dog*) e della **â** (come una *i* molto chiusa e gutturale, un suono intermedio tra *i* e *u*).

2 doamnă, *signora*, qui al vocativo, ha la stessa forma al nominativo: eh sì, il romeno conserva tracce della declinazione latina (calma, vi ritorneremo). Nel titolo troviamo invece **Doamna**: si tratta semplicemente della forma articolata con l'articolo determinativo **-a**, che sostituisce la **-ă** finale. Proprio come nel caso di **ziua** che abbiamo appena visto.

[patru] patru • 4

2 Ce mai faceți?
3 – Mulțumesc, bine, domnule [3] Popescu!
4 Sunt grăbită, merg la piață.
5 – La revedere [4], pe curând!

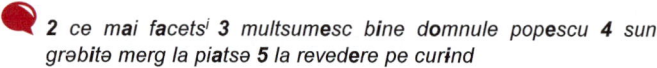 2 ce mai facetsi 3 multsumesc bine domnule popescu 4 sunt grəbitə merg la piatsə 5 la revedere pe curînd

Note

[3] **domnule** è il vocativo di **domn**, *signore*: è la forma che si usa quando ci si rivolge direttamente all'interlocutore maschile. I nostalgici del latino saranno contenti di ritrovare le declinazioni...

[4] Da poco i romeni hanno cominciato a usare la variante **o zi bună**, *buona giornata* (lett. un giorno buono), sinonimo di **la revedere**, *arrivederci*, alla fine di una conversazione.

***

Exercițiul 1 – Traduceți
Esercizio 1 – Traducete

❶ Bună ziua! ❷ Ce mai faceți, domnule Popescu? ❸ Bine, mulțumesc. ❹ Merg la piață. ❺ La revedere!

***

Exercițiul 2 – Completați
Esercizio 2 – Completate (ogni puntino corrisponde a un carattere)

❶ Sono di fretta (f.).
   Sunt . . . .

❷ Vado al mercato.
   Merg la . . . . . .

❸ Buongiorno, signora!
   Bună ziua, ... !

Seconda lezione / 2

2 Come sta *(Che ancora fate)*?
3 – Bene, grazie *(Ringrazio, bene)*, signor Popescu!
4 Sono di fretta *(affrettata)*, vado al *(a)* mercato.
5 – Arrivederci, a *(su)* presto!

***

Soluzioni dell'esercizio 1
❶ Buongiorno! ❷ Come sta, signor Popescu? ❸ Bene, grazie. ❹ Vado al *(a)* mercato. ❺ Arrivederci!

***

❹ A presto!
  Pe . . . . . . !
❺ Bene, grazie.
  Bine, ...

Soluzioni dell'esercizio 2
❶ – grăbită ❷ – piață ❸ – doamnă ❹ – curând ❺ – mulțumesc

[šase] şase

Lecția a treia *[lectsia a treia]*

Ai noroc!

1 – Sunt străină [1] la București,
2 și singură nu este [2] deloc ușor.
3 Nu am cu cine vorbi.
4 – Ai noroc [3] cu noi:
5 acum suntem aici,
6 și avem prieteni [4] în oraș.

Pronuncia
ai noroc 1 sunt streinə la bucurešt[i] 2 ši singurə nu ieste deloc ušor 3 nu am cu cine vorbi 4 ai noroc cu noi 5 acum suntem aic[i] 6 ši avem prieten[i] in oraš

Osservazioni sulla pronuncia
(2) este: l'uso corretto impone la pronuncia di una breve *i* latente (che non viene resa per iscritto) nelle forme del verbo **a fi**, *essere*, che cominciano con **e**. **Este** si leggerà quindi come se fosse scritto *ieste*, dove *ie* assomiglia al gruppo *ie* dell'italiano *iena*.

(6) în: come avete avuto modo di notare, **â** e **î** sono semplicemente delle varianti grafiche dello stesso suono, che abbiamo trascritto *[i]*. L'uso di una forma o dell'altra dipende dalla posizione di *[i]* all'interno della parola.

Note
1 **străină** è il femminile di **străin**. Da notare che per ottenere il femminile di un nome si aggiunge una **-ă** al maschile, laddove in italiano si trasforma la **o** in **a**. Ciò vale anche per gli aggettivi – vedi **singură** (frase 2), formato in base allo stesso principio: **singur(ă)** funziona quindi come *solo/a*.

***

Exercițiul 1 – Traduceți
❶ Sunt străină în oraș. ❷ Nu am noroc. ❸ Cine este Ionescu? ❹ Sunt la București. ❺ E ușor!

7 • **șapte** *[šapte]*

Terza lezione

Sei fortunata! *(Hai fortuna)*

1 – Sono straniera a Bucarest,
2 e [da] sola non è affatto facile.
3 Non ho [nessuno] con cui *(chi)* parlare.
4 – Sei fortunata *(Hai fortuna)* con noi:
5 adesso siamo qui,
6 e abbiamo amici in città.

2 Soprattutto nel parlato, la forma verbale **este**, *è*, viene spesso abbreviata in **e**. Quando **e** è preceduta da una negazione, si trasforma in semivocale e si attacca alla vocale precedente (la **u** di **nu**): ne risulta **nu-i**, un modo più veloce di dire **nu este** o **nu e**. Non dimenticate la corretta pronuncia, leggendo la **e** come se fosse *[ie]*.

3 **Noroc!** (lett. Fortuna!) è l'equivalente, nei brindisi, dell'italiano *Cin cin!*

4 La **i** latente (in apice), è, fra l'altro, la marca del plurale maschile; il singolare della parola **prieteni**, *amici*, è **prieten**, *amico*.

***

Soluzioni dell'esercizio 1
❶ Sono straniera in città. **❷** Non sono fortunata *(ho fortuna)*. **❸** Chi è Ionescu? **❹** Sono a Bucarest. **❺** È facile!

4 / Lecția a patra

Exercițiul 2 – Completați

❶ Sono straniera a Bucarest.
Sunt străină la . . . .

❷ Non ho [nessuno] con cui *(chi)* parlare.
Nu am cu cine . . . . . .

❸ Non ho amici qui, sono sola.
Nu am . . . . aici, sunt . . . .

❹ Siamo fortunati *(Abbiamo fortuna)*.
Avem . . . . . .

Lecția a patra *[lectsia a patra]*

Ziarul e pe frigider

1 – **U**nde e ziarul de **a**zi [1]?
2 – Pe m**a**să [2], în sufrag**e**rie.
3 – Nu e **ni**ci pe m**a**să, **ni**ci sub m**a**să.
4 – C**a**ută în dormit**o**r [3] și în bucăt**ă**rie!
5 – E **a**ici, pe frigid**e**r [4]! ☐

Pronuncia
*ziarul ie pe frigider **1** unde ie ziarul de azi **2** pe masə în sufragerie **3** nu ie nici pe masə nici sub masə **4** cautə în dormitor ši în bucətərie **5** ie aici pe frigider*

Osservazioni sulla pronuncia

(1) La **l** finale di **ziarul** è in realtà molto lieve: per questo l'abbiamo messa in apice. Vi ritorneremo.

(3) Ricordatevi che la **i** finale di **nici**, nonché di **aici**, si pronuncia appena, quasi non si sente; un accorgimento: **nici** è un monosillabo, quindi ditelo più in fretta che potete!

Note

1 In **azi**, *oggi*, ritrovate la parola **zi**, *giorno*, che ricorre anche in **ziar**, *giornale*; vi riconoscerete la radice dell'italiano *diario*, ma con un significato come vedete diverso e con una pronuncia un po' particolare: le due vocali **ia** formano un dittongo (fanno parte della stessa sillaba) e si pro-

❺ Siamo qui.
  Suntem . . . . .

Soluzioni dell'esercizio 2
❶ – București **❷** – vorbi **❸** – prieteni – singură **❹** – noroc **❺** – aici

***

București *è il nome originale della capitale della Romania, che gli italiani chiamano Bucarest. Questa parola ha la forma di un plurale (anche se si comporta come un singolare): non sorprende quindi ritrovare alla fine la i latente, marca dei plurali maschili. Ma sui misteri di Bucarest torneremo più avanti. Un po' di pazienza!*

Quarta lezione 4

Il giornale è sul *(su)* frigo

1 – Dov'è il giornale *(giornale-il)* di oggi?
2 – Sul *(su)* tavolo, nel *(in)* soggiorno.
3 – Non è né sul *(su)* tavolo, né sotto [il] tavolo.
4 – Cerca nella *(in)* stanza da letto e in cucina!
5 – È qui, sul *(su)* frigo!

nunciano quindi insieme. **Ziarul** sarebbe *il giornale*; l'articolo determinativo romeno (qui **-ul** per il maschile) si attacca alla fine della parola, come avete già scoperto nella prima lezione (frase 4). Torneremo su questo meccanismo agglutinante nella lezione di ripasso.

2 Avrete notato negli esempi qui sopra che nel caso dei sostantivi preceduti da preposizione, come **pe masă**, *sul (su) tavolo*, l'articolo viene omesso. Questo succede solo quando il sostantivo non è accompagnato da un aggettivo o altri determinanti.

3 Il **dormitor** è una stanza la cui funzione dovrebbe essere assai trasparente per le vostre orecchie italiane!

4 frigider è il nome comune dell'elettrodomestico che i romeni usano tranquillamente senza nemmeno sospettare che in realtà si tratta (almeno in origine) del nome di una marca americana. C'è da dire che sono anche incoraggiati dall'esistenza della parola romena **frig**, *freddo*…

[zece] zece • 10

5 / Lecţia a cincea

Exerciţiul 1 – Traduceţi
❶ Ziarul e sub masă. ❷ Noi suntem în sufragerie. ❸ Caută în frigider! ❹ Nici noi nici domnul Popescu nu avem prieteni. ❺ Unde este piaţa?

***

Exerciţiul 2 – Completaţi
❶ Il giornale di oggi è qui, in camera da letto.
   Ziarul . . . . . e aici, în . . . .

❷ La signora Popescu è in cucina.
   Doamna Popescu este în . . . .

❸ Dov'è il mercato oggi?
   Unde este . . . . . azi?

❹ Il frigo è in soggiorno.
   . . . . este în sufragerie.

❺ Cerca il giornale!
   . . . . . ziarul!

Lecţia a cincea [lectsia a cincia]

Mai târziu

1 – Nu bem repede o cafea?
2   Nu ştiu de ce [1], sunt foarte obosit...
3 – Nu am timp acum, sunt grăbit [2],

Pronuncia
mai tîrziu 1 nu bem repede o cafea 2 nu štiu de ce sunt foarte obosit 3 nu am timp acum sunt grəbit

Osservazioni sulla pronuncia
(1), (2), (4) cafea, *caffè*; foarte, *molto*, e poate, *forse*, contengono dei dittonghi (gruppi di 2 vocali che si pronunciano insieme), qui ea e oa. Il romeno è pieno di dittonghi (e trittonghi), più di qualsiasi altra lingua romanza.

11 • **unsprezece** *[unsprezece]*

Soluzioni dell'esercizio 1
❶ Il giornale è sotto [il] tavolo. ❷ Siamo nel *(in)* soggiorno. ❸ Cerca nel *(in)* frigo! ❹ Né noi né il signor Popescu *(non)* abbiamo amici. ❺ Dov'è il mercato?

***

Soluzioni dell'esercizio 2
❶ – de azi – dormitor ❷ – bucătărie ❸ – piaţă – ❹ Frigiderul – ❺ Caută –

Quinta lezione

Più tardi

1 – Non beviamo velocemente un caffè?
2 Non so perché, sono molto stanco...
3 – Non ho tempo adesso, sono di fretta *(affrettato)*,

Note

1 **de ce** sarebbe un *perché* che conserva ancora l'autonomia dei due componenti: **de**, *di*, è una preposizione polivalente, mentre **ce** significa *che*.

2 La signora Ionescu, nella lezione 2, era **grăbită**, *di fretta* (f.); il personaggio di questo dialogo è anche lui **grăbit**, *di fretta* (m.): cogliamo l'occasione per ricordarvi che il femminile degli aggettivi si forma di solito aggiungendo una **-ă** alla forma maschile.

4 poate mai târziu, în oraș [3].
5 – Bine, te sun [4] eu pe mobil!

4 poate mai tîrziu in oraș 5 bine te sun ieu pe mobil

Note

[3] **în oraș** significa letteralmente *in città*, ma non si usa in contrapposizione alla campagna, bensì alla zona residenziale; si può tradurre a volte come *in centro*, altre volte come *fuori*, a seconda del contesto.

[4] **sun** è voce del verbo **a suna** *[a suna]*, *suonare*: in questo caso vuol dire *telefonare*, *fare uno squillo*.

***

Exercițiul 1 – Traduceți

❶ Bem o cafea în bucătărie. ❷ Sunt grăbit, merg în oraș. ❸ Domnul Ionescu este obosit. ❹ Nu avem timp. ❺ Te sun pe mobil mai târziu.

***

Exercițiul 2 – Completați

❶ La signora Popescu ha molta fretta *(è molto affrettata)*.
Doamna Popescu este . . . . . . grăbită.

❷ Non ho tempo oggi.
Nu am . . . . azi.

❸ Sul *(su)* tavolo c'è *(è)* un caffè.
Pe masă . o . . . . . .

❹ Il giornale è forse nel *(in)* soggiorno.
Ziarul este . . . . . în sufragerie.

❺ Non so perché abbia fretta *(è affrettata)*.
Nu . . . . de ce este grăbită.

Quinta lezione / 5

4 forse più tardi, fuori *(in città)*.
5 – Bene, ti chiamo io sul *(su)* cellulare!

Soluzioni dell'esercizio 1
❶ Beviamo un caffè in cucina. ❷ Sono di fretta *(affrettato)*, vado in città. ❸ Il signor Ionescu è stanco. ❹ Non abbiamo tempo. ❺ Ti chiamo sul *(su)* cellulare più tardi.

***

Soluzioni dell'esercizio 2
❶ – foarte – ❷ – timp – ❸ – e – cafea ❹ – poate – ❺ – știu –

6

Lecția a șasea *[lectsia a šasea]*

Cu plăcere!

1 – Avem noroc! E o zi frumoasă!
2 – E frumos și e foarte cald [1]...
3 – Nu vrei o bere rece?
4   Eu [2] plătesc!
5 – Dacă plătești tu, da, cu plăcere!
6   Suntem chiar lângă un restaurant [3].

Pronuncia

cu pləcere 1 avem noroc ie o zi frumoasə 2 ie frumos și ie foarte cald 3 nu vrei o bere rece 4 ieu plətesc 5 dacə pləteští tu da cu pləcere 6 suntem chiar lingə un restaurant

Note

1 In romeno, le espressioni impersonali per esprimere il tempo che fa si costruiscono con il verbo *essere*: **e frumos**, *fa bello*; **e cald**, *fa caldo*; **e rece**, *fa freddo* (frase 3); **e frig**, *fa freddo* (lezione 4, nota 4). Anche **e târziu**, *è tardi* (lezione 5), si costruisce con il verbo *essere*, stavolta proprio come in italiano.

***

Exercițiul 1 – Traduceți

❶ E frumos astăzi. ❷ Nu e rece. ❸ Repede, e târziu. ❹ Vrei o cafea? ❺ Nu e cald în frigider!

Sesta lezione

Volentieri *(Con piacere)*!

1 – Siamo fortunati *(Abbiamo fortuna)*! È una bella giornata *(giornata bella)*!
2 – Fa *(È)* bello e fa *(è)* molto caldo...
3 – Non vuoi una birra fresca *(fredda)*?
4   Pago io *(lo pago)*!
5 – Se paghi tu, sì, volentieri *(con piacere)*!
6   Siamo proprio accanto [a] un ristorante.

Osservazioni sulla pronuncia
(3) Il gruppo **ce** di **rece**, *freddo*, si pronuncia *[ce]*, esattamente come in italiano; sapevate già che anche il **ci** di **cine**, *chi* (lezione 3), si pronuncia *[ci]* come in italiano.

2 Come in italiano, per indicare la persona basta la desinenza verbale; il pronome soggetto compare quasi esclusivamente per usi contrastivi. Nella frase 4 lo si potrebbe mettere anche dopo il verbo, senza grande differenza di significato: **Eu plătesc** si può dire anche **Plătesc eu**.

3 Si può prendere una birra al ristorante, ma anche in *birreria* (**berărie**) o in uno dei numerosi bar, oggi sempre più di moda; d'estate si preferiscono spesso le *terrazze* (**terase**). A Bucarest, poi, vantano una lunga tradizione i cosiddetti "giardini d'estate" (**grădini de vară**) dove la gente ama riunirsi in mezzo al verde per rilassarsi e sfuggire al caldo...

***

Soluzioni dell'esercizio 1
❶ Fa bello oggi. ❷ Non fa freddo. ❸ Veloce, è tardi. ❹ Vuoi un caffè?
❺ Non fa caldo nel *(in)* frigo!

[šaisprezece] **șaisprezece** • 16

Exercițiul 2 – Completați

❶ Io non pago oggi.
   Eu nu .... azi.

❷ Beviamo una birra fresca?
   Bem o .... rece?

❸ Volentieri!
   Cu .... !

❹ La cucina è accanto [al] soggiorno.
   Bucătăria este ..... sufragerie.

❺ Se fa bello, vado in città.
   .... e ......, merg în oraș.

Lecția a șaptea [lectsia a šaptea]

Recapitulare – Ripasso

1 La pronuncia

Siamo insieme da una settimana e vi siete già abituati alle lettere romene e alla loro pronuncia; se questa è spesso incredibilmente simile all'italiano (come nei gruppi **ce**, **ci**, **che**, **chi**, **ge**, **gi**, **ghe**, **ghi**), vi sono anche delle piccole differenze.

La più notevole è probabilmente la presenza dei suoni **ă** e **î** (quest'ultima, con la variante grafica **â**, quando si trova all'interno della parola). Le consonanti doppie sono piuttosto rare; capita invece di imbattersi in vocali doppie o addirittura triple, soprattutto nel caso delle **i**; ricordate che quando ne trovate invece una sola alla fine della parola, la sua pronuncia è molto lieve, appena accennata: come nei nomi propri **București** o **Nadia Comăneci** (che si pronuncia *comənec*ⁱ). Le lettere **k**, **q**, **w** e **y** compaiono solo in vocaboli di origine straniera e nei termini internazionali.

Soluzioni dell'esercizio 2

❶ – plătesc – ❷ – bere – ❸ – plăcere ❹ – lângă – ❺ Dacă – frumos –

Settima lezione

2 I pronomi personali soggetto

Come in italiano, la desinenza del verbo romeno è sufficiente per indicare la persona, mentre la presenza dei pronomi è riservata agli usi enfatici e contrastivi. Fra **plătesc**, **eu plătesc** e **plătesc eu**, *pago* o *pago io*, c'è solo una sottile differenza stilistica.
Le forme soggetto che avete incontrato finora nelle prime sei lezioni sono simili o addirittura identiche all'italiano: **eu**, *io*; **tu**, *tu* e **noi**, *noi*.
In realtà anche la pronuncia di **eu** ricorda il pronome italiano corrispondente, perché va preceduta da una invisibile **i**, come se la parola fosse scritta *****ieu** (lo stesso vale come vedremo per gli altri pronomi personali che cominciano con **e**, nonché per le forme del verbo **a fi**, *essere*, che abbiamo già visto).

3 *Essere* e *avere*

I verbi ausiliari **a fi**, *essere*, e **a avea**, *avere*, hanno in romeno, all'indicativo presente, forme irregolari ma assai trasparenti per un italiano. Da notare che la preposizione **a** qui marca l'infinito, un

po' come il *to* inglese. Rivediamo un attimo le forme già incontrate nei primi sei dialoghi:
- **a fi**, *essere*: **sunt**, *sono*; **este**, *è*; **suntem**, *siamo*; **sunteți**, *siete*;
- **a avea**, *avere*: **am**, *ho*; **ai**, *hai*; **avem**, *abbiamo*.

Este si riduce spesso, soprattutto nel parlato, alla forma **e** (lezione 3, Osservazioni sulla pronuncia).

4 Gli articoli determinativi e indeterminativi al singolare

4.1 L'articolo determinativo

In romeno l'articolo determinativo esiste eccome, solo che bisogna saperlo trovare... A differenza delle altre lingue romanze, il romeno lo nasconde alla fine del sostantivo e non lo esprime prima, come potreste aspettarvi. Per adesso, diciamo che l'articolo determinativo maschile singolare è **-l**: si attacca in fondo alla parola a cui si riferisce, come abbiamo visto nel caso di **ziarul**, *il giornale*, che proviene dalla parola **ziar**, *giornale*. I grammatici vi spiegheranno che la **u** intercalata fra sostantivo e articolo è solamente una vocale d'appoggio, volta a facilitare la pronuncia. Altrimenti, il gruppo **rl**

***

▶ Dialog de recapitulare – Dialogo di ripasso

(Tradurre)

1 – Sunteți străină, dar vorbiți bine românește!
2 – Româna este o limbă ușoară.
3 – Am noroc, am prieteni în oraș,
4   nu sunt deloc singură și am cu cine vorbi.
5 – Ești foarte obosit azi!
6 – Da, nu știu de ce...
7 – Nu vrei o cafea?
8 – Plătesc eu la restaurant;
9   eu beau o bere.
10 – Cu plăcere, mulțumesc!

risulterebbe praticamente impronunciabile, nella stessa sillaba.
Al femminile singolare, l'articolo determinativo è invece **-a**, anch'esso relegato alla fine della parola. La sua presenza è ancora più discreta: siccome la maggior parte delle voci femminili finisce in **-ă** (ricordate **masă**, *tavolo*, o **limbă**, *lingua*), al suo posto compare direttamente l'articolo **-a**: *il tavolo* si dirà **masa** e *la lingua*, **limba**. Graficamente, il "cappellino" della **-ă** viene spazzato via: non c'è nient'altro che indichi la presenza dell'articolo! Se però il sostantivo finisce con una vocale diversa da **ă** (spesso **a**, raramente **i**), eccoci di nuovo a dover ricorrere alla **u** intercalata: **zi**, *giorno*, e **cafea**, *caffè*, entrambi femminili in romeno, diventano quindi rispettivamente **ziua**, *il giorno*, e **cafeaua**, *il caffè*!

4.2 L'articolo indeterminativo

Per quel che riguarda invece gli articoli indeterminativi al singolare, salta all'occhio la somiglianza con l'italiano: l'articolo indeterminativo maschile romeno è **un**, esattamente come in italiano, mentre il femminile è **o** (esiste anche la forma **una**, ma si usa solo come numerale); entrambe le forme, come in italiano, precedono il sostantivo: **un străin**, *uno straniero*; **un prieten**, *un amico* e **o piață**, *un mercato*; **o bere**, *una birra*.

***

Traduzione

1 È straniera, ma parla bene romeno! **2** Il romeno è una lingua facile. **3** Sono fortunata, ho amici in città, **4** non sono affatto sola e ho [qualcuno] con cui *(chi)* parlare. **5** Sei molto stanco oggi! **6** Sì, non so perché... **7** Non vuoi un caffè? **8** Pago io al ristorante; **9** io bevo una birra. **10** Volentieri, grazie!

8 / Lecția a opta

Nelle prime sette lezioni vi abbiamo aiutato a decifrare le strutture della lingua romena indicando fra parentesi quadre le parole assenti in romeno, ma necessarie per una buona resa in italiano, e fra parentesi tonde tutte le traduzioni letterali. Avrete senz'altro notato le differenze fra queste due lingue per quel che riguarda, ad esempio, gli articoli e i

Lecția a opta *[lectsia a opta]*

Legume și fructe

1 – Bună dimineața [1], domnule doctor!
2   Ce cumpărați azi?
3   Legume [2] și fructe, ca de obicei?
4 – Aș vrea o salată, un kilogram [3] de cartofi,
5   și un kilogram de carne de porc.
6 – Carne? Nu mai sunteți vegetarian?

Pronuncia
legume ši fructe **1** bunə dimineatsa domnule doctor **2** ce cumpəratsⁱ azⁱ **3** legume ši fructe ca de obicei **4** aš vrea o salatə un chilogram de cartofⁱ **5** ši un chilogram de carne de porc **6** carne? nu mai suntetsⁱ vegetarian

Osservazioni sulla pronuncia
(1) Da notare che nella parola **doctor** l'accento cade sulla prima sillaba.
(4) Come sempre, ricordate che la **i** finale di **azi, cumpărați, cartofi** è quasi un soffio.

Note
1 Con **Bună dimineața**, il romeno dispone di un saluto specifico per il lasso di tempo che va fino a mezzogiorno, come l'inglese *Good morning*; il suo equivalente italiano sarebbe "Buona mattinata".
2 **Legume** significa *verdura* e non *legumi*.

21 • **douăzeci și unu** *[douəzecⁱ ši unu]*

pronomi personali. D'ora in poi, per rendere più leggibile il testo in italiano, gli inserimenti di queste traduzioni letterali verranno man mano ridotti, ma non vi preoccupate, non ne avrete più bisogno perché state già cominciando ad assimilare il funzionamento della lingua romena. Eh, sì: state facendo dei progressi… Fidatevi di noi!

Ottava lezione

Verdura e frutta

1 – **Buongiorno** *(Buona mattinata-la)*, *(signor)* **dottore!**
2   **Cosa compra** *(comprate)* **oggi?**
3   **Verdura e frutta, come al solito?**
4 – **Vorrei un'insalata, un chilo di patate,**
5   **e un chilo di carne di maiale.**
6 – **Carne? Non è più** *(più siete)* **vegetariano?**

3 Vittima dell'uso frequente, **kilogram** si riduce spesso nel linguaggio colloquiale a **chil**, *chilo*. Da notare che la parola prende una veste più romena, rinunciando alla **k** presente nel prefisso di origine greca.

[douəzecⁱ ši doi] **douăzeci și doi**

7 – Ba da [4], dar câinele meu [5]
8 refuză să mănânce [6] salată și cartofi... ☐

7 ba da dar ciinele meu 8 refuzə sə mənince salatə și cartofⁱ

Note

4 **ba da**, *sì*, è la risposta affermativa a una domanda negativa. Si tratta di una variante di **da**, *sì*.

5 **câinele**, *il cane*, fa parte delle voci maschili romene che usano **le** come articolo determinativo. Siccome **câine**, *cane*, ha già una vocale finale, è inutile intercalare una **-u-** fra sostantivo e articolo. Da notare infine la presenza dell'aggettivo possessivo **meu**, *mio*.

***

Exercițiul 1 – Traduceți
❶ Aș vrea un kilogram de carne de porc. ❷ Bună dimineața, doamnă Ionescu! ❸ Nu mai sunt vegetarian. ❹ Ce bem? ❺ Câinele refuză salata.

***

Exercițiul 2 – Completați
❶ Buongiorno, *(signor)* dottore!
   Bună ziua, domnule . . . . . . !

❷ Vorrei verdura e frutta.
   Aș vrea . . . . . . și . . . .

❸ Vado al *(a)* mercato, come al solito.
   Merg . . piață, ...

❹ Abbiamo un chilo di patate.
   Avem un . . . . de . . . .

❺ Cosa comprate?
   Ce . . . . ?

23 • **douăzeci și trei** *[douəzecⁱ ši trei]*

Ottava lezione / 8

7 – Sì, ma il mio cane *(cane-il mio)*
8 rifiuta di mangiare *(che mangi)* **insalata e patate…**

Attenzione: in romeno, l'aggettivo possessivo (e nella maggior parte dei casi, qualsiasi aggettivo) si mette dopo il sostantivo determinato.

6 Quando si susseguono due verbi che hanno lo stesso soggetto, come qui, il secondo si mette al congiuntivo: in romeno, l'infinito si usa poco. Più avanti torneremo su questa peculiarità della grammatica romena.

***

Soluzioni dell'esercizio 1
❶ Vorrei un chilo di carne di maiale. ❷ Buongiorno, signora Ionescu! ❸ Non sono più vegetariano. ❹ Cosa beviamo? ❺ Il cane rifiuta l'insalata.

***

Soluzioni dell'esercizio 2
❶ – doctor ❷ – legume – fructe ❸ – la – ca de obicei ❹ – chil – cartofi ❺ – cumpăraţi

***

In romeno come in italiano, le buone maniere proscrivono l'uso di **Ce?**, Cosa?, *usato da solo come domanda, quando non si è capito il discorso dell'interlocutore. Si preferisce piuttosto* **Cum?**, Come? *Come in italiano,* **ce** *si può usare anche nelle interrogative indirette:* **Nu ştiu ce cumpăraţi azi**, Non so che cosa comprate oggi.

[douəzec[i] și patru] **douăzeci și patru**

Lecția a noua [lectsia a noua]

O fotografie de familie

1 – Ce examinezi cu atâta atenție?
2 – O fotografie [1] veche de familie...
3 – Aveți o familie mare [2]!
4 – Da, toți sunt prezenți:
5   bunicii, părinții și nepoții [3]
6 – Unde ești tu? Nu te recunosc!
7 – Chiar aici, lângă mama mea.

Pronuncia
o fotografie de familie 1 ce egzaminez^i cu atita atentsie 2 o fotografie veche de familie 3 avets^i o familie mare 4 da tots^i sunt prezents^i 5 bunici pərintsi ši nepotsi 6 unde iešt^i tu? nu te recunosc 7 chiar aic^i lingə mama mea

Osservazioni sulla pronuncia
(5) Alla fine di **bunicii, părinții** e **nepoții**, la **i** si pronuncia distintamente, come un unico suono.
(7) mea è una parola che costituisce una sola sillaba; l'accento cade sulla **a** finale.

Note

1 **fotografie**, una parola più lunga di **kilogram**, non conosce una forma abbreviata nel romeno colloquiale. L'equivalente dell'italiano *foto* sarebbe **poză**.

2 Notate che in **familie mare**, così come in **fotografie veche**, l'aggettivo segue il sostantivo determinato, come abbiamo già visto nel caso di **câinele meu**; normalmente il romeno preferisce anteporre il sostantivo all'aggettivo.

Nona lezione

Una fotografia di famiglia

1 – Che cosa esamini con tanta attenzione?
2 – Una vecchia fotografia *(fotografia vecchia)* di famiglia...
3 – Avete una grande famiglia *(famiglia grande)*!
4 – Sì, sono tutti presenti *(tutti sono presenti)*:
5   i nonni *(nonni-i)*, i genitori *(genitori-i)* e i nipoti *(nipoti-i)*.
6 – Dove sei tu? Non ti riconosco!
7 – Proprio qui, accanto [a] mia madre *(madre-la mia)*.

3 Vediamo in dettaglio il caso di **bunicii**, **părinții**, **nepoții**, con le loro due **i** finali. La prima **i** è, come abbiamo visto, la marca del plurale maschile (ricordatevi **prieteni**, *amici*). La seconda **i** è l'articolo determinativo maschile e la doppia **i** è pronunciata, ancora una volta, come una sola **i**. Abbiamo di conseguenza: **prieten**, *amico*; **prieteni**, *amici*; **prietenii**, *gli amici*. Inoltre, in romeno, **părinți**, *genitori*, è una parola che si riferisce esclusivamente ai genitori, il padre e la madre, e mai ai *parenti* (che si dicono invece **rude**).

Exercițiul 1 – Traduceți

❶ Nu am familie în oraș. ❷ Fotografia este pe masă. ❸ Toți nepoții sunt prezenți. ❹ Bunicii sunt în bucătărie. ❺ Cine ești tu? Nu te recunosc!

***

Exercițiul 2 – Completați

❶ Che cosa fate oggi?
   . . faceți . . . ?

❷ Cerca con attenzione, sono tutti qui.
   . . . . . cu . . . . , sunt . . . . aici.

❸ È accanto [al] signor Popescu.
   Este . . . . . domnul Popescu.

10

Lecția a zecea *[lectsia a zecea]*

Accente

1 – După accent [1], cred că el e [2] din [3] Muntenia,
2 ea e din Moldova
3 și ei sunt din Transilvania.

Pronuncia

akcente 1 dupə akcent cred cə iel ie din muntenia 2 ia ie din moldova 3 ši iei sunt din transilvania

Osservazioni sulla pronuncia

(1) accent *[akcent]*, accento: non fatevi fuorviare dall'ortografia; le due **c** non si pronunciano come in italiano, ma appartengono a sillabe diverse.
(1), (2), (3), (5) el, ea e ei: ricordatevi che la **e** iniziale di alcune parole (come nel caso di este) si pronuncia accompagnata da una **yod**, una piccola **i** latente, che non viene indicata per iscritto. Nel caso di ea, questa **yod** sostituisce la e: *[ia]*.

27 • douăzeci și șapte *[douəzecⁱ ši šapte]*

Soluzioni dell'esercizio 1

❶ Non ho famiglia in città. ❷ La fotografia è sul tavolo. ❸ Tutti i nipoti sono presenti. ❹ I nonni sono in cucina. ❺ Chi sei tu? Non ti riconosco!

***

❹ I nonni e i genitori sono tutti presenti.
   . . . . şi . . . . sunt toți . . . .

❺ La mia famiglia è molto grande.
   Familia . . . este . . . . . . mare.

Soluzioni dell'esercizio 2

❶ Ce – azi ❷ Caută – atenție – toți – ❸ – lângă – ❹ Bunicii – părinții – prezenți ❺ – mea – foarte –

Decima lezione

Accenti

1 – **Dall'accento** *(Da accento)*, **credo che lui sia** *(è)* **della** *(di)* **Muntenia,**

2 lei *(è)* **della** *(di)* **Moldavia**

3 e loro siano *(sono)* **della** *(di)* **Transilvania.**

Note

1 accent, *accento*: le consonanti doppie sono estremamente rare in romeno. Abbiamo già visto che le due **c** non si pronunciano come in italiano, ma separate.

2 In romeno, a differenza che in italiano, dopo *credere che* si usa sempre l'indicativo e non il congiuntivo.

3 La preposizione **din** indica qui l'origine. Proviene (in origine!) da due preposizioni: **de**, *di* e **în**, *in*. **Sunt din România** significa quindi *Vengo dalla* (lett. Sono di) *Romania*.

[douəzecⁱ și opt] **douăzeci și opt**

4 – **A**i dreptate, aș**a**-i [4]!
5 **E**i sunt de zece **a**ni la Bucur**e**ști
6 dar **a**u încă un accent ardelen**e**sc. ☐

4 ai dreptate ašai 5 iei sunt de zece an^i la bucurešt^i 6 dar au încə un akcent ardelenesc

Note

4 In **așa-i**, il verbo **este**, *è*, è diventato **e** e successivamente **i**, per poi attaccarsi alla fine di **așa**, *così*. Conosciamo questo meccanismo di riduzione già dalla terza lezione (nota 2); avevamo visto che **nu este** può diventare **nu e** e infine **nu-i**: *non è*.

***

Exercițiul 1 – Traduceți

❶ Cred că e din București. ❷ După accent, ea e străină. ❸ Cred că aveți dreptate. ❹ Așa-i, avem noroc! ❺ Suntem prieteni de zece ani.

***

Exercițiul 2 – Completați

❶ Ho [un] accento perché sono straniero.
Am . . . . . . pentru . . sunt . . . .

❷ Non credo che sia *(è)* della Moldavia.
Nu . . . . că este . . . Moldova.

❸ Siamo della *(di)* Muntenia; loro sono della *(di)* Transilvania.
Noi . . . . . . din Muntenia; ei . . . . din Transilvania.

Decima lezione / 10

4 – Hai ragione, è così *(così è)*!
5 Loro sono da dieci anni a Bucarest
6 ma hanno ancora un accento transilvano.

***

Soluzioni dell'esercizio 1
❶ Credo che sia *(è)* di Bucarest. ❷ Dall'accento, lei è straniera. ❸ Credo che abbiate *(avete)* ragione. ❹ È così, siamo fortunati! ❺ Siamo amici da dieci anni.

***

❹ Non hai ragione, lui non è italiano.
   Nu . . dreptate, . . nu . italian.

❺ Ancora una birra? – Volentieri!
   . . . . o . . . . ? – Cu . . . . !

Soluzioni dell'esercizio 2
❶ – accent – că – străin ❷ – cred – din – ❸ – suntem – sunt – ❹ – ai – el – e – ❺ Încă – bere – plăcere

[treizecⁱ] **treizeci** • 30

Muntenia, ovvero **ţara Românească**, "la Terra Romena", o anche **Valahia**, la Valacchia, è una delle tre grandi regioni storiche della Romania, la cui città principale, **Bucureşti**, Bucarest, è diventata la capitale del paese. **Moldova**, la Moldavia, è la regione a nord-est della Romania. Attenzione a non confonderla con l'omonimo paese confinante, che è diventato indipendente dopo esser stato assorbito prima dall'impero zarista, poi dall'URSS.
La più grande città della Moldavia romena è **Iaşi**. La Muntenia e la Moldavia, principati indipendenti nel Medio Evo, si sono riunifica-

Lecţia a unsprezecea [lectsia a unsprezecia]

Ea învaţă limba română

1 – Ea face progrese rapide la limba română!
2 Ştie deja multe cuvinte noi
3 şi vorbeşte cu puţine **¹** greşeli.
4 – Are noroc, învaţă tot timpul româneşte:
5 la universitate **²** are un profesor din România
6 şi acasă **³** un soţ român.

Pronuncia
ia invatsə limba rominə **1** *ia face progrese rapide la limba rominə* **2** *štie deža multe cuvinte noi* **3** *ši vorbešte cu putsine greşel*ⁱ **4** *are noroc invatsə tot timpul romineşte* **5** *la universitate are un profesor din rominia* **6** *ši acasə un sots romin*

Osservazioni sulla pronuncia
(1) rapid, *rapido*, *veloce*: fate attenzione all'accentazione della parola, sulla **i** e non sulla **a** come in italiano.
(5) profesor a volte viene pronunciato con accento sulla **o**, come in italiano; qui ci siamo ovviamente attenuti alla pronuncia standard, consigliata dai dizionari.

te nel 1859; successivamente il paese è stato chiamato **România***, Romania.*
Transilvania *ovvero* **Ardeal***, la Transilvania, è la terza grande regione storica della Romania; per molto tempo ha fatto parte del Regno di Ungheria e poi dell'Impero Asburgico. Dopo la Prima Guerra mondiale, è tornata a far parte di quella che all'epoca si chiamava* **România Mare***, la Grande Romania. È superfluo aggiungere che la Transilvania è molto nota al di fuori dei confini romeni soprattutto grazie al mito del famigerato Dracula...*

Undicesima lezione

Lei impara la lingua romena

1 – Lei fa progressi rapidi in romeno *(a lingua-la romena)*!
2 Sa già molte parole nuove
3 e parla con pochi errori.
4 – È fortunata *(Ha fortuna)*, impara continuamente *(tutto tempo-il)* il romeno:
5 all'università, ha un professore della Romania
6 e a casa un marito romeno.

Note

1 Le forme di base sono **puțin**, *poco*, e **mult**, *molto*.
2 Come avevamo già visto, il sostantivo romeno preceduto da una preposizione non prende l'articolo determinativo, a meno che un'altra parola ne completi il significato.
3 **acasă**, scritto sempre attaccato, è un avverbio il cui significato non richiede ulteriori spiegazioni...

[treizeci și doi] **treizeci și doi**

Exercițiul 1 – Traduceți
1. Eu nu vorbesc bine românește, știu puține cuvinte.
2. Sunt grăbit, merg acasă.
3. Ea nu e deloc vegetariană, refuză să mănânce legume.
4. Ei învață limba română la universitate.
5. Profesorul meu e din Moldova.

***

Exercițiul 2 – Completați
1. Fate molti progressi in romeno *(alla lingua romena)*.
   Faceți ..... progrese .. limba ....
2. Parlo con molti errori.
   Vorbesc .. multe ....
3. Mio marito ha una grande famiglia.
   ..... meu ... o .... mare.
4. Lei non ha [nessuno] con cui *(chi)* parlare al *(su)* cellulare.
   .. nu ... cu cine ..... pe ......
5. Non parla ancora la lingua, ma fa progressi rapidi.
   Nu .... încă ....., dar .... progrese ....

12
Lecția a douăsprezecea *[lectsia a douəsprezecia]*

Un desen pentru școală

1 – Ce faci acolo [1]? Ce desenezi?
2 – Fac un desen pentru școală: o familie fericită.
3 – O familie? Eu văd numai o casă, un pom,
4   o grădină cu flori și un câine:

Pronuncia
un desen pentru școală **1** *ce faci acolo? ce desenezi?* **2** *fac un desen pentru școală: o familie fericită* **3** *o familie? ieu vəd numai o casə un pom* **4** *o grədinə cu flori și un ciine*

Note
1 **acolo** significa *lì* o *là*. Conoscete **aici**, *qui*: ecco quindi i due avverbi che indicano prossimità e lontananza nello spazio.

Soluzioni dell'esercizio 1

❶ Non parlo bene il romeno, conosco *(so)* poche parole. ❷ Sono di fretta (m.), vado a casa. ❸ Lei non è affatto vegetariana, rifiuta di mangiare verdura. ❹ Loro studiano la lingua romena all'università. ❺ Il mio professore è della Moldavia.

Soluzioni dell'esercizio 2

❶ – multe – la – română ❷ – cu – greşeli ❸ Soţul – are – familie – ❹ Ea – are – vorbi – mobil ❺ – vorbeşte – limba – face – rapide

Dodicesima lezione

Un disegno per la scuola

1 – Che cosa fai lì? Che cosa stai disegnando *(disegni)*?
2 – Sto facendo *(Faccio)* un disegno per [la] scuola: una famiglia felice.
3 – Una famiglia? Io vedo soltanto una casa, un albero,
4 un giardino con fiori e un cane:

Osservazioni sulla pronuncia

(1) La **i** finale di **desenezi** è la **i** "latente", che è anche la marca del plurale maschile. Qui indica la seconda persona singolare dell'indicativo presente del verbo.

12 / Lecția a douăsprezecea

5 casa și pomul sunt prea mici,
6 florile [2] și câinele [3] sunt prea [4] mari.
7 Unde e familia?
8 – Tata, mama și copilul [5] sunt în casă
9 pentru că e frig și plouă.

5 casa ši pomul sunt prea mici 6 florile ši cîinele sunt prea mari 7 unde ie familia 8 tata mama ši copilul sunt în casə 9 pentru cə ie frig ši plouə

Note

2 In **florile**, le ultime due lettere, **-le**, corrispondono all'articolo determinativo femminile plurale: *flori*, *fiori*; **florile**, *i fiori*. A differenza dell'italiano, in romeno le parole che finiscono in **-ore** (**-ori** al plurale) sono femminili: così **culoarea**, *il colore*, **durerea**, *il dolore*…

3 Eccoci di nuovo davanti alla **-le** finale di **câinele**: vi ricordate? Si tratta di una variante dell'articolo determinativo maschile singolare, che si applica a un numero limitato di parole.

***

Exercițiul 1 – Traduceți

❶ Ea e fericită: știe multe cuvinte noi. ❷ Eu merg la restaurant cu câinele meu. ❸ Ei au o casă mare în oraș, lângă universitate. ❹ El învață limba italiană la școală. ❺ În grădina mea sunt multe flori.

***

Exercițiul 2 – Completați

❶ Cosa comprate al *(a)* mercato?
   Ce .... la .....?

❷ Vedo che sei molto stanco oggi.
   ... că .... foarte ...... azi.

❸ Nella mia famiglia c'è solo un bambino.
   .. familia ... este ..... un ......

5 la casa *(casa-la)* e l'albero *(albero-il)* **sono troppo piccoli,**
6 **i fiori** *(fiori-i)* **e il cane** *(cane-il)* **sono troppo grandi.**
7 **Dov'è la famiglia** *(famiglia-la)***?**
8 – **il padre** *(padre-il)***, la madre** *(madre-la)* **e il bambino** *(bambino-il)* **sono nella** *(in)* **casa**
9 **perché fa** *(è)* **freddo e piove.**

4 **prea**, *troppo*, non può essere usato da solo in romeno: accompagna un aggettivo sottolineandone il carattere eccessivo, in positivo o in negativo: **prea mult**, *troppo*; **prea puţin**, *troppo poco*. Sapete già che **mult**, *molto*, e **puţin**, *poco*, in romeno sono aggettivi.

5 Nonostante la **a** finale possa fuorviare, **tata**, *il padre*, *il papà*, è chiaramente una parola maschile a causa del suo significato, che non ha niente a che vedere con l'omofono italiano. La parola senza articolo è **tată**, *padre*, che può anche accettare l'articolo determinativo attaccato alla fine della parola: **tatăl**, *il padre*. La parola **copil** in romeno significa sia *bambino* che *figlio*.

***

Soluzioni dell'esercizio 1
❶ Lei è felice: sa molte parole nuove. ❷ Io vado al ristorante con il mio cane. ❸ Loro hanno una casa grande in città, accanto [all'] università. ❹ Lui studia la lingua italiana a scuola. ❺ Nel mio giardino [ci] sono molti fiori.

***

❹ La mia scuola è proprio accanto a[l] mercato.
  . . . . . . mea este . . . . . lângă . . . .
❺ Lei ha un bambino con il mio amico.
  Ea . . . un . . . . . cu . . . . meu.

Soluzioni dell'esercizio 2
❶ – cumpăraţi – piaţă ❷ Văd – eşti – obosit ❸ În – mea – numai – copil ❹ Şcoala – chiar – piaţă ❺ – are – copil – prietenul –

13 / Lecţia a treisprezecea

Lecţia a treisprezecea [lectsia a treisprezecia]

Prea multe întrebări

1 – Ce mai fac [1] gemenele tale? Sunt mari acum!
2 – **Ele** [2] au trei ani... o vârstă [3] dificilă...
3 – Dificilă? Ce spui? Şi adolescenţa?
4   Voi nu aveţi încă probleme...
5 – Nu ştii ce spui!

Pronuncia
prea multe întrebər[i] **1** *ce mai fac gemenele tale sunt mar*[i] *acum*
2 *iele au trei an*[i]*... o vîrstə dificilə* **3** *dificilə? ce spui? ši adolescentsa*
4 *voi nu avetsi incə probleme* **5** *nu šti ce spui*

Osservazioni sulla pronuncia
(1), (2) Alla fine di **mari** ritroviamo la **i** "latente" che marca qui il plurale dell'aggettivo. Lo stesso suono è presente in **ani**: le due parole si pronunciano in una sola sillaba; l'accento cade sulla vocale **a**.
(3) Attenzione alla pronuncia separata del gruppo **sce** di **adolescenţa**; si pronuncia **adoles+centsa**.
(5) Le due **i** di **ştii** si pronunciano come una sola **i**.

L'educazione scolastica in Romania comincia con la scuola materna, chiamata **grădiniță** *(lett. giardinetto), un diminutivo di* **grădină**, *giardino. A scuola invece le classi sono numerate in ordine crescente, dalla* **clasa întâia** *(lett. la prima classe) alla* **clasa a douăsprezecea** *(lett. la dodicesima classe). Alla fine delle scuole superiori c'è l'esame di* **bacalaureat**, *o* **bac**, *molto simile alla maturità italiana.*

Tredicesima lezione

Troppe *(molte)* **domande**

1 – Come stanno *(Che ancora fanno)* le tue gemelle *(gemelle-le tue)*? Sono grandi adesso!
2 – Hanno tre anni... un'età difficile...
3 – Difficile? Che dici? E l'adolescenza *(adolescenza-la)*?
4   Voi non avete ancora problemi...
5 – Non sai cosa dici!

Note

1 Paragonate **Ce mai faceți?**, *Come sta?*, della seconda lezione, a **Ce mai fac gemenele tale?**, *Come stanno le tue gemelle?*: in quest'ultima frase, il verbo **a face**, *fare*, è alla terza persona plurale perché si accorda con il soggetto **gemenele**, *le gemelle*.

2 In questa frase, il pronome **ele** in romeno non è in realtà necessario, come non lo è in italiano.

3 Ritroviamo **vârstă**, *età*, nell'espressione **în vârstă**, *anziano/a/i/e*.

6 La trei ani un copil pune trei sute de [4] întrebări pe [5] zi... ☐

🗨 *6 la trei ani un copil pune trei sute de intrebəri pe zi*

Note

[4] Per dire *trecento domande*, il romeno aggiunge la preposizione **de** fra il numerale e il nome che segue: **trei sute de întrebări**. Non preoccupatevi, dei numerali riparleremo a tempo debito.

[5] La preposizione **pe**, *su*, ha vari significati, a seconda del contesto; qui si può tradurre con *al*.

***

Exercițiul 1 – Traduceți
❶ Cartofii sunt prea mari, aș vrea mai mici. ❷ Acum nu te mai recunosc. ❸ Mai am încă trei bunici. ❹ Ei cred că adolescența e o vârstă dificilă. ❺ Nu știu ce faci acolo.

***

Exercițiul 2 – Completați
❶ I tuoi fiori sono molto belli.
   Florile .... sunt foarte ....

❷ Ho dei grossi *(grandi)* problemi con il mio cane.
   Am .... probleme .. câinele ....

❸ Che dici del mio accento?
   Ce .... de .... meu?

Tredicesima lezione / 13

6 A tre anni un bambino fa *(pone)* trecento domande al *(per)* giorno ...

***

Soluzioni dell'esercizio 1
❶ Le patate sono troppo grandi, [ne] vorrei [di] più piccole. ❷ Adesso non ti riconosco più. ❸ Ho ancora tre nonni. ❹ Loro credono che l'adolescenza sia *(è)* un'età difficile. ❺ Non so cosa tu faccia *(fai)* lì.

***

❹ Avete tempo per un caffè?
 Aveți . . . . pentru . cafea?

❺ Non so che cosa ho qui sul *(su)* tavolo, sotto [il] giornale.
 Nu . . . . ce . . aici . . masă, . . . ziar.

Soluzioni dell'esercizio 2
❶ – tale – frumoase ❷ – mari – cu – meu ❸ – spui – accentul – ❹ – timp – o – ❺ – știi – am – pe – sub –

[patruzec*i*] **patruzeci** • 40

Lecţia a paisprezecea [lectsia a paisprezecia]

Recapitulare – Ripasso

1 La *i* finale "latente"

Torniamo un attimo alla **i** che compare alla fine di alcune parole e che abbiamo chiamato **i** "latente", appena accennata: non si tratta di una vocale a tutti gli effetti.
Non può costituire la base di una sillaba e risulta, in realtà, dalla modificazione della consonante precedente, che viene ammorbidita, articolata in maniera speciale: **azi**, *oggi*, viene pronunciata come una sillaba sola, con accento sulla **a**; la **i** finale quasi svanisce. La **i** "latente" è molto frequente in romeno; si usa in genere per marcare il plurale maschile dei sostantivi (**soţ**, *marito* → **soţi**, *mariti*; **an**, *anno* → **ani**, *anni*; **câine**, *cane* → **câini**, *cani*) e degli aggettivi (**mare**, *grande* → **mari**, *grandi*). Compare anche alla fine della seconda persona singolare del presente indicativo (**plăteşti**, *paghi*; **faci**, *fai*) e alla seconda plurale (**sunteţi**, *siete*; **vorbiţi**, *parlate*).

2 I pronomi personali soggetto (seconda parte)

È chiaro ormai che, come in italiano, l'uso dei pronomi personali soggetto non è obbligatorio perché basta la forma verbale per indicare la persona. La presenza del pronome risponde il più delle volte a ragioni d'enfasi (si intende mettere in risalto il soggetto): **eu plătesc**, o **plătesc eu**, in entrambi i casi con l'accento su **eu**, corrisponde a *pago io*. Aggiungiamo quindi i pronomi che avete incontrato nelle sei lezioni precedenti per fornirvi la lista completa dei pronomi personali soggetto del romeno: **eu**, *io*; **tu**, *tu*; **el**, *lui*; **ea**, *lei*; **noi**, *noi*; **voi**, *voi*; **ei**, *essi*, *loro*; **ele**, *esse*, *loro*.

3 *Essere* e *avere* all'indicativo presente (seconda parte)

Le sei lezioni precedenti vi hanno consentito di scoprire la coniugazione completa del presente indicativo dei due ausiliari romeni

Quattordicesima lezione

a fi, *essere*, e **a avea**, *avere*. Eccone lo schema:

	a fi, *essere*	**a avea**, *avere*
(eu)	**sunt**, *sono*	**am**, *ho*
(tu)	**ești**, *sei*	**ai**, *hai*
(el/ea)	**este**, *è*	**are**, *ha*
(noi)	**suntem**, *siamo*	**avem**, *abbiamo*
(voi)	**sunteți**, *siete*	**aveți**, *avete*
(ei/ele)	**sunt**, *sono*	**au**, *hanno*

Come avete già visto, la forma verbale **este**, *è*, si usa spesso nella lingua parlata nella forma abbreviata **e**, che diventa **i** quando incontra un'altra vocale alla quale si attacca, formando con essa un dittongo. **Nu este**, *non è*, diventa quindi **nu e** e poi **nu-i**; lo stesso meccanismo di riduzione si applica a **așa este**, *è vero, è così* (lett. così è), diventato **așa e** e infine **așa-i**.

4 Il plurale dei sostantivi e degli aggettivi

4.1 Il plurale delle parole maschili

La regola del plurale è semplice:
Alla fine dei sostantivi e degli aggettivi maschili che finiscono in consonante, si aggiunge una **-i**: **prieten român**, *amico romeno* → **prieteni români**, *amici romeni*. Questa aggiunta ammorbidisce la consonante, come abbiamo visto nel caso della **i** "latente". L'alterazione della consonante è visibile nel caso di **porc**, *maiale* → **porci**, *maiali*.
Alla fine dei sostantivi e degli aggettivi maschili che finiscono in vocale, la vocale finale viene sostituita con una **i**: **câine mare**, *grande cane* → **câini mari**, *grandi cani*. Per i sostantivi e gli aggettivi maschili che finiscono in **-i**, non c'è nessuna differenza fra il singolare e il plurale: **vechi**, a differenza del corrispondente italiano, può indicare tanto il singolare quanto il plurale. Attenzione alla parola **copil**, *bambino* che diventa **copii**, *bambini*, al plurale (e poi con l'ulteriore aggiunta dell'articolo determinativo, **copiii**, *i bambini*).

4.2 Il plurale delle parole femminili

Al femminile, il plurale viene in genere marcato da una **-e** che sostituisce la vocale finale della parola, come in italiano: **casă frumoasă**, *bella casa*, diventa quindi **case frumoase**, *belle case*. (Da notare però che vi sono eccezioni, come **limbă frumoasă**, *bella lingua* → **limbi frumoase**, *belle lingue*).

Se la parola finisce già in **-e** al singolare, si usa la marca del plurale maschile, **-i**: **familie mare**, *grande famiglia* → **familii mari**, *grandi famiglie*.

A ogni buon conto, vediamo anche due plurali femminili che non osservano perfettamente la regola: **zi**, *giorno*, ha come plurale **zile**, *giorni*, mentre **cafea**, *caffè*, diventa al plurale **cafele**.

4.3 Il plurale delle voci neutre

Un gran numero di sostantivi romeni (in genere, gli inanimati), si comportano come gli italiani *braccio*, *paio* o *uovo*: sono cioè maschili al singolare ma al plurale diventano femminili. La grammatica romena li classifica come neutri. Eccone qualche esempio: **oraș**, *città* → **orașe**, *città*; **ziar**, *giornale* → **ziare**, *giornali*; **restaurant**, *ristorante* → **restaurante**, *ristoranti*.

Questa regola fa sorgere la domanda: come sapere se una voce è maschile o neutra? Se si tratta di un essere inanimato, impossibile decidere a prima vista. Se si tratta invece di un animato, è più semplice: la coincidenza del genere grammaticale e del sesso naturale impedisce il passaggio al femminile.

Da notare infine che alcuni neutri hanno una forma del plurale caratteristica, sulla quale torneremo più avanti.

5 Gli articoli determinativi e indeterminativi (seconda parte)

5.1 L'articolo determinativo

Si trova alla fine della parola, una peculiarità del romeno rispetto alle altre lingue romanze. Passiamo in rassegna gli articoli romeni che abbiamo già incontrato.

patruzeci și trei *[patruzecⁱ și trei]*

Quattordicesima lezione / 14

• Al singolare
• L'articolo determinativo maschile singolare è una **-l** che si attacca alla fine della parola; il problema è che i maschili romeni finiscono spesso in consonante, il che rende difficile la pronuncia. Di conseguenza è venuta a intercalarsi la vocale **-u-**, allo scopo di agevolare la fonetica: **pom**, *albero* → **pomul**, *l'albero*. Alcune parole, che finiscono in vocale e non hanno quindi bisogno di una vocale d'appoggio, hanno come articolo determinativo singolare **-le**: **câine**, *cane* → **câinele**, *il cane*.

• L'articolo determinativo femminile singolare è **-a**, attaccato anch'esso alla fine della parola, dove sostituisce la **-ă** finale: **casă**, *casa* → **casa**, *la casa*; **salată**, *insalata* → **salata**, *l'insalata*. Ai femminili che finiscono in **-e**, si aggiunge una **-a**: **carne**, *carne* → **carnea**, *la carne*; **bere**, *birra* → **berea**, *la birra*. Le voci che finiscono in vocale accentata si servono della nostra vecchia conoscenza, la **-u-** intercalata: **zi**, *giorno* → **ziua**, *il giorno*; **cafea**, *caffè* → **cafeaua**, *il caffè* – entrambi femminili in romeno, non lo dimentichiamo!

• Al plurale
• Al plurale, l'articolo determinativo maschile è **-i**, sempre attaccato alla fine della parola dopo la prima **-i** che indica il plurale: **an**, *anno* → **ani**, *anni* → **anii**, *gli anni*. La situazione si complica quando esiste già una **i** nella radice della parola, come nel caso di **copil**, *bambino*. In questo caso, la **-i** che indica il plurale sostituisce la consonante finale: quindi **copii**, *bambini*. Aggiungendovi poi la **-i** articolo determinativo, la parola diventa **copiii**, *i bambini*, il che genera una rara successione di tre **i**! Superfluo dire che questa parola compare spesso nei dettati scolastici, rovinando la giornata ai piccoli fannulloni... Ma tranquilli, si tratta di un caso rarissimo di sottigliezza ortografica!

• Torniamo alla semplicità, con l'articolo determinativo femminile plurale **-le**, attaccato ovviamente alla fine della parola: **limbile**, *le lingue*; **casele**, *le case*; **zilele**, *i giorni*.

5.2 L'articolo indeterminativo

In confronto agli articoli determinativi, gli articoli indeterminativi del romeno, che già conoscete, sono molto più facili da ricordare.

[patruzeci și patru] **patruzeci și patru**

14 / Lecția a paisprezecea

Un significa *un* e **o**, **una**: **un profesor**, *un professore*; **o familie**, *una famiglia*. Normalmente al plurale non si usano articoli indeterminativi, come in italiano: **Avem prieteni în oraș**, *Abbiamo amici in città*.

6 I numerali ordinali

Vediamo adesso velocemente i numerali ordinali, che ritroverete anche nella numerazione delle lezioni: a differenza dell'italiano,

***

▶ Dialog de recapitulare – Dialogo di ripasso

1 – Bună dimineața, doamnă! Ce mai faceți?
2 Cumpărați ca de obicei trei kilograme de cartofi?
3 – Da, aș vrea și trei salate mari,
4 pentru că în familia mea toți sunt vegetarieni:
5 soțul meu și copiii refuză să mănânce carne...
6 – Văd că faceți progrese rapide la limba română!
7 Știți deja multe cuvinte noi, faceți puține greșeli,
8 dar aveți încă un accent străin.
9 – Am noroc, învăț repede pentru că am mulți prieteni
10 și acasă vorbesc românește cu soțul meu.

45 • **patruzeci și cinci** *[patruzec^i ši cinc^i]*

Quattordicesima lezione / 14

la parola determinata dal numerale ordinale romeno è sempre accompagnata dall'articolo determinativo.

In **Lecţia a doua** (lett. lezione-la la seconda), una **a** supplementare e intraducibile compare nella formula romena: si tratta dell'articolo ordinale femminile. Vi daremo a suo tempo ulteriori spiegazioni; per ora ricordate questa struttura tale e quale e ascoltate con attenzione i numeri delle lezioni, registrati prima di ciascun dialogo.

***

Traduzione
1 Buongiorno, signora! Come sta? **2** Compra come al solito tre chili di patate? **3** Sì, e vorrei anche tre insalate grandi, **4** perché nella mia famiglia tutti sono vegetariani: **5** mio marito e i bambini rifiutano di mangiare la carne... **6** Vedo che fa progressi rapidi in romeno *(lingua romena)*! **7** Sa già molte parole nuove, fa pochi errori, **8** ma ha ancora un accento straniero. **9** Sono fortunata *(Ho fortuna)*, imparo rapidamente perché ho molti amici **10** e a casa parlo romeno con mio marito.

Ormai vi siete abituati alla scrittura romena, vero? In genere, la pronuncia non solleva problemi; rinunceremo quindi alla trascrizione figurata delle parole che non presentano particolari difficoltà. Fidatevi, potete andare avanti senza stampelle!

Lecţia a cinsprezecea [lectsia a cinsprezecia]

Staţia de taxiuri

1 – Scuzaţi-mă, domnule,
2 caut [1] o staţie de taxiuri [2],
3 trebuie [3] să ajung repede la aeroport.
4 – Mergeţi drept înainte [4] şi la semafor
5 luaţi prima stradă la stânga:
6 taxiurile sunt la o sută de metri pe dreapta.
7 – Mulţumesc, sunteţi foarte amabil!
8 – Călătorie plăcută!

Pronuncia
statsia de tacsiur[i] 1 scuzatsimə ... 2 caut ... 3 trebuie sə ajung repede la aeroport 4 ... drept înainte ... semafor 5 luats[i] prima stradə la stînga 6 ... o sutə de metri pe dreapta 7 ... amabil 8 cələtorie pləcutə

Osservazioni sulla pronuncia
(1) In **scuzaţi-mă**, il pronome atono si pronuncia, come in italiano, legato al verbo precedente.

Note
1 L'infinito di **caut** è **a căuta**, *cercare*. I verbi che finiscono in **-a** fanno parte del primo gruppo.

***

Exerciţiul 1 – Traduceţi
❶ Bună ziua, caut un restaurant italian. ❷ În oraş sunt multe staţii de taxiuri. ❸ Prietenul meu este foarte amabil. ❹ Strada mea e chiar lângă aeroport. ❺ Ai dreptate, el nu e deloc fericit cu ea.

Quindicesima lezione

La stazione dei taxi

1 – Scusi, signore,
2   cerco una stazione di taxi,
3   devo arrivare presto all'aeroporto.
4 – Vada sempre diritto *(diritto avanti)* e al semaforo
5   prenda la prima via a sinistra*(-la)*:
6   i taxi sono a cento metri sulla destra.
7 – Grazie, è molto gentile!
8 – Buon viaggio *(Viaggio piacevole)*!

2 **taxiuri** è un tipico esempio di neutro romeno con la sua desinenza in **-uri**; vi ritorneremo nella lezione di ripasso.

3 **trebuie** significa sia *si deve* che *bisogna*; l'infinito del verbo è **a trebui**. I verbi in **-i** fanno parte del quarto e ultimo gruppo.

4 Per dire *sempre diritto*, i romeni possono scegliere fra **drept înainte** e **tot înainte**.

***

Soluzioni dell'esercizio 1
❶ Buongiorno, cerco un ristorante italiano. ❷ In città ci sono molte stazioni di taxi. ❸ Il mio amico è molto gentile. ❹ La mia via è proprio accanto all'aeroporto. ❺ Hai ragione, lui non è affatto felice con lei.

Exercițiul 2 – Completați

1. Mi scusi, faccio ancora molti errori in romeno.
   . . . . - . . , fac . . . . multe . . . . în limba română.

2. Arriva a imparare dieci parole nuove al giorno.
   . . . . . . să învețe . . . . cuvinte . . . pe . . .

3. Deve andare sempre diritto: il mercato è a trecento metri.
   . . . . să mergeți . . . . : piața e la . . . . sute de . . . . . .

4. La camera da letto è sulla sinistra e il soggiorno sulla destra.
   Dormitorul este . . . . și sufrageria . . . .

Lecția a șaisprezecea [lectsia a šaisprezecia]

Sunt grăbit!

1 – Taxi! Sunteți liber?
2 La aeroport, repede!
3 Avionul meu pleacă peste [1] o jumătate de oră!
4 – Regret, domnule, e prea târziu,
5 nu pot [2] depăși viteza legală,
6 risc o amendă.

Pronuncia

1 tacsi ... liber 3 avionul... pleacə peste o jumətate de orə 4 regret ... prea tirziu 5 nu pot depəši viteza legalə 6 risc o amendə

Note

1 **peste** dà qui un'indicazione di tempo, come in **peste un an**, *fra un anno*. Nello spazio, **peste** significa *al di là di*, *sopra*.

❺ Fa un lungo viaggio in Romania: ha degli amici a Bucarest.
Face . lungă .... în .... : are
.... la București.

Soluzioni dell'esercizio 2

❶ Scuzați-mă – încă – greșeli – **❷** Ajunge – zece – noi – zi **❸** Trebuie
– tot înainte – trei – metri **❹** – la stânga – la dreapta **❺** – o – călătorie
– România – prieteni –

Buone notizie! Il sistema verbale romeno è più semplice di quello italiano, in quanto l'uso dei tempi e dei modi è soggetto a meno restrizioni: non ci sono regole rigide per la concordanza dei tempi o del se condizionale... Vi sentite rincuorati, vero?

Sedicesima lezione 16

Ho fretta!

1 – Taxi! È libero?
2   All'aeroporto, presto!
3   Il mio aereo parte fra mezz'ora *(una metà di ora)*!
4 – Mi spiace, signore, è troppo tardi,
5   non posso superare il limite di velocità *(velocità-la legale)*,
6   rischio una multa.

Osservazioni sulla pronuncia

(5) L'infinito romeno è sempre accentato sulla vocale finale: ecco perché l'accento cade sulla **-i** di **depăși**.

2 L'infinito di **pot**, *posso* è **a putea**, *potere*; poiché la sua desinenza è **-ea**, il verbo appartiene al secondo gruppo.

[cinci'zeci] **cincizeci** • 50

7 Îmi pare rău [3] pentru dumneavoastră [4]!
8 – Dumneata [5] nu înțelegi că sunt grăbit?
9 La nevoie, plătesc eu.

7 îmⁱ pare rəu pentru dumneavoastrə 8 dumneata nu intselegⁱ ...
9 ... nevoie ...

Note

3 È difficile (oltreché inutile!) tradurre letteralmente espressioni come **îmi pare rău**, che abbiamo reso con *mi dispiace*. Il suo contrario è **îmi pare bine**, *sono contento*: **rău**, che significa *male*, è stato sostituito da **bine**, *bene*. Il verbo centrale è **a părea**, *parere*, *sembrare*.

4 Al contrario di **voi**, *voi*, che si usa esclusivamente per più interlocutori, **dumneavoastră** è il pronome di cortesia utilizzato per rivolgersi a una o più persone, che si accorda sempre con il plurale.

***

Exercițiul 1 – Traduceți

❶ Tatăl meu are acum mult timp liber și învață limba italiană. **❷** Ei merg la școală cu taxiul, dacă sunt grăbiți. **❸** Regret că părinții tăi nu sunt aici cu noi. **❹** Eu desenez un avion mare, tu desenezi un taxi mic. **❺** Aș vrea o jumătate de chil de carne de porc.

***

Exercițiul 2 – Completați

❶ Parlate troppo velocemente: non capisco cosa dite.
  .... prea ....: nu .... ce ....

❷ Alla mia età, non è troppo tardi per imparare una lingua straniera.
  La ...... mea, nu este .... pentru .
  ...... o limbă ....

❸ Mi dispiace, ma il *(signor)* dottore non è a casa.
  ... pare ..., dar domnul ...... nu este ......

Sedicesima lezione / 16

7 Mi dispiace *(Mi pare male)* **per Lei!**
8 – **Non capisce che ho fretta?**
9 **All'occorrenza** *(A bisogno)*, **pago io.**

5 **dumneata** è una variante più cortese rispetto a **tu**, ma si accorda comunque con la seconda persona singolare.

***

Soluzioni dell'esercizio 1
❶ Mio padre ha adesso molto tempo libero e impara la lingua italiana. ❷ Loro vanno a scuola in taxi *(con taxi-il)* se hanno fretta. ❸ Mi dispiace che i tuoi genitori non siano *(sono)* qui con noi. ❹ Io disegno un grande aereo, tu disegni un piccolo taxi. ❺ Vorrei mezzo chilo di carne di maiale.

***

❹ Il taxi non può superare il limite di velocità *(velocità-la legale)* in città.
 . . . . . . nu poate . . . . . . viteza . . . . . . în . . . . .

❺ Rischio di non arrivare in *(a)* tempo all'aeroporto.
 . . . . să nu . . . . . la . . . . la . . . .

Soluzioni dell'esercizio 2
❶ Vorbiți – repede – înțeleg – spuneți ❷ – vârsta – prea târziu – a învăța – străină ❸ Îmi – rău – doctor – acasă ❹ Taxiul – depăși – legală – oraș ❺ Risc – ajung – timp – aeroport

[cinc*i*zec*i* și doi] **cincizeci și doi** • 52

Facciamo un piccolo excursus nella storia romena, ai tempi in cui si usavano espressioni come **domnia ta** *(lett. la signoria tua) e* **domnia voastră** *(lett. la signoria vostra): sono queste che hanno poi generato, per contrazione, le forme attuali* **dumneata** *e* **dumneavoastră**. *Oggi,* **dumneavoastră** *si usa quando ci si rivolge a una o più persone sconosciute, o a cui si vuole mostrare rispetto o deferenza. Meno impegnativo,* **dumneata** *si usa tradizionalmente fra persone che si conoscono ma non hanno un vincolo di amicizia, o da una persona di una certa età quando si rivolge a una più giovane. D'altronde,*

Lecția a șaptesprezecea
[lectsia a šaptesprezecia]

Nimic de declarat!

1 – Bună ziua, poliția de frontieră și vama.
2   Actele [1] la control, vă rog [2]!
3 – Iată pașaportul!
4   Știu că nu am nevoie de viză.
5 – Totul e în regulă, dar fotografia e veche.
6 – Dacă vreți, vă arăt buletinul de identitate.
7 – Nu e nevoie [3], vă cred pe cuvânt.
8   Aveți ceva de declarat [4] la vamă?
9 – Nu, nimic.

Pronuncia

nimic de declarat **1** ... politsia de frontierə ši vama **2** actele la control və rog **3** iatə pašaportul **4** štiu cə nu am nevoie de vizə **5** totul ie in regulə ... **6** dacə vretsi və arət buletinul de identitate **7** ... və cred pe cuvint

Note

1 un **act** in romeno è *un documento ufficiale*, ma in altri contesti può significare anche *un atto*, come in italiano.

2 La traduzione letterale di **vă rog** è "La/vi prego", del verbo **a ruga**, *pregare*.

in questi ultimi tempi si nota un ritorno nel linguaggio ufficiale di **domnia sa**, *un modo cortese di dire* **el**, *lui, soprattutto quando si tratta di una personalità conosciuta o importante. Questo sistema pronominale è sopravvissuto durante gli oltre quarant'anni di regime comunista, quando tutte le voci appartenenti alla sfera semantica di signore ecc. furono bandite a favore di* **tovarăş, tovarăşă** *(compagno, compagna). Il sistema dei pronomi di cortesia è alquanto complesso e relativamente soggettivo; c'è chi usa anche* **dânsul** (**dânsa, dânşii, dânsele**) *in riferimento alla terza persona.*

Diciassettesima lezione

Niente da dichiarare!

1 – Buongiorno, *(la)* polizia di frontiera e *(la)* dogana.
2   Controllo dei documenti *(Documenti-i a controllo)*, per favore!
3 – Ecco il passaporto!
4   So che non ho bisogno di visto *(d'ingresso)*.
5 – Tutto*(-il)* è a posto, ma la foto è vecchia.
6 – Se vuole, Le mostro la carta d'identità.
7 – Non [ce n']è bisogno, Le credo *(su parola)*.
8   Ha qualcosa da dichiarare alla *(a)* dogana?
9 – No, niente.

---

3 **nevoie** significa *bisogno* (frase 4). **Nu e nevoie**, invece, si può tradurre, come qui, con *Non ce n'è bisogno*; si può usare anche la variante **Nu e necesar**.

4 A differenza dell'italiano, il romeno fa un uso moderato dell'infinito: **declarat**, da **a declara**, *dichiarare*, è qui un'altra forma verbale, sulla quale torneremo più tardi. Diciamo per adesso che si tratta di un participio passato accompagnato dalla preposizione **de**.

[cincⁱzecⁱ şi patru] **cincizeci şi patru**

17 / Lecția a șaptesprezecea

10 – Bine ați venit [5] în România! Vacanță plăcută! □

10 bine atsi venit ... vacantsə pləcutə

Note

5 Da notare che l'ausiliare del passato prossimo romeno è sempre il verbo **a avea**, *avere*.

***

Exercițiul 1 – Traduceți

❶ Dacă depășiți viteza legală, aveți probleme cu poliția. ❷ La frontiera italiană, românii nu au nevoie de viză. ❸ În familia mea, toți copiii au pașaport. ❹ Actele sunt în regulă, călătorie plăcută! ❺ Știu că risc să plătesc o amendă la vamă.

***

Exercițiul 2 – Completați

❶ Credo che la polizia romena sia molto gentile con gli stranieri.

.... că .... română e foarte .... cu ....

❷ Ammetto *(Riconosco)* che parlo romeno con molti errori.

.... că vorbesc .... cu multe ....

❸ Il cellulare è sul tavolo, sotto la carta d'identità.

.... e pe ...., sub .... de ....

***

La parola **vacanță** *si usa in romeno soprattutto al singolare, laddove l'italiano preferisce il plurale* vacanze. *Sarà che i romeni hanno a disposizione meno ferie rispetto agli italiani? Non sembra questo il motivo! Ciò che è sicuro, è che il Codice del lavoro romeno garantisce ai lavoratori un minimo di tre settimane di vacanze, alle quali si aggiungono vari giorni festivi, tra feste civili e religiose. E poi d'estate*

55 • **cincizeci și cinci** *[cincizeci și cinci]*

10 – Benvenuto *(Bene avete venuto)* in Romania! Buone vacanze!

Soluzioni dell'esercizio 1
❶ Se supera *(superate)* il limite di velocità *(velocità-la legale)*, ha *(avete)* problemi con la polizia. ❷ Al confine italiano, i romeni non hanno bisogno di visto. ❸ Nella mia famiglia, tutti i bambini hanno [il] passaporto. ❹ I documenti sono a posto *(in regola)*, buon viaggio! ❺ So che rischio di pagare una multa alla dogana.

***

❹ Di solito, loro *(esse)* non hanno niente da dichiarare alla dogana.
. . . . , ele nu au . . . . . de . . . . la
. . . . .

❺ Benvenuto! Sono contento che sia *(siete)* qua!
. . . . ați . . . . . ! Îmi pare . . . . că sunteți . . . . !

Soluzioni dell'esercizio 2
❶ Cred – poliția – amabilă – străinii ❷ Recunosc – românește – greșeli ❸ Mobilul – masă – buletinul – identitate ❹ De obicei – nimic – declarat – vamă ❺ Bine – venit – bine – aici

***

la scuola chiude e i bambini godono della cosiddetta **vacanța mare**, *la grande vacanza…*
A proposito di vacanze, i documenti necessari per viaggiare in Romania sono ormai poco numerosi. In effetti, dal 2007, in seguito all'adesione della Romania all'Unione europea, le formalità doganali si sono molto semplificate.

Lecția a optsprezecea [lectsia a optsprezecia]

Îmi plac cartofii prăjiți!

1 – Sunt obosit și mă doare capul [1];
2   hai [2] să mâncăm ceva.
3 – Îmi place ideea ta!
4   M-am săturat [3] să mă plimb
5   și mă dor picioarele.
6 – Este [4] un restaurant la doi pași de aici;
7   putem comanda două [5] grătare cu cartofi prăjiți.
8   Acasă nu facem niciodată.
9 – Nici noi: după soția mea,
10   cartofii îngrașă.

Pronuncia
im[i] plac cartofi prəjits[i] **1** … mə doare capul **2** Hai să mɨncəm **3** im[i] place ideea ta **4** mam səturat sə mə plimb **5** ši mə dor pic[i]oarele **6** … doi paš[i] … **7** putem comanda douə grətare … **8** … nic[i]odatə **10** … ɨngrašə

Note

1 Per parlare di dolore, l'italiano dirà soprattutto *avere male,* mentre il romeno preferisce il verbo **a durea,** *dolere,* mettendo l'oggetto del dolore in posizione di soggetto: **mă doare capul** (lett. mi duole la testa) corrisponde quindi all'italiano *mi fa male la testa.* Vedete sotto (frase 5) **mă dor picioarele,** *mi fanno male i piedi;* a proposito, tenete presente che questo vocabolo significa in romeno sia *gambe* che *piedi*!

2 In realtà, **hai!,** come la sua variante **haide!,** è un'interiezione che si usa negli stessi contesti di *andiamo!,* ma in contesti esortativi è l'equivalente di *forza!* – ovviamente anche allo stadio!

3 Anche in altre situazioni, per esempio alla fine di un pasto, si può usare la stessa espressione. Proviene dal verbo **a se sătura,** *saziarsi* (avrete forse riconosciuto la somiglianza con l'italiano *satollo*).

Diciottesima lezione

Mi piacciono le patatine fritte!

- **1** – Sono stanco e ho mal di testa *(mi duole testa-la)*;
- **2** andiamo a mangiare qualcosa.
- **3** – Mi piace la tua idea *(idea-la tua)*!
- **4** Sono stufo *(Mi ho stufato)* di passeggiare *(passeggiarmi)*
- **5** e mi fanno male *(dolgono)* i piedi.
- **6** – C'è un ristorante a due passi da qui;
- **7** possiamo ordinare due grigliate di carne con patatine *(patate)* fritte.
- **8** A casa non [ne] facciamo mai.
- **9** – Neanche noi: secondo *(dopo)* mia moglie,
- **10** le patate fanno ingrassare *(ingrassano)*.

Osservazioni sulla pronuncia
(2) Pronunciate bene la **h** di **hai**, *andiamo*, articolandola in fondo alla gola. Per dare maggior risalto a questo suono particolare, useremo nella trascrizione fonetica la maiuscola *[H]*.

4 Il romeno non dispone di un equivalente esatto di *c'è*. Al suo posto si usano **este/e** (lett. è) o **există** (lett. esiste).

6 Il numerale cardinale romeno **doi**, *due*, ha una variante femminile, **două**. Per fortuna, la distinzione dei generi nel caso dei numerali cardinali si ferma qui... Quanto ai numerali cardinali **un**, *un* e **o**, *una*, si confondono con l'articolo indeterminativo quando accompagnano un nome, mentre quando si usa da solo, il numerale cardinale corrispondente a *uno* ha la forma **unu** (**unu**, **doi**, **trei**..., *uno*, *due*, *tre*...) quando si contano oggetti che appartengono al genere maschile, e la forma **una**, **două**, **trei**... quando contiamo oggetti del genere femminile.

[cinc^{i}zec^i și opt] **cincizeci și opt**

Exercițiul 1 – Traduceți

❶ De două zile mă doare piciorul stâng. **❷** În fotografie ea are un cap frumos de bunică. **❸** Îmi plac mult câinii, mici și mari. **❹** Mă plimb de trei ore, sunt deja obosită. **❺** Eu comand un grătar cu legume, nu îngrașă.

***

Exercițiul 2 – Completați

❶ Non mi piace il caffè freddo.
 . . - . . . . . . cafeaua rece.

❷ Mi sono stufato della carne, adesso mangio solo frutta.
 . - . . . . de . . . . . , ... mănânc . . . . . fructe.

❸ Ancora due passi e siamo a casa.
 . . . . doi . . . . și . . . . . . acasă.

❹ Vedo che fa caldo, andiamo in giardino: ci sono dei bei fiori.
 . . . că . . . . . , . . . în . . . . : . . . . flori
 . . . .

***

Diciottesima lezione / 18

Soluzioni dell'esercizio 1

❶ Da due giorni mi fa male il piede sinistro. **❷** Nella *(In)* foto, lei ha una bella testa da nonna. **❸** Mi piacciono molto i cani, piccoli e grandi. **❹** Sto passeggiando da tre ore, sono già stanca. **❺** Io ordino una bistecca con verdure, non fa ingrassare.

***

❺ Le gemelle non mangiano mai patatine fritte a scuola.
. . . . nu mănâncă . . . . cartofi . . . .
la şcoală.

Soluzioni dell'esercizio 2

❶ Nu-mi place – **❷** M-am săturat – carne, acum – numai – **❸** Încă – paşi – suntem – **❹** Văd – e cald, hai – grădină – sunt – frumoase **❺** Gemenele – niciodată – prăjiţi –

***

Non trascurate la trascrizione fonetica: vi aiuta a pronunciare correttamente le parole romene! Anche se ormai potete farne a meno nella maggior parte dei casi, l'abbiamo conservata per le parole nuove che sollevano particolari difficoltà. Se avete dei dubbi, le registrazioni vi aiuteranno: non esitate ad ascoltarle attentamente.

[šaizecʲ] şaizeci • 60

Lecția a nouăsprezecea
[lectsia a nouăsprezecia]

Un om dificil

1 – Mă întreb ce găsește la el,
2 e o femeie frumoasă și inteligentă
3 și el e un bărbat [1] cu probleme!
4 – Exagerezi, e un om [2] cumsecade,
5 dar nu e foarte simpatic
6 și nu poți discuta [3] normal [4] cu el.
7 – Da, are un fel de umor special;
8 eu prefer o conversație mai vie
9 și mai puține bancuri vechi.

Pronuncia
un om dificil 1 mă întreb ce găsește ... 2 femeie frumoasă și inteligentă 3 ... bărbat ... 4 ecsagerez[i] ... om cumsecade 5 ... simpatic 6 ... discuta normal ... 7 ... un fel de umor spec[i]al 8 ... prefer o conversatsie mai vie 9 ... bancur[i] vech[i]

Note
1 Gli appassionati di etimologia noteranno senz'altro l'evidente connessione fra **bărbat**, *uomo* (maschio), e **barbă**, *barba*...
2 **om**, *uomo* ha un senso più generico, di *essere umano*; nel suo plurale irregolare (**oameni**, *uomini*), è molto simile a quello italiano, il che si spiega facilmente data la comune origine latina.

61 • **șaizeci și unu** *[šaizec[i] ši unu]*

Diciannovesima lezione

Un uomo difficile

1 – Mi chiedo cosa ci trovi in lui *(trova a lui)*,
2 è una donna bella e intelligente
3 e lui, è un uomo con [tanti] problemi!
4 – Stai esagerando *(Esageri)*, è un uomo perbene *(come-si-deve)*,
5 ma non è molto simpatico
6 e non puoi chiacchierare normalmente con lui.
7 – Sì, ha un senso dell'umorismo particolare *(una sorta di umorismo speciale)*;
8 io preferisco una conversazione più vivace
9 e meno *(più poche)* vecchie barzellette.

3 Dopo **a putea**, *potere*, il secondo verbo può essere all'infinito in romeno come in italiano; in questo caso, l'infinito non è preceduto da **a** (vedete l'infinito **discuta** nella frase 6).

4 L'avverbio **normal**, *normalmente*, nella frase **nu poți discuta normal cu el**, *non puoi chiacchierare normalmente con lui*, ha la stessa forma dell'aggettivo **normal**, *normale*; in genere, l'aggettivo romeno maschile singolare può anche fungere da avverbio, senza alcuna modifica.

Exercițiul 1 – Traduceți

❶ Găsesc că problemele tale sunt foarte dificile. ❷ Câinele meu este inteligent, dar nu vorbește. ❸ Profesorul mă întreabă dacă desenez bine. ❹ Doamna Popescu știe că legumele nu îngrașă. ❺ Ea spune că adolescența este o vârstă frumoasă.

***

Exercițiul 2 – Completați

❶ Ho una domanda: dove trovo un taxi?
.. o .... : unde ...... un .... ?

❷ È fortunata, è una donna felice!
Are ...... , e o ...... fericită!

❸ Non esagero affatto, lei è più bella di lui.
Nu .... deloc, .. e mai .... ca ...

Lecția a douăzecea [lectsia a douəzecia]

Țuica de prune

1 – Nu vrei să bem ceva,
2 după o lungă zi [1] de muncă? Ce zici [2]?
3 O țuică de prune [3], de exemplu?

Pronuncia

tsuica de prune 2 … lungə zi de muncə … zic[i] 3 … de egzemplu

Note

1 **lungă zi**, *lunga giornata*: qui, l'aggettivo precede il sostantivo. È una costruzione enfatica.

Soluzioni dell'esercizio 1

❶ Trovo che i tuoi problemi siano *(sono)* molto difficili. ❷ Il mio cane è intelligente, ma non parla. ❸ Il professore mi chiede se disegno bene. ❹ La signora Popescu sa che la verdura non fa ingrassare. ❺ Lei dice che l'adolescenza è una bella età.

***

❹ Attenzione all'accento, se parlate romeno col professore!
.... la ......, dacă .... românește cu ....!

❺ Con lui, puoi imparare molte vecchie barzellette.
.. el, ... să înveți ..... bancuri ......

Soluzioni dell'esercizio 2

❶ Am – întrebare – găsesc – taxi ❷ – noroc – femeie – ❸ – exagerez – ea – frumoasă – el ❹ Atenție – accent – vorbiți – profesorul ❺ Cu – poți – multe – vechi

---

Ventesima lezione

La grappa di prugne

1 – Non vuoi bere *(che beviamo)* qualcosa,
2   dopo una lunga giornata di lavoro? Che [ne] dici?
3   Una grappa di prugne, per esempio?

2 Conoscete il verbo **a spune**, *dire*. **A zice** è un sinonimo, che ha la stessa radice latina del verbo italiano.

3 **țuica de prune**, *la grappa di prugne*, è una sorta di bevanda nazionale. Ogni regione la prepara a modo suo; la gradazione alcolica va aumentando dal sud al nord dove, è vero, d'inverno fa più freddo…

4 – Mersi [4],
5 se spune că alcoolul face poftă de mâncare [5],
6 dar eu dorm dacă beau!
7 – Insist, ţuica e o băutură sănătoasă:
8 bunicul meu susţine că e un medicament care [6] omoară [7] microbii.

4 mersi 5 ... alcoolul ... poftə de mincare 7 insist ... ie o bəuturə sənətoasə 8 ... sustsine ... un medicament care omoarə microbi

Osservazioni sulla pronuncia
(8) Alla fine di **microbii**, *i microbi*, si pronuncia una sola **i**. La -**i** finale di **microbi**, *microbi*, è invece una *[ʲ]*, che abbiamo chiamato latente e non può formare sillaba a sé. La 2ᵃ **i** finale di **microbii** è, ovviamente, l'articolo determinativo maschile plurale.

Note
4 Un altro doppione in romeno: accanto a **mulţumesc** (lett. ringrazio) esiste la forma più semplice **mersi**, un prestito dal francese, che si usa parecchio nel linguaggio informale.

5 In **poftă de mâncare**, *appetito*, troverete il termine **poftă** il cui senso principale è *voglia*; l'espressione romena si potrebbe quindi tradurre

***

Exerciţiul 1 – Traduceţi
❶ Tatăl meu susţine că alcoolul face poftă de mâncare. ❷ După două ţuici de prune, riscăm să avem o conversaţie foarte vie. ❸ Acum nu am timp, prefer să examinez cu atenţie problema mai târziu. ❹ Se zice că e un om normal, care nu are nimic special. ❺ Nu cred că bărbaţii au mai mult umor ca femeile.

65 • **şaizeci şi cinci** *[šaizecʲ ši cincʲ]*

Ventesima lezione / 20

4 – Grazie,
5 si dice che l'alcol fa [venire] appetito,
6 ma io dormo se bevo!
7 – Insisto, la grappa è una bevanda sana:
8 mio nonno sostiene che è una medicina che ammazza i microbi.

letteralmente come "voglia di mangiare". Come avrete immaginato, *Buon appetito!* si dirà **Poftă bună!**

6 **care** è un pronome relativo che significa *che* o *il/la quale*.
7 L'infinito del verbo è **a omorî**, *ammazzare*; anche i verbi che finiscono in **–î**, come quelli che finiscono in **-i**, fanno parte del 4° gruppo.

***

Soluzioni dell'esercizio 1
❶ Mio padre sostiene che l'alcol fa [venire] appetito. ❷ Dopo due grappe di prugna, rischiamo di avere una conversazione molto vivace. ❸ Adesso non ho tempo, preferisco esaminare il problema con attenzione più tardi. ❹ Si dice che sia *(è)* un uomo normale, che non abbia *(ha)* niente di speciale. ❺ Non credo che gli uomini abbiano *(hanno)* più [senso dell']umorismo delle donne.

Exercițiul 2 – Completați

❶ È un uomo simpatico: puoi avere una lunga conversazione con lui.

E un . . simpatic: . . . . să . . o lungă
. . . . cu el.

❷ Mio nonno è un esempio per tutti noi in famiglia.

. . . . meu este un . . . . pentru noi . . . . în familie.

❸ Se sono stanco, dormo molto, tutto il giorno.

. . . . sunt obosit, ... mult, ... ziua.

***

A tavola, se volete essere cortesi e mostrare la vostra buona educazione, non basta dire **Poftă bună!***, Buon appetito! prima di cominciare a mangiare, ma dovete anche ringraziare alla fine:* **Mulțumesc/ mulțumim pentru masă** *(lett. Ringrazio/ringraziamo per il pasto); si risponde* **Să vă fie de bine!** *(lett. Che vi sia di bene!), più o meno l'equivalente dell'italiano Buon pro vi faccia. Siccome i romeni amano*

Lecția a douăzeci și una
[lectsia a douəzecⁱ și una]

Recapitulare – Ripasso

1 L'articolo determinativo – caso particolare

Pochi sostantivi maschili romeni finiscono in **-u**. In situazioni del genere, come nel caso di **metru**, *metro*, l'articolo determinativo **-l** si attacca direttamente alla fine del sostantivo; sarebbe superfluo intercalare una vocale d'appoggio. Ma ricordatevi che la stragrande maggioranza delle voci maschili finisce in consonante (il che vuol dire, come sapete, che occorre inserire una **-u-** fra il sostantivo e l'articolo **-l**).

❹ Il dottore sostiene che le medicine ammazzano i microbi.
Doctorul .... că .... omoară
....

❺ Non voglio insistere, ma credo che il lavoro sia *(è)* troppo difficile per lui.
Nu ..... să ......, dar .... că ..... este prea .... pentru el.

Soluzioni dell'esercizio 2
❶ – om – poți – ai – conversație – ❷ Bunicul – exemplu – toți – ❸ Dacă – dorm – toată – ❹ – susține – medicamentele – microbii ❺ – vreau – insist – cred – munca – dificilă –

***

molto le rime, dopo **Mulțumesc/mulțumim pentru masă** *c'è chi aggiunge:* **c-a fost bună și gustoasă** *(lett. che è stato buono e gustoso). Sempre parlando di abitudini a tavola, da notare che per i romeni la* **țuica de prune***, la grappa di prugne, non è un digestivo, ma soprattutto un aperitivo. Da consumare con moderazione: in certe regioni della Transilvania, dove è tradizione produrla in maniera artigianale, è una bevanda fortissima, più forte della vodka o del whisky...*

Ventunesima lezione

2 Plurale dei sostantivi e degli aggettivi – casi particolari

2.1 Modifiche fonetiche
Nel passaggio dal singolare al plurale, alcuni sostantivi e aggettivi romeni subiscono delle modifiche fonetiche di solito dovute alla presenza di una **-i** finale: **stradă**, *via*, diventa così **străzi**, *vie*, al plurale → la comparsa della **-i** ha trasformato la **d** in **z**.
In modo analogo, un aggettivo come **frumos**, *bello*, diventa **frumoși**, *belli*, al plurale → la **s** si è trasformata in **ș** sotto l'influenza della **-i**. Si tratta di applicare la legge del minimo sforzo: in effetti, in questo contesto per i romeni è più facile pronunciare **și** che **si**.

[šaizecʲ ši opt] **șaizeci și opt** • 68

2.2 Plurale dei sostantivi femminili in -e

In genere il plurale dei femminili è marcato da **-e**; quando la voce termina già in **-e** al singolare, si usa il plurale in **-i**, come per i maschili (**familie**, *famiglia* → **familii**, *famiglie*). Ma la parola **femeie**, *donna*, è un'eccezione perché al plurale perde la **-e** finale e diventa **femei**, *donne*.

3 Il neutro e le sue peculiarità (seguito)

Sapete cos'è il neutro romeno già dalla lezione 14. Vi ricordiamo che l'etichetta di "neutro" è un po' fuorviante, in quanto dà l'impressione che si tratti di parole che non sono né maschili né femminili. In realtà, il genere neutro designa parole che sono maschili al singolare e femminili al plurale. Ciò spiega perché alcuni specialisti preferiscono chiamarlo "ambigenere" piuttosto che neutro.

Comunque, quello che ci interessa qui è che, in certe situazioni, questo genere ibrido ha una desinenza speciale per il plurale: **-uri**, come abbiamo visto nel caso di **taxiuri**, *(i) taxi*.

4 I verbi romeni

4.1 I quattro gruppi verbali

La grammatica romena distingue quattro gruppi verbali a seconda della desinenza dell'infinito dei verbi. Eccoli qui, illustrati per mezzo di esempi che avete già incontrato nei testi delle lezioni:

– il 1º raggruppa i verbi il cui infinito termina in **-a**: **a prefera, a lucra, a scuza, a cumpăra**

– il 2º raggruppa i verbi il cui infinito termina in **-ea**: **a vedea, a plăcea, a vrea, a bea**

– il 3º raggruppa i verbi il cui infinito termina in **-e**: **a face, a merge, a crede, a pune**

– il 4º raggruppa i verbi il cui infinito termina in **-i** o **-î**: **a dormi, a mulțumi, a plăti, a omorî**

Ad eccezione del terzo gruppo, tutti gli altri infiniti romeni sono accentati sull'ultima sillaba. Esempi: *[a lucra], [a vedea], [a dormi]*.

La tavola seguente riassume le forme verbali dell'indicativo presente:

Ventunesima lezione / 21

		1° gruppo verbi in a	2° gruppo verbi in ea	3° gruppo verbi in e	4° gruppo verbi in i	4° gruppo verbi in î
SINGOLARE	1ª pers.	radice	radice	radice	radice	radice
	2ª pers.	radice + i latente	radice + i latente	radice + i latente	radice + i latente	radice + i latente
	3ª pers.	radice + ă	radice + e	radice + e	radice + e	radice + ă
PLURALE	1ª pers.	radice + ăm	radice + em	radice + em	radice + im	radice + âm
	2ª pers.	radice + ați	radice + eți	radice + eți	radice + iți	radice + âți
	3ª pers.	radice + ă	radice	radice	radice	radice + ă

Ecco qui un'applicazione della regola generale, con i verbi seguenti: **a prefera**, *preferire*; **a plăcea**, *piacere*; **a face**, *fare*; **a dormi**, *dormire* e **a omorî**, *ammazzare*. Per maggiore chiarezza, abbiamo evidenziato in rosso le desinenze di ciascuna persona:

	a prefer-a	a plăc-ea	a fac-e	a dorm-i	a omor-î
(eu)	prefer	plac	fac	dorm	omor
(tu)	preferi	placi	faci	dormi	omori
(el/ea)	preferă	place	face	doarme	omoară
(noi)	preferăm	plăcem	facem	dormim	omorâm
(voi)	preferați	plăceți	faceți	dormiți	omorâți
(ei/ele)	preferă	plac	fac	dorm	omoară

Qualche osservazione:
- le desinenze del singolare e della terza persona plurale sono atone, mentre quelle delle prime due persone plurali sono toniche, a eccezione dei verbi in **-e**;
- la radice delle altre persone può comportare alternanze fra **a** e **ă** nei verbi del secondo gruppo, e fra **o** e **oa** in quelli del quarto. Più avanti ritorneremo, con altre alternanze, su queste sottigliezze della fonetica romena.

[šaptezecʲ] **şaptezeci**

4.2 Verbi particolari

• **Verbi monosillabici**
Da notare che nella 1ª persona singolare dei verbi monosillabici (come **a bea** e **a vrea**), si aggiunge una **-u** alla forma dell'infinito. Per i nostri due esempi, avremo: **beau** e **vreau**. Torneremo in seguito sulla loro coniugazione completa.

• **Verbi ai quali si aggiunge un infisso**
Un certo numero di verbi del primo gruppo e la maggior parte dei verbi del quarto gruppo ricevono un infisso supplementare in tutte le persone del singolare e nella terza persona plurale. Niente paura: il quarto gruppo si comporta esattamente come alcuni verbi italiani analoghi; riceve l'infisso **-esc-**, anch'esso molto simile a quello italiano. Per il primo gruppo si usa invece l'infisso **-ez-**. Ecco quindi l'indicativo presente di **a lucra**, *lavorare* e **a uni**, *unire*:

***

▶ Dialog de recapitulare

1 – Scuzaţi-mă, doamnă,
2 nu ştiţi unde este o staţie de taxiuri?
3 Înţelegeţi, sunt foarte grăbit,
4 trebuie să merg la aeroport,
5 risc să pierd avionul!
6 – Îmi pare rău, domnule, nu ştiu,
7 nu pot să vă spun nimic!
8 Nu sunt de aici, sunt străină în oraş.
9 – Vă cred, sunteţi foarte simpatică,
10 sunteţi o femeie frumoasă şi inteligentă,
11 regret că nu am timp
12 pentru o conversaţie mai lungă cu dumneavoastră.
13 – Mersi, sunteţi foarte amabil!
14 La revedere şi călătorie plăcută!

Ventunesima lezione / 21

	a lucr-a	a un-i
(eu)	lucr-ez	un-esc
(tu)	lucr-ez-i	un-eșt-i
(el/ea)	lucr-eaz-ă	un-eșt-e
(noi)	lucr-ăm	un-im
(voi)	lucr-ați	un-iți
(ei/ele)	lucr-eaz-ă	un-esc

Da notare che i gruppi **ez** e **esc** subiscono alcune modifiche imposte dalle vocali che si trovano nelle immediate vicinanze: **-ez** diventa **-eaz-** e **-esc** si trasforma in **-eșt-**.

• **Verbi irregolari**
Ovviamente in romeno esistono anche verbi irregolari, ma non vi preoccupate, ne parleremo man mano che li incontreremo nei testi.

***

Traduzione

1 Scusi, signora, **2** non sa dov'è una stazione di taxi? **3** Capisce, ho molta fretta, **4** devo andare all'aeroporto, **5** rischio di perdere l'aereo! **6** Mi dispiace, signore, non [lo] so, **7** non Le posso dire niente! **8** Non sono di qui, sono straniera in [questa] città. **9** Le credo, è molto simpatica, **10** è una donna bella e intelligente, **11** mi spiace non avere *(che non ho)* tempo **12** per una conversazione più lunga con Lei. **13** Grazie, è molto gentile! **14** Arrivederci e buon viaggio!

Avete terminato una nuova serie di lezioni: congratulazioni! Vi siete accorti che abbiamo eliminato le parentesi intorno agli articoli presenti in italiano e assenti in romeno? No? Il fatto è che cominciate ad assorbire le strutture della lingua romena. Noi continueremo il nostro lavoro di semplificazione della traduzione italiana, ma voi, dal canto vostro, proseguite il vostro percorso con regolarità: questa è la combinazione vincente! Coraggio!

Lecția a douăzeci și doua
[lectsia a douəzecⁱ și doua]

Încântat de cunoștință!

1 – Bună ziua, nu ne cunoaștem,
2   dați-mi voie să mă prezint [1]:
3   mă cheamă [2] Ion Ionescu.
4 – Îmi pare bine, mă numesc [3] Petre Petrescu.
5 – Încântat de cunoștință!
6   Cum să spun, cred că suntem vecini,
7   vă văd adesea pe stradă,
8   dimineața devreme și seara târziu,
9   când vă plimbați cu un câine maro [4].
10 – Aveți și dumneavoastră un câine?
11   E bine să ai [5] un animal
12   care te obligă să faci o mică plimbare.

Pronuncia

încîntat de cunoștintsə 1 ... nu ne cunoaștem 2 datsimⁱ voie sə mə prezint 3 mə chiamă ion ionescu 4 imⁱ pare bine mă numesc petre petrescu 6 cum sə spun ... vecinⁱ 7 ... adesea ... 8 ... devreme ... seara ... 9 cînd və plimbatsⁱ ... maro 11 ... animal 12 ... obligə ... plimbare

Note

1   Il verbo **a se prezenta**, *presentarsi*, è pronominale in romeno come in italiano. Troverete maggiori dettagli sulla coniugazione dei pronominali nella lezione di ripasso.

2   Il verbo **a se chema**, *chiamarsi*, nonostante l'evidente somiglianza con il suo equivalente italiano, si usa un po' diversamente. Capirete subito la logica: **mă cheamă** si traduce letteralmente "mi chiamano", e non "mi chiamo". Di conseguenza, in romeno il verbo resta invariabile e solo il pronome personale complemento indica la persona.

Ventiduesima lezione

Piacere di conoscerLa!

1 – Buongiorno, non ci conosciamo,
2 mi permetta *(datemi permesso)* di presentarmi:
3 mi chiamo *(chiamano)* **Ion Ionescu**.
4 – Piacere, mi chiamo Petre Petrescu.
5 – Piacere di conoscerLa!
6 Come dire *(che dica)*, credo che siamo vicini,
7 La vedo spesso per la *(su)* strada,
8 la mattina presto e la sera tardi,
9 quando passeggia con un cane marrone.
10 – Ha anche Lei un cane?
11 È bene avere *(che tu-abbia)* un animale
12 che ti costringa *(obbliga)* a fare una piccola passeggiata.

3 **a se numi** (lett. nominarsi) è un sinonimo di **a se chema**, leggermente più formale; stavolta il verbo si deve coniugare, proprio come in italiano. Potete sostituire **mă cheamă Gianni Martini** o **mă numesc Gianni Martini** con un'altra formula di presentazione: **numele meu este Gianni Martini** (lett. il mio nome è Gianni Martini).

4 **maro**, *marrone*: in romeno, l'aggettivo è invariabile.

5 **să ai** è un congiuntivo, *che tu abbia*; sapete che il romeno evita l'infinito. Quando due verbi si susseguono, il secondo si suole mettere al congiuntivo. In italiano, quando il soggetto dei due verbi è identico, questo congiuntivo si traduce con un infinito (*voglio partire*); altrimenti si procede come in romeno e il secondo verbo si mette al congiuntivo (*voglio che tu venga*). Inoltre, notate che qui la seconda persona singolare ha un senso generale.

[šaptezeci și patru] șaptezeci și patru

13 – E-adevărat, dar **eu** am o pi**si**că [6]
14   și **ea** pre**fe**ră să ră**mâ**nă a**ca**să.   □

13 iadevərat ... pisicə 14 ... rəminə ...

Osservazioni sulla pronuncia
(13) In **E-adevărat**, *È vero*, la **e** che è la contrazione di **este** si pronuncerebbe *[ie]* ma seguita dalla vocale **a** si riduce ulteriormente a *[i]*.

Note
6 **pisică**, *gatto*: a differenza dell'italiano, in romeno questo termine generico è femminile.

***

Exercițiul 1 – Traduceți
❶ Nu știu cum vă cheamă, dar cred că vă cunosc. ❷ Dați-mi voie să plătesc cafelele. ❸ Vă prezint un prieten, ne cunoaștem din adolescență. ❹ Părinții mei au un câine și două pisici. ❺ Mă plimb adesea în oraș seara.

***

Exercițiul 2 – Completați
❶ Come ti chiami? – Mi chiamo Ion.
   Cum .. cheamă? – .. cheamă Ion.

❷ I miei vicini sono molto simpatici quando bevono alcol.
   . . . . mei sunt foarte . . . . când beau
   . . . .

❸ Mi vedo costretta ad ammettere che non capisco per niente la tua domanda.
   Sunt . . . . să recunosc că nu . . . . deloc
   . . . . ta.

13 – È vero, ma io ho un gatto
14   e lui *(lei)* preferisce rimanere a casa.

Soluzioni dell'esercizio 1
❶ Non so come si chiami [Lei], ma credo di conoscerLa. ❷ Mi permetta di pagare i caffè. ❸ Le presento un amico, ci conosciamo dall'adolescenza. ❹ I miei genitori hanno un cane e due gatti. ❺ Passeggio spesso in città la sera.

***

❹ È ancora troppo presto per sapere chi ha ragione.
  E .... prea .... pentru ... cine are
  ....

❺ Se piove, non andiamo via; rimaniamo a casa.
  Dacă ....., nu ...... ; .... acasă.

Soluzioni dell'esercizio 2
❶ – te – Mă – ❷ Vecinii – simpatici – alcool ❸ – obligat – înțeleg – întrebarea – ❹ – încă – devreme – a ști – dreptate ❺ – plouă – plecăm – rămânem –

Lecția a douăzeci și treia
[lectsia a douəzecʲ ši treia]

Invitația

1 – Nu veniți la prânz la noi în week-end?
2 – Mersi de invitație, dar nu putem!
3   Vineri plecăm la țară [1];
4   rămânem acolo sâmbătă și duminică,
5   ne întoarcem numai luni.
6 – Veniți la masă [2] seara,
7   într-o [3] zi din săptămână,
8   marți sau miercuri;
9   joi avem invitați la cină,
10 niște [4] rude [5] din Timișoara.
11 – Marți seara e perfect,

Pronuncia

invitatsia 1 ... *prînz* ... *uichend* 2 ... *invitatsie* ... 3 *vinerʲ* ... *tsarə*
4 ... *acolo sîmbətə ši duminicə* 5 *ne intoarcem numai lunʲ*
7 ... *səptəminə* 8 *martsʲ sau miercurʲ* 9 *joi* ... *invitatsʲ* ... *cinə* 10 *nište rude din timišoara* 11 ... *perfect*

Note

1 In questo contesto, **țară** significa *campagna*; la stessa parola designa il paese, come abbiamo visto in **Țara Românească** (lett. Terra Romena), il nome storico della **Muntenia**.

2 **masă** designa sia il *tavolo* come mobile che la *tavola*, o il *pasto*. Infatti si può dire **masa de dimineață** in riferimento alla *prima colazione*, **masa de prânz** (o semplicemente **prânzul**) per *il pranzo* e **masa de seară** per *la cena*. **A lua masa** (lett. prendere la tavola) significa *pranzare/cenare*.

Ventitreesima lezione

L'invito

1 – Non venite a pranzo da noi questo weekend?
2 – Grazie dell'invito, ma non possiamo!
3 Venerdì andiamo in *(a)* campagna;
4 ci fermiamo *(restiamo)* lì sabato e domenica,
5 torniamo solo lunedì.
6 – Venite a mangiare *(a tavola)* una sera*(-la)*,
7 *(in)* un giorno della settimana,
8 martedì o mercoledì;
9 giovedì abbiamo ospiti a cena,
10 dei parenti di Timișoara.
11 – Martedì sera è perfetto,

Osservazioni sulla pronuncia

(1) **week-end** (scritto anche **weekend**) si pronuncia come in inglese; in genere, quando usano una voce straniera, i romeni cercano di avvicinarsi il più possibile alla pronuncia originale.

3 **într-o**, *in una*, è la contrazione di **în** e di **o**, volta ad agevolare la pronuncia. Allo stesso modo, dall'accostamento di **în** e **un** risulta **într-un**, *in un*.

4 Nella grammatica romena, **niște** è presentato come articolo indeterminativo plurale, equivalente dell'italiano *dei/degli/delle*. Abbiamo visto però che per dare l'idea dell'indeterminativo plurale, il romeno tende a usare il sostantivo senza articolo: **am prieteni în oraș**, *ho amici in città*. Nel contesto della lezione, **niște** avrebbe dunque piuttosto il senso dell'indefinito italiano *qualche*.

5 **rudă** designa un *parente*, un *membro della famiglia*. Ricordatevi (lezione 9, nota 4) che **părinți** significa invece *genitori*.

[šaptezecⁱ ši opt] **șaptezeci și opt**

12 după **o**ra ⁶ **ș**apte.
13 – La reved**e**re, pe m**a**rți!

*12 ... o*ra *š*apte

Note

6 In questo contesto, l'uso di **ora**, *l'ora*, non è obbligatorio. Si può dire semplicemente **după șapte**, *dopo le sette*.

***

Exercițiul 1 – Traduceți

❶ Nu putem veni la voi în week-end, nu suntem liberi. ❷ Azi la prânz mănânc numai o salată. ❸ El învață limba română de trei săptămâni, zece cuvinte pe zi. ❹ Ei au multe rude la țară, în Moldova. ❺ Nu trebuie să refuzi niciodată o invitație la restaurant!

***

Exercițiul 2 – Completați

❶ I miei genitori vengono a Bucarest per due giorni.
.... mei ... la .... pentru .... zile.

❷ Tua madre rimane da noi tutta la settimana?
.... ta ...... la noi ..... săptămâna?

❸ Sei *(il)* mio ospite, offro io *(io pago pasto-il)*!
Ești .... meu, eu plătesc ....!

❹ È perfetto, noi partiamo adesso e lei rimane a casa.
E ...., noi ...... acum și ea rămâne ......

❺ Che cosa hai lì? Voglio vedere!
.. ai ...... ? Vreau să ....!

12 dopo le sette *(ora-la sette)*.
13 – Arrivederci, a martedì!

Soluzioni dell'esercizio 1
❶ Non possiamo venire da voi nel weekend, non siamo liberi. ❷ Oggi a pranzo mangio solo un'insalata. ❸ Lui studia *(impara)* il romeno da tre settimane, dieci parole al giorno. ❹ Loro hanno molti parenti in *(a)* campagna, in Moldavia. ❺ Non devi mai rifiutare un invito al ristorante!

***

Soluzioni dell'esercizio 2
❶ Părinții – vin – București – două – ❷ Mama – rămâne – toată – ❸ – invitatul – masa ❹ – perfect – plecăm – acasă ❺ Ce – acolo – văd

***

Non sentitevi mai in obbligo di imparare subito tutte le sottigliezze grammaticali del romeno: le abbiamo introdotte in maniera graduale, attentamente calibrata, proprio per questo. Non dovete però dimenticare la vostra dose quotidiana di romeno, perché la regolarità è la chiave del vostro successo: seguendo una lezione al giorno assorbirete senza accorgervene le strutture romene e assimilerete piano piano tutti gli automatismi necessari. Forza!

Lecția a douăzeci și patra
[lectsia a douăzecʲ ši patra]

Gara nu e departe

1 – Nu vă supărați [1], domnișoară,
2   unde e gara, e departe?
3 – Nu, e aproape de aici,
4   puteți merge pe jos [2] până acolo.
5 – Prefer să iau [3] un autobuz sau un tramvai,
6   valiza mea e mult prea grea
7   și trenul meu pleacă peste zece minute.
8 – Bine, luați tramvaiul numărul [4] șapte,
9   stația e chiar după colț,
10   lângă chioșcul de ziare,
11   vizavi de cinematograf.

Pronuncia

gara nu ie departe **1** ... *supəratsʲ domnišoarə* **3** ... *aproape* ... **4** ... *žos* ... **5** ... *iau* ... *autobuz sau* ... *tramvai* **6** *valiza* ... *grea* **7** ... *trenul* ... *minute* **8** ... *tramvaiul numərul* ... **9** ... *colts* **10** ... *chioŝcul* ... **11** *vizavi de cinematograf*

Note

1 **a se supăra**, *offendersi, prendersela*, è pronominale anche in romeno. Nel contesto della lezione rappresenta un'alternativa a **scuzați-mă**, *mi scusi*. Il romeno dispone anche di altre formule dallo stesso significato. La più facile sarebbe **Scuzați-mă; Iertați-mă**, *Mi perdoni*, ha la stessa struttura, ma con il verbo **a ierta**, *perdonare*. **Pardon**, *perdono*, si usa in genere nei contesti in cui in italiano si usa *permesso*.

2 Il primo significato di **jos** è *giù*. In altri contesti, **pe jos** può significare *per terra*, ma anche *a piedi*.

Ventiquattresima lezione

La stazione non è lontana

1 – Mi scusi *(Non vi offendete)*, **signorina,**
2 dov'è la stazione, è lontana?
3 – No, è vicina *(vicino di qui)*,
4 può andarci a piedi *(andare a piedi fin lì)*.
5 – Preferisco prendere un autobus o un tram,
6 la mia valigia è *(molto)* troppo pesante
7 e il mio treno parte fra dieci minuti.
8 – Bene, prenda il tram numero*(-il)* sette,
9 la fermata è proprio dietro *(dopo)* l'angolo,
10 vicino all'edicola *(chiosco-il di giornali)*,
11 di fronte al cinema.

3 iau è la prima persona singolare del verbo **a lua**, *prendere*, verbo irregolare che abbiamo già incontrato e il cui presente indicativo è: **(eu) iau, (tu) iei, (el/ea) ia, (noi) luăm, (voi) luați, (ei/ele) iau.**

4 **tramvaiul numărul șapte** oppure **tramvaiul șapte**, *il tram 7*: **numărul**, *il numero*, non è obbligatorio in questo contesto.

12 – Vă mulțumesc din toată inima,
13 sunteți foarte drăguță [7].

12 ... inima 13 ... drəgutsə

Note

[7] Attenzione all'uso di **drăguță**! Nel contesto della lezione, la parola significa *cortese, gentile*. In altri contesti significa invece *carina*. La formula romena fa quindi leva su questa ambiguità...

***

Exercițiul 1 – Traduceți

❶ Mă supăr când văd că faci greșeli de limbă. ❷ Domnișoara Enescu ia autobuzul când vrea să meargă la piață. ❸ Cum pot să ajung repede la gară? Vreau să iau primul tren de București! ❹ Pe jos e prea departe, prefer să iau un taxi. ❺ Stația de tramvai e chiar vizavi de aeroport.

***

Exercițiul 2 – Completați

❶ La città è vicina al confine con la Romania.
...... e aproape de .... cu ....

❷ Mi scusi, l'autobus numero quindici va all'aeroporto?
........-..., autobuzul .... cincisprezece ..... la aeroport?

❸ È un uomo anziano: ha una barba lunga *(di)* un metro.
E un ...... în vârstă: are o ..... lungă de un ....

❹ Hai ragione, la tua valigia è troppo pesante.
Ai ...., ... ta e mult prea ..... .

❺ Il dottore dice che il suo cuore è sano.
.... spune că ..... sa este ....

12 – La ringrazio di *(tutto)* cuore,
13 è molto gentile.

Soluzioni dell'esercizio 1
❶ Me la prendo quando vedo che fai errori di lingua. ❷ La signorina Enescu prende l'autobus quando vuole andare al mercato. ❸ Come posso arrivare velocemente alla stazione? Voglio prendere il primo treno per *(di)* Bucarest! ❹ A piedi è troppo lontano, preferisco prendere un taxi. ❺ La fermata del tram è proprio di fronte all'aeroporto.

***

Soluzioni dell'esercizio 2
❶ Orașul – frontiera – România ❷ Scuzați-mă – numărul – merge – ❸ – bărbat – barbă – metru ❹ – dreptate, valiza – grea ❺ Doctorul – inima – sănătoasă

***

Nelle città della Romania i trasporti pubblici sono assicurati da **tramvaie**, *tram,* **autobuze**, *autobus,* **troleibuze**, *filobus e* **metrou**, *metro. Come altrove nel mondo,* **tramvaiul**, *il tram, trascurato per decenni, sta tornando alla ribalta per ragioni ecologiche. Per gli spostamenti fuori città si può prendere anche* **autocarul**, *il pullman, ma sembra che i romeni preferiscano ancora la macchina: la crescita esponenziale del numero di automobili ha modificato profondamente il paesaggio urbano. Oggigiorno le strade ne sono strapiene e anche in Romania trovare parcheggio in città diventa ormai una vera e propria impresa…*

Lecţia a douăzeci şi cincea
[lectsia a douəzecⁱ ši cincia]

La hotel

1 – Bună seara, aveţi o cameră liberă
2 cu un pat dublu, vă rog?
3 – Desigur, domnule!
4 Câte nopţi rămâneţi la hotel?
5 – Nu ştiu încă precis [1]... poate o săptămână.
6 – Foarte bine! Vreţi să vedeţi camera?
7 E la etajul patru [2], cu vedere spre mare.
8 – Şi care e preţul? Cât costă?
9 – Nu pot să spun că e ieftină,
10 e scumpă [3], dar ce plăcere să vezi marea pe fereastră!
11 – Aveţi dreptate, preţul nu are importanţă;
12 la nevoie, pot plăti [4] cu cardul... ☐

Pronuncia
... Hotel **1** ... camerə ... **2** ... pat dublu ... **3** desigur ... **4** cîte noptsⁱ
... **5** ... precis ... **7** etažul patru cu vedere spre mare **8** ... pretsul cît
costə **9** ... pot ... ieftinə **10** ... scumpə ... fereastrə **11** ... importantsə
12 ... cardul

Note
1 Ricordatevi che, come tutti gli aggettivi romeni, **precis**, *preciso*, si può anche usare come avverbio, senza alcuna modifica formale.

2 Di solito, in questo contesto non si usa il numerale ordinale: si dirà quindi **etajul patru** (lett. il piano quattro).

Venticinquesima lezione

In *(A)* albergo

1 – Buonasera, avete una camera libera
2 con un letto matrimoniale *(doppio)*, per favore?
3 – Certamente, signore!
4 Quante notti vi fermate *(rimanete)* in albergo?
5 – Non so ancora di preciso... forse una settimana.
6 – Benissimo! Vuole vedere la camera?
7 È al quarto piano, con vista sul *(verso)* mare.
8 – E qual è il prezzo? Quanto costa?
9 – Non posso dire che sia *(è)* economica,
10 è cara, ma che piacere vedere *(che tu-veda)* il mare dalla *(su)* finestra!
11 – Ha ragione, il prezzo non ha importanza;
12 all'occorrenza *(a bisogno)*, posso pagare con la carta di credito...

Osservazioni sulla pronuncia
(Titolo), (4) Non dimenticate di pronunciare distintamente la **h** di hotel!

3 Come *caro* in italiano, **scump** ha due significati: uno si riferisce al prezzo, l'altro al sentimento... *Mio caro* si dirà **Scumpul meu**, e *Mia cara*, **Scumpa mea**... Imparerete altre espressioni tenere nelle prossime lezioni!

4 Questo esempio vi ricorda che dopo il verbo **a putea**, *potere*, si può usare l'infinito (qui **plăti**), in alternativa al solito congiuntivo: **pot să plătesc** (lett. posso che paghi).

25 / Lecția a douăzeci și cincea

▶ Exercițiul 1 – Traduceți

❶ Bună ziua, caut o cameră pentru o noapte. ❷ Ei au o sufragerie cu vedere spre grădină. ❸ Puteți pune în cameră un pat pentru copil? ❹ Bunica ta cumpără un medicament străin care costă foarte mult. ❺ Vreau să știu dacă există un restaurant vegetarian în oraș.

***

Exercițiul 2 – Completați

❶ Voglio rimanere qui quattro giorni, se fa bello; sono in vacanza!
Vreau .. .. aici ..... zile, dacă . ...;
sunt în ....!

❷ L'albergo ha quindici piani; tutte le stanze hanno [la] vista sul mare.
.... are .... etaje; toate
.... au ...... spre .....

❸ Lei sa esattamente (*precisamente*) cosa cerca; per lei, il prezzo non ha importanza.
Ea știe ...... ce .....; pentru ea, ... nu are
....

❹ Non vuoi capire che l'aereo è troppo caro per noi?
Nu vrei .. .. că .... e prea .....
pentru noi?

❺ Se paga con la carta di credito, non ho bisogno della Sua carta d'identità.
.... plătiți cu ......, nu am ...... de ......
dumneavoastră de ....

***

Quanto ai saluti usati nell'arco della giornata, ricordiamo che si comincia con **Bună dimineața** *(lett. Buona mattinata).* **Bună ziua**, Buongiorno, *si può dire in qualsiasi momento fino all'imbrunire, quando si passa a* **Bună seara**, Buonasera. *Fra amici e conoscenti, tutte queste formule si possono ridurre al semplice ma informale* **Bună**. **Noapte bună**, Buona notte, *invece, è come in italiano una formula di congedo notturno, con la differenza che stavolta l'aggettivo*

Soluzioni dell'esercizio 1

❶ Buongiorno, cerco una camera per una notte. ❷ Loro hanno un soggiorno con vista sul giardino. ❸ Può mettere in camera un letto per il bambino? ❹ Tua nonna compra una medicina straniera che costa moltissimo. ❺ Voglio sapere se c'è un ristorante vegetariano in città.

***

Soluzioni dell'esercizio 2

❶ – să rămân – patru – e frumos – vacanță ❷ Hotelul – cincisprezece – camerele – vedere – mare ❸ – precis – caută – prețul – importanță ❹ – să înțelegi – avionul – scump – ❺ Dacă – cardul – nevoie – cartea – identitate

***

slitta in seconda posizione.
Oggi, se viaggiate in Romania, potete scegliere fra **un hotel**, *un albergo,* **un han**, *un albergo tradizionale oppure* **o pensiune**, *una pensione… a meno che preferiate un* **cazare la particulari**, *alloggio privato, o una* **pensiune agroturistică**, *un agriturismo. Se poi non avete tempo per scoprire i vicoletti più nascosti, potete sempre scegliere* **un motel**, *un motel.*

Lecția a douăzeci și șasea
[lectsia a douəzecʲ ši šasea]

La restaurant

1 – Chelner! Se poate încă mânca la ora asta?
2   Nu e prea târziu?
3 – Se poate, domnule, bucătăria e deschisă.
4 – Ce aveți azi în meniu?
5 – Ca aperitiv [1], salată de vinete [2],
6   felul [3] întâi, supă sau ciorbă.
7   Felul doi, friptură de porc sau de vită [4]
8   cu pireu de cartofi sau legume.
9   Ca desert, o prăjitură [5] cu ciocolată sau fructe.
10 – De fapt, nu mi-e foame [6]
11   dar mi-e foarte sete;
12   nu vreau decât o apă minerală.

Pronuncia
1 chelner ... asta 3 ... deschisə 4 ... meniu 5 ... aperitiv salatə de vinete 6 ... supə sau ciorbə 7 ... fripturə ... vitə 8 cu pireu ... 9 ca desert o prəjiturə cu ciocolatə ... 10 de fapt nu mie foame 11 ... mie foarte sete 12 ... decît o apə minerală

Note

1 L'**aperitiv** romeno non corrisponde all'*aperitivo* italiano; per i romeni il termine si riferisce soprattutto agli antipasti, oltre che alla bevanda che si prende prima di mangiare.

2 **salata de vinete**, *l'insalata di melanzane*, è in realtà una purea fredda di melanzane, ed è uno degli antipasti estivi più amati dai romeni.

3 In questo contesto, **fel** (lett. sorta) designa il *piatto*; l'espressione completa è **fel de mâncare** (lett. sorta di cibo).

Ventiseiesima lezione

Al ristorante

1 – Cameriere! Si può ancora mangiare a quest'ora?
2   Non è troppo tardi?
3 – È possibile *(si può)*, signore, la cucina è aperta.
4 – Che cosa avete oggi nel menù?
5 – Come antipasto, insalata di melanzane,
6   primo piatto, zuppa o minestrone.
7   Secondo piatto, arrosto di maiale o di manzo
8   con purea di patate o verdura.
9   Come dessert, un dolce al *(con)* cioccolato o frutta.
10 – In realtà, non ho fame,
11   ma ho molta sete;
12   voglio solo *(non voglio che)* un'acqua minerale.

---

4 La carne di manzo può essere chiamata anche **carne de vacă** e un minestrone di manzo, **ciorbă de văcuţă**.

5 Il verbo da cui deriva **prăjitură**, *dolce*, è **a prăji**, *friggere*.

6 Le costruzioni **mi-e foame**, *ho fame*, e **mi-e sete**, *ho sete*, si formano con un pronome indiretto. La loro traduzione letterale sarebbe qualcosa come "mi è fame" e "mi è sete".

Exercițiul 1 – Traduceți

❶ Plec în vacanță la mare două săptămâni. ❷ Restaurantul nu e deschis decât în weekend. ❸ Mi-e foame și mi-e sete, vreau să mănânc și să beau. ❹ Aici toți chelnerii vorbesc limbi străine. ❺ Nu aveți un meniu ieftin pentru copii?

***

Exercițiul 2 – Completați

❶ Non so se voglio una zuppa calda o un minestrone freddo.
Nu știu .... vreau o .... caldă sau o ...... rece.

❷ Cameriere! Presto, una grigliata [di carne] e una birra, per favore!
.......! ......, un ...... și o bere, ...!

❸ Mi piace la frutta, ma per *(a)* dessert preferisco il cioccolato.
... plac ...., dar la ...... prefer
....

❹ Non esagero, lei può mangiare un dolce al minuto.
Nu ...., ea poate ..... o .... pe
....

❺ Lei dice che l'acqua minerale non è una bevanda troppo cara.
Ea .... că ... minerală nu este o .... prea
....

***

Da notare che nel pranzo tradizionale romeno è quasi d'obbligo mangiare la zuppa o il minestrone come primo piatto, mentre non c'è questa usanza per cena. I piatti tipici sono arricchiti di influenze occidentali, slave e balcaniche, che fanno la delizia dei buongustai...

Ventiseiesima lezione / 26

Soluzioni dell'esercizio 1
❶ Vado in vacanza al mare due settimane. ❷ Il ristorante è aperto solo nel weekend. ❸ Ho fame e ho sete, voglio mangiare e bere. ❹ Qui tutti i camerieri parlano lingue straniere. ❺ Non avete un menù economico per bambini?

***

Soluzioni dell'esercizio 2
❶ – dacă – supă – ciorbă – ❷ Chelner – Repede – grătar – vă rog ❸ Îmi – fructele – desert – ciocolata ❹ – exagerez – mânca – prăjitură – minut ❺ – zice – apa – băutură – scumpă

***

Una volta sazi, a fine pasto, dovrete chiedere il conto: **nota, vă rog**. *Sappiate che il cameriere si aspetta* **un bacşiş**, *una mancia, che ha la cattiva abitudine di considerare come qualcosa che gli è dovuto!*

[nouəzecʲ ši doi] **nouăzeci și doi** • 92

Lecția a douăzeci și șaptea
[lectsia a douəzecʲ ši šaptea]

Lecții de muzică

1 – Dragul meu [1], am uitat să te întreb:
2 îl cunoști pe profesorul Dumitrescu [2]?
3 Un bărbat înalt, blond cu ochi [3] albaștri,
4 dă lecții de pian la liceul de muzică.
5 – Cred că știu cine e!
6 Nu-l cunosc personal,
7 dar sora [4] mea e prietenă bună
8 cu fratele [5] lui [6], care e profesor de vioară;
9 amândoi [7] frații sunt buni muzicieni.
10 – Perfect, cade cum nu se poate mai bine.

Pronuncia
lectsi de muzicə **1** *dragul meu ... uitat ...* **3** *... inalt blond cu ochi albaștri* **4** *... pian ... liceul ...* **6** *... personal* **7** *... sora mea ...* **8** *... fratele lui ... vioarə* **9** *amindoi fratsi ... muzicienʲ* **10** *... cade ...*

Note

1 **dragul meu**, *caro mio*, diventa al femminile **draga mea**, *cara mia*. **Dragă** si può usare sia al maschile sia al femminile, e anche da solo, senza il possessivo e senza che accompagni un nome o un pronome. All'inizio di una lettera non troppo formale si può mettere **Dragă Domnule**, *Caro Signore*, o **Dragă Doamnă**, *Cara Signora*.

2 Quando il complemento oggetto è una persona, il sostantivo (in questo caso **profesor**) va anticipato da un pronome diretto (qui **îl**, *lo*) e preceduto dalla preposizione **pe**.

3 **ochi**, che termina già in -i al singolare, conserva la stessa forma al plurale: **un ochi**, *un occhio* → **doi ochi**, *due occhi*.

93 • **nouăzeci și trei** *[nouəzecʲ și trei]*

Ventisettesima lezione

Corso di musica

1 – Caro [mio], ho dimenticato di chiederti:
2   [lo] conosci *(su)* il professor Dumitrescu?
3   Un uomo alto, biondo, dagli *(con)* occhi azzurri,
4   dà lezioni di pianoforte al liceo musicale *(di musica)*.
5 – Credo di sapere *(che so)* chi è!
6   Non lo conosco di persona *(personale)*,
7   ma mia sorella è molto amica *(amica buona)*
8   di *(con)* suo fratello, che è professore di violino;
9   entrambi i fratelli sono [dei] bravi musicisti.
10 – Perfetto, casca a fagiolo *(cade come non si può più bene)*.

Osservazioni sulla pronuncia
(Titolo), (4), (9), (11) Le due **i** di **lecţii** si pronunciano come una sola *[i]* stavolta piena, come in italiano. Lo stesso dicasi per **fraţii**.

4   **soră**, *sorella*, ha un plurale irregolare ereditato dal latino: **surori**, *sorelle*.

5   Proprio come **câine**, *cane*, anche **frate**, *fratello*, prende l'articolo determinativo **-le**.

6   La lingua romena offre la possibilità di evitare l'ambiguità della costruzione **fratele său**, *suo fratello*, specificando fin da subito il possessore: **fratele lui**, *il fratello di lui*, o **fratele ei**, *il fratello di lei*. Troverete ulteriori particolari nella lezione di ripasso.

7   Il femminile di **amândoi**, *entrambi* è ovviamente **amândouă**, *entrambe*.

11 Aș vrea ca fata [8] noastră să ia lecții de pian
12 și băiatul [8] nostru lecții de vioară.

11 ... fata noastrə ... lectsi ... 12 ... bəiatul nostru ...

Note

8 Fata e băiat significano sia *ragazza/o* che *figlia/o*; per questa seconda accezione esiste anche la coppia fiică/fiu. Invece per dire *il mio ragazzo / la mia ragazza*, si dice **prietenul meu / prietena mea**, che a seconda dei contesti può significare anche *il mio amico / la mia amica*.

***

Exercițiul 1 – Traduceți

❶ Mă întreb dacă el crede ce spune. ❷ Trebuie să mănânci multe fructe dacă vrei să fii sănătoasă. ❸ Scuză-mă, draga mea, am uitat să cumpăr flori pentru mama ta. ❹ Ea găsește că este foarte frumoasă, pentru că e blondă și are ochi albaștri. ❺ Frații tăi vor amândoi să ia lecții de vioară.

***

Exercițiul 2 – Completați

❶ Il mio vicino crede che il suo cane sia un animale intelligente.
 . . . . meu . . . . . că câinele . . . este un
 . . . . . . inteligent.

❷ Scusi, signore, mi sono dimenticato il passaporto a casa, sul pianoforte.
 . . . . - . . , domnule, am uitat . . . . acasă,
 pe . . . . .

❸ Loro studiano *(imparano)* una sola lingua straniera al liceo, tre giorni alla settimana.
 Ei . . . . . . o . . . . limbă . . . . la . . . . . . ,
 trei . . . . pe . . . .

Ventisettesima lezione / 27

11 Vorrei che nostra figlia *(ragazza-la)* **prendesse** *(prenda)* lezioni di piano
12 e nostro figlio *(ragazzo-il)* lezioni di violino.

Soluzioni dell'esercizio 1
❶ Mi domando se lui crede [a] quel che dice. ❷ Devi mangiare molta frutta se vuoi stare bene *(essere sana)*. ❸ Scusami, cara *(mia)*, mi sono dimenticato di comprare [i] fiori per tua madre. ❹ Lei trova di essere *(che è)* molto bella, perché è bionda e ha [gli] occhi azzurri. ❺ Entrambi i tuoi fratelli vogliono prendere lezioni di violino.

***

❹ La tua idea è eccellente, ma bisogna vedere cosa [ne] dice tua moglie.
..... ta e ...., dar .... să vedem .. spune ..... ta.

❺ Le vostre figlie sono entrambe carine e intelligenti, come i genitori.
Fetele .... sunt amândouă .... și ...., ca ....

Soluzioni dell'esercizio 2
❶ Vecinul – crede – lui – animal – ❷ Scuzați-mă – pașaportul – pian ❸ – învață – singură – străină – liceu – zile – săptămână ❹ Ideea – excelentă – trebuie – ce – soția – ❺ – voastre – drăguțe – inteligente – părinții

[nouəzecⁱ ši šase] **nouăzeci și șase**

*Gli stranieri che visitano la Romania rimangono spesso colpiti dall'onnipresenza della musica folklorica, che i romeni chiamano **muzică populară** (musica popolare), particolarmente diffusa nelle zone rurali. Dobbiamo dire che la musica tradizionale è ancora viva ed estremamente varia, a seconda delle regioni del paese, con i suoi ritmi e linee melodiche specifiche.*

Ciò non toglie che i romeni siano molto sensibili alle ultime tendenze della musica internazionale e che i giovani frequentino con piacere le sale da concerto per ascoltare la musica classica.

Lecția a douăzeci și opta
[lectsia a douəzecʲ ši opta]

Recapitulare – Ripasso

1 L'aggettivo qualificativo

• L'aggettivo romeno si colloca di solito dopo il sostantivo che accompagna, con il quale si accorda in genere e numero. Normalmente, come l'aggettivo italiano, anche quello romeno ha quattro forme. Ecco l'esempio di **bun**, *buono*:

Singolare		Plurale	
Maschile	Femminile	Maschile	Femminile
bun, *buono*	**bună**, *buona*	**buni**, *buoni*	**bune**, *buone*

Molti aggettivi romeni seguono questo "buon" esempio: **frumos**, *bello*; **înalt**, *alto*; **ieftin**, *economico*... e moltissimi altri ancora!

• Tuttavia, il romeno conosce anche aggettivi a tre forme: due diverse al singolare, una per il maschile e l'altra per il femminile, e una comune al plurale per entrambi i generi.

Singolare		Plurale	
Maschile	Femminile	Maschile	Femminile
mic, *piccolo*	**mică**, *piccola*	**mici**, *piccoli e piccole*	

Ventottesima lezione

- Certi aggettivi hanno invece solo <u>due forme</u>: una al singolare, comune al maschile e al femminile, e l'altra al plurale, per entrambi i generi.

Singolare		Plurale	
Maschile	Femminile	Maschile	Femminile
verde, *verde*		**verzi**, *verdi*	
rece, *freddo e fredda*		**reci**, *freddi e fredde*	

Attenzione: per alcuni aggettivi le due forme sono distribuite diversamente, come nel caso di **vechi**, *vecchio*, che è una forma valida per il maschile (singolare e plurale) e per il plurale femminile (*vecchie*), mentre per il femminile singolare (*vecchia*) ha una forma diversa: **veche**.

- Infine, certi aggettivi non cambiano e hanno quindi <u>un'unica forma</u>; è il caso di alcuni aggettivi di colore, che restano invariabili, come **maro**, *marrone*, che abbiamo già visto.

2 L'aggettivo possessivo

Per un italiano, le forme dell'aggettivo possessivo romeno risultano assai trasparenti: **tatăl meu**, *mio padre*; **mama mea**, *mia madre*; **frații mei**, *i miei fratelli*; **surorile mele**, *le mie sorelle*.
Come tutti gli aggettivi, segue il sostantivo; quest'ultimo è accompagnato dall'articolo determinativo, come in italiano.
Ecco le forme dell'aggettivo possessivo per tutte le persone:

[nouəzecʲ și opt] **nouăzeci și opt** • 98

Singolare		Plurale	
Maschile	Femminile	Maschile	Femminile
m**eu**	m**ea**	m**ei**	m**ele**
t**ău**	ta	t**ăi**	ta**le**
s**ău** (l**ui**/**ei**)	sa (l**ui**/**ei**)	s**ăi** (l**ui**/**ei**)	sa**le** (l**ui**/**ei**)
n**o**stru	n**oa**stră	n**o**ștri	n**oa**stre
v**o**stru	v**oa**stră	v**o**ștri	v**oa**stre
lor	lor	lor	lor

In romeno c'è la tendenza a indicare, per la terza persona singolare, se il possessore è maschile o femminile: **prietenul lui**, *il suo amico (di lui)* e **prietenul ei**, *il suo amico (di lei)*, più precisi della variante **prietenul său**, *il suo amico*.

Per concludere, a tutte queste forme conviene aggiungere altri due pronomi del registro formale: **dumneavoastră**, che conoscete già (lezione 16, nota culturale), e che si comporta grammaticalmente come una seconda persona plurale, e il meno formale **dumitale**, che è il possessivo corrispondente a **dumneata**, il quale si comporta invece come una seconda persona singolare.

3 I pronomi diretti

Come emerge dall'esempio **Prietenul meu mă vede**, *Il mio amico mi vede*, c'è una grande somiglianza fra romeno e italiano per quanto riguarda l'uso e le forme dei pronomi diretti. Questo quadro ve lo illustra in maniera chiara:

Pronome diretto	
mă	*mi*
te	*ti*
îl/o	*lo/la*
ne	*ci*
vă	*vi*
îi/le	*li/le*

4 I verbi pronominali

I verbi pronominali romeni non sollevano alcuna difficoltà particolare (eccetto il fatto che alcuni verbi pronominali in italiano non lo sono in romeno e viceversa). Il meccanismo per formare i verbi pronominali è identico nelle due lingue. Si ricorre al pronome riflessivo: **eu mă pieptăn**, *io mi pettino*; **tu te piepteni**, *tu ti pettini*; **el/ea se piaptănă**, *lui/lei si pettina*; **noi ne pieptănăm**, *noi ci pettiniamo*; **voi vă pieptănați**, *voi vi pettinate*; **ei/ele se piaptănă**, *loro si pettinano*. Per riassumere, abbiamo:

Pronome personale riflessivo	
mă	*mi*
te	*ti*
se	*si* (f./m.)
ne	*ci*
vă	*vi*
se	*si* (f./m.)

Come vedete, le forme del pronome personale riflessivo sono identiche a quelle del pronome diretto (§ precedente), ad eccezione della terza persona singolare e plurale: qui sono sostituite da **se**, *si*. Per concludere, non dimenticate che il riflessivo romeno serve, proprio come quello italiano, a esprimere l'impersonale: **se crede că...**, *si crede che...*

5 Il congiuntivo

5.1 Uso del congiuntivo

Abbiamo avuto modo di parlare del congiuntivo romeno grazie alla sua frequenza nelle frasi subordinate, laddove l'italiano predilige l'infinito: **vreau să învăț** (lett. voglio che io impari), *voglio imparare*; **refuz să recunosc**, *rifiuto di ammettere* (lett. rifiuto che ammetta). Il romeno evita l'infinito in queste situazioni. Da notare che anche in italiano è possibile l'uso del congiuntivo, ma è limitato ai casi in cui i due verbi hanno un soggetto diverso: **vreau să înveți**, *voglio che tu impari*.

Ricordatevi che **a putea**, *potere*, accetta invece una subordinata all'infinito, come in italiano; in tal caso, la forma usata è l'infinito breve, cioè senza la sua marca caratteristica, la preposizione **a**: **pot înțelege**, *posso capire*.

5.2 Formazione del congiuntivo

Quanto alle forme del congiuntivo, diciamo subito che sono precedute dalla congiunzione **să**, *che*, e che sono identiche a quelle del presente indicativo, eccetto per la terza persona singolare e plurale. Semplificando, possiamo dire che:
– i verbi il cui indicativo presente alla 3ª persona termina in **-ă** trasformano questa **-ă** in **-e** al congiuntivo: **el/ei preferă** → **el/ei să prefere**.
– i verbi che terminano in **-e** all'indicativo presente, 3ª persona singolare, al congiuntivo sostituiscono questa vocale con una **-ă**: **el face** → **el/ei să facă**.

Infine, notate che i verbi **a fi**, *essere* e **a avea**, *avere*, sono molto irregolari al congiuntivo:

a fi, *essere*	a avea, *avere*
să fiu	să am
să fii	să ai
să fie	să aibă
să fim	să avem
să fiți	să aveți
să fie	să aibă

***

Dialog de recapitulare – Dialogo di ripasso

1 – Bună ziua, căutăm o cameră pentru două nopți,
2 nu prea scumpă, dacă se poate…
3 – Îmi pare rău, nu avem camere ieftine,
4 toate au ferestre care dau spre mare.
5 – Nu aveți o cameră cu vedere spre stradă?
6 Prețul e o problemă pentru noi…
7 – Vă pot da o cameră mică la etajul zece,
8 dar e prea devreme,
9 nu este liberă decât la ora cinci după-masă.
10 – Perfect, avem timp să mâncăm ceva…

6 Il presente indicativo dei verbi irregolari *a putea* e *a vrea*

In romeno come in italiano, i verbi più frequenti sono spesso irregolari. È il caso di **a putea**, *potere*, e di **a vrea**, *volere*. Eccone la coniugazione all'indicativo presente:

a putea, *potere*	a vrea, *volere*
(eu) pot	(eu) vreau
(tu) poți	(tu) vrei
(el/ea) poate	(el/ea) vrea
(noi) putem	(noi) vrem
(voi) puteți	(voi) vreți
(ei/ele) pot	(ei/ele) vreau

***

11 – Regret, la noi nu se poate mânca nimic la ora asta.
12 – Hotelul dumneavoastră nu are restaurant?
13 – Ba da, dar nu e deschis în week-end.
14 Trebuie să mergeți la un restaurant în oraș:
15 nu e departe, luați tramvaiul patru sau autobuzul șapte.
16 Stația e chiar vizavi de hotel.
17 – Ce zici, draga mea? Am o idee:
18 hai să mergem pe jos,
19 după o lungă călătorie cu avionul,
20 o plimbare bună face poftă de mâncare.

Traduzione

1 Buongiorno, cerchiamo una camera per due notti, **2** non troppo cara, se è possibile... **3** Mi dispiace, non abbiamo camere economiche, **4** hanno tutte finestre che danno sul mare. **5** Non avete una camera con vista sulla strada? **6** Il prezzo è un problema per noi... **7** Vi posso dare una camera piccola al decimo piano, **8** ma è troppo presto, **9** non è libera prima delle cinque del pomeriggio. **10** Perfetto, abbiamo tempo per mangiare qualche cosa... **11** Mi spiace, da noi non si può mangiare niente a quest'ora. **12** Il vostro albergo non ha [un] ristorante? **13** Sì, ma non è aperto nel weekend. **14** Dovete andare in un ristorante in città: **15** non è lontano, prendete il tram [numero] quattro o l'autobus [numero] sette. **16** La fermata è proprio di fronte all'albergo. **17** Che [ne] dici,

Lecţia a douăzeci şi noua
[lectsia a douəzecⁱ şi noua]

Ce oră e?

1 – Nu ştii cât e ceasul [1]?
2   Sper că nu e prea târziu!
3   Am întâlnire cu Ion Popescu, un prieten bun, la amiază;
4   mâncăm împreună la prânz.
5 – Nu ştiu ora exactă,
6   ceasul meu e stricat, nu mai merge [2] de două zile...

Pronuncia
ce orə ie **1** *... cît ie ceasul* **2** *sper ... * **3** *am întîlnire ... amiazə* **4** *mîncəm împreunə la prînz* **5** *... ora egzactə* **6** *... stricat ...*

Note

1 **Cât e ceasul?** e, più raramente, **Ce oră e?** sono due modi per chiedere l'ora: **ceas** è qui sinonimo di **oră**. In altri contesti (frase 6) **ceas** significa *orologio*.

mia cara? Ho un'idea: **18** andiamo[ci] a piedi, **19** dopo un lungo viaggio in aereo, **20** una buona passeggiata fa [venire] appetito.

Conoscete ormai un numero sufficiente di parole per iniziare una conversazione in romeno. Anche la vostra pronuncia è molto migliorata: la h *non è più un grosso problema e vi siete già abituati ai suoni* î *e* ă*... Andate avanti per questa strada e fidatevi di noi: chiariremo tutto ciò che per ora vi può sembrare un duro scoglio. In questo modo assimilerete progressivamente e senza sforzo tutte le piccole difficoltà del romeno. L'essenziale è non demordere... Coraggio!*

Ventinovesima lezione

Che ora è?

1 – Non sai che ore sono *(quanto è orologio-il)*?
2   Spero che non sia *(è)* troppo tardi!
3   Ho appuntamento con Ion Popescu, un buon amico, a mezzogiorno;
4   mangiamo insieme a pranzo.
5 – Non so l'ora esatta,
6   il mio orologio è guasto, non funziona *(va)* più da due giorni...

---

2 Il verbo romeno **a merge**, *andare*, può avere anche, come l'italiano, l'accezione di *funzionare*.

29 / Lecția a douăzeci și noua

7 Așteaptă puțin, mă uit [3] pe mobil, dacă vrei...
8 E... e ora douăsprezece [4] fără douăzeci [5] de minute.
9 – Perfect, dacă plec acum pot să ajung la timp;
10 ne întâlnim în centru, la primărie.
11 – Nu te grăbi, ai tot timpul!
12 – Ai dreptate, știu foarte bine că Ion întârzie [6] cu un sfert de oră
13 la toate întâlnirile noastre.

7 așteaptă ... mə uit 8 ... douəsprezece fərə douəzec[i] ...10 ne intîlnim in centru la primərie 11 nu te grəbi ... 12 ... intîrzie... sfert

Note

3 Conoscete già il verbo **a uita**, *dimenticare*. Quando è pronominale, il verbo **a se uita** significa invece *guardare*.

4 **douăsprezece**, *dodici*, è un aggettivo numerale che qui si accorda con il sostantivo femminile **ora**, *l'ora*. Naturalmente le parole **oră**, *ora*, e **minut**, *minuto*, non sono indispensabili in questa frase: per indicare l'ora esatta, i romeni si accontentano spesso di dire **E douăsprezece fără douăzeci** (lett. È dodici meno venti), *Sono le dodici meno venti*.

5 **douăzeci** significa *venti*; la traduzione letterale di questo numerale sarebbe "due decine". Per maggiori dettagli andate alla lezione di ripasso.

***

Exercițiul 1 – Traduceți

❶ Nu știu precis ce oră e, dar sper să ajung la timp. ❷ Mă întâlnesc cu soția mea la amiază, vrem să mâncăm împreună azi. ❸ Ceasul meu nu merge bine, întârzie cu zece minute. ❹ Dacă te uiți pe fereastră, vezi marea. ❺ Știi că frigiderul nostru e stricat?

Ventinovesima lezione / 29

7 Aspetta un po', guardo sul cellulare, se vuoi...
8 Sono... sono le *(ore)* **dodici meno venti** *(minuti)*.
9 – Perfetto, se parto adesso posso arrivare in *(a)* tempo;
10 ci incontriamo in centro, al municipio.
11 – Non avere fretta, hai tutto il tempo!
12 – Hai ragione, so benissimo che Ion è in ritardo di *(con)* un quarto d'ora
13 a tutti i nostri appuntamenti.

6 a întârzia significa *fare tardi, essere in ritardo*: **Trenul întârzie cu un sfert de oră**, *Il treno è in ritardo di un quarto d'ora*.

***

Soluzioni dell'esercizio 1
❶ Non so di preciso che ore sono, ma spero di arrivare in tempo.
❷ Ho appuntamento *(Mi incontro)* con mia moglie a mezzogiorno, vogliamo mangiare insieme oggi. ❸ Il mio orologio non funziona bene, è in ritardo di dieci minuti. ❹ Se guardi dalla finestra, vedi il mare. ❺ Sai che il nostro frigorifero è guasto?

Exercițiul 2 – Completați

① Ci incontriamo fra dieci minuti, alla fermata del bus.
Ne .... peste .... minute, în ...... de
....

② Il liceo musicale è proprio in centro, di fronte al municipio.
...... de ...... e ..... în ......, ...
de ....

③ Quando a Parigi è l'una del mattino, a Bucarest sono già le due.
.... la Paris e ... unu ...., la București e
.... ora .....

④ Il mio orologio è in ritardo di un quarto d'ora.
...... meu .... cu un ..... de oră.

⑤ Ha l'ora esatta, per favore?
..... ora ......, ... ?

Lecția a treizecea *[lectsia a treizecia]*

O vară frumoasă

1 – Arăți bine [1], bronzat și vesel!
2 – Am noroc, mă simt bine, nu sunt bolnav!
3   E o vreme [2] splendidă,

Pronuncia
varə frumoasə 1 arətsⁱ ... bronzat ši vesel 2 ... mə simt ... bolnav 3 ... vreme splendidə ...

Note

1 **a arăta**, il cui senso principale è *mostrare*, è qui alla base di un'espressione difficile da tradurre parola per parola. **A arăta bine**, *avere un*

Soluzioni dell'esercizio 2

❶ – întâlnim – zece – stația – autobuz ❷ Liceul – muzică – chiar – centru, vizavi – primărie ❸ Când – ora – dimineața – deja – două ❹ Ceasul – întârzie – sfert – ❺ Aveți – exactă, vă rog

I cognomi romeni più diffusi sono indubbiamente quelli in -escu, un marchio inconfondibile, nonostante le piccole modifiche fonetiche che abbiano potuto subire all'estero: infatti, il drammaturgo **Eugen Ionescu** *diventò famoso in Francia come* Eugène Ionesco, *mentre un certo* **Henri Alexandru Negrescu**, *figlio di albergatori bucarestini, adottò il nome* Negresco *quando si trasferì sotto il sole di Nizza, dove, all'inizio del secolo scorso, fece costruire l'albergo dei suoi sogni…*

Trentesima lezione ㉚

Una bella estate

1 – Ti vedo in forma *(Dimostri bene)*, abbronzato e allegro!
2 – Sono fortunato, mi sento bene, non sono malato!
3   Fa un tempo splendido,

---

buon/bell'aspetto, è il contrario di **a arăta rău**, *avere un brutto aspetto*. Ma in altri contesti, **arată bine** può significare *è in forma*.

2 Nella maggior parte dei contesti, compreso quello meteorologico, **timp** e **vreme**, *tempo*, sono sinonimi in romeno. Ritroveremo più avanti questo tipo di coppie sinonimiche (in cui una parola è di origine latina, l'altra di origine slava).

o sută opt • 108

30 / Lecția a treizecea

4 și profit în fiecare zi [3] de soare.
5 – E deja foarte cald, și suntem numai în iulie;
6 mă întreb cum o să fie luna august [4].
7 – Nu mai avem decât două anotimpuri [5] în România!
8 – E trist, dar e adevărat:
9 nu mai există primăvară și toamnă.
10 Iarna [6] e prea rece și ninge mult
11 și vara e mai caldă ca niciodată.
12 – După mine [7], poluarea e de vină [8]...

4 ... profit in fiecare zi de soare 5 ... iulie 6 ... luna august 7 ... anotimpurʹ ... 8 ... trist ... 9 ... primǝvarǝ și toamnǝ 10 ... iarna ... ninge 11 ... vara ... nicʹodatǝ 12 ... mine poluarea ... de vinǝ

Note

3 în fiecare zi (lett. in ogni giorno) è la maniera per dire in romeno *ogni giorno*.

4 Il romeno usa i nomi latini dei mesi dell'anno; la forma è così trasparente da rendere superflua la traduzione: **ianuarie, februarie, martie, aprilie, mai, iunie, iulie, august, septembrie, octombrie, noiembrie, decembrie**. Come in italiano, gli ultimi quattro mesi ricordano i tempi in cui nella Roma antica l'anno ufficiale cominciava a *marzo*; *settembre* era quindi il settimo mese, *ottobre* l'ottavo, *novembre* il nono, e *dicembre* il decimo, come si evince ancora oggi dai loro nomi.

***

Exercițiul 1 – Traduceți

❶ Unde e Maria? Nu mai vine la școală, poate e bolnavă. ❷ Iarna nu mai sunt flori și grădina e tristă. ❸ Dacă nu te simți bine azi, poți să pleci acasă. ❹ O să profit o oră de soare, dar nu vreau să exagerez. ❺ Nu eu sunt de vină dacă tu arăți rău!

Trentesima lezione / 30

4 e approfitto ogni giorno del sole.
5 – Fa già molto caldo, e siamo solo a luglio;
6 mi domando come sarà il mese [d']agosto.
7 – Sono rimaste solo *(Non più abbiamo che)* due stagioni in Romania!
8 – È triste, ma vero:
9 non esistono più [la] primavera e [l']autunno.
10 D'inverno fa troppo freddo e nevica molto
11 e l'estate è più calda che mai.
12 – Secondo me, è colpa dell'inquinamento...

5 In **anotimp**, *stagione*, riconosciamo facilmente "il tempo dell'anno". A questo proposito, ricordiamo che la Romania ha un clima continentale; le stagioni sono normalmente ben distinte, con estati torride e inverni molto freddi.

6 In romeno, per dire *d'inverno*, basta aggiungere l'articolo al nome della stagione: **iarnă** diventa **iarna**. In maniera analoga, *in primavera* si dirà **primăvara**; *d'estate*, **vara**, e *in autunno*, **toamna**.

7 **mine**, *me*, è la forma tonica del pronome diretto; le altre forme, di cui la maggior parte vi è già nota, sarebbero: **tine**, *te*; **el**, *lui*; **ea**, *lei*; **noi**, *noi*; **voi**, *voi*; **ei**, *loro (essi)*; **ele**, *loro (esse)*.

8 Il senso principale di **vină** è *colpa*, **E vina mea**, *È colpa mia*; **Eu sunt de vină**, *È colpa mia*, *Sono io il colpevole* (lett. *Io sono di colpa*).

***

Soluzioni dell'esercizio 1

❶ Dov'è Maria? Non viene più a scuola, forse è malata. ❷ D'inverno non ci sono più fiori e il giardino è triste. ❸ Se non ti senti bene oggi, puoi andare a casa. ❹ Approfitterò un'ora del sole, ma non voglio esagerare. ❺ Non è colpa mia se hai un brutto aspetto!

Exercițiul 2 – Completați

❶ Sembri molto in forma oggi, mi chiedo perché...
   ..... foarte .... azi, ... de ce...

❷ Sono sicura che il mese d'agosto sarà un mese caldo.
   Sunt ...... că luna ...... o să ... o lună ......

❸ Di solito nevica molto in Romania in inverno.
   În general ..... mult în România ......

❹ Compro ogni giorno frutta e verdura al mercato.
   Cumpăr .... fructe și ...... de la ......

❺ Mi domando se l'anno abbia *(ha)* ancora quattro stagioni.
   .... dacă .... mai are încă ....

***

Come tutte le lingue neolatine, il romeno è il risultato del miscuglio fra il latino popolare e le lingue degli "invasori", le popolazioni germaniche a ovest, le tribù slave a est. Pertanto i romeni si sentono slavi nella stessa maniera in cui gli italiani si sentono germanici, cioè... per niente! Vanno invece fieri del nome del loro Paese, che rievoca l'origine latina del popolo e della lingua romeni. D'altronde, nessun altro popolo nato dalla colonizzazione romana ha conservato il ricordo di Roma nella denominazione della lingua o del Paese:

Lecția a treizeci și una
[lectsia a treizecĭ ši una]

Unde locuiești?

1 – Eugen! Asta-i bună! Mică-i lumea!
2 Locuiești aici în cartier?
3 E prima dată că te văd pe strada asta!

Pronuncia
unde locuiešť 1 eugen ... astai bunə ... micəi lumea 2 ... cartier 3 ... datə ...

Soluzioni dell'esercizio 2

❶ Arăți – bine – mă întreb – ❷ – sigură – august – fie – caldă ❸ – ninge – iarna ❹ – în fiecare zi – legume – piață ❺ Mă întreb – anul – patru anotimpuri

Italia, Spagna e Portogallo sono denominazioni geografiche, mentre il nome Francia rimanda alle tribù germaniche installate nell'antica Gallia. Insomma, ci siamo capiti: la maggior parte dei romeni, abitanti delle tre regioni storiche che formano l'attuale Romania, sono molto affezionati alle loro origini latine. La prova: ancor prima dell'uso, a partire dall'Ottocento, del termine Romania per indicare lo stato nazionale, si sono dichiarati **români***, che parlano* **românește***.*

Trentunesima lezione

Dove abiti?

1 – Eugen! Che forte *(Questa-è buona)*! Com'è piccolo *(Piccolo-è)* il mondo!
2 Abiti qui nel quartiere?
3 È la prima volta che ti vedo in *(su)* questa via*(-la)*!

31 / Lecția a treizeci și una

4 – Da, locuiesc pe strada Parcului [1]
5   la colț cu bulevardul Independenței [2].
6 – A, văd precis unde, aproape de piața Păcii!
7   Eu nu stau [3] departe de bulevardul Dacia, pe aleea Florilor [4],
8   într-un bloc [5] vizavi de stația troleibuzului numărul șapte.
9 – Trebuie să ne vedem săptămâna asta!
10 Știi ce? Notează adresa mea:
11 strada Parcului numărul treisprezece [6],
12 scara C, etajul șapte [7], apartamentul douăzeci și unu.
13 Când ieși din lift [8]
14 e prima ușă pe dreapta,
15 numele e sub sonerie.

 4 ... parcului *5* ... bulevardul independentsei *6* ... piatsa pəci *7* ieu ... stau ... dacia ... pe alea *8* ... bloc *10* ... noteazə adresa mea *12* scara ... apartamentul ... *13* ... ieșⁱ din lift *14* ... ușə ... *15* sonerie

 Note

1 **parcului** è il genitivo di **parc**, *parco*. Il romeno, che conserva tracce dei casi latini, ha anche il genitivo. Al maschile singolare, la marca del genitivo è **-lui**, che si aggiunge alla forma base della parola. Vi ritorneremo.

2 **independenței** è il genitivo di **independență**, *indipendenza*, così come **păcii** è il genitivo di **pace**, *pace*, nella frase successiva. I genitivi femminili terminano in **-ei** o in **-ii** al singolare.

3 **a sta** è qui sinonimo di **a locui**, *abitare*, ma è un verbo che compare in varie espressioni molto frequenti e altrettanto utili. Eccone qualche esempio, con le parole che conoscete già: **a sta în picioare**, *stare in piedi*; **a sta în pat**, *rimanere a letto*; **a sta la masă**, *essere seduto a tavola* o *stare mangiando*; **stai!**, *fermo!*; **stai puțin!**, *aspetta un attimo!*; **stați jos!**, *sedetevi!/si sieda!*

Trentunesima lezione / 31

4 – Sì, abito in via del Parco
5 all'angolo con viale dell'Indipendenza.
6 – Ah, ho capito *(vedo)* esattamente dove, vicino a piazza della Pace!
7 Io non abito lontano da viale Dacia, in *(su)* vicolo dei Fiori,
8 in un condominio di fronte alla fermata del filobus numero sette.
9 – Dobbiamo vederci questa settimana!
10 Sai cosa? Segna[ti] il mio indirizzo:
11 via del Parco numero 13,
12 scala C, settimo piano *(piano-il sette)*, **appartamento***(-il)* ventuno.
13 Quando esci dall'ascensore,
14 è la prima porta sulla destra,
15 il nome è sotto il campanello.

---

4 **florilor** è il genitivo femminile plurale di **flori**; anche il genitivo plurale maschile termina in **-lor**.

5 Un **bloc**, così come lo intendono i romeni, è di solito un grande condominio, caratteristico del paesaggio urbano a partire dagli anni Sessanta, un'epoca di esodo rurale e rapida industrializzazione.

6 **treisprezece**, *tredici*, è un numerale cardinale composto di tre elementi ancora trasparenti: **trei** + **spre** + **zece**, ovvero "tre" + "sopra" + "dieci". Allo stesso modo (vedere riga 12) **douăzeci și unu**, *ventuno*, è composto di **două** + **zeci și unu**, letteralmente "due" + "decine e uno". Torneremo su questa struttura assai particolare.

7 Il numerale ordinale non è obbligatorio quando ci si riferisce al numero di un piano; è normalissimo dire **etajul cinci** (lett. il piano cinque) al posto di **etajul al cincilea**, *il quinto piano*.

8 Coloro che non volessero adoperare la parola di origine inglese **lift**, *ascensore*, hanno a disposizione anche il termine **ascensor**.

o sută paisprezece

Exercițiul 1 – Traduceți

① E prea multă lume în restaurant, hai să căutăm o grădină de vară. ② Locuiesc în cartier de zece ani, dar nu știu unde este cinematograful Dacia. ③ Chioșcul de ziare este lângă stația autobuzului numărul doisprezece. ④ Prețul camerei e mult prea mare, cred că nu pot plăti. ⑤ În fiecare dimineață, pisica vecinilor caută ceva la noi în grădină.

***

Exercițiul 2 – Completați

① La camera dei genitori è al piano [di sopra], i bambini dormono sotto.
Dormitorul . . . . e la . . . . , copiii . . . . jos.

② La foto di tuo fratello è sul tavolo nel soggiorno.
Fotografia . . . . tău e pe . . . . în . . . .

③ È un ragazzo difficile, con tutti i problemi dell'adolescenza.
E un . . . . . dificil, cu toate problemele
. . . .

④ Non capisco perché [tu] abiti in un condominio e non in una casa.
Nu . . . . de ce . . . . într-un . . . . și nu într-o . . . . .

⑤ Ho male ai piedi, perché abitiamo al decimo piano *(al piano dieci)*, e l'ascensore è guasto.
Mă dor . . . . , pentru că . . . . . . la etajul
. . . . , și . . . . . . e . . . .

***

La grammatica inizia a farvi venire il mal di testa? Tranquilli! Quando vi forniamo indicazioni grammaticali, non è per farvele imparare a memoria: consideratele una guida per il vostro percorso di apprendimento. È importante però tener duro nel lavoro quotidiano; se avete dei dubbi o vi sentite un po' persi, date un'occhiata alla fine del libro, l'appendice grammaticale vi aiuterà a ritrovare la strada!

Trentunesima lezione / 31

Soluzioni dell'esercizio 1
❶ C'è troppa gente nel ristorante, andiamo a cercare un giardino d'estate. ❷ Abito nel quartiere da dieci anni, ma non so dove sia il cinema Dacia. ❸ L'edicola è accanto alla fermata dell'autobus numero dodici. ❹ Il prezzo della camera è troppo alto, credo di non poter pagare. ❺ Ogni mattina, il gatto dei vicini cerca qualcosa da noi in giardino.

***

Soluzioni dell'esercizio 2
❶ – părinților – etaj – dorm – ❷ – fratelui – masă – sufragerie ❸ – băiat – adolescenței ❹ – înțeleg – locuiești – bloc – casă ❺ – picioarele – locuim – zece – liftul – stricat

Dacia, la Dacia, *è il nome antico del regno dei Daci, fondato sul territorio dell'attuale Romania. La Dacia fu conquistata dai Romani nel 106 d.C.; la storia delle guerre fra i Romani dell'imperatore Traiano e i Daci del re Decebal è raffigurata sulla Colonna Traiana a Roma. I romeni la considerano come una sorta di atto di nascita, inciso nella pietra, del loro popolo. Molto più di recente, la Dacia è diventata famosa come marca di un'automobile di fabbricazione romena... I tempi sono cambiati!*

Lecția a treizeci și doua
[lectsia a treizecʲ ši doua]

Unchiul din America

1 – Alo, bună ziua, sunt Ion Ionescu!
2 – Salut, ce mai faci? Ești bine, sănătos?
3 – Totul e în regulă, mulțumesc!
4   Sunt la București pentru două zile
5   și doresc să te văd.
6 – Cu plăcere, putem merge la restaurant în oraș.
7 – Ești liber la prânz? Dacă vrei, vin imediat!
8 – Din păcate [1] nu pot acum, sunt ocupat,
9   o să mănânc [2] un sandviș la dejun [3],
10 dar te invit eu în seara asta la cină [4].
11 – Perfect, o să profit ca să-ți cer un sfat.
12 Știi că am rude în străinătate?

Pronuncia
unchiul din america 1 alo ... 2 salut ... 5 ... doresc sə te vəd
7 ... imediat 8 din pəcate ... 9 ... sandviš ... dežun 10 ... te invit ...
cinə 11 ... profit ... sfat 12 ... strəinətate

Note

1   **din păcate** è un'espressione idiomatica che significa *purtroppo*; esiste inoltre *Ce peccat!*, *Che peccato!* Infatti **păcat** significa *peccato*.

2   Il congiuntivo preceduto da **o** forma ciò che in romeno viene chiamato "futuro popolare". Vi ritorneremo in maniera più approfondita.

3   In determinati contesti, **dejun** è sinonimo di **prânz**, *pranzo*, che può essere anche l'equivalente di **amiază**, *mezzogiorno*; **ora prânzului** è *l'ora di pranzo/il mezzogiorno*.

Trentaduesima lezione

Lo zio d'America

1 – Pronto, buongiorno, sono Ion Ionescu!
2 – Ciao, come va? Stai *(Sei)* bene, in forma *(sano)*?
3 – Tutto bene *(è in regola)*, grazie!
4   Sono a Bucarest per due giorni
5   e desidero vederti.
6 – Volentieri, possiamo andare al ristorante *(in città)*.
7 – Sei libero a pranzo? Se vuoi, vengo subito!
8 – Purtroppo non posso adesso, sono occupato,
9   mangerò un panino a pranzo,
10   ma ti invito io stasera a cena.
11 – Perfetto, [ne] approfitterò per chiederti un consiglio.
12   Sai che ho dei parenti all'estero?

4 Il verbo corrispondente a **cină** è **a cina**, *cenare*. Esiste anche la parola **dineu**, ma si riferisce a una *cena di gala*.

13 – Da, o mătușă, sora mamei tale [5], căsătorită [6] la New York.
14 – Ei bine, sper că poți să mă sfătuiești:
15 ce să fac cu banii [7] pe care [8] o să-i moștenesc de la unchiul meu din America?

13 ... mətușə ... cəsətoritə ... 14 sper ... sfətuiești 15 ... bani ... moștenesc

Note

5 **mamei tale**, *di tua madre*, è il genitivo di **mama ta** – notate che anche l'aggettivo possessivo prende la forma genitivale, il che è tipico del femminile. Vi torneremo nella lezione di ripasso.

6 **căsătorită**, *sposata* dal verbo **a se căsători**, *sposarsi*. Vi ricorderà forse *mettere su casa*. Il verbo si usa per entrambi i sessi, a differenza di **a se**

***

Exercițiul 1 – Traduceți

❶ Dacă vrei, putem să ne întâlnim azi la prânz în oraș. ❷ Alo, cine e la telefon? ❸ Soția sa este sănătoasă, nu e niciodată bolnavă. ❹ Vin imediat, așteaptă puțin. ❺ Dacă văd că mă mai doare capul, o să merg la doctor, desigur!

***

Exercițiul 2 – Completați

❶ Non possiamo incontrarci adesso, ci vedremo più tardi.
Nu . . . . . să . . . . acum, ... mai târziu.

❷ Approfitto di questa bella domenica per fare una passeggiata nel parco.
. . . . . . de . . . . asta . . . . ca să fac o . . . . în . . . . .

❸ Vogliono fare un viaggio all'estero quest'estate, forse in America.
Vor . . . . . o călătorie în . . . . vara asta, ... în America.

Trentaduesima lezione / 32

13 – Sì, una zia, la sorella di tua madre, [che si è] sposata a New York.
14 – Ebbene, spero che potrai *(puoi)* consigliarmi:
15 cosa faccio *(che io-faccia)* con i soldi che erediterò dal mio zio d'America?

însura, usato esclusivamente per gli uomini, e **a se mărita**, riservato alle donne.

7 **bani**, *soldi*, si usa sempre al plurale. Al singolare, **ban**, equivalente di *centesimo*, designa la divisione della moneta romena, chiamata **leu**, *leone*.

8 **care**, qui tradotto *che*: si comporta come un nome proprio in quanto va preceduto da **pe** quando è complemento oggetto, come i nomi di persona (cfr. nota 2, lezione 27), anche se fa riferimento a un oggetto (**bani**).

***

Soluzioni dell'esercizio 1

❶ Se vuoi, possiamo incontrarci oggi a pranzo fuori *(in città)*. ❷ Pronto, chi parla *(è al telefono)*? ❸ Sua moglie è sana, non è mai malata. ❹ Arrivo *(Vengo)* subito, aspetta un attimo. ❺ Se vedo che ho ancora mal di testa, andrò dal dottore, ovviamente!

***

❹ Mia zia è sposata con mio zio da dieci anni.
. . . . . . mea este căsătorită cu . . . . meu de zece ani.

❺ Ti consiglio di studiare il romeno *(imparare la lingua romena)* con il mio professore.
Te . . . . să . . . . . . limba . . . . . . cu
. . . . meu.

Soluzioni dell'esercizio 2

❶ – putem – ne întâlnim – o să ne vedem – ❷ Profit – duminica – frumoasă – plimbare – parc ❸ – să facă – străinătate – poate – ❹ Mătușa – unchiul – ❺ – sfătuiesc – înveți – română – profesorul –

o sută douăzeci • 120

33 / Lecția a treizeci și treia

*La leggenda racconta che il nome della città di **București**, all'inizio capitale della Valacchia, poi dei Principati Uniti e infine della Romania, è dovuto al suo mitico fondatore, il pastore Bucur. Da un punto di vista storico, la prima attestazione di questo nome risale al XV secolo, ai tempi di un certo **Vlad Țepeș**, Vlad l'Impalatore, principe*

Lecția a treizeci și treia
[lectsia a treizecⁱ și treia]

Bine ați venit!

1 – Bine ați [1] venit! Intrați, vă rog!
2 – Bine v-am [2] găsit, sărut mâna [3]!
3   Bucuroși [4] de oaspeți?
4 – Mă bucur să vă văd!
5   Poftiți [5] înăuntru și luați loc!
6   Ce mai fac copiii voștri? N-au putut să vină?
7   Nu i-am văzut de multă vreme,

Pronuncia
2 ... sərut mîna 3 bucurošⁱ de oaspetsⁱ 4 mə bucur ... 5 poftitsⁱ inəuntru și luatsⁱ loc

Note

1. In romeno, il passato prossimo si forma soltanto con il presente dell'ausiliare *avere*, **a avea**, seguito dal participio passato del verbo. Le forme di **a avea** ausiliare sono a volte più corte rispetto a quelle della coniugazione di **a avea** verbo pieno. Ne riparleremo.

2. Come in italiano, al passato prossimo, il pronome complemento precede l'ausiliare. Per agevolare la pronuncia, alcune vocali sono state elise (qui la **ă** di **vă**), proprio come accade in italiano con *lo vedo* e *l'ho visto*.

3. Eh sì, il baciamano si usa ancora in Romania! Comunque sia, mentre l'espressione verbale è ancora viva e vegeta, ad abbozzare il gesto sono solo coloro che intendono comportarsi in maniera particolarmente os-

121 • o sută douăzeci și unu

della Valacchia, che conobbe una gloria universale (e immortale!) sotto il nome di Dracula. Una leggenda, questa, che nasce invece alla fine dell'Ottocento, ad opera dello scrittore irlandese Bram Stoker, e che non ha niente a che vedere con le storie e le tradizioni romene.

Trentatreesima lezione

Benvenuti!

1 – Benvenuti! Avanti *(Entrate)*, prego!
2 – Ben ritrovati, *(bacio mano-la)*!
3   Contenti di ricevere degli ospiti?
4 – Sono molto contenta di rivedervi!
5   Entrate pure *(Favorite dentro)* e accomodatevi *(prendete posto)*!
6   Come stanno i vostri figli *(bambini)*? Non sono potuti venire?
7   Non li vediamo *(abbiamo visti)* da tanto tempo,

---

sequiosa (vi rimandiamo alla nota culturale). La stessa espressione si ritrova al plurale, **sărut mâinile** (lett. bacio le mani).

4 Ecco un'altra formula di cortesia priva di equivalente esatto in italiano. **Bucuros**, *gioioso* (quindi *contento*) appartiene alla stessa famiglia del verbo **a se bucura**, *rallegrarsi*, e ricorda come avrete notato il nome della capitale romena, **București**…

5 **poftiți** è l'imperativo del verbo **a pofti**, *desiderare*, *avere voglia* (ricordatevi **Poftă bună**, *Buon appetito*, lezione 20, nota 6), ma significa anche *invitare* o *favorire*. È spesso lessicalizzato nella forma plurale, **poftim**. Date un'occhiata alla lezione di ripasso per scoprire tutti i contesti in cui lo si usa!

8   trebuie să fie mari acum!
9 – Vă rugăm să-i înțelegeți:
10   sunt foarte ocupați, învață pentru examene.
11 – Ce păcat că n-au putut veni!
12   Apropo, felicitări,
13   am aflat [6] că amândoi au intrat cu note bune la universitate.
14 – Da, fiul nostru are multă ambiție
15   și fiica [7] noastră e foarte harnică.
16 – E normal, copiii voștri vă seamănă...

9 ... săi intselegetsi 10 ... egzamene 12 apropo felicităr i 13 am aflat ... note ... 14 ... fiul nostru ... ambitsie 15 ... fiica ... Harnicə 16 ie normal ... və seamənə

Note

6 a afla significa *apprendere una notizia*; ricordatevi che *apprendere* nel senso di *imparare* si dice **a învăța**.

7 **fiică** designa unicamente la *figlia*, mentre **fată** indica una *ragazza* in genere, ma si può usare anche nel senso di *figlia*. Lo stesso dicasi per **fiu**, *figlio*, al posto del quale si può usare **băiat**, *ragazzo*. Lo stesso vale per il plurale **copii**, *bambini* o *figli*.

***

 Exercițiul 1 – Traduceți

❶ Sărut mâinile, doamnă, mă bucur că vă întâlnesc! ❷ E liber locul de lângă fereastră? ❸ Copiii n-au putut să vină, învață pentru niște examene dificile. ❹ Am avut mulți oaspeți toamna asta, rude și prieteni. ❺ Păcat că nu ai venit ieri seară cu noi la restaurant, am mâncat foarte bine.

Trentatreesima lezione / 33

8 devono essere grandi adesso!
9 – Bisogna *(La preghiamo)* capirli:
10 sono molto occupati, studiano *(imparano)* per gli esami.
11 – Che peccato che non siano potuti *(hanno potuto)* venire!
12 A proposito, congratulazioni,
13 abbiamo saputo che sono stati ammessi *(hanno entrato)* entrambi con ottimi voti all'università.
14 – Sì, nostro figlio è molto ambizioso *(ha molta ambizione)*
15 e nostra figlia è molto diligente.
16 – È normale, i vostri figli vi assomigliano...

***

Soluzioni dell'esercizio 1

❶ Buongiorno *(Bacio le mani)* signora, che piacere *(mi rallegro di)* incontrarLa! ❷ È libero il posto accanto alla finestra? ❸ I ragazzi non sono potuti venire, studiano *(imparano)* per degli esami difficili. ❹ Abbiamo avuto molti ospiti quest'autunno, parenti e amici. ❺ Peccato che tu non sia venuto *(sei venuto)* ieri sera con noi al ristorante, abbiamo mangiato molto bene.

Exercițiul 2 – Completați

❶ Buongiorno *(Bacio la mano)* signorina, come sta?
..... mâna ...., ce mai ......?

❷ Non capisco perché non sei felice con lei!
Nu .... de ce nu ești .... cu ea!

❸ Ogni anno, i miei genitori vanno al mare a luglio e in campagna ad agosto.
În .... an, ... mei pleacă la .... în ..... și la .... în ....

❹ A proposito, non precipitarti *(affrettarti)* all'aeroporto, il tuo aereo è in ritardo di un'ora *(tarda un'ora)*.
......, nu te ..... la aeroport, ... tău .... o ....

***

Il baciamano esiste ancora in Romania, e non sembra un'usanza in via d'estinzione! Accompagna soprattutto le presentazioni abituali durante un primo incontro e marca rispetto e deferenza nei confronti di una signora. Ancora più frequente del gesto è l'equivalente verbale **sărut mâna** *o* **sărut mâinile** *(lett. bacio la mano/le mani), usato come abituale formula di saluto persino dalle giovani donne o ragazze. Del resto, abbiamo tutti i motivi per credere che gli antenati dei romeni si scambiassero molti baci, soprattutto nel rivedersi, in quanto la parola latina che è all'origine di* salutare *in italiano è*

Lecția a treizeci și patra
[lectsia a treizeci și patra]

O simplă coincidență

1 – Nu știu ce să cred,
2 dar am impresia că cifra șapte joacă un rol important în viața mea!

Pronuncia
2 ... impresia ... cifra șapte žoacə un rol important în viatsa ...

❺ Suo figlio assomiglia molto a *(con)* sua madre, e sua figlia a *(con)* suo padre.

.... său .... mult cu .... sa, și ..... sa cu ..... său.

Soluzioni dell'esercizio 2
❶ Sărut – domnișoară – faceți **❷** – înțeleg – fericit – **❸** – fiecare – părinții – mare – iulie – țară – august **❹** Apropo – grăbi – avionul – întârzie – oră **❺** Fiul – seamănă – mama – fiica – tatăl –

***

anche all'origine del verbo romeno **a săruta**, *baciare. A seconda del contesto, si può usare* **Te sărut!**, *Ti bacio!, che si adopera più o meno come l'italiano* un bacio, *come formula di congedo. Esiste anche il sostantivo: un bacio si dice* **un sărut**, *ma questa struttura non è usata per accomiatarsi.*

Avete la sensazione che molte parole vi siano familiari? Ottimo! Ma attenzione: a volte esistono solo piccole differenze. Vi verranno segnalate ogni qual volta si presenteranno.

Trentaquattresima lezione

Una semplice coincidenza

1 – Non so cosa pensare *(che creda-io)*
2 ma ho l'impressione che il numero *(cifra)* sette abbia *(gioca)* un ruolo importante nella mia vita!

3 – Nu mai spune! Ce idee bizară!
4 – Ascultă [1] cu atenție:
5 sunt al șaptelea [2] copil din familia mea,
6 m-am născut [3] la șapte iulie – luna a șaptea [4], deci,
7 și pe strada mea locuiesc la numărul șapte!
8 Ce zici, nu e ciudat?
9 – Ba da, e interesant, dar e o simplă coincidență!
10 – Deloc: de exemplu, de ziua mea [5],
11 am pariat toți banii [6] pe calul numărul șapte.
12 – Și ai câștigat șapte milioane?
13 – Nu, n-am câștigat nimic, am pierdut tot:
14 calul meu a ajuns al șaptelea.

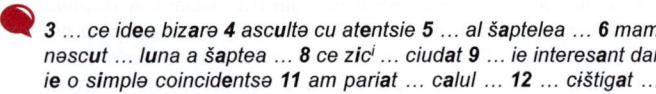

3 ... ce idee bizarə 4 ascultə cu atentsie 5 ... al šaptelea ... 6 mam nəscut ... luna a šaptea ... 8 ce zicⁱ ... ciudat 9 ... ie interesant dar ie o simplə coincidentsə 11 am pariat ... calul ... 12 ... cištigat ... milioane 13 ... pierdut ...

Note

1 **ascultă**, *ascolta*, è un imperativo che si forma esattamente come in italiano: entrambe le lingue usano la terza persona singolare del presente indicativo come imperativo rivolto alla 2ª persona. Ma non esauriamo subito tutte le sottigliezze di questo modo, che può aspettare un altro po'...

2 A partire dal numerale cardinale **șapte**, *sette*, si può formare il numerale ordinale maschile **al șaptelea**, *il settimo*. Troverete maggiori particolari sui numerali nella lezione di ripasso.

3 **a se naște**, *nascere*, in romeno è pronominale: **m-am născut** si traduce letteralmente "mi sono nato". Ma si può dire anche **sunt născut**, *sono nato*.

Trentaquattresima lezione / 34

3 – Sul serio? *(Non più dire!)* **Che idea strana!**
4 – **Ascoltami bene** *(Ascolta con attenzione)*:
5   **sono il settimo nato** *(bambino)* **nella mia famiglia,**
6   **sono nato il** *(a)* **sette luglio – il settimo mese, quindi,**
7   **e nella mia via abito al numero sette!**
8   **Che dici, non è strano?**
9 – **Sì, è interessante, ma è un puro caso** *(una semplice coincidenza)*!
10 – **Niente affatto: per esempio, per il mio compleanno** *(di giorno-il mio)*,
11   **ho scommesso tutti i soldi sul cavallo numero sette.**
12 – **E hai vinto sette milioni?!**
13 – **No, non ho vinto niente, ho perso tutto:**
14   **il mio cavallo è arrivato settimo...**

4 a şaptea, *la settima*, è un altro esempio di numerale ordinale femminile, costruito a partire dal cardinale **şapte**.

5 ziua mea (lett. *il mio giorno*) si usa nel senso di *il mio compleanno*. Infatti, è un'abbreviazione di **ziua mea de naştere**, *il mio giorno di nascita*. **Aniversare** si usa di solito con il significato di *anniversario*, più raramente di *compleanno*.

Exercițiul 1 – Traduceți

❶ Nu știu ce crezi tu, dar eu cred că în viață nu există coincidențe. ❷ Dacă bea prea mult alcool, riscă să vadă dublu: un șaptezeci și șapte în loc de un șapte. ❸ Unul din rolurile poliției este să examineze cu atenție pașapoartele la frontieră. ❹ Este important pentru noi să vorbim bine românește, fără accent dacă se poate. ❺ Gemenele mele s-au născut în luna august, și fiul meu în iulie.

***

Exercițiul 2 – Completați

❶ È strano, ho l'impressione di conoscerLa molto bene.
E . . . . . . , am . . . . că vă . . . . . . foarte . . . . .

❷ Perché sei triste? La vita è bella, niente *(non)* è perso!
De ce ești . . . . . ? . . . . . e . . . . , ... nu e . . . . !

❸ Non si mangia carne di cavallo in Romania.
Nu . . mănâncă . . . . . de . . . în România.

Lecția a treizeci și cincea
[lectsia a treizeci ši *cincia]*

Recapitulare – Ripasso

1 Il genitivo, caso del complemento di specificazione

Nella declinazione romena, il genitivo è il caso del complemento di specificazione; esprime un rapporto di appartenenza o di possesso fra due sostantivi. È l'equivalente in italiano di una costruzione con la preposizione *di* (a volte *del*, *della* ecc.).

1.1 Il genitivo singolare dei nomi comuni

Al maschile singolare, la marca del genitivo è **-lui**, che si aggiunge alla fine del sostantivo: **vârsta fratelui**, *l'età del fratello*. Se la parola termina in consonante, va intercalata la vocale **-u-**, per agevolare la pronuncia: **câinele vecinului**, *il cane del vicino*.

Soluzioni dell'esercizio 1

❶ Non so cosa pensi *(credi)* tu, ma io credo che nella vita non esistano coincidenze. ❷ Se beve troppo alcol, rischia di vedere doppio: un settantasette invece di un sette. ❸ Uno dei compiti *(ruoli)* della polizia è di esaminare con attenzione i passaporti al confine. ❹ È importante per noi parlare bene il romeno, senza accento se si può. ❺ Le mie gemelle sono nate nel mese di agosto, e mio figlio a luglio.

***

❹ Quando sei nato, in primavera o in autunno?
.... te-ai ......, ... sau ......?

❺ Non rimpiange niente, non è colpa sua: ha scommesso e ha perso.
Nu .... nimic, nu e .... lui: a ......
și a ....

Soluzioni dell'esercizio 2

❶ – ciudat – impresia – cunosc – bine ❷ – trist – Viața – frumoasă, nimic – pierdut ❸ – se – carne – cal – ❹ Când – născut, primăvara – toamna ❺ – regretă – greșeala – pariat – pierdut

Trentacinquesima lezione

Per ottenere il femminile singolare basta aggiungere una **-i** al plurale della parola: ne risultano le forme in **-ei** o in **-ii**. Per esempio: **numărul casei**, *il numero della casa*; **sensul vieții**, *il senso della vita*. Soltanto i femminili che terminano in **-ie** iato (le due vocali si pronunciano cioè in sillabe distinte) vi risparmiano il passaggio attraverso il plurale per stabilire la forma corretta del genitivo singolare: basta aggiungere una **-i**. Di conseguenza abbiamo: **fotografia familiei**, *la foto della famiglia*.

1.2 Il genitivo plurale dei nomi comuni

Al maschile e femminile plurale, si aggiunge **-lor** al sostantivo: **accentul străinilor**, *l'accento degli stranieri*; **poluarea apelor**, *l'inquinamento delle acque*. L'articolo indeterminativo al plurale è **unor**: **adolescența unor băieți**, *l'adolescenza di certi ragazzi*.

1.3 Il genitivo dei nomi propri

• Nomi di persona maschili
Nel caso dei nomi di persona maschili, il genitivo <u>precede</u> il sostantivo: **pașaportul lui Ion**, *il passaporto di Ion*.

• Nomi di persona femminili
Al femminile, i nomi di persona romeni (**Ana, Maria**...) seguono la regola dei nomi comuni: la **-a** finale è sostituita da **-ei**: **Ana este mama Mariei**, *Ana è la madre di Maria*. I nomi propri femminili che non terminano in **-a** si comportano come maschili: **Mama lui Carmen**, *La madre di Carmen*. Sotto la pressione dei maschili, ma anche dei nomi femminili contemporanei (spesso prestiti stranieri), la cui flessione sarebbe difficile, la tendenza è di trattare tutti i nomi propri femminili come maschili: sempre più spesso sentirete **lui Maria** invece di **Mariei**.

• Toponimi
Anche i nomi geografici si comportano come nomi comuni: **străzile Parisului**, *le vie di Parigi*. Quelli che terminano in **-a** formano il genitivo in **-ei**, come i nomi comuni: **identitatea României**, *l'identità della Romania*.

1.4 Il genitivo e l'articolo indeterminativo

Quando un sostantivo maschile è accompagnato dall'articolo indeterminativo *un, uno*, è quest'ultimo che prende la forma di genitivo **unui**: **numele unui cal**, *il nome di un cavallo*.
L'articolo indeterminativo al genitivo singolare femminile è **unei**: **sensul unei conversații**, *il senso di una conversazione*. Notate che il nome prende la forma di un plurale, anche se si tratta di un femminile singolare! In altre parole, il gruppo nominale **o conversație** diventa al genitivo **unei conversații** – le modifiche riguardano entrambi gli elementi. Allo stesso modo, **mama mea**, *mia madre*, diventa al genitivo **mamei mele**, *di mia madre*.

1.5 Ulteriori precisazioni sul genitivo

Ricordate quindi che:
– quando compaiono senza articolo, i maschili e i neutri non hanno una forma propria di genitivo. Infatti, non cambiano forma nel

corso della declinazione – è soltanto l'articolo (determinativo o indeterminativo) che riceve le desinenze del dativo o del genitivo;
– di solito, la forma del genitivo dei femminili singolari senza articolo è identica alla loro forma plurale;
– i neutri si comportano come maschili al singolare e come femminili al plurale;
– alcune preposizioni e locuzioni preposizionali richiedono il genitivo; vi ritorneremo;
– alcune forme che abbiamo classificato come aggettivi possessivi sono in realtà i genitivi dei pronomi personali: **lui** è il genitivo di **el**; **ei** è il genitivo di **ea**, e **lor** è il genitivo di **ei** e di **ele**.
Riepilogando:

	Articolo determinativo		Articolo indeterminativo	
	Singolare	Plurale	Singolare	Plurale
Maschile	an(u)lui	anilor	unui an	unor ani
Femminile	casei	caselor	unei case	unor case

2 L'indicativo presente dei verbi monosillabici

Ne avevamo già parlato in precedenza (lezione 21 § 4.2): i verbi monosillabici funzionano in maniera particolare. Si tratta di eccezioni che non osservano esattamente le regole di formazione dell'indicativo presente dei 4 gruppi verbali romeni. Infatti, una volta rimossa la desinenza caratteristica del gruppo, rimangono spesso soltanto una o due consonanti che non potrebbero costituire una forma verbale. Ecco dunque il presente indicativo dei verbi monosillabici più comuni:

a da, *dare*: dau, dai, dă, dăm, dați, dau
a ști, *sapere*: știu, știi, știe, știm, știți, știu
a lua, *prendere*: iau, iei, ia, luăm, luați, iau
a sta, *stare, abitare*: stau, stai, stă, stăm, stați, stau
a bea, *bere*: beau, bei, bea, bem, beți, beau
a vrea, *volere*: vreau, vrei, vrea, vrem, vreți, vreau

3 Il verbo *a pofti*

Il verbo **a pofti** (*desiderare*, *avere voglia*) ha vari significati, a seconda del contesto in cui compare:

– **Poftiți/Poftim înăuntru/în casă** sarebbe l'equivalente di *Avanti!*, nel linguaggio corrente.

– **Poftiți** (o **Poftim**) **la masă** significa *Accomodatevi/Si accomodi (Accomodati) a tavola*.

– **Poftiți!** e **Poftim!** servono anche come interiezioni e corrispondono al nostro *Ecco! Tieni!* quando si dà qualcosa a qualcuno.

– **Poftim?** interrogativo è l'equivalente di *Scusi? Prego?* quando si tratta di far ripetere qualcosa che non abbiamo ben capito.

4 Il passato prossimo

4.1 Formazione regolare

Il passato prossimo si forma in romeno con l'indicativo presente dell'ausiliare **a avea**, *avere*, seguito dal participio passato del verbo da coniugare. Non dovreste quindi sentirvi spaesati! A differenza dell'italiano però, nella formazione di questo tempo verbale non si usa mai come ausiliare **a fi**, *essere*. Un grattacapo in meno!

• **L'ausiliare**

L'ausiliare che si usa per costruire il passato prossimo comprende alcune forme particolari. Eccole qui:

a avea (verbo)	a avea (ausiliare)
am	am
ai	ai
are	a
avem	am
aveți	ați
au	au

Vediamo adesso qualche esempio che illustra questa differenza: **El are** mult timp liber, *Lui ha molto tempo libero* ≠ **El a avut mult timp liber**, *Lui ha avuto molto tempo libero*; **Noi avem o conversație interesantă**, *Noi abbiamo una conversazione interessante* ≠ **Noi am avut o conversație interesantă**, *Noi abbiamo avuto una conversazione interessante*; **Voi aveți o idee bună**, *Voi avete una* *buona idea* ≠ **Voi ați avut o idee bună**, *Voi avete avuto una buona idea*.

• **La formazione del participio passato**
Per ogni gruppo verbale c'è una piccola ricetta:
• Per i verbi del 1° gruppo (terminanti in **-a**) e quelli del 4° (in **-i** o in **-î**) basta aggiungere una **-t** all'infinito: **a uita → uitat**; **a dormi → dormit**; **a omorî → omorât**.
• La maggior parte dei verbi in **-e** (3° gruppo) sostituisce le ultime due lettere dell'infinito con una **-s**: **a ajunge → ajuns**; **a zice → zis**; **a merge → mers**. Alcuni verbi di questo gruppo hanno un participio in -(p)t: **a rupe → rupt**; **a frige → fript**.
• Alcuni verbi in **-e** e i verbi in **-ea** (2° gruppo) sostituiscono le desinenze dell'infinito con **-ut**: **a cere → cerut**; **a crede → crezut**; **a face → făcut**; **a putea → putut**; **a vrea → vrut**.
• Infine, ecco i participi passati dei due ausiliari: **a fi → fost**; **a avea → avut**.

4.2 Le regole dell'accordo

In romeno, il participio passato rimane invariabile: non si accorda né con il soggetto, né con il complemento oggetto. Potete tirare un sospiro di sollievo!

5 Il passato prossimo – posizione del pronome diretto

Come abbiamo appena visto, tanto in romeno quanto in italiano i pronomi diretti atoni (ossia *mi, ti, lo, la, ci, vi, li, le*) precedono immediatamente il verbo. Nessuna differenza strutturale, dunque, rispetto all'italiano.
Per quanto riguarda l'elisione dei pronomi, nei tempi composti, notate semplicemente che:

– la **ă** di **mă** e di **vă** sparisce a contatto con la **a** dell'ausiliare, e così anche la **î** di **îl** e di **îi**.
– la **e** non si elide (ad eccezione del **se** riflessivo, dove la **e** si elide sempre), ma il pronome si pronuncia insieme all'ausiliare, come indica il trattino. Ecco un esempio con il verbo **a vedea**, *vedere*: **m-a văzut**, *mi ha visto*; **te-a văzut**, *ti ha visto*; **l-a văzut**, *l'ha visto*; **a văzut-o**, *l'ha vista*; **ne-a văzut**, *ci ha visti*; **v-a văzut**, *vi ha visti*; **i-a**

văzut, *li ha visti*; **le-a văzut**, *le ha viste*. Il femminile **o**, *la*, rappresenta invece un'eccezione alla regola in quanto si mette dopo il verbo al passato prossimo: **o văd**, *la vedo*, ma **am văzut-o**, *l'ho vista*. Da notare però che al singolare, il femminile si distingue dal maschile per la presenza della **o** dopo il participio passato: **l-a văzut**, *l'ha visto*; **a văzut-o**, *l'ha vista*.

6 Il futuro popolare

Il congiuntivo è un modo verbale molto importante in romeno, e non soltanto a causa del suo frequente uso dopo un altro verbo, laddove in italiano si avrebbe un infinito.

In effetti, è anche alla base del futuro romeno più comune. Per costruirlo, basta anteporre una **o** alle forme del congiuntivo: si ottiene ciò che si chiama in romeno il "futuro popolare", la forma di futuro più frequente nel parlato: **o să merg**, *andrò*. Il romeno dispone anche di un futuro cosiddetto "letterario" sul quale ci soffermeremo più avanti.

7 I numerali cardinali

Se avete seguito regolarmente i numeri delle pagine, vi sarete senz'altro abituati ai numerali romeni. Eccoli nella loro successione aritmetica: 1, **un**, **unu** (masc.) e **o**, **una** (femm.); 2, **doi** (masc.) e **două** (femm.); 3, **trei**; 4, **patru**; 5, **cinci**; 6, **șase**; 7, **șapte**; 8, **opt**; 9, **nouă**; 10, **zece**.

7.1 *Un* e *o*

Come in italiano, gli aggettivi numerali cardinali **un** e **o** si confondono con l'articolo indeterminativo singolare, *un(a)*.

Nell'uso pronominale e alla fine dei numerali composti, **un** viene sostituito da **unu**, e **o** da **una**: si dice quindi **unu**, **doi**, **trei**, per contare degli oggetti maschili, e **una**, **două**, **trei**, per gli oggetti femminili. Infatti, si parla di **douăzeci și unu de ani**, *ventun anni*, e di **o mie și una de nopți**, *mille e una notte*.

7.2 Formazione dei numeri da undici a diciannove

Da undici a diciannove, i numerali si costruiscono in base alla formula **un + spre + zece**, *undici*, in cui **spre** è l'erede del latino **supra**, *sopra*: l'**unsprezece** romeno tradotto letteralmente in italiano darebbe "uno-sopra-dieci"...

I numerali di base si trovano anche in forma leggermente modificata: **patrusprezece** (o **paisprezece**), *quattordici*; **cincisprezece** (o **cinsprezece**), *quindici*; **șaisprezece**, *sedici*; **șaptesprezece**, *diciassette*; **optsprezece**, *diciotto*; **nouăsprezece**, *diciannove*. Nel linguaggio colloquiale queste forme subiscono ulteriori abbreviazioni, molto comuni, ma snobbate dai puristi: **unșpe**, **doișpe**, **treișpe**, **paișpe**, **cinșpe**, **șaișpe**, **șapteșpe**, **optșpe**, **nouășpe**.

Attenzione alla parola *dodici* che conosce un maschile e un femminile: **două**sprezece **fete**, *dodici ragazze*.

7.3 Le decine, le centinaia e oltre

Si mette **zece**, *dieci*, decina, al plurale (**zeci**) per proseguire con il conteggio: **două**zeci, *venti*; **trei**zeci, *trenta*; **patru**zeci, *quaranta*; **cinci**zeci (o **cin**zeci), *cinquanta*; **șai**zeci, *sessanta*; **șapte**zeci, *settanta*; **opt**zeci, *ottanta*; **nouă**zeci, *novanta*.

La differenza **unu/una** e **doi/două** ricompare nei numerali composti come **două**zeci **și unu** / **două**zeci **și una**, *ventuno*; **două**zeci **și doi** / **două**zeci **și două**, *ventidue*. Mentre l'italiano restringe la differenza di genere a *un/uno/una*, il romeno la applica anche a *due*. **Sută**, *cento*, è un sostantivo femminile, il cui plurale è **sute** e funziona come **zece**. **Mie**, *mille* (plurale **mii**), è anch'esso femminile, mentre **milion**, *milione* (plurale **milioane**), e **miliard**, *miliardo* (plurale **miliarde**), sono neutri.

Due osservazioni importanti:

– fra decine e unità si mette la congiunzione **și**, *e*: **treizeci și cinci**, *trentacinque*.

– a partire da **două**zeci, *venti*, va messo un **de** fra numerale e sostantivo determinato: si dice quindi **nouăsprezece minute**, ma **două**zeci **de** minute, **cinzeci și șase de** minute.

8 I numerali ordinali

I numerali ordinali romeni (salvo, come in italiano, *il primo* e *la prima*) si formano così:

Maschile	Femminile
al + numerale cardinale + **lea**	**a** + numerale cardinale + **a**

Vediamo qualche esempio: **al doilea/a doua**, *il secondo/la seconda*; **al zecelea/a zecea**, *il decimo/la decima*; **al douăzeci și unulea/a douăzeci și una**, *il ventunesimo/la ventunesima*... **al o sutălea/a o suta**, *il centesimo/la centesima*.
Ricordate che:
– **primul**, *il primo*, e **prima**, *la prima*, hanno come sinonimi **întâiul** e **întâia**,

***

Dialog de recapitulare

1 – V-am invitat la cină mâine seară,
2 vă așteptăm la ora șase, nu întârziați!
3 – Nu mai știu cum ajung la tine,
4 am uitat adresa exactă!
5 – Locuiesc pe strada Toamnei numărul șaisprezece;
6 luați liftul până la etajul șapte,
7 e a treia ușă pe dreapta,
8 apartamentul douăzeci și cinci.
9 Sper că o să găsiți repede blocul nostru:
10 e chiar lângă parc.
11 – Nu-i o problemă, văd unde e;
12 cunosc bine cartierul,
13 fratele meu locuiește nu departe de tine,
14 pe Primăverii, vizavi de liceu.
15 – Da, îl întâlnesc adesea duminica la piață.
16 Apropo, l-am văzut ieri pe stradă cu soția lui.
17 – Aveți noroc, locuiți într-un cartier frumos,
18 cu mulți pomi și puțină poluare.
19 – Puteți veni pe jos, nu e departe,
20 profitați ca să faceți o plimbare;
21 e cald, suntem în luna august!
22 În douăzeci de minute sunteți la noi.
23 – Nu, mersi, prefer să iau autobuzul sau un taxi:
24 dacă merg mult pe jos, mă dor picioarele.

Trentacinquesima lezione / 35

– il numerale ordinale si può mettere prima o dopo il sostantivo: **al zecelea cuvânt/cuvântul al zecelea**, *la decima parola*,
– nel linguaggio colloquiale, il numerale ordinale è spesso sostituito dal cardinale: si tende a dire **etajul zece** (lett. il piano dieci) anziché **etajul al zecelea** (*il decimo piano*).

***

Traduzione

1 Vi abbiamo invitati a cena domani sera, **2** vi aspettiamo alle sei, non fate tardi! **3** Non so più come arrivare da te, **4** mi sono dimenticato l'indirizzo esatto! **5** Abito in via dell'Autunno, numero sedici; **6** prendete l'ascensore fino al settimo piano, **7** è la terza porta sulla destra, **8** appartamento venticinque. **9** Spero che troverete presto il nostro condominio: **10** è proprio accanto al parco. **11** Non è un problema, so *(vedo)* dov'è; **12** conosco bene il quartiere, **13** mio fratello abita non lontano da te, **14** [via] della Primavera, di fronte al liceo. **15** Sì, lo incontro spesso la domenica al mercato. **16** A proposito, l'ho visto ieri per la strada, con sua moglie. **17** Siete fortunati, abitate in un bel quartiere, **18** con molti alberi e poco inquinamento. **19** Potete venire a piedi, non è lontano, **20** approfittate[ne] per fare due passi; **21** fa caldo, siamo nel mese di agosto! **22** In venti minuti siete da noi. **23** No, grazie, preferisco prendere l'autobus o un taxi: **24** se cammino troppo, ho male alle gambe / ai piedi.

Piano piano state cominciando a sentirvi un po' più a vostro agio. Benissimo, non mollate! Al di là delle piccole difficoltà del romeno, sappiate che moltissime voci sono di origine latina... le riconoscerete quindi facilmente. Coraggio! Se lavorate sodo, fra non molto avrete raggiunto una discreta padronanza della lingua, e parlerete sempre meglio **românește**. *Non trascurate di ascoltare le registrazioni né di leggere le note che corredano i dialoghi. State facendo molti progressi!*

Lecția a treizeci și șasea

Croitorul meu e bogat

1 – Ce [1] elegant ești astăzi! E un costum nou?
2 – Da, de lână pură, sută la sută, făcut la comandă.
3 – Croitorul tău trebuie să fie mulțumit [2],
4 cu clienți ca tine, câștigă mulți bani!
5 – E-adevărat, dar îi merită: lucrează repede și bine.
6 – De fapt, cred că are puțini clienți
7 pentru haine pe măsură…
8 – Croitoria [3] rămâne totuși rentabilă,
9 se poate spune că croitorul meu e bogat!
10 – E posibil, dar cred că dentistul meu
11 e tot atât de bogat [4] ca și croitorul tău,
12 dacă nu mai bogat [5] decât [6] el!

Pronuncia

croitorul meu ie bogat **1** *ce elegant … costum …* **2** *… lînə purə … comandə* **3** *… multsumit* **4** *… clientsⁱ …* **5** *… meritə lucreazə …* **7** *… Haine pe məsurə* **8** *croitoria rəmîne totușⁱ rentabilə* **10** *ie posibil … dentistul …* **12** *… decît …*

Note

1 **ce**, *che* si usa nelle frasi esclamative: **Ce frumos e azi!**, *Come fa bello oggi!*; **Ce bine vorbiți românește!**, *Ma come parla bene il romeno!!*

2 L'aggettivo **mulțumit**, *contento* o *soddisfatto*, appartiene alla famiglia del verbo **a mulțumi**, *ringraziare*, di cui conoscete già la forma della prima persona singolare del presente indicativo: **mulțumesc**, *grazie*.

3 **croitoria**, *la sartoria*, e **croitor**, *sarto*, derivano dal verbo **a croi**, *fare vestiti*.

Trentaseiesima lezione

Il mio sarto è ricco

1 – Come sei elegante oggi! È un completo nuovo?
2 – Sì, di pura lana, cento per *(a)* cento, fatto su *(a)* misura *(ordinazione)*.
3 – Il tuo sarto deve essere contento,
4   con dei clienti come te, guadagna molti soldi!
5 – È vero, ma [se] li merita: lavora velocemente e bene.
6 – In realtà, credo che abbia *(ha)* pochi clienti
7   per vestiti su misura…
8 – La sartoria resta comunque redditizia,
9   si può dire che il mio sarto è ricco!
10 – È possibile, ma credo che il mio dentista
11   sia *(è)* tanto ricco quanto il tuo sarto,
12   o addirittura *(se non)* più ricco di lui!

---

4 **tot atât de bogat ca…**, *tanto ricco quanto…* è un comparativo di uguaglianza; vi ritorneremo nella lezione di ripasso.

5 **mai bogat decât…**, *più ricco di…*, è un esempio di comparativo di superiorità.

6 **decât** può essere sostituito da **ca** nella struttura del comparativo: **Ana e mai simpatică decât** (o **ca**) **Maria**, *Anna è più simpatica di Maria*.

36 / Lecția a treizeci și șasea

13 Are foarte mulți pacienți,
14 sala lui de așteptare e întotdeauna plină.

13 ... pacients^i ... 14 sala... așteptare ie întotdeauna plinə

***

Exercițiul 1 – Traduceți

❶ Gara e mult mai aproape de centrul orașului decât aeroportul. ❷ Am un singur costum, pe care l-am cumpărat când s-a căsătorit fiica mea. ❸ Mi-e foarte foame, și chelnerul întârzie prea mult cu comanda. ❹ Nu e o problemă de bani, caut un croitor bun, care să înțeleagă ce vreau. ❺ Nu sunt mulțumit de apartamentul nostru, e prea mic pentru noi; trebuie să caut unul mai mare.

***

Exercițiul 2 – Completați

❶ Puoi andare se vuoi, io resto qui ad aspettare.
Poți . . . . dacă . . . . , eu . . . . . aici să-l
. . . .

❷ È possibile che sia malato, ieri ha avuto mal di testa tutto il giorno.
E . . . . să fie . . . . . . , ieri l-a durut . . . . . toată
. . . . .

❸ Hai ragione, è tanto gentile quanto suo fratello, che conosco bene.
Ai . . . . , e tot . . . . de . . . . . . ca . . . .
lui, pe care îl . . . . . . bine.

❹ Tutti i miei amici sostengono che sono più elegante del mio sarto.
. . . . prietenii mei . . . . . . că sunt . . . .
decât . . . . meu.

Trentaseiesima lezione / 36

13 Ha moltissimi pazienti,
14 la sua sala d'attesa è sempre piena.

***

Soluzioni dell'esercizio 1
❶ La stazione è molto più vicina al centro città dell'aeroporto. ❷ Ho un solo completo, che ho comprato quando si è sposata mia figlia. ❸ Ho molta fame, e il cameriere tarda troppo con il cibo (*l'ordinazione*). ❹ Non è un problema di soldi, cerco un buon sarto, che capisca cosa voglio. ❺ Non sono contento del nostro appartamento, è troppo piccolo per noi; devo cercarne uno più grande.

❺ Meritano i soldi che guadagnano, lavorano dalla mattina alla sera.
...... banii pe care îi ...., ... de
.... până ......

Soluzioni dell'esercizio 2
❶ – să pleci – vrei – rămân – aștept ❷ – posibil – bolnav – capul – ziua ❸ – dreptate – atât – amabil – fratele – cunosc – ❹ Toți – susțin – mai elegant – croitorul – ❺ Merită – câștigă, lucrează – dimineața – seara

Lecția a treizeci și șaptea

Memoria cifrelor

1 – Trebuie să facem cumpărături,
2 nu ne rămân decât două conserve de pește
3 și frigiderul e aproape gol [1]!
4 N-o să mâncăm numai pâine cu unt!
5 – De acord, mergem la supermarket [2],
6 dar hai să trecem mai întâi [3] pe la bancă
7 vreau să scot niște bani:
8 prefer să plătim cu bani gheață [4].
9 – Dar banca e închisă la ora asta [5]...
10 – Nu-i grav, e un bancomat în parking [6].
11 – Perfect, dar notează bine codul cardului,
12 știu că nu ai memoria cifrelor,
13 riști să-l uiți și să te înșeli ca data trecută
14 când l-ai confundat cu codul de la poartă [7]! □

Pronuncia

memoria cifrelor **1** ... *cumpərətur*ⁱ **2** ... *conserve de peşte* ...
3 ... *aproape gol* **4** ... *pîine cu unt* **5** *de acord... supermarchet* **6** ...
trecem mai intîi ... bancə **7** ... *scot* ... **8** ... *ban*ⁱ *ghiatsə* **9** ... *închisə*
... **10** *nui grav... bancomat... parching...* **11** ... *codul* ... **13** ... *rišt*ⁱ
... *te înšel*ⁱ ... **14** ... *confundat ... poartə*

Note

1 **gol**, aggettivo, ha due significati in romeno: *vuoto* e *nudo*.

2 Per dire *supermercato*, il romeno moderno preferisce spesso l'anglicismo **supermarket** al posto di **supermagazin**.

3 Conoscevamo **întâi** come numerale ordinale, con il significato di *primo*; eccolo qui come avverbio in **mai întâi**, *prima*.

Trentasettesima lezione

Memoria per i *(dei)* numeri

1 – Dobbiamo fare la spesa *(compere)*,
2 ci rimangono solo *(non ci rimangono che)* due scatolette *(conserve)* di pesce
3 e il frigo è quasi vuoto!
4 Non mangeremo solo pane e *(con)* burro!
5 – D'accordo, andiamo al supermercato,
6 ma *(dai che)* passiamo prima dalla banca
7 voglio ritirare un po' di soldi;
8 preferisco che paghiamo in contanti.
9 – Ma la banca è chiusa a quest'ora…
10 – Non importa *(Non è grave)*, c'è un bancomat nel parcheggio.
11 – Perfetto, ma segna[ti] bene il codice della carta di credito,
12 so che non hai memoria per i numeri,
13 rischi di scordartelo e sbagliarti come la volta scorsa
14 quando l'hai scambiato con il codice della porta!

---

4 **bani gheață** (lett. soldi ghiaccio) è la maniera tradizionale per dire *soldi contanti*, anche se al suo posto, sempre più spesso, si usa la voce inglese **cash**.

5 **asta**, *questa*, è la variante popolare di **aceasta**, aggettivo dimostrativo di cui elencheremo le forme nella lezione di ripasso.

6 **parking** è un altro anglicismo che si usa a volte invece di **parcare**, sostantivo derivato ovviamente dal verbo **a parca**, *parcheggiare*.

7 A differenza di **ușă**, *porta interna* (parola avente la stessa origine dell'italiano *uscio*), **poartă** si riferisce solo a una porta esterna o a un cancello. Nello sport, **poartă** significa *porta* e il *portiere* si dice **portar**, un termine che si usa, come in italiano, anche in contesti immobiliari.

Lecția a treizeci și șaptea

▶ Exercițiul 1 – Traduceți

❶ La micul dejun nu am mâncat decât pâine prăjită cu unt și am băut o ciocolată caldă. ❷ Azi mai putem încă să facem cumpărături, mâine toate magazinele sunt închise. ❸ Nu sunt de acord cu tine, clienții lui nu sunt bogați, dar preferă să aibă haine pe măsură. ❹ Am uitat cardul pe pian, nu am cu ce plăti la restaurant. ❺ Am rămas singuri: copiii au plecat în vacanță, și casa e goală fără ei.

***

Exercițiul 2 – Completați

❶ Quando sono con te, ho l'impressione che il tempo passi *(passa)* più velocemente.

.... sunt cu ...., am .... că timpul ..... mai ....

❷ C'è un bancomat proprio vicino al supermercato, ma è spesso vuoto.

.... un .... chiar lângă ...., dar e ...... gol.

❸ È difficile trovare un posto libero nel parcheggio, a quest'ora.

E .... să găsești un ... liber în ...., la ora .....

❹ Se non sbaglio *(mi inganno)*, parla perfettamente due lingue straniere.

.... nu .. .., vorbește .... două ..... străine.

❺ Ha una memoria eccellente, può imparare decine di parole al giorno.

Are o .... excelentă, poate .... zeci de .... pe zi.

Trentasettesima lezione / 37

Soluzioni dell'esercizio 1

❶ A colazione ho mangiato solo pane tostato e burro e ho bevuto una cioccolata calda. ❷ Oggi possiamo ancora fare la spesa, domani tutti i negozi sono chiusi. ❸ Non sono d'accordo con te, i suoi clienti non sono ricchi, ma preferiscono avere vestiti su misura. ❹ Ho dimenticato la carta di credito sul pianoforte, non ho [niente] con cui pagare al ristorante. ❺ Siamo rimasti soli: i ragazzi sono andati in vacanza, e la casa è vuota senza di loro.

***

Soluzioni dell'esercizio 2

❶ Când – tine – impresia – trece – repede ❷ Este – bancomat – supermarket – adesea – ❸ – greu – loc – parcare – asta ❹ Dacă – mă înşel – perfect – limbi – ❺ – memorie – să înveţe – cuvinte –

Avete già acquisito sufficienti conoscenze grammaticali per poter parlare correttamente il romeno, e il vostro vocabolario si è arricchito parecchio. Avrete notato che per certe strutture ed espressioni è spesso impossibile fornire la traduzione esatta, letterale. Ma non preoccupatevi, il contesto romeno vi aiuterà ad afferrarne il corretto significato.

Lecția a treizeci și opta

Alo, cine e la telefon?

1 – Draga mea... telefonul! Nu vrei să răspunzi tu?
2   Eu am mâinile ude, spăl [1] vasele [2]!
3 – Și eu sunt ocupată, calc rufele [3]!
4 – Bine, lasă, răspund eu... Alo?
5   ... Nu, nu e casa Vasilescu... ați greșit numărul!
6   ... Nu face nimic, înțeleg, nu-i niciun deranj...
7   ... Nu-i nevoie să vă scuzați, la revedere...
8 – E a mia oară că cineva îi caută pe Vasileștii [4] ăștia [5] și ne deranjează pe noi!
9   Nu mai suport!
10 Trebuie să ne schimbăm numărul!
11 – În cazul ăsta, mai bine renunțăm la telefonul fix
12 și păstrăm numai celularele [6]!

Pronuncia

Alo... telefon 1 ... rəspunzi 2 ... mîinile ude spəl vasele 3 ... ocupatə calc rufele 4 ... lasə ... 5 ... greșit ... 6 ... deranʒ 8 ... oarə ... cineva ... əștia ... deranʒeazə ... 9 ... suport 10 ... schimbəm ... 11 ... cazul əsta ... renuntsəm ... fics 12 ... pəstrəm ... celularele

Note

1 **a spăla** significa *lavare*, quindi **a spăla vasele**, *lavare i piatti*, e **a spăla rufele**, *lavare i panni*.

2 Il singolare di **vase** è **vas**, termine che può significare, in altri contesti, *vaso* o *vascello*.

3 Il primo significato di **rufe**, voce raramente usata al singolare **rufă**, è *biancheria*.

Trentottesima lezione

Pronto, chi parla?

1 – Cara *(mia)*... il telefono! Non vuoi rispondere tu?
2 Io ho le mani bagnate, sto lavando i piatti!
3 – Anch'io sono occupata, sto stirando *(panni-i)*!
4 – Bene, lascia [stare], rispondo io... Pronto?
5 ... No, non è la famiglia *(casa-la)* Vasilescu... ha sbagliato numero*(-il)*!
6 ... Non fa niente, capisco, non c'è nessun disturbo
7 ... Non c'è bisogno che si scusi, arrivederci...
8 – È l'ennesima *(la millesima)* volta che qualcuno sta cercando 'sti Vasilescu e ci disturba a noi.
9 Non ce la faccio più *(più sopporto)*!
10 Dobbiamo cambiare numero*(-il)*!
11 – In tal caso, meglio rinunciare *(rinunciamo)* al telefono fisso
12 e conservare *(conserviamo)* solo i cellulari!

---

4 **Vasileștii** è il plurale informale per i membri della famiglia **Vasilescu**. Allo stesso modo, troveremo **Ioneștii**, **Popeștii** per i **Ionescu** e i **Popescu**... ma si tratta di un uso un po' irriverente. La forma consigliata resta **familia Vasilescu**.

5 **ăștia**, variante popolare dell'aggettivo dimostrativo **aceștia**, *questi*, si usa in ambito più informale... in assenza delle persone di cui si parla.

6 (**telefon**) **mobil** o (**telefon**) **celular** designano entrambi il *telefonino*.

13 – Sunt de acord cu tine, nu-i o idee rea;
14 o să vorbim mai puțin la telefon
15 și o să facem economii importante... ☐

13 ... ideie rea 15 ... economi ...

***

Exercițiul 1 – Traduceți

❶ Scuzați-mă, dar astăzi sunt foarte ocupat; sunați mâine, o să fiu mai liber. ❷ Refuz să răspund la telefon, sunt sigur că e una din prietenele tale. ❸ De fapt, soția lui Petre nu calcă niciodată rufele: spune că o doare mâna dreaptă. ❹ El n-a avut bani să plătească cina la restaurant și a trebuit să spele vasele la bucătărie. ❺ Plouă, mă întreb de ce te-ai întors acasă pe jos, ești ud din cap până în picioare!

***

Exercițiul 2 – Completați

❶ Sono spiacente, ma ho sbagliato numero.
  Îmi . . . . rău, dar am . . . . . . numărul.

❷ Domani andrò al cinema con i Popescu; vuoi venire con noi?
  . . . . . o să merg la . . . . cu . . . . ;
  vrei . . . . . . cu noi?

❸ Ti conosco bene, capisco perché vuoi rinunciare a bere *(alla bevanda)*.
  Te . . . . . . bine, ... de ce vrei . . . .
  la . . . .

❹ Mi dia per piacere il Suo cellulare, devo telefonare a casa.
  Dați-mi . . . . . mobilul dumneavoastră, ... să
  telefonez . . . . . .

❺ Non si scomodi per lui, troverà sicuramente la porta.
  Nu vă . . . . pentru el, o să . . . . sigur . . . .

Trentottesima lezione / 38

13 – Sono d'accordo con te, non è un'idea malvagia;
14   parleremo [di] meno al telefono
15   e risparmieremo parecchio (*faremo risparmi notevoli*)...

***

Soluzioni dell'esercizio 1
❶ Mi scusi, ma oggi sono molto occupato; chiami domani, sarò più libero. ❷ Rifiuto di rispondere al telefono, sono sicuro che è una delle tue amiche. ❸ In realtà, la moglie di Petre non stira mai i panni: dice che le fa male la mano destra. ❹ Lui non aveva (*ha avuto*) soldi per pagare la cena al ristorante e ha dovuto lavare i piatti in cucina. ❺ Piove, mi chiedo perché sei tornato a casa a piedi, sei bagnato dalla testa ai piedi!

***

Soluzioni dell'esercizio 2
❶ – pare – greșit – ❷ Mâine – cinematograf – Popeștii – să vii – ❸ – cunosc – înțeleg – să renunți – băutură ❹ – vă rog – trebuie – acasă ❺ – deranjați – găsească – ușa

o sută cincizeci • 150

Lecția a treizeci și noua

O familie care știe primi

1 – E târziu, ajută-mă [1] să pun masa,
2 invitații o să sosească peste puțin timp!
3 – Scot vesela de porțelan și paharele de cristal?
4 – Da, și tacâmurile de argint!
5 Eu aranjez cuțitele, furculițele [2], lingurile și linguriţele,
6 și tu farfuriile adânci și întinse.
7 – Vrei să-i impresionezi pe oaspeții noștri, pe cuvântul meu!
8 – Țin să le arăt că știm primi
9 și nu vreau să plece nemulțumiți [3] de la noi;
10 nu uita că printre musafiri [4] e și șeful tău
11 care o să facă în curând propunerile de avansare…

Pronuncia

… primi **1** … ažutəmə … **2** … soseascə … **3** … vesela de portselan ši paHarele de cristal **4** … tacîmurile de argint **5** ieu aranžez cutsitele furculitsele lingurile ši linguritsele **6** … farfuriile adînci ši întinse **7** … impresionezi … **8** tsin … **9** … nemultsumitsi … **10** … printre musafiri … šeful … **11** … propunerile de avansare

Note

1 **Ajută-mă** è un imperativo costruito esattamente come l'italiano *aiutami*: il verbo ha la forma della terza persona dell'indicativo presente, benché la richiesta sia rivolta alla seconda persona singolare.

2 Come l'italiano *forchetta*, il romeno **furculiță** sarebbe in origine il diminutivo di **furcă**, *forca*. **Linguriță**, *cucchiaino* è invece il diminutivo

Trentanovesima lezione

Una famiglia che sa ricevere

1 – È tardi, aiutami ad apparecchiare *(che metta)* la tavola,
2 gli ospiti arriveranno tra poco *(tempo)*!
3 – Tiro fuori i piatti di porcellana e i bicchieri di cristallo?
4 – Sì, e le posate d'argento!
5 Io sistemo i coltelli, le forchette, i cucchiai e i cucchiaini
6 e tu i piatti fondi *(profondi)* e piani *(distesi)*.
7 – Vuoi fare impressione sui *(impressionare i)* nostri ospiti, sissignore *(su parola mia)*!
8 – [Ci] tengo a fargli vedere che sappiamo ricevere
9 e non voglio che vadano via scontenti da casa nostra *(da a noi)*;
10 non dimenticare che tra gli ospiti c'è anche il tuo capo
11 che farà a breve le proposte di promozione…

---

di **lingură**, *cucchiaio*: anche il romeno forma facilmente i diminutivi aggiungendo un suffisso ai sostantivi e agli aggettivi.

3 (**ne**)mulțumiți, *(s)contenti*: aggiungendo il prefisso negativo **ne-** a un nome, se ne capovolge il significato. Troverete altri esempi del genere nella lezione di ripasso.

4 **musafir** è un altro modo di dire **oaspete**, *ospite*.

39 / Lecția a treizeci și noua

▶ Exercițiul 1 – Traduceți

❶ Hai să punem masa, invitații o să sosească peste un sfert de oră. ❷ Îmi pare rău, dar nu pot să te ajut astăzi. ❸ Nu vreau să primesc nimic de la tine. ❹ Musafirii lor au plecat cu toate lingurițele de argint. ❺ În română și în franceză, se înțelege ușor că o furculiță nu e decât o furcă mai mică.

***

Exercițiul 2 – Completați

❶ Quando apparecchi la tavola, non dimenticare i coltelli!
Când ... masa, nu .... cuțitele!

❷ Suo marito non sa che i piatti fondi sono per la minestra *(zuppa)*.
Soțul .. nu .... că farfuriile ...... sunt pentru
.....

❸ Tengo a dirvi che i vostri ospiti non mi piacciono per niente.
... să vă .... că .... voștri .-... ....
deloc.

Soluzioni dell'esercizio 1

❶ Apparecchiamo pure, gli ospiti arriveranno tra un quarto d'ora.
❷ Mi dispiace, ma non ti posso aiutare oggi. ❸ Non voglio ricevere niente da te. ❹ I loro ospiti sono andati via con tutti i cucchiaini d'argento. ❺ In romeno e in francese, si capisce facilmente che una forchetta non è che una forca più piccola.

***

❹ Ho avuto mal di testa, non ho potuto dormire questa notte.
M-a ..... capul, nu am ..... să .... noaptea asta.

❺ Non vedo perché lei è sempre scontenta.
Nu ... de ce ea e întotdeauna ....

Soluzioni dell'esercizio 2

❶ – pui – uita – ❷ – ei – ştie – adânci – supă ❸ Ţin – spun – invitaţii – nu-mi plac – ❹ – durut – putut – dorm – ❺ – văd – nemulţumită

***

I romeni si considerano spesso **harnici**, *diligenti, e* **ospitalieri**, *ospitali: è uno dei luoghi comuni più diffusi nella coscienza popolare. Ma al di là del cliché, anche il lessico testimonia dell'ospitalità romena. A riprova di questo, esistono tre voci diverse per designare un ospite:* **oaspete**, **musafir** *e* **invitat**. *Speriamo che avrete presto l'occasione di sincerarvi di persona che l'ottima reputazione dell'accoglienza romena non ha nulla di esagerato!*

Lecţia a patruzecea

Dacia mea veche e în pană

1 – Am auzit că ai o maşină străină, nou-nouţă [1]!
2 Ce-ai făcut cu Dacia ta, pe care o ai de douăzeci de ani?
3 – O ţin deocamdată în garaj,
4 ca de obicei, e în pană,
5 dar o să mă debarasez de ea, am promis-o unui vecin [2]
6 care lucrează la un service [3]:
7 îi plac motoarele, e pasionat de mecanică
8 şi poate găsi toate piesele ca să o repare.
9 – Săracul de el [4], nu ştie ce-l aşteaptă!
10 Trebuie să schimbe tot, de la volan până la roţi [5]!
11 O să aibă surpriza să vadă că maşina consumă zeci de litri de benzină [6] şi de ulei,

Pronuncia

... in panə 1 am auzit ... maşinə ... nounoutsə 3 ... deocamdatə in garaž 5 ... debarasez ... am promiso ... 6 ... servis 7 ... motoarele ... pasionat de mecanicə 8 ... piesele ... repare 9 səracul ... 10 ... volan ... rotsi 11 ... surpriza ... consumə ... litri de benzinə ši de ulei

Note

1 **nou-nouţă**, *nuova di zecca*: il secondo termine è il diminutivo del primo, come se dicessimo in pratica "nuova-nuovetta"...

2 **unui vecin**, *a un vicino di casa*, è un complemento di termine, che nella grammatica romena corrisponde al dativo. Il dativo romeno ha le stesse forme del genitivo, che già conoscete. Ci ritorneremo.

Quarantesima lezione

La mia vecchia Dacia è rotta

1 – Ho sentito [dire] che hai una macchina straniera nuova di zecca!
2 Che fine ha fatto *(Che-cosa hai fatto con)* la tua Dacia, che hai da vent'anni?
3 – La tengo per il momento nel garage,
4 come al solito è rotta,
5 ma me ne libererò, l'ho promessa a un vicino [di casa]
6 che lavora da *(a)* un meccanico *(servizio-auto)*:
7 gli piacciono i motori, è appassionato di meccanica
8 e può trovare tutti i pezzi per aggiustarla.
9 – Poverino *(Povero di lui)*, non sa cosa l'aspetta!
10 Deve cambiare tutto, dal volante fino alle ruote!
11 Avrà la sorpresa di vedere che la macchina consuma decine di litri di benzina e d'olio,

---

3 **service**, *officina meccanica*, è un anglicismo. Notate che esiste anche la costruzione di significato equivalente **atelier de reparații**.

4 Il romeno **sărac** racchiude tutti i sensi dell'italiano *povero*, compresi quelli che non hanno niente a che vedere con i quattrini...

5 **roți** è il plurale di **roată**, *ruota*, parola che ammette in alcuni contesti il plurale **roate**: **a merge ca pe roate**, *andare a gonfie vele*.

6 **benzină** significa ovviamente *benzina*; **benzinărie** (o **stație de benzină**) è il *distributore di benzina*.

40 / Lecția a patruzecea

12 și că pe piață nu mai valorează doi bani [7]!
13 – Știu foarte bine, de aceea o dau gratis!

12 ... valorează ... 13 ... gratis

Note

7 **ban**, che conoscete già nel senso di *centesimo*, significa qui *soldo*. Non dimenticate che il plurale **bani** è l'equivalente dell'italiano *soldi*.

***

Exercițiul 1 – Traduceți

❶ Dacia ta e departe de a fi nou-nouță! ❷ Problema e că mașinile străine sunt mult mai scumpe decât mașinile românești. ❸ Nu știți unde este e o stație de benzină? ❹ Mașina ta e prea veche, consumă mult ulei. ❺ Avem două mașini în familie, și un singur garaj.

***

Exercițiul 2 – Completați

❶ È riuscito a comprare a buon mercato una macchina romena.
A . . . . . . să cumpere . . . . . . o . . . . . . românească.

❷ Mi chiedo se il garage sia *(è)* aperto il sabato.
Mă . . . . . . dacă . . . . de . . . . este
. . . . sâmbăta.

❸ Ho chiamato per vedere se hanno il pezzo di cui ho bisogno.
Am . . . . ca . . . . . dacă au . . . . . de care
. . . .

***

Mașina, la macchina, *è femminile anche in romeno. Detto ciò, quando ci si riferisce a una determinata marca, il genere dipende da quest'ultima: se finisce in consonante o in* **-i, -o,** *o* **-u**, *è percepita come maschile; se finisce in* **-a**, *come femminile. Abbiamo quindi* **un Fiat**, **un Ford**, **un Ferrari**, **un Volvo**, **un Aro** *ma* **o Lancia**, **o Skoda**, **o Lada** *e ovviamente* **o Dacie**, *mentre la forma* **Dacia** *viene*

Quarantesima lezione / 40

12 e che sul mercato, non vale più una lira *(due centesimi)*!
13 – [Lo] so benissimo, è per questo che [glie]la do gratis!

Soluzioni dell'esercizio 1
❶ La tua Dacia è lungi dall'essere nuovissima! ❷ Il problema è che le autovetture straniere sono molto più care delle autovetture romene. ❸ Non sa dove c'è un benzinaio? ❹ La tua macchina è troppo vecchia, consuma molto olio. ❺ Abbiamo due macchine in famiglia, e soltanto un box.

***

❹ Non lavora, è molto povero, e la sua famiglia non lo aiuta.
    Nu . . . . , este foarte . . . . . , și familia . . . nu-l
    . . . . . .

❺ Non è affatto una sorpresa per me, so quanto vale la sua parola.
    Nu-i . . . . . o . . . . pentru mine, eu . . . . cât
    . . . . cuvântul lui.

Soluzioni dell'esercizio 2
❶ – reușit – ieftin – mașină – ❷ – întreb – atelierul – reparații – deschis – ❸ – telefonat – să văd – piesa – am nevoie ❹ – lucrează – sărac – lui – ajută ❺ – deloc – surpriză – știu – valoreaza –

***

*percepita come articolata con articolo determinativo. La Romania ha cominciato a produrre le **Dacia** alla fine degli anni '60, sotto licenza Renault. All'inizio, le automobili erano destinate al mercato romeno e al "mercato comune" dei paesi comunisti, ma negli ultimi decenni la Dacia si è diffusa sul mercato dell'Europa occidentale e ormai se ne vedono tante girare anche per le strade italiane...*

o sută cincizeci și opt • 158

Lecția a patruzeci și una

Nu sunt superstițios!

1 – Se zice că ziua bună se cunoaște de dimineață [1]
2   ei bine, azi m-am sculat cu stângul,
3   am răsturnat sare din solniță pe fața [2] de masă,
4   am spart oglinda din baie [3],
5   am trecut pe sub o scară din neatenție
6   și o pisică neagră a traversat strada înaintea [4] mea.
7 – Să batem [5] în lemn! Azi e vineri treisprezece!
8   Eu cred că nu poți să faci nimic contra destinului,
9   dar tu ești un om modern, emancipat,
10 nu te lași impresionat de semnele rele...
11 – Care semne? Vorbe goale! Prostii [6]!
12 Din fericire, nu sunt deloc superstițios:
13 sunt convins că asta poartă ghinion!

Pronuncia

... superstitsios 2 ... sculat ... 3 am rəsturnat sare din solnitsə pe fatsa ... 4 am spart oglinda din baie 5 ... scarə ... neatentsie 6 ... pisicə neagrə a traversat ... înaintea mea 7 sə batem în lemn ... 8 ... destinului 9 ... modern emancipat 10 ... semnele rele 11 ... vorbe ... prosti 13 ... convins ... poartə ghinion

Note

1 **ziua bună se cunoaște de dimineață** (lett. *il giorno buono si conosce dal mattino*) è un proverbio romeno che significa che l'inizio incoraggiante di un progetto, di un evento o di una giornata, è un buon auspicio per ciò che seguirà, come l'analogo modo di dire italiano.

2 Il primo senso di **față** è *faccia, viso*, come in **față în față**, *faccia a faccia*.

3 **baie** significa *bagno*, mentre *fare il bagno* si dice **a face baie**.

Quarantunesima lezione

Non sono superstizioso!

1 – Si dice che già dalla mattina si capisce se la giornata sarà buona *(giorno-il buono si conosce da mattina)*,
2 ebbene, oggi mi sono alzato con il [piede] sinistro,
3 ho versato sale della saliera sulla tovaglia,
4 ho rotto lo specchio del bagno,
5 sono passato sotto una scala senza accorgermene *(da disattenzione)*
6 e un gatto nero ha attraversato la strada davanti a me.
7 – Tocchiamo ferro *(Battiamo in legno)*! Oggi è venerdì tredici!
8 Io credo che non si possa *(puoi)* fare nulla contro il destino,
9 ma tu sei un uomo moderno, emancipato,
10 non ti fai *(lasci)* impressionare *(impressionato)* dai brutti segni…
11 – [Ma] quali segni? Aria fritta *(Parole vuote)*! Stupidaggini!
12 Per fortuna, non sono affatto superstizioso:
13 sono convinto che questo porta jella!

4 Alcune preposizioni romene richiedono il genitivo: si tratta di preposizioni articolate con articolo determinativo (cioè delle preposizioni a cui si attacca l'articolo determinativo). È il caso di **înaintea**, seguito dal genitivo **mea**: **înainte**, *avanti* + *a* ha come risultato **înaintea**, *davanti a*.

5 La traduzione letterale di **Să batem în lemn** sarebbe "Battiamo in legno", espressione costruita intorno al verbo romeno **a bate**, *battere*. Per gli scongiuri, i romeni non si accontentano di *toccare*, ritengono più sicuro "battere", e prediligono come materiale di riferimento il legno anziché il ferro!

6 **prostie**, *stupidaggine*, deriva da **prost**, *stupido*.

o sută șaizeci

41 / Lecția a patruzeci și una

Exercițiul 1 – Traduceți

❶ De ce te superi atât de ușor? Te-ai sculat cu stângul? ❷ Prietenul vecinei noastre are obiceiul să pună sare în cafea. ❸ M-am uitat dimineața în oglindă și nu m-am recunoscut. ❹ Am avut douăsprezece pahare de cristal, dar copiii au spart deja patru. ❺ Din neatenție, am trecut pe lângă ea fără să o salut; n-am recunoscut-o.

***

Exercițiul 2 – Completați

❶ Il tavolo marrone è troppo grande per questa tovaglia azzurra.
Masa . . . . e prea . . . . pentru fața asta de masă
. . . .

❷ Crede che il suo destino sia *(è)* di essere medico di campagna, ma ha pochi pazienti.
. . . . . că . . . . lui este să fie doctor de . . . . ,
dar are puțini . . . .

❸ Brutto segno, ho visto oggi due gatti neri!
. . . . rău, ... azi . . . . pisici . . . . . !

❹ Lo conosci bene? Si può dire che è sfortunato *(ha sfortuna)* nella vita!
Îl . . . . bine? Se poate . . . . . că are . . . .
în . . . . . !

❺ Porta con eleganza un completo caro, fatto da un sarto italiano.
. . . . . . cu . . . . un . . . . . . scump, ...
de un . . . . italian.

***

Come avete potuto intuire dal titolo del dialogo, il folklore romeno comprende migliaia di proverbi che fanno trapelare una visione originale del mondo e della vita. Tramandati nei secoli grazie a una ricca tradizione orale, i proverbi e gli aforismi concentrano l'esperienza delle generazioni precedenti e formano un quadro estremamente vario dell'esistenza umana. L'ironia non manca in questo tesoro di saggezza, perché lo spirito romeno contiene una gran dose di umorismo che a volte rasenta l'assurdo...

Quarantunesima lezione / 41

Soluzioni dell'esercizio 1

❶ Perché te la prendi così facilmente? Ti sei alzato *(svegliato)* con il piede sinistro? ❷ L'amico della nostra vicina di casa ha l'abitudine di mettere sale nel caffè. ❸ Mi sono guardato stamani allo specchio e non mi sono riconosciuto. ❹ Avevamo *(Abbiamo avuto)* dodici bicchieri di cristallo, ma i bambini [ne] hanno già rotti quattro. ❺ Per disattenzione, sono passato accanto a lei senza salutarla; non l'ho riconosciuta.

***

Soluzioni dell'esercizio 2

❶ – maro – mare – albastră ❷ Crede – destinul – țară – pacienți ❸ Semn – am văzut – două – negre ❹ – cunoști – spune – ghinion – viață ❺ Poartă – eleganță – costum – făcut – croitor –

Ecco qualche esempio, magari senza equivalente esatto in italiano, ma non per questo meno trasparente: **Nu-i frumos ce-i frumos, e frumos ce-mi place mie**, Non è bello ciò che è bello, è bello ciò che piace a me; **Când nu poți avea ce-ți place, trebuie să-ți placă ce ai**, Quando non puoi avere ciò che ti piace, deve piacerti ciò che hai; **Cine se scoală de dimineață departe ajunge**, Chi si sveglia presto la mattina arriva lontano (*Il mattino ha l'oro in bocca*).

Lecția a patruzeci și doua

Recapitulare – Ripasso

1 Gradi di comparazione degli aggettivi e degli avverbi

1.1 Il comparativo

Gli aggettivi e gli avverbi romeni conoscono gli stessi gradi di comparazione di quelli italiani; le somiglianze sono notevoli. Da notare che per rendere il *di/che* del comparativo italiano, si può scegliere fra **decât** e **ca**, e che per l'uguaglianza vi sono tre varianti possibili. Vediamo i diversi gradi del comparativo:

– il comparativo d'inferiorità: **Vinul e mai puțin bun decât/ca apa**, *Il vino è <u>meno</u> buono dell'acqua.*

– il comparativo d'uguaglianza: **Ea e tot așa de/la fel de/tot atât de frumoasă ca (și) mama ei**, *Lei è tanto bella quanto sua madre.*

– il comparativo di superiorità: **El e mai catolic decât papa**, *Lui è più cattolico del papa.*

1.2 Il superlativo

• Il superlativo relativo

Si forma come in italiano, a partire del comparativo di superiorità, preceduto dall'articolo determinativo. Ma siccome in romeno l'articolo determinativo non compare mai a sé stante, viene attaccato alla particella **ce**. Abbiamo quindi: **cel mai înalt**, *il più alto*; **cea mai înaltă**, *la più alta*; **cei mai înalți**, *i più alti*; **cele mai înalte**, *le più alte*.

Per ottenere un superlativo d'inferiorità, basta aggiungere a queste forme l'avverbio **puțin**, *poco*: **cel mai puțin interesant**, *il meno interessante.*

• Il superlativo assoluto

Si forma usando **foarte** o **tare**, *molto*, o **prea**, *troppo*, a seconda dei contesti; per ulteriore enfasi si possono usare **extrem de**, *estremamente*; **extraordinar de**, *straordinariamente*, e simili: **E foarte simplu!**, *È molto semplice!*

Quarantaduesima lezione

Gli avverbi seguono le stesse regole degli aggettivi, per formare i gradi comparativi.
Da segnalare che nel linguaggio giovanile attuale si usano spesso superlativi assoluti formati con l'ausilio di **super**, seguito da aggettivo o avverbio: **super interesant** = **foarte interesant**.

2 Gli aggettivi e i pronomi dimostrativi

2.1 Gli aggettivi dimostrativi

• Gli aggettivi dimostrativi, formalmente molto simili ai pronomi dimostrativi, servono a indicare un oggetto nello spazio. Come l'italiano standard, anche il romeno distingue fra prossimità e lontananza: **acest om**, *quest'uomo*; **acel om**, *quell'uomo*.

• Gli aggettivi dimostrativi si possono anteporre al nome, come abbiamo appena visto; tuttavia, nella lingua parlata si preferisce la posizione posposta: **omul acesta** (lett. l'uomo questo); **omul acela** (lett. l'uomo quello). In tal caso, i dimostrativi ricevono una **-a** finale e accompagnano un sostantivo articolato. Eccoli nel seguente quadro ricapitolativo:

		Singolare		Plurale	
		Forma anteposta	Forma posposta	Forma anteposta	Forma posposta
Dimostrativo di prossimità	masc.	acest	acesta, (ăsta)*	acești	aceștia (ăștia)*
	femm.	această	aceasta (ăsta)*	aceste	acestea (astea)*
Dimostrativo di lontananza	masc.	acel	acela (ăla)*	acei	aceia (ăia)*
	femm.	acea	aceea (aia)*	acele	acelea (alea)*

* fra parentesi le varianti colloquiali.

- Il romeno conosce varianti colloquiali dell'aggettivo dimostrativo, di cui soltanto una forma è riuscita a imporsi nella lingua standard: **asta**, *questa*. **Asta** si può usare come pronome neutro, come l'italiano *ciò*: **Asta e imposibil!**, *Ciò è impossibile!*

2.2 I pronomi dimostrativi

I pronomi dimostrativi sono in tutto e per tutto identici agli aggettivi dimostrativi posposti: **Acesta este mai bun**, *Questo è migliore*. Eccone tutte le forme:

Singolare	Plurale
ac<u>e</u>sta (<u>ă</u>sta)*, *questo*	**ac<u>e</u>știa (<u>ă</u>știa)***, *questi*
ac<u>e</u>asta (<u>a</u>sta)*, *questa*	**ac<u>e</u>stea (<u>a</u>stea)***, *queste*
ac<u>e</u>la (<u>ă</u>la)*, *quello*	**ac<u>e</u>ia (<u>ă</u>ia)***, *quelli*
ac<u>e</u>ea (<u>a</u>ia)*, *quella*	**ac<u>e</u>lea (<u>a</u>lea)***, *quelle*

* fra parentesi le varianti colloquiali.

3 Il dativo

Nella Penisola Italiana i casi latini sono scomparsi all'alba del Medioevo; al posto del dativo è subentrata una costruzione con la preposizione *a*; l'antico dativo latino è noto adesso come complemento di termine.

3.1 Le marche del dativo

Tutto fantastico, direte, ma avremo un altro caso e un'altra forma da imparare! E invece no! Le forme del caso del complemento di termine (dativo) sono formalmente identiche a quelle del genitivo: **-lui**, **-lor** al maschile; **-ei** (o **-ii**) e **-lor** al femminile.

3.2 La formazione del dativo

- La prima parola del gruppo nominale prende le marche del dativo: se il sostantivo è preceduto da un articolo indeterminativo,

***

quest'ultimo si metterà al dativo: **Am dat tot unui prieten** (**unei prietene**, **unor prieteni**, **unor prietene**), *Ho dato tutto a un amico* (*a un'amica, a degli amici, a delle amiche*).

Come nel caso del genitivo, anche al dativo il sostantivo femminile singolare prende una forma plurale quando si trova in seconda posizione nel gruppo nominale.

• Alcuni verbi romeni si costruiscono con un pronome personale al dativo. È il caso di **a plăcea**, *piacere*, e di **a trebui**, *aver bisogno, servire*: **Asta îmi** (**îți, îi, ne, vă, le**) **place mult**, *Ciò mi* (*ti, gli/le, ci, vi, gli*) *piace molto*; **Îmi** (**îți, îi, ne, vă, le**) **trebuie bani**, *Mi* (*ti, gli/le, ci, vi, gli*) *serve denaro*. Altri verbi adottano la medesima costruzione: **îmi pare bine**, *mi rallegro*, e **îmi pare rău**, *mi dispiace*.

4 Il prefisso negativo *ne-*

Tra i prefissi negativi del romeno, **ne-** è uno dei più gettonati, e può precedere sia sostantivi che verbi. In certi contesti, è l'equivalente del *non* italiano; *organizzazione non governamentale* si può quindi dire in romeno **organizaţie neguvernamentală** oppure **organizaţie nonguvernamentală**.

Ecco qualche esempio dell'uso del prefisso negativo **ne-**: **mulţumit** ≠ **nemulţumit**, *contento* ≠ *scontento*; **atenţie** ≠ **neatenţie**, *attenzione* ≠ *disattenzione*; **căsătorit** ≠ **necăsătorit**, *sposato* ≠ *celibe*; **declarat** ≠ **nedeclarat**, *dichiarato* ≠ *non dichiarato*; **fericit** ≠ **nefericit**, *felice* ≠ *infelice*; **obosit** ≠ **neobosit**, *stanco* ≠ *instancabile*; **plăcere** ≠ **neplăcere**, *piacere* ≠ *dispiacere*; **plăcut** ≠ **neplăcut**, *piacevole* ≠ *spiacevole*; **sănătos** ≠ **nesănătos**, *sano* ≠ *malsano*; **sigur** ≠ **nesigur**, *sicuro* ≠ *insicuro*; **noroc** ≠ **nenoroc**, *fortuna* ≠ *sfortuna*.

Attenzione! L'aggiunta della particella negativa **ne-** cambia a volte completamente il senso della parola: **bun**, *buono*, si contrappone a **rău**, *cattivo*, e non a **nebun**, *pazzo*!

***

Dialog de recapitulare

1 – Poți să mă ajuți? Nu cunoști un croitor bun?
2 Am nevoie de un costum negru,
3 nu prea scump, dar de lână pură...
4 Fiul meu se însoară peste o lună
5 și o să avem mulți invitați, din toată țara...
6 – Te înțeleg, dar nu e mai simplu
7 să cumperi un costum de la magazin?
8 Am văzut costume elegante la supermarket,
9 sunt mult mai ieftine decât hainele pe măsură...
10 – Desigur, dar nu vreau să renunț la ideea mea,
11 chiar dacă o să mă coste mai mulți bani.
12 – Ai dreptate, te înțeleg foarte bine...
13 Dacă nu mă înșel, e prima căsătorie în familia ta!
14 – Da, e important pentru noi toți...
15 – Ai noroc, cunosc un croitor foarte bun
16 care nu locuiește departe de tine;
17 cred că atelierul lui e în cartierul tău,
18 dar nu știu adresa exactă, nici strada, nici numărul...
19 – Lasă, nu-i o problemă, o să-l găsesc eu!
20 Spune-mi numai numele lui!
21 – Știi, din păcate, n-am deloc memoria numelor,
22 am uitat cum îl cheamă...

Quarantaduesima lezione / 42

Traduzione

1 Mi puoi aiutare? Non conosci un buon sarto? **2** Ho bisogno di un completo nero, **3** non molto caro, ma di lana pura... **4** Mio figlio si sposa tra un mese **5** e avremo molti ospiti, da tutto il Paese... **6** Ti capisco, ma non è più semplice **7** comprare un completo in un *(dal)* negozio? **8** Ho visto completi eleganti al supermercato, **9** sono molto più economici dei vestiti su misura... **10** Certo, ma non voglio rinunciare alla mia idea, **11** anche se mi costerà più soldi. **12** Hai ragione, ti capisco molto bene... **13** Se non mi sbaglio, è il primo matrimonio nella tua famiglia! **14** Sì, è importante per tutti noi... **15** Sei fortunato, conosco un sarto molto bravo **16** che non abita lontano da te; **17** credo che la sua bottega sia *(è)* nel tuo quartiere **18** ma non so l'indirizzo esatto, né [il nome del]la via, né il numero... **19** Lascia [stare], non è un problema, lo troverò! **20** Dimmi solo il suo nome! **21** Sai, purtroppo non ho per niente memoria per i nomi, **22** ho dimenticato come si chiama...

***

Allora? Come vi sentite? Siete ormai in grado di sostenere una conversazione un po' più complessa in romeno e capire gli scambi di base. La grammatica vi sta ancora creando dei problemi? È normale! Come dicevamo, le nozioni che prima vi sembravano difficili riveleranno piano piano la loro logica. E poi, sapete che potete consultare in qualsiasi momento l'appendice grammaticale alla fine del libro. Insomma, andate avanti senza demordere: è così che ce la farete... Coraggio!

Lecția a patruzeci și treia

Distracție plăcută!

1 – Mergem la teatru în seara asta?
2 Se joacă mai multe piese care [1] merită să fie văzute...
3 – A nu, știi că e genul de spectacol care mă plictisește!
4 Comediile nu mă fac să râd
5 și tragediile nu mă fac să plâng
6 decât după banii cheltuiți...
7 – Poate preferi să vezi un film?
8 – Nu, la cinematograf e prea multă lume
9 și trebuie să stai [2] la coadă pentru bilete...
10 – Hai să ieșim [3], te rog,
11 avem nevoie de puțină distracție [4]
12 după o săptămână de muncă!
13 N-am mai fost demult la operă, să vedem un balet...
14 Ce zici de un concert de muzică clasică?

Pronuncia

distractsie plecute 1 ... teatru ... 3 spectacol ... plictisește 4 comediile ... se rîd 5 ... tragediile ... plîng 6 ... cheltuitsi 9 ... coade ... bilete 13 ... opere ... balet 14 ... concert ... clasice

Note

1 **care**, qui tradotto *che*, può significare anche *(il/la) quale, (i/le) quali*, avendo la stessa origine latina del pronome relativo italiano. Vi ritorneremo nella lezione di ripasso.

Quarantatreesima lezione

Buon divertimento!

1 – Andiamo a teatro stasera?
2 Sono in programma *(Si giocano)* varie opere che vale la pena vedere *(meritano che siano viste)*...
3 – Ah no, sai che è il tipo di spettacolo che mi annoia!
4 Le commedie non mi fanno ridere
5 e le tragedie non mi fanno piangere
6 se non *(dopo)* i soldi spesi...
7 – Forse preferisci vedere un film?
8 – No, al cinema c'è troppa gente
9 e bisogna fare la fila *(stare a coda)* per [i] biglietti...
10 – Dai, usciamo, ti prego,
11 abbiamo bisogno di un po' di svago
12 dopo una settimana di lavoro!
13 È da tempo che non andiamo *(Non abbiamo più stato da-molto)* all'opera, a vedere un balletto...
14 Che dici di un concerto di musica classica?

2 Nell'espressione **a sta la coadă**, *fare la fila*, ritroviamo il verbo **a sta**, *stare*, che conoscete con il significato di *abitare*. Come in italiano, rientra nella composizione di numerose espressioni.

3 In **Hai să ieșim!**, la voce **Hai!**, *Dai!*, serve solo per rafforzare il senso imperativo del congiuntivo **să ieșim**. Questo uso imperativo del congiuntivo compare in italiano nella principale: *(Che) viva la Repubblica!*, **(Să) trăiască republica!** Usato da solo, **Hai!** significa piuttosto *Vieni! Andiamo!*

4 **distracție**, qui tradotto come *svago*, significa anche *divertimento*: **Distracție plăcută!** (lett. Distrazione piacevole!), *Buon divertimento!*

43 / Lecția a patruzeci și treia

15 – Doamne [5] ferește! În niciun [6] caz!
16 Risc să adorm în sală, în întuneric [7].
17 Știi ce? Poți să mergi singură, dacă vrei;
18 eu prefer să rămân liniștit acasă:
19 e un meci important de fotbal la televizor! ☐

15 doamne fereșțe ... nic̦iun ... **18** ... liniștit ... **19** ... mec̦i ... fotbal ... televizor

Note

5 **Doamne ferește!** costituisce un'interpellazione diretta a Dio. Il romeno sta usando qui un caso particolare, il vocativo: **Doamne** è quindi il vocativo riservato a **Domn**, *il Signore* (diverso da **domnule**, *signore*).

***

Exercițiul 1 – Traduceți

❶ Am nevoie de puțină distracție, vreau să văd o comedie. ❷ Sunt prea obosită, nu am poftă să râd. ❸ Piesele de teatru mă plictisesc, adorm în întuneric de fiecare dată. ❹ Pentru mine, spectacolul străzii e mai interesant decât un spectacol în sală. ❺ Fiica lui e bucuroasă, o să joace un mic rol într-un film italian.

***

Exercițiul 2 – Completați

❶ Lavoriamo troppo, nel weekend siamo sempre stanchi.
. . . . . . prea . . . . , în week-end suntem
. . . . obosiți.

❷ Non voglio fare la fila alla banca per ritirare soldi.
Nu vreau . . . . la bancă ca să . . . . bani.

❸ Mi piace molto il suo [senso dell']umorismo, mi fa ridere molto facilmente.
. . . . mult . . . . . . lui, mă face . . . . . .
foarte . . . . .

171 • **o sută șaptezeci și unu**

Quarantatreesima lezione / 43

15 – Il Signore ce ne liberi! Per niente al mondo (*In nessun caso*)!
16 Rischio di addormentarmi in sala, al (*in*) buio.
17 Sai cosa? Puoi andar[ci] da sola, se vuoi;
18 io preferisco restare tranquillo a casa:
19 c'è un'importante partita di calcio in TV (*a televisore*)!

Dio si dice invece **Dumnezeu**, che sarebbe il Dio dei cristiani. Capita di sentire spesso la forma del vocativo, **Dumnezeule!**, *(Mio) Dio!*, e persino **Doamne-Dumnezeule!**, *Signor Dio!*

6 **niciun**, **nicio** sono gli equivalenti degli aggettivi *nessuno, nessuna*: **Nicio problemă!**, *Nessun problema!* (notate che in romeno **problemă** è femminile).

7 Il primo significato di **întuneric** è *buio*.

***

Soluzioni dell'esercizio 1
❶ Ho bisogno di un po' di svago, voglio vedere una commedia. ❷ Sono troppo stanca, non ho voglia di ridere. ❸ Le opere teatrali mi annoiano, mi addormento al buio tutte le volte. ❹ Per me, lo spettacolo della strada è più interessante di uno spettacolo in sala. ❺ Sua figlia è contenta, farà una piccola parte in un film italiano.

***

❹ Trovo che i biglietti siano (*sono*) troppo cari e che lo spettacolo sia (*è*) troppo lungo.
. . . . . . că . . . . sunt prea . . . . . . și că
. . . . e prea . . . . .

❺ In TV si vedono più partite di calcio che opere liriche.
La . . . . se văd mult mai multe . . . . de fotbal decât . . . . . .

Soluzioni dell'esercizio 2
❶ Muncim – mult – întotdeauna – ❷ – să stau la coadă – scot – ❸ Îmi place – umorul – să râd – ușor ❹ Găsesc – biletele – scumpe – spectacolul – lung ❺ – televizor – meciuri – opere

o sută șaptezeci și doi • 172

*La stragrande maggioranza dei romeni si dichiara ortodossa. La religione è onnipresente nella società romena, persino nella vita politica. Ricordiamo che il Grande scisma, ufficializzato nel 1054, dopo un lungo conflitto, ha separato la Chiesa d'Occidente (la Chiesa Cattolica, di Roma) dalla Chiesa d'Oriente (la Chiesa Ortodossa, di Bisanzio). Così i romeni, nella sfera d'influenza bizantina, si sono ritrovati ortodossi. Semplificando, al di là delle discussioni teologiche, si può dire che, dal punto di vista del rituale, gli ortodossi hanno mantenuto il fasto (e la lunghezza) delle cerimonie religiose bizantine. Riconoscono il papa solo come patriarca della Chiesa Cattolica Romana: ciascuna Chiesa Ortodossa (greca, bulgara, serba, romena, russa...) fa capo invece al proprio patriarca. Un prete ortodosso (**preot** o **popă**, nel linguaggio familiare) ha diritto di sposarsi, ma solo prima di essere*

Lecția a patruzeci și patra

Tehnică modernă

1 – Ai noutăți [1] de la Ion, de când a plecat?
2   A ajuns cu bine [2] în Statele Unite?
3   Știu că își petrece vacanța la o prietenă,
4   o americancă [3] pe care a cunoscut-o vara trecută.
5 – N-am primit încă nimic de la el,
6   nici măcar o carte poștală...
7 – E ridicol, la ora actuală, cine mai scrie scrisori?

Pronuncia

teHnicə ... *1* ... noutətsⁱ ... *3* ... petrece ... *4* ... americancə ... *6* ... məcar o carte poštalə *7* ie ridicol ... scrie ... scrisorⁱ

Note

1 **noutate** si riferisce a una *novità*, una *cosa nuova*; *notizia* invece si dice **veste** (pl. **vești**) o **știre** (pl. **știri**), quest'ultimo usato anche nel giornalismo.

*ordinato. Aggiungiamo che per il fedele ortodosso nell'aldilà ci sono solo il paradiso (**paradis** o **rai**) e l'inferno (**infern** o **iad**); il purgatorio (**purgatoriu**) non esiste...*

Quarantaquattresima lezione

Tecnica moderna

1 – Hai notizie di Ion, da quando è partito?
2 È arrivato bene negli Stati Uniti?
3 So che passa le vacanze da un'amica,
4 un'americana che ha conosciuto l'estate scorsa.
5 – Non ho ricevuto ancora niente da parte sua *(da lui)*,
6 nemmeno una cartolina...
7 – È ridicolo, al giorno d'oggi, chi scrive ancora delle lettere?

2 **a ajunge cu bine** (lett. arrivare con bene) significa *arrivare bene, in buone condizioni, arrivare sano e salvo*. Il sintagma **cu bine** ricorre in varie espressioni, come **rămâi cu bine**, una sorta di *stammi bene*, oppure **a trece cu bine** [o încercare, un examen, un moment dificil], *superare [una prova, un esame, un momento difficile]*.

3 **americancă** può essere solo sostantivo. La differenza fra sostantivi e aggettivi di nazionalità verrà spiegata nella prossima lezione di ripasso.

o sută șaptezeci și patru • 174

8 **A**i verificat bine? Ți-a trimis poate un mail [4]!
9 – Un mail, el? Glumești! Nu știi cu cine ai de-a face?
10 – Așa-i, cred că e singurul dintre [5] prietenii noștri
11 care mai folosește o mașină de scris [6]
12 și refuză să-și cumpere un computer [7].
13 Nu are nicio încredere [8] în tehnica modernă
14 și zice că nu poate citi bine pe ecran!
15 – E numai un pretext! De fapt, i-e frică [9] de tot ce e nou
16 și în special de tot ce ține de informatică:
17 pentru el, mouse-ul nu e decât un animal
18 sau un personaj de desene animate [10].

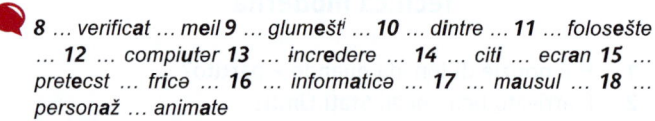

8 ... verificat ... meil 9 ... glumeští ... 10 ... dintre ... 11 ... folosešte ... 12 ... compiutər 13 ... încredere ... 14 ... citi ... ecran 15 ... pretecst ... fricə ... 16 ... informaticə ... 17 ... mausul ... 18 ... personaž ... animate

Note

4 **mail**, in romeno è una voce maschile. Come l'italiano, nel campo dell'informatica anche il romeno fa ampio uso della terminologia anglo-americana.

5 In questo contesto, il romeno preferisce **dintre** (lett. di tra), una preposizione composta che indica provenienza da un gruppo.

6 Lo sapete ormai fin troppo bene, il romeno ricorre molto di meno all'infinito, rispetto all'italiano: in **mașină de scris**, *macchina da scrivere*, **scris** è il participio passato di **a scrie**, *scrivere*, preceduto dalla preposizione **de**. Questa costruzione si chiama supino nella grammatica romena, ed è una categoria grammaticale intermedia fra sostantivo e verbo, che non è contemplata nella lingua italiana.

7 Oltre a **computer**, si sente utilizzare soprattutto il termine **calculator**, che si usa anche con il significato di *calcolatrice*.

Quarantaquattresima lezione / 44

8 Hai controllato bene? Magari ti ha inviato una mail!
9 – Una mail, lui? Stai scherzando *(Scherzi)*! **Non sai che tipo è** *(con chi hai da fare)*?
10 – Vero *(Così è)*, penso che sia *(è)* l'unico tra i nostri amici
11 che usa ancora una macchina da scrivere
12 e rifiuta di comprarsi un computer.
13 **Non si fida per niente della** *(Non ha nessuna fiducia nella)* tecnica moderna
14 e dice che non può leggere bene sullo *(su)* schermo!
15 – È solo una scusa *(un pretesto)*! In realtà, ha paura di tutto ciò che è nuovo
16 e soprattutto di tutto ciò che è legato all' *(tiene di)* informatica:
17 per lui, il mouse è solo *(non è che)* un animale
18 o un personaggio dei *(di)* cartoni animati.

8 a avea încredere si può tradurre come *avere fiducia* o *fidarsi*.
9 i-e frică è la terza persona singolare dell'indicativo presente del verbo **a-i fi frică**, *avere paura*. Per maggiori dettagli sulla coniugazione di questo tipo di verbi che si costruiscono con i pronomi indiretti, ci rivediamo nella lezione di ripasso.
10 In Romania *Topolino* è conosciuto con il nome originale **Mickey Mouse**.

o sută șaptezeci și șase • 176

Exercițiul 1 – Traduceți

❶ Când are timp liber, el joacă fotbal cu prietenii lui: e portar. ❷ Trebuie să facem economii dacă vrei să plecăm în vacanță vara asta. ❸ Unde se pot cumpăra cărți poștale aici? ❹ Când o să ajung acasă, o să-ți scriu imediat un mail. ❺ Nu am notat adresa exactă, nu pot să-i trimit scrisoarea.

***

Exercițiul 2 – Completați

❶ Il computer rimane qualcosa [di] strano per lui.
 . . . . rămâne ceva ciudat pentru . . .

❷ Passa tutto il mese [d']agosto nella casa dei suoi genitori, vicino al mare.
 . . . . toată . . . . august în casa
 . . . . lui, ... de . . . . .

❸ È normale, a quest'età non sa ancora scrivere e leggere.
 E normal, la . . . . . . asta el nu . . . . încă să . . . . .
 și . . . .

45

Lecția a patruzeci și cincea

În vagonul de clasa întâia

1 – Iertați-mă, stimată doamnă,
2 pot să pun sacoșa mea peste valiza dumneavoastră?
3 Nu e grea [1], nu-i mare lucru înăuntru!
4 – Sigur că da; nu-i destul loc pentru bagaje

Pronuncia

... vagonul ... 1 ... stimatə ... 2 ... sacoșa ... 3 ... lucru ... 4 ... bagaže

Soluzioni dell'esercizio 1

❶ Quando ha tempo libero, lui gioca a calcio con i suoi amici: fa il portiere. ❷ Dobbiamo risparmiare se vogliamo andare in vacanza quest'estate. ❸ Dove si possono comprare delle cartoline qui? ❹ Quando arriverò a casa, ti scriverò immediatamente una mail. ❺ Non [mi] sono segnato l'indirizzo esatto, non posso mandargli/mandarle la lettera.

***

❹ Sono sicuro che sta scherzando quando dice che ha paura in aereo.
Sunt ..... că .... când ..... că .-. ..... în avion.

❺ Ti consiglio di non fidarti di questo personaggio ridicolo.
Te .... să nu ai .... în acest .... ridicol.

Soluzioni dell'esercizio 2

❶ Computerul – el ❷ Îşi petrece – luna – părinţilor – aproape – mare ❸ – vârsta – ştie – scrie – să citească ❹ – sigur – glumeşte – spune – i-e frică – ❺ – sfătuiesc – încredere – personaj –

Quarantacinquesima lezione

Nella carrozza di prima classe

1 – Mi scusi, gentile *(stimata)* signora,
2 posso mettere il mio borsone sopra la Sua valigia?
3 Non è pesante, non c'è granché dentro!
4 – Ma certamente *(Sicuro che sì)*; non c'è abbastanza posto per i bagagli

Note

1 greu, *pesante*, può, in altri contesti, significare *difficile*; il suo contrario, uşor, *leggero*, ha anche il senso di *facile*. Da notare che esistono anche gli aggettivi **facil** e **dificil**!

45 / Lecția a patruzeci și cincea

5 și trenul e aglomerat, înainte de sărbători.
6 – Călătoriți departe? Eu voi coborî [2] la prima gară.
7 – Și eu mă dau jos [3] la prima!
8 Ce de lume! De-abia am putut urca în vagon!
9 N-am mai găsit locuri decât la clasa întâia!
10 Pe cât se pare, la a doua
11 au vândut mai multe bilete pentru același loc!
12 – Ce proastă [4] organizare! E revoltător,
13 mulți călători stau în picioare [5] pe culoar!
14 Oamenii [6] sunt nervoși și se ceartă cu controlorii.
15 – Aici în compartiment e mult mai bine, suntem liniștiți!
16 Trebuie spus că biletele sunt scumpe – prețul e aproape dublu.
17 – Aveți dreptate, dar eu am noroc: sunt ceferist [7]

5 ... aglomerat ... sărbători 6 călătorits' ... voi coborî ... 8 ... deabia ... urca ... 11 ... același ... 12 ... organizare ... revoltător 13 ... călători ... culoar 14 ... nervoși ... ceartă ... controlori 15 ... compartiment ... 16 ... dublu ... 17 ... ceferist

Note

2 voi coborî è un altro modo per dire **o să cobor**, *scenderò*. Questo futuro si chiama futuro letterario; vi ritorneremo nella lezione di ripasso.

3 a se da jos, *scendere*, è un altro modo ancora per dire **a coborî**. Avete senz'altro riconosciuto gli elementi di questa espressione: il verbo **a da**, *dare*, nella sua forma pronominale, e l'avverbio **jos**, *giù*.

4 o proastă organizare: per i romeni, *una cattiva organizzazione* è letteralmente "una stupida organizzazione".

5 In **în picioare** ritroviamo **picior**, *piede* (o *gamba*); l'espressione romena si traduce quindi letteralmente "in piedi".

Quarantacinquesima lezione / 45

5 e il treno è affollato, prima delle feste.
6 – Va *(Viaggia)* lontano? Io scenderò alla prossima *(prima)* stazione.
7 – Anch'io scendo alla prossima *(prima)*!
8 Quanta *(Che di)* gente! Ho fatto fatica a *(Appena ho potuto)* salire in carrozza!
9 Ho trovato posto solo *(Non ho più trovato posti che)* in *(alla)* prima classe!
10 A quanto pare, in *(alla)* seconda,
11 hanno venduto più biglietti per lo stesso posto!
12 – Che cattiva *(stupida)* organizzazione! È scandaloso,
13 molti viaggiatori sono rimasti *(stanno)* in piedi nel *(su)* corridoio!
14 La gente è nervosa e litiga con i controllori.
15 – Qui nello scompartimento è molto meglio, siamo tranquilli!
16 Bisogna dire che i biglietti sono cari - il prezzo è quasi doppio.
17 – Ha ragione, ma io sono fortunato: sono ferroviere

6 Ricordatevi che **oameni** è il plurale irregolare, molto simile a quello italiano, di **om**, *uomo*. **Oameni** si usa anche per riferirsi alla *gente* in generale.

7 **ceferist**, qui tradotto come *ferroviere*, proviene in realtà dalla sigla **CFR** (pronunciato *[cefere]*), Căile Ferate Române, le *Ferrovie dello Stato* (lett. Vie Ferrate Romene). Da notare che **căi** è il plurale di **cale**, che qui significa *via*, ma anche, a volte, *corso, viale*.

45 / Lecția a patruzeci și cincea

18 și nu plătesc decât locul, diferența de clasă
19 și suplimentul de viteză pentru rapid [8].

18 ... diferentsa ... 19 ... suplimentul ... rapid

Note

8 Nelle **CFR** circolano diverse categorie di treni: il **personal**, *personale* (lento, economico e senza prenotazione, che ferma in tutte le stazioni), l'**accelerat**, *accelerato* (più rapido e più caro, con supplemento e

***

Exercițiul 1 – Traduceți

❶ E adevărat că am multe bagaje, dar toate sunt ușoare. ❷ Trenul e adesea aglomerat, nu e destul loc pentru toți călătorii. ❸ Vă dați jos aici? ❹ Ele coboară amândouă la prima stație. ❺ Nu ți-a cumpărat un bilet de întâia, sub pretextul că a uitat cardul acasă.

***

Exercițiul 2 – Completați

❶ Gentile *(Stimata)* signora, dove sono le Sue valigie? Non le vedo!
.... doamnă, ... sunt .... dumneavoastră? Nu .. văd!

❷ Viaggio in *(con il)* treno soltanto quando la mia macchina è rotta.
.... cu trenul ..... când ...... mi-e în .....

❸ In una carrozza di prima classe non ci sono che sei passeggeri in ogni scompartimento.
Într-un ..... de clasa ...... nu sunt ..... șase .... în fiecare ....

Quarantacinquesima lezione / 45

18 e pago solo *(non pago che)* **il posto, la differenza di classe**

19 **e il supplemento di velocità per [il treno] rapido.**

prenotazione spesso obbligatoria: collega le città principali), il **rapid**, *rapido* (con poche fermate), l'**InterCity** (che offre i migliori servizi) e lo **special**, *speciale* – treno turistico che circola sulle linee più pittoresche.

***

Soluzioni dell'esercizio 1
❶ È vero che ho molti bagagli, ma sono tutti leggeri. ❷ Il treno è spesso affollato, non c'è abbastanza posto per tutti i viaggiatori. ❸ Scende qui? ❹ Loro scendono entrambe alla prima fermata. ❺ Non ti ha comprato un biglietto in prima classe, con la scusa che ha dimenticato a casa la carta di credito.

***

❹ È difficile discutere con lui, è nervoso e litiga con tutti *(tutto il mondo)*.
. . . . . să discuţi cu . . , e . . . . . . şi se . . . . . . cu toată . . . . . .

❺ Prenderò l'aereo fino a Bucarest, dove un amico mi aspetta con la macchina.
. . . . . . avionul . . . . la Bucureşti, ... mă . . . . un prieten cu maşina.

Soluzioni dell'esercizio 2
❶ Stimată – unde – valizele – le – ❷ Călătoresc – numai – maşina – pană ❸ – vagon – întâia – decât – călători – compartiment ❹ E greu – el – nervos – ceartă – lumea ❺ Voi lua – până – unde – aşteaptă

Tradizionalmente, i romeni celebrano le feste di fine anno mescolando usi e costumi agresti con riti cristiani. Il periodo fra il 24 dicembre e il 7 gennaio è particolarmente ricco di tradizioni legate ai riti di rigenerazione simbolica del mondo. I festeggiamenti si protraggono per 12 giorni: cominciano con il **Crăciun**, *Natale, che per gli ortodossi romeni - a differenza di molti altri - ricorre il 25 dicembre, come per i cattolici, e finiscono il giorno dopo* **Boboteaza**, *l'Epifania, il 6 di gennaio. In quest'intervallo ritroviamo ovviamente* **Anul Nou**, *il Capodanno. Queste ricorrenze hanno ispirato un ricco repertorio di produzioni artistiche, letterarie, musicali, drammatiche*

Lecţia a patruzeci şi şasea

E greu de ales!

1 – Draga mea, nu poţi să te grăbeşti puţin?
2 E deja ora 7 şi nu eşti încă gata [1]!
3 Nu vreau să întârziem, nu se face!
4 – Uşor de spus, greu de făcut [2]:
5 nu ştiu ce haine să aleg,
6 un taior, o fustă cu bluză sau o rochie...
7 Tu ce faci? Cum te îmbraci?
8 – Nu prea ştiu... cât mai simplu posibil;
9 în definitiv, nu sărbătorim nimic oficial,
10 nu e decât o simplă invitaţie la cină...
11 – Atenţie totuşi la ce pui pe tine!
12 Nu poţi merge în vizită cu hainele de toate zilele!

 Pronuncia
... ales 2 ... gata 6 ... taior ... fustə cu bluzə ... rochie 7 ... imbraci 9 in definitiv ... nu sərbətorim ... oficial

Note

1 **gata** è un aggettivo invariabile, il cui senso principale è *pronto, finito, preparato*. Come avverbio, **Gata!** vuol dire *Basta!* La parola compare

*e coreografiche, che annovera migliaia di **colinde**, canti natalizi (che rammentano episodi delle Scritture) o laici (collegati alla vita campestre), nonché varie usanze e costumi. Per esempio? **Pluguşorul** (lett. il piccolo aratro), un rito della fertilità che rievoca in un'atmosfera fiabesca i lavori dei campi; l'usanza della **Sorcova**, un bastoncino adornato di fiori di carta colorata, considerata magica, che trasmette giovinezza e vigore; processioni, giochi e danze in maschera, fra i quali **Căluşarii**, antico culto solare, **Ursul**, l'Orso e **Capra**, la Capra. Per concludere, ricordiamo **Steaua**, la Stella, e **Viflaimul**, il Betlemme, opera teatrale incentrata sul Natale, con personaggi folklorici.*

Quarantaseiesima lezione

È difficile scegliere!

1 – Cara *(mia)*, non puoi sbrigarti un po'?
2 Sono già le 7 e non sei ancora pronta!
3 Non voglio che facciamo tardi *(ritardiamo)*, non sta bene *(si fa)*!
4 – Facile a dirsi, difficile a farsi:
5 non so che abbigliamento scegliere,
6 una giacca, una gonna con camicetta o un vestito…
7 Tu che fai? Come ti vesti?
8 – Non so mica… il più semplice possibile;
9 in fin dei conti, non festeggiamo niente d'ufficiale,
10 non è che un semplice invito a cena…
11 – Attenzione però a ciò che metti *(su te)*!
12 Non puoi andare a casa della gente *(in visita)* con gli abiti di tutti i giorni!

---

anche in altri contesti, con significato leggermente diverso, come per esempio **E gata să plece**, *Sta per partire*.

2 **Uşor de spus, greu de făcut**, *Facile a dirsi, difficile a farsi*: dal susseguirsi di queste due forme di supino risulta un detto diffuso sia in italiano che in romeno…

13 – Bine [3], cum vrei tu... Iau sacoul negru,
14   niște pantaloni gri [4], o cămașă albă,
15   o cravată și șosete asortate.
16 – Știi, m-am hotărât pentru rochia verde
17   pe care mi-ai cumpărat-o anul ăsta de ziua [5] mea,
18   dar din păcate nu se potrivește [6] cu nimic:
19   nu am nici pantofi și nici poșetă la culoare.
20 – A, astea poți să ți le cumperi singură
21   dacă nu vrei să aștepți cadourile de aniversare de anul viitor...

13 ... sacoul 14 ... pantaloni gri ... cəmașă albə 15 ... cravatə ... šosete asortate 16 ... Hotərît ... 18 ... potrivește ... 19 ... pantofi ... poșetə la culoare 21 ... cadourile de aniversare ...

Note

3 bine, *bene* si usa spesso laddove l'italiano userebbe *va bene*.

4 gri, *grigio*, in romeno è invariabile. Lo stesso vale per altri aggettivi di colore come bej, *beige*, e roz, *rosa* (lezione 28, § 1).

5 Lo sapete già (lezione 34, nota 5), in ziua mea si sottintende che si tratti di ziua mea de naștere, *il mio giorno di nascita, il mio compleanno*.

6 Il verbo pronominale a se potrivi, *accordarsi, abbinarsi, andare bene con*, nei contesti della moda è in concorrenza con il verbo a se asorta, *abbinarsi*.

***

Exercițiul 1 – Traduceți

❶ E foarte târziu, dar ea nu e încă gata. ❷ Ți-am călcat cămașa albastră, dar nu mai știu unde am pus-o. ❸ Ei se îmbracă întotdeauna elegant, când merg în vizită la prieteni. ❹ Se zice că haina face pe om. ❺ Pantofii ăștia sunt mult prea mari pentru piciorul tău.

Quarantaseiesima lezione / 46

13 – Bene, come vuoi... Prendo la giacca nera,
14   dei pantaloni grigi, una camicia bianca,
15   una cravatta e calzini abbinati.
16 – Sai, mi sono decisa per il vestito verde
17   che mi hai comprato quest'anno per il *(del)* mio compleanno,
18   ma purtroppo non va bene *(si accorda)* con niente:
19   non ho né scarpe né borsa dello stesso *(a)* colore.
20 – Ah, queste [cose] te le puoi comprare [da] sola
21   se non vuoi aspettare i regali di compleanno dell'anno prossimo...

SE ZICE CĂ HAINA FACE PE OM.

***

Soluzioni dell'esercizio 1

❶ È molto tardi, ma lei non è ancora pronta. ❷ Ti ho stirato la camicia azzurra, ma non so più dove l'ho messa. ❸ Si vestono sempre [in maniera] elegante, quando vanno a trovare gli amici *(in visita da amici)*. ❹ Si dice che l'abito fa il monaco *(l'uomo)*. ❺ Queste scarpe sono davvero *(molto)* troppo grandi per il tuo piede.

o sută optzeci și șase • 186

Exercițiul 2 – Completați

❶ Se ti sbrighi, arriveremo forse in tempo dai Popescu.

Dacă . . . . , vom . . . . . . poate . . . . . . la Popești.

❷ Aspetta un po', vedrai che io mi vesto molto più velocemente di te!

. . . . puțin, ... că eu . . . . mult mai . . . . . . ca tine!

❸ Vanno *(Si accordano)* molto bene insieme: sono entrambi appassionati d'opera.

. . . . foarte bine . . . . ; sunt amândoi . . . . de . . . . . .

47

Lecția a patruzeci și șaptea

La iarbă verde

1 – Îți propun să ieșim undeva ¹ duminica asta,
2   ca să respirăm aer curat, să stăm la soare...
3   Sunt obosită, după o săptămână de muncă...
4 – Mie-mi spui?! N-am nimic împotrivă,
5   n-am mai ieșit la aer liber de o mie de ani...

Pronuncia

1 ... propun ... undeva ... 2 sə respirəm aer curat ... soare 4 ... împotrivə

Note

1 **undeva** è una forma composta da **unde**, *dove*, e **-va**, suffisso che aggiunge un valore indefinito. Allo stesso modo, da **ce**, *che*, avremo **ceva**, *qualcosa*; da **care**, *quale*, avremo **careva**, *qualcuno*; da **cine**, *chi*, avremo

❹ Cosa dici, la camicetta rosa sta bene con la gonna grigia?
. . . . . . , bluza . . . merge bine cu . . . . . gri?

❺ Ho sbagliato, le scarpe e la borsa non si abbinano con il vestito beige.
Am . . . . . . , ... și . . . . . . nu . .
. . . . cu . . . . . . bej.

Soluzioni dell'esercizio 2
❶ – te grăbești – ajunge – la timp – ❷ Așteaptă – vei vedea – mă îmbrac – repede – ❸ Se potrivesc – împreună – pasionați – operă ❹ Ce zici – roz – fusta – ❺ – greșit, pantofii – poșeta – se asortează – rochia –

Quarantasettesima lezione 47

All'aperto *(A erba verde)*

1 – Ti propongo di andare *(uscire)* da qualche parte questa domenica,
2 per respirare aria buona *(pulita)*, stare al sole…
3 Sono stanca, dopo una settimana di lavoro…
4 – A me lo *(A-me mi)* dici?! Non ho niente in contrario,
5 non usciamo *(abbiamo più uscito)* all'aria aperta da mille anni…

cineva, *qualcuno*; da **cum**, *come*, avremo **cumva**, *in qualche modo*, e da **când**, *quando*, avremo **cândva**, *una volta* o *a un certo punto*.

o sută optzeci și opt • 188

6 Mi-e dor [4] de un picnic la iarbă verde [5]!
7 – O să facem sandvişuri cu brânză şi cu şuncă,
8 a mai rămas nişte carne de pui [6] de ieri,
9 avem roşii şi ardei... N-o să murim de foame!
10 – Nici de sete! În portbagaj avem apă minerală,
11 dar putem lua şi o sticlă de vin roşu, desigur!
12 Tu, dacă bei vin alb,
13 te plângi [7] apoi că te doare capul.
14 – Ştii ce? Cred că n-o să beau vin;
15 pentru mine iau un termos cu ceai.
16 – Foarte bine, îmi convine perfect!
17 Dacă conduci tu la întoarcere,
18 eu pot să beau fără să-mi fie frică de un control de poliţie...

6 mie dor ... picnic ... iarbə ... 7 ... brînzə ... šuncə 8 ... pui ... 9 ... roši ši ardeiʲ ... murim ... 10 ... portbagaž ... 11 ... sticlə ... rošu ... 13 te plingiʲ ... 15 ... termos cu ciai 16 ... convine ... 17 ... conduciʲ ... intoarcere

Note

4 **Mi-e dor** significa *Ho nostalgia*, *Ho voglia*, *Mi manca*. Al di là della struttura col dativo, questa espressione si riveste di un'importanza particolare per i romeni: infatti, la voce **dor** fa parte del patrimonio nazionale. La sfumatura nostalgica dolceamara lo avvicina molto all'intraducibile *saudade* del portoghese...

***

Exerciţiul 1 – Traduceţi

❶ Nu mai suport poluarea din oraş, trebuie să ies la iarbă verde. ❷ Am încredere în tine, m-am hotărât să te las să conduci maşina nouă. ❸ Când nu plouă, ninge, şi n-am mai văzut soarele de nu ştiu câte zile. ❹ Un picnic, azi, când sunt două meciuri la televizor? Sunt împotrivă! ❺ Mulţi români care locuiesc în străinătate susţin că le este dor de ţara lor.

6 Ho tanta voglia di un picnic nei prati *(a erba verde)*!
7 – Faremo dei panini con formaggio e con prosciutto,
8 è rimasto ancora del pollo *(della carne di pollo)* di ieri,
9 abbiamo pomodori e peperoni... Non moriremo di fame!
10 – Né di sete! Nel portabagagli abbiamo acqua minerale,
11 ma possiamo prendere anche una bottiglia di vino rosso, ovviamente!
12 Tu, se bevi vino bianco,
13 ti lamenti poi che ti viene il mal di *(ti duole la)* testa.
14 – Sai cosa? Credo che non berrò vino;
15 per me prendo un thermos con del tè.
16 – Molto bene, mi va benissimo!
17 Se guidi tu al ritorno,
18 io posso bere senza aver paura di un controllo della polizia...

---

5 **a ieși la iarbă verde** (lett. uscire a erba verde) è un'espressione assai trasparente per un italiano ed è un'altra variante, chiaramente primaverile o estiva, per **a ieși la aer liber**, *uscire nella natura*.

6 **pui**, qui *pollo*, è anche un termine generico per riferirsi al cucciolo di un animale.

7 **a se plânge** (lett. piangersi) significa *lamentarsi*; **a plânge**, *piangere*.

***

Soluzioni dell'esercizio 1

❶ Non sopporto più l'inquinamento della città, devo andare *(occorre che esca)* nella natura. ❷ Mi fido di te, mi sono deciso a lasciarti guidare la nuova macchina. ❸ Quando non piove, nevica, e non ho visto più il sole da non so quanti giorni. ❹ Un picnic, oggi, quando ci sono due partite in TV? Sono contrario! ❺ Molti romeni che vivono all'estero affermano che hanno nostalgia del loro Paese.

Exercițiul 2 – Completați

① Se vuoi respirare aria buona *(pulita)*, la devi cercare lontano.
   Dacă vrei . . . . aer . . . . . , trebuie . . - .
   . . . . . departe.

② Non mangerò che pane e formaggio di mucca e berrò del tè.
   Nu . . . . decât . . . . . cu . . . . . . de . . . . și
   voi bea . . . . .

③ Ha messo nell'insalata dei peperoni rossi e verdi.
   Ea a . . . în . . . . . . ardei . . . . . și . . . . . .

④ In questo thermos, il caffè resterà caldo fino alla sera.
   În . . . . ăsta, ... va . . . . . . caldă . . . . seara.

⑤ È un uomo difficile, si lamenta in continuazione *(tutto il tempo)*, niente *(non)* gli va bene.
   E un . . dificil, ... tot . . . . . . , nimic . . - . . . .

***

Sul territorio dell'attuale Romania, la vigna si coltiva da tempi antichi; l'entusiasmo popolare era tale che un capo religioso dei Daci (la popolazione autoctona preromana) reputò necessario vietare la produzione e il consumo di vino, colpevole di allontanare le anime dalla loro essenza spirituale… Queste misure di proibizione non sembrano aver riscosso grande successo. Oggi, le vigne si trovano dappertutto; la Romania rientra infatti fra i più importanti produttori di vino a

48

Lecția a patruzeci și opta

O marcă străină

1 – **U**nde vă d**u**c, d**o**mnule? În ce direcție?
2 – Nu știu pr**e**a bine… Tot înainte
3   și ap**o**i la stânga… sau m**a**i degrabă la dre**a**pta…

Pronuncia
marcə **1** … *directsie* **3** … *mai degrabə* …

Soluzioni dell'esercizio 2

❶ – să respiri – curat – să-l cauţi – ❷ – voi mânca – pâine – brânză – vacă – ceai ❸ – pus – salată – roşii – verzi ❹ – termosul – cafeaua – rămâne – până – ❺ – om – se plânge – timpul – nu-i convine

livello mondiale. I vini romeni sono in genere semisecchi e, secondo alcuni specialisti francesi, la Romania produce alcuni dei migliori vini bianchi del mondo. Incredibile ma vero, d'estate i romeni vi aggiungono spesso dell'acqua frizzante, per rinfrescarsi nei periodi di caldo torrido. Questo miscuglio si chiama **şpriţ** e si prepara quindi diversamente dallo spritz italiano, nonostante la comune origine austriaca del termine.

Quarantottesima lezione

Una marca straniera

1 – Dove La porto, signore? In che direzione?
2 – Non so molto bene... Sempre diritto
3   e poi a sinistra... o piuttosto a destra...

4 Mergeți încet, vă spun eu când să opriți...
5 – Vizitați cartierul? Nu e nimic interesant aici,
6 niciun monument, niciun muzeu, nicio biserică...
7 – Mi-e rușine [1], dar trebuie să recunosc
8 că mă învârt în zadar pe străzi de două ore:
9 nu mai țin minte [2] unde am lăsat mașina...
10 – Se mai întâmplă... Ce marcă e? Ce model?
11 – Habar [3] n-am... nu mă pricep [4] deloc la mașini;
12 e galbenă, lungă și lată, cu patru uși,
13 cu număr de înmatriculare de București...
14 Am cumpărat-o recent, soția mea a ales-o;
15 cred că e franțuzească sau nemțească [5],
16 în orice caz, are un nume imposibil de pronunțat...

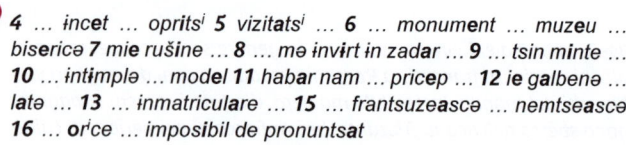

4 ... încet ... opritsⁱ 5 vizitatsⁱ ... 6 ... monument ... muzeu ... biserikə 7 mie rușine ... 8 ... mə învirt în zadar ... 9 ... tsin minte ... 10 ... intimplə ... model 11 habar nam ... pricep ... 12 ie galbenə ... latə ... 13 ... inmatrikulare ... 15 ... frantsuzeaskə ... nemtseaskə 16 ... orⁱce ... imposibil de pronuntsat

: Note

1 Ecco un'altra espressione con il dativo! Un'improbabile traduzione letterale di **mi-e rușine** avrebbe come risultato "mi è vergogna". Le espressioni che usano il verbo **a fi** e un pronome personale complemento indiretto verranno spiegate in dettaglio nella lezione di ripasso.

2 In realtà, **a ține minte** è una formula un po' più complessa di *ricordarsi*. Esiste anche **ținere de minte** come sinonimo di **memorie**, *memoria*; **a ține minte** sarebbe quindi qualcosa come "tenere a mente, tenere nella memoria" – quindi *ricordarsi*.

3 La voce **habar** compare il più delle volte nell'espressione **a nu avea habar (de ceva)**. **Habar n-am** si può tradurre come *Non ho (la minima) idea*.

Quarantottesima lezione / 48

4 Vada piano, Le dico io quando fermarsi *(fermare)*...
5 – Sta visitando il quartiere? Non c'è niente [d'] interessante qui,
6 nessun monumento, nessun museo, nessuna chiesa...
7 – Mi vergogno, ma devo ammettere
8 che sto girando a vuoto *(mi giro invano)* per le *(su)* vie da due ore:
9 non ricordo più dove ho lasciato la macchina...
10 – Capita... Che marca è? Che tipo?
11 – Non ho idea... non me ne intendo affatto di *(a)* macchine;
12 è gialla, lunga e larga, a *(con)* quattro porte,
13 con targa *(numero di immatricolazione)* di Bucarest...
14 L'ho comprata di recente, [è] mia moglie [che] l'ha scelta;
15 credo che sia francese o tedesca,
16 in ogni caso, ha un nome impossibile da pronunciare...

---

4 a se pricepe (la ceva) si può tradurre con *intendersene*. Eccovi un esempio che potrebbe rivelarsi utile per un italiano che sfreccia per le strade della Romania: **Mașina mea e în pană și nu mă pricep deloc la mecanică**, *La mia macchina è rotta e non me ne intendo per niente di meccanica*.

5 **franțuzească**, *francese*; **nemțească**, *tedesca*: gli aggettivi terminanti in **-esc** (**-ească** al femminile) sono spesso sostituiti dalle forme semplici, qui **franceză** e **germană**. **Neamț** o **german** significa *tedesco*, ma l'unico nome per la *Germania* è **Germania**. Troverete ulteriori particolari nella lezione di ripasso.

Exercițiul 1 – Traduceți

❶ Cred că am greșit direcția, mai bine renunțăm și ne întoarcem acasă. ❷ În limba lui, se scrie de la dreapta spre stânga. ❸ Nu insistați, nu-i nimic de văzut în orașul ăsta! ❹ Toate muzeele sunt închise la ora asta. ❺ Nu mai ții minte cum o cheamă pe fata șefului tău?

***

Exercițiul 2 – Completați

❶ In questo quartiere ci sono molte chiese antiche e interessanti.
   În cartierul .... sunt multe .... vechi
   ....

❷ Fa molti chilometri con il suo taxi e vuole comprare una macchina tedesca.
   .... mulți .... cu taxiul lui și .... să
   .... o mașină ....

❸ Mia sorella è molto contenta del suo nuovo tailleur italiano di marca.
   Sora ... e foarte .... de noul său taior
   .... de ......

❹ Cercano invano una casa con un garage per tre macchine.
   Caută .. .. o .... cu un ..... pentru trei
   ....

❺ Non mi vergogno di ammettere che non me [ne] intendo di meccanica.
   Nu ...- .... să recunosc că nu .. .. la mecanică.

Quarantottesima lezione / 48

Soluzioni dell'esercizio 1
❶ Credo che abbiamo sbagliato direzione, meglio [che] rinunciamo e torniamo a casa. ❷ Nella sua lingua, si scrive da destra a sinistra. ❸ Non insista, non c'è niente da vedere in questa città! ❹ Tutti i musei sono chiusi a quest'ora. ❺ Non ti ricordi come si chiama la figlia del tuo capo?

***

Soluzioni dell'esercizio 2
❶ – ăsta – biserici – interesante ❷ Face – kilometri – vrea – cumpere – nemțească ❸ – mea – mulțumită – italienesc – marcă ❹ – în zadar – casă – garaj – mașini ❺ – mi-e rușine – mă pricep –

Lecția a patruzeci și noua

Recapitulare – Ripasso

1 I vari usi di *care*

La polivalenza di **care** giustifica appieno un paragrafo a sé stante; ma vedrete che, benché complesso, il suo uso è logico e per molti versi simile all'italiano.

1.1 *care* in contesto interrogativo

• **care**, equivalente di aggettivi e pronomi interrogativi
In contesti interrogativi, **care** è l'equivalente di *quale, quali*, aggettivi interrogativi. Eccolo qui in funzione rispettivamente di aggettivo e di pronome interrogativo: **Care autobuz merge la gară?**, *Quale autobus va alla stazione?*; **Care merge la gară?**, *Quale va alla stazione?*

• *care* e le preposizioni
Ecco qualche esempio d'uso di **care** in contesto interrogativo con preposizioni:
– **Cu care rochie mergi în vizită la mătușa ta?**, *Con quale vestito vai a trovare* (lett. in visita da) *tua zia?*; **Cu care mergi în vizită la mătușa ta?**, *Con quale vai a trovare* (lett. in visita da) *tua zia?*
– **La care restaurant mă inviți?**, *A quale ristorante mi inviti?*; **La care mă inviți?**, *A quale mi inviti?*
– **De care film vorbiți?**, *Di quale film parla?*; **De care vorbiți?**, *Di quale parla?*

1.2 *care* nelle proposizioni interrogative indirette

Care può essere di volta in volta aggettivo e pronome:
– **Nu știu care vin e mai bun**, *Non so quale vino sia migliore*; **Nu știu care e mai bun**, *Non so quale sia migliore*.
– **Mă întreb pe care geamănă s-o cer în căsătorie**, *Mi chiedo quale delle gemelle* (lett. quale gemella) *chiedere in sposa*; **Mă întreb pe**

Quarantanovesima lezione

care s-o cer în căsătorie, *Mi chiedo quale chiedere in sposa.*
– **Nu înțeleg din care țară veniți**, *Non capisco da quale paese viene*; **Nu înțeleg din care veniți**, *Non capisco da quale viene.*

1.3 L'espressione *despre care*

Despre care si può tradurre come *di cui / del quale* ecc., nel contesto seguente: **El a scris o piesă de teatru despre care se vorbește mult**, *Lui ha scritto un'opera teatrale di cui si parla molto*. Altrimenti, usato da solo, **despre** significa *di*, *su*, *a proposito di*.

1.4 *care* pronome relativo

Care si usa spesso come pronome relativo: **Am întâlnire cu o străină care vine de departe**, *Ho appuntamento con una straniera che arriva da lontano*. Quando ha la funzione di complemento oggetto, va sempre preceduto da **pe**, e il nome a cui si riferisce viene ripreso da un pronome complemento, qui **îi**: **Romeo și Julieta, pe care îi cunosc bine, par fericiți împreună**, *Romeo e Giulietta, che conosco bene, sembrano felici insieme*. Lo stesso vale anche per le situazioni in cui il nome si riferisce a una cosa: **mașina pe care am cumpărat-o**, *la macchina che ho comprato*.

2 Il futuro letterario

Accanto al cosiddetto futuro "popolare", formato a partire dal congiuntivo preceduto da **o**, il romeno possiede anche un "futuro letterario". Il suo uso è infatti circoscritto alla lingua scritta e alla lingua parlata particolarmente forbita.
Questo futuro si forma a partire da una forma speciale del verbo **a vrea** (**a voi**, che in questo caso diventa ausiliare), e dall'infinito del verbo da coniugare.

Ecco un'illustrazione del "futuro letterario" con i verbi **prefera**, *preferire*; **tăcea**, *tacere*; **merge**, *andare*; **dormi**, *dormire*:

Singolare	1ª pers.	(eu) voi prefera (tăcea, merge, dormi)
	2ª pers.	(tu) vei prefera (tăcea, merge, dormi)
	3ª pers.	(el/ea) va prefera (tăcea, merge, dormi)
Plurale	1ª pers.	(noi) vom prefera (tăcea, merge, dormi)
	2ª pers.	(voi) veți prefera (tăcea, merge, dormi)
	3ª pers.	(ei/ele) vor prefera (tăcea, merge, dormi)

Da notare che fra questi due tipi di futuro non vi è nessuna differenza di sfumatura per quanto riguarda l'indicazione temporale; la scelta dipende esclusivamente da considerazoni stilistiche. **O să plec** e **voi pleca** significano entrambi *me ne andrò*.

3 Parlare della nazionalità

In romeno c'è spesso una differenza formale fra i sostantivi e gli aggettivi che si riferiscono alla nazionalità. Al maschile le due forme possono coincidere, ma spesso al femminile rimangono ben distinte.

Se nel caso dell'aggettivo basta aggiungere una **-ă** al maschile per ottenere il femminile, le cose si complicano un po' nel caso dei sostantivi. In alcuni casi, **-ă** è sufficiente per cambiare il genere del sostantivo, come in **suedez/suedeză**, *svedese*. In altri casi, occorre aggiungere i suffissi **-că** o **-oaică**, come si vede negli esempi seguenti:

Aggettivi	Sostantivi
român, română	român, româncă
italian, italiană	italian, italiancă
american, americană	american, americancă
spaniol, spaniolă	spaniol, spanioloaică
rus, rusă	rus, rusoaică
chinez, chineză	chinez, chinezoaică
francez, franceză	francez, franțuzoaică
german, germană	neamț, nemțoaică

Gli ultimi due esempi presentano forme irregolari, che si spiegano con la storia della lingua: **franțuzoaică** ricorda ancora un antico maschile oggi in disuso: **franțuz**. Quanto a **neamț**, *tedesco*, si usa nel linguaggio colloquiale al posto di **german**. Gli aggettivi corrispondenti, nella lingua parlata, sono **franțuzesc/franțuzească** e **nemțesc/nemțească**.

D'altronde, molti aggettivi di nazionalità hanno, come avete visto, varianti in **-esc /-ească**, che si usano anche per i vari prodotti: **vin românesc; bucătărie italienească**…

4 Il dativo – forme atone e toniche del pronome complemento di termine

4.1 Le forme del dativo

Come sapete, alcuni verbi romeni si costruiscono con un pronome personale al dativo (il nostro complemento di termine).
Le forme atone dei pronomi accompagnano un verbo: **îmi place**, *mi piace*. Le forme toniche possono invece comparire in maniera indipendente.

		Forme atone	Forme toniche
Singolare	1ª pers.	**îmi**, *mi*	**mie**, *a me*
	2ª pers.	**îți**, *ti*	**ție**, *a te*
	3ª pers.	**îi**, *gli/le*	**lui / ei**, *a lui / a lei*
Plurale	1ª pers.	**ne**, *ci*	**nouă**, *a noi*
	2ª pers.	**vă**, *vi*	**vouă**, *a voi*
	3ª pers.	**le**, *gli/loro*	**lor**, *a loro*

Da notare che, a differenza dell'italiano, la variante tonica tollera - anzi esige - la cooccorrenza della variante atona per sottolineare il complemento di termine: **ție îți place cafeaua tare!**, *a te (ti) piace il caffè forte!*

4.2 Le trasformazioni delle forme atone dei pronomi indiretti

In certe situazioni, le forme atone del pronome personale subiscono trasformazioni dovute al contesto vocalico.

/ Lecția a patruzeci și noua

• **Nella forma negativa**
Nella forma negativa, la presenza di **nu** provoca l'elisione della î delle forme del singolare: **nu îmi place/nu-mi place**, *non mi piace*; **nu îți place/nu-ți place**, *non ti piace*; **nu îi place/nu-i place**, *non gli/le piace*.

• **Con i verbi pronominali**
Quando il verbo che regge il dativo è un verbo pronominale, la presenza di **se** impone delle trasformazioni fonetiche: **mi se spune**, *mi si dice*; **ți se spune**, *ti si dice*; **i se spune**, *gli/le si dice*; **ni se spune**, *ci si dice*; **vi se spune**, *vi si dice*; **li se spune**, *gli si dice*.

• **Al passato prossimo**
Al passato prossimo, i pronomi complemento sono attaccati alle forme dell'ausiliare: **mi-a dat**, *mi ha dato*; **ți-a dat**, *ti ha dato*; **i-a dat**, *gli/le ha dato*; **ne-a dat**, *ci ha dato*; **v-a dat**, *vi ha dato*; **le-a dat**, *gli ha dato*.

4.3 Il pronome indiretto e il verbo *a fi*

Il pronome indiretto è presente anche nelle costruzioni verbali con il verbo **a fi**, *essere* – equivalenti romeni delle costruzioni italiane con *avere*, del tipo **mi-e foame**, *ho fame*, (lett. mi è fame); **mi-e sete**,

Quarantanovesima lezione / 49

ho sete; **mi-e poftă**, *ho voglia*; **mi-e frică** o **mi-e teamă**, *ho paura*; **mi-e somn**, *ho sonno*. Segnatevi anche le espressioni seguenti: **mi-e bine/rău**, *mi sento bene/male*; **mi-e dor**, *ho nostalgia*; **mi-e rușine**, *mi vergogno*; **mi-e ușor/greu**, *lo trovo facile/difficile*; **mi-e lene** (lett. mi è pigrizia), *mi sento pigro*.
Così si ha, per esempio:

avere fame	a-i fi foame
ho fame	mi-e foame
hai fame	ți-e foame
ha fame	i-e foame
abbiamo fame	ne e foame
avete fame	vă e foame
hanno fame	le e foame

Per quanto riguarda le altre espressioni, i relativi infiniti saranno: **a-i fi sete, a-i fi poftă, a-i fi rușine, a-i fi frică, a-i fi teamă, a-i fi lene, a-i fi somn, a-i fi bine/rău, a-i fi dor, a-i fi ușor/greu** (la -i marca qui la 3ª persona al dativo).

Lecția a patruzeci și noua

▶ Dialog de recapitulare

1 – Știi ce, hai să mergem la teatru sâmbătă seară;
2   n-am văzut de multă vreme o piesă bună!
3   Sunt mai multe spectacole interesante în oraș...
4 – Draga mea, dacă trebuie să ieșim,
5   eu prefer să mergem la restaurant:
6   mâncăm o friptură, bem un vin roșu
7   și putem să discutăm până târziu...
8 – E o idee bună! Dacă n-ai nimic împotrivă,
9   îți propun să-i invităm și pe Popești;
10 ultima dată când am ieșit împreună, ei au plătit...
11 – Doamne ferește! Ea mi-e foarte simpatică,
12 dar el e un personaj greu de suportat:
13 ne certăm de fiecare dată când ne întâlnim.
14 – Ai dreptate, mai bine renunțăm la restaurant...
15 Vreau totuși să ieșim undeva împreună!
16 Dacă nu vrei să asculți un concert de muzică clasică,
17 sub pretext că e prea lung și că te plictisește
18 ești invitatul meu la cinematograf:
19 filmele sunt mai scurte și biletele mai ieftine.

***

Eccovi arrivati alla fine della prima ondata, la fase "passiva" del nostro metodo. Non siete ancora in grado di valutare oggettivamente i vostri progressi, ma a partire da domani, affrontando **al doilea val**, *la seconda ondata, cioè la fase "attiva" del vostro processo di apprendimento, vi renderete conto del cammino che avete già percorso... Come procedere? Dopo aver seguito la cinquantesima lezione come di consueto, riprenderete la prima*

Traduzione

1 Sai [una] cosa, andiamo a teatro sabato sera; **2** è da tempo che non vediamo *(non abbiamo visto da molto tempo)* una buona opera teatrale! **3** Ci sono diversi spettacoli interessanti in città... **4** Mia cara, se dobbiamo uscire, **5** preferisco andare al ristorante: **6** mangiamo una bistecca, beviamo un vino rosso **7** e possiamo chiacchierare fino a tardi... **8** È una buona idea! Se non hai niente in contrario, **9** ti propongo di invitare anche i Popescu; **10** l'ultima volta che siamo usciti insieme, hanno pagato loro... **11** Dio ce ne liberi! Lei mi sta molto simpatica, **12** ma lui è un personaggio difficile da sopportare: **13** litighiamo ogni qual volta ci incontriamo. **14** Hai ragione, meglio rinunciare al ristorante... **15** Voglio però andare *(uscire)* da qualche parte insieme! **16** Se non vuoi ascoltare un concerto di musica classica, **17** con la scusa che è troppo lungo e ti annoia, **18** ti invito *(sei il mio invitato)* al cinema: **19** i film sono più corti e i biglietti meno cari.

lezione, per mettere in pratica ciò che avete assimilato senza neanche accorgervene: nasconderete il testo romeno e tradurrete il dialogo e l'esercizio di traduzione a partire dall'italiano. In questo modo, affronterete ogni giorno una nuova lezione e una lezione passata (la lezione 2 con la lezione 51, la lezione 3 con la lezione 52 ecc.). Vedrete, è il miglior modo per consolidare le vostre conoscenze e cominciare a parlare naturalmente.

Lecția a cinzecea

Vacanța de vară

1 – **U**nde mergeți în concediu [1] anul ăsta?
2 – **S**oția mea vrea neapărat [2] să vadă Parisul [3],
3   dar nu știu dacă putem să mergem în Franța;
4   m-am uitat pe internet, și totul mi se pare [4] prea scump!
5 – **E**i da, dar merită! O să vedeți lucruri minunate!
6 – **N**u uita [5] că mergem cu mașina [6];
7   până acolo sunt cam două mii de kilometri,
8   și benzina o să ne coste o grămadă de bani...
9 – **N**ici noi nu știm încă unde să ne ducem [7].
10   Știi cum se întâmplă în familia mea,

Pronuncia
1 ... concediu ... 2 ... neapərat ... 4 ... internet ... mi se pare ... 5 ... meritə ... minunate 6 nu uita ... 8 ... grəmadə ... 9 ... ne ducem 10 ... cum se intimplə ...

Note

1 **concediu** è la parola romena per le *vacanze lavorative*, le *ferie*; **vacanță** si riferisce piuttosto alle *vacanze scolastiche*.

2 **neapărat**, *assolutamente* o *a tutti i costi*, ha come sinonimo **cu orice preț** (lett. con ogni prezzo).

3 I toponimi sono di solito considerati maschili, salvo quelli che finiscono con la vocale **-a**. Se finiscono in consonante o sono plurali prendono l'articolo determinativo: **Lyonul și Marsilia sunt două mari orașe franceze**, *Lione e Marsiglia sono due grandi città francesi*; **Berlinul este**

Cinquantesima lezione

Le vacanze estive

1 – Dove andate in ferie quest'anno?
2 – Mia moglie vuole assolutamente vedere Parigi,
3   ma non so se possiamo andare in Francia;
4   ho guardato in Internet e tutto mi sembra troppo caro!
5 – Eh sì, ma [ne] vale la pena *(merita)*! Vedrete cose meravigliose!
6 – Non dimenticare che andiamo in *(con la)* macchina;
7   fin là ci sono circa duemila chilometri
8   e la benzina ci costerà un mucchio di soldi...
9 – Neanche noi sappiamo ancora dove andare.
10   Sai come funziona *(succede)* nella mia famiglia,

---

frumos, dar Viena este mai frumoasă, *Berlino è bella, ma Vienna è [ancora] più bella*. I nomi dei fiumi e delle montagne seguono le stesse regole: **Rinul**, *il Reno*, **Sena**, *la Senna*, **Alpii**, *le Alpi*, **Pirineii**, *i Pirenei*…

4 In **mi se pare**, *mi pare*, il verbo **a părea**, come abbiamo visto, significa *parere, sembrare* e, a differenza dell'italiano, è pronominale.

5 A volte c'è una grande differenza di significato tra la forma attiva di un verbo e la sua forma pronominale: **a uita**, *dimenticare*; **a se uita**, *guardare*.

6 La preposizione **cu**, *con*, è seguita da un sostantivo accompagnato da articolo. Funziona quindi diversamente dalle altre preposizioni romene di cui abbiamo parlato nella lezione 4 (nota 2). Esistono anche eccezioni: quelle del tipo **cafea cu lapte**, *caffè con latte*… Vi ritorneremo.

7 Ancora una differenza semantica tra un verbo attivo e la sua forma pronominale: **a se duce**, *andare, recarsi* o *andarsene*; **a duce**, *portare*.

două sute șase

50 / Lecția a cincizecea

11 fiecare are părerea [8] lui:
12 fiica mea vrea la mare și fiul meu la munte...
13 — Și soția ta? Ea nu are un cuvânt de spus?
14 — Ba da, dar e prudentă,
15 preferă să-mi lase responsabilitatea deciziei.
16 — Trebuie totuși să vă hotărâți, timpul trece repede,
17 suntem deja în mai, riscați să nu mai găsiți camere la hotel...
18 — Stai [9] puțin, asta îmi dă o idee!
19 Am găsit o soluție convenabilă pentru toată lumea:
20 o să las destinul să decidă [10]!
21 Diseară când mă întorc de la birou,
22 intru în prima agenție de turism
23 și aleg prima destinație din catalog. ☐

11 ... pərerea ... 12 ... munte 14 ... prudentə ... 15 ... responsabilitatea decizieⁱ 18 stai ... 19 ... solutsie convenabilə ... 20 ... sə decidə 21 disearə ... birou 22 ... agentsie de turism 23 ... destinatsie ... catalog

Note

8 Accanto a **părere**, *parere, opinione*, troverete anche **opinie**.

9 Il verbo **a sta** ha vari significati in romeno; l'abbiamo già incontrato con il senso di *a locui, abitare*; in **Stai puțin**, *Aspetta un po'*, ha piuttosto il senso di *Fermati*. Esiste anche **a aștepta**, *aspettare*; si può anche dire **Așteaptă puțin**. Vi ritorneremo nella lezione di ripasso.

10 **a decide**, *decidere*, è sinonimo di **a hotărî**. Paragonate con la coppia sinonimica **opinie** e **părere**... Proprio come **opinie**, **a decide** è entrato a far parte della lingua romena un po' più tardi. In romeno, una coppia sinonimica è spesso costituita da una voce antica (qui, **a hotărî** e **părere**) e un prestito più recente, spesso dal francese, nel XIX secolo.

Cinquantesima lezione / 50

11 ognuno ha la sua opinione:
12 mia figlia vuole [andare] al *(a)* mare e mio figlio in *(a)* montagna...
13 – E tua moglie? Lei non ha niente *(una parola)* da dire?
14 – Sì, ma è prudente,
15 preferisce lasciarmi la responsabilità della decisione.
16 – Dovete però decidervi, il tempo passa velocemente,
17 siamo già a *(in)* maggio, rischiate di non trovare più stanze in *(a)* albergo...
18 – Aspetta un attimo, questo mi fa venire *(dà)* un'idea!
19 Ho trovato una soluzione conveniente per tutti:
20 lascerò decidere il destino!
21 Stasera, quando torno dall'ufficio,
22 entro nella prima agenzia di viaggi *(turismo)*
23 e scelgo la prima destinazione nel catalogo.

50 / Lecția a cinzecea

▶ Exercițiul 1 – Traduceți

❶ Din păcate, vara asta nu pot să iau decât două săptămâni de concediu. ❷ Nu l-am văzut demult în oraș, mi se pare că e bolnav. ❸ Eu înțeleg că e dificil pentru el, dar trebuie totuși să ia o decizie definitivă. ❹ Pari foarte obosit, ce se întâmplă cu tine? ❺ Diseară o să-i fac o surpriză, o s-o invit la restaurant.

***

Exercițiul 2 – Completați

❶ La mia opinione è che lei non può più aspettare, deve scegliere fra di loro.
. . . . mea este că ea nu mai poate să . . . ., trebuie să . . . . . . între ei.

❷ Dimentico presto tutto ciò che non mi piace: le tue barzellette, per esempio.
. . . repede . . . ce nu-mi . . . . . : . . . . tale, de . . . .

❸ Non lo conosco abbastanza, non so se merita la mia fiducia.
Nu-l . . . . . . destul, nu . . . . dacă . . . . . . încrederea mea.

❹ Devi assolutamente vedere questo film, è meraviglioso!
Trebuie . . . . să . . . . filmul . . . . , e . . . . !

❺ Non è prudente guidare troppo velocemente quando piove o quando nevica.
Nu e . . . . să . . . . prea repede când . . . . . sau când . . . . . .

Cinquantesima lezione / 50

Soluzioni dell'esercizio 1

❶ Purtroppo, quest'estate posso prendere soltanto due settimane di ferie. ❷ Non lo vedo *(l'ho visto)* da tempo in giro *(in città)*, mi sembra che sia *(è)* malato. ❸ Io capisco che sia difficile per lui, ma deve tuttavia prendere una decisione definitiva. ❹ Sembri molto stanco, che ti succede *(succede con te)*? ❺ Stasera le farò una sorpresa, la inviterò al ristorante.

***

Soluzioni dell'esercizio 2

❶ Părerea – aștepte – aleagă – ❷ Uit – tot – place – bancurile – exemplu ❸ – cunosc – știu – merită – ❹ – neapărat – vezi – ăsta – minunat ❺ – prudent – conduci – plouă – ninge

Come ormai sapete, i romeni si sforzano generalmente di pronunciare i nomi propri geografici stranieri senza distorcere la loro pronuncia originale. Si registrano però alcune eccezioni, soprattutto per le capitali già note nei secoli passati: **Paris**, **Londra**, **Lisabona**, **Praga**, **Budapesta**, **Moscova**...

Tornate adesso alla lezione 1 e traducete in romeno il dialogo e il testo italiano dell'esercizio 1.

Seconda ondata: lezione 1

două sute zece • 210

Lecţia a cinzeci şi una

O datorie veche

1 – Ascultă, te rog să-mi faci un mare serviciu!
2 Sper că pot conta pe prietenia ta...
3 Poţi să-mi împrumuţi [1] nişte bani, pentru câteva zile?
4 – Îţi aduc aminte că mai ai o datorie la mine...
5 Ţi-am dat împrumut [2] bani anul trecut
6 şi încă aştept să mi-i dai înapoi [3]...
7 – Ştiu foarte bine, să nu crezi că am uitat,
8 dar te rog să aştepţi până luna viitoare...
9 – Sincer să fiu [4], nu înţeleg ce se întâmplă cu tine,
10 eşti bine plătit, ai un salariu bun,
11 dar în buzunarele tale suflă vântul [5]!

Pronuncia

o datorie ... **1** ... serviciu **2** ... conta pe prietenia ... **3** ... imprumutsⁱ ... **5** ... imprumut ... **6** ... inapoi **7** ... uitat **9** ... intimplə ... **10** salariu ... **11** ... buzunarele ... suflə vintul

Note

1 Il verbo **a împrumuta** sia usa sia per *prestare* che per *prendere in prestito*, a seconda del contesto. Nel senso di *prestare*, **a împrumuta** si costruisce con un pronome indiretto: **I-am împrumutat bani fratelui meu**, *Ho prestato dei soldi a mio fratello*; nel senso di *prendere in prestito*, si costruisce con la locuzione **de la**, *da*: **Am împrumutat bani de la bancă**, *Ho preso in prestito soldi dalla banca*.

2 Come il verbo **a împrumuta**, il sostantivo **împrumut** possiede due significati opposti, esattamente come l'italiano *prestito*. Le espressioni in cui compare non lasciano però spazio a dubbi: **a da (cu) împrumut**

Cinquantunesima lezione 51

Un vecchio debito

1 – Ascolta, ti prego di farmi un grosso favore *(servizio)*!
2 Spero di poter *(che posso)* contare sulla tua amicizia...
3 Puoi prestarmi dei soldi, per alcuni giorni?
4 – Ti ricordo che hai ancora un debito con *(a)* me...
5 Ti ho prestato dei soldi l'anno scorso
6 e sto aspettando *(aspetto)* ancora che me li restituisca...
7 – [Lo] so benissimo, non credere che [me ne] sia scordato,
8 ma ti prego di aspettare fino al mese prossimo...
9 – A essere sincero, non capisco che ti succede *(con te)*,
10 ti pagano bene *(sei ben pagato)*, hai uno stipendio buono,
11 ma hai le tasche vuote *(in tasche-le tue soffia vento-il)*!

---

significa *dare in prestito*, mentre **a lua (cu) împrumut** equivale a *prendere in prestito*.

3 **a da înapoi** (lett. dare indietro) significa *restituire* o *fare marcia indietro*; l'avverbio **înapoi**, *indietro*, si ritrova anche in **a veni înapoi**, *ritornare*.

4 **sincer să fiu**, *a essere sincero*, letteralmente sarebbe "sincero che sia [io]".

5 In romeno si può dire, come in italiano, che qualcuno **are buzunarele goale**, *ha le tasche vuote*, ma anche, più poeticamente, che **îi suflă vântul prin buzunare** (lett. gli soffia il vento attraverso le tasche)...

51 / Lecția a cinzeci și una

12 Drace [6]! Unde dispar banii tăi?
13 – Am avut cheltuieli neprevăzute:
14 a trebuit să cumpăr o mașină nouă
15 și să înlocuiesc frigiderul, mașina de gătit [7]
16 și cuptorul cu microunde...
17 Toate s-au stricat [8] în același timp!
18 – De fapt, nu știi să te organizezi,
19 nu ești prevăzător, ești cu capul în nori:
20 cheltuiești banii mult mai repede decât îi câștigi!
21 – Deloc, cum să spun, e chiar invers:
22 adevărata mea problemă e că nu-i câștig
23 cu viteza cu care îi cheltuiesc...

12 drace ... dispar ... 13 ... cheltuieli neprevăzute 15 ... înlocuiesc ... gătit 16 ... cuptorul cu microunde 18 ... organizezi 19 ... prevăzător ... nori 21 ... invers

Note

6 **drac** è un altro nome per riferirsi al *diavolo*, **diavol**... Capite adesso l'origine del nome Dracula! Nel dialogo, la parola è al vocativo (**Drace!**).

7 In **mașina de gătit**, ritroviamo il supino del verbo **a găti**, *cucinare*.

8 **a se strica** significa *rompersi, non funzionare più,* quando si tratta di un meccanismo, e *andare a male, alterarsi,* quando si tratta di cibo.

***

Exercițiul 1 – Traduceți

❶ După mine, e un prieten sigur, poți conta pe ajutorul lui. **❷** N-a refuzat niciodată să-mi facă un serviciu, când am avut nevoie. **❸** Dacă pleci prea târziu, n-o să mai poți veni înapoi la timp, ca să mâncăm împreună. **❹** Nu mai știu unde am pus biletele de teatru, cred că le-am lăsat în buzunarul cămășii pe care am purtat-o ieri. **❺** Șeful nostru are un salariu mult mai important, dar nu pot să spun că muncește mai mult ca noi.

Cinquantunesima lezione / 51

12 Diamine! Dove sparisce il tuo denaro?
13 – Ho avuto delle spese impreviste:
14 ho dovuto comprare una macchina nuova
15 e sostituire il frigo, i fornelli
16 e il forno a *(con)* microonde...
17 Si sono rotti tutti nello stesso momento *(tempo)*!
18 – In realtà, non sai organizzarti,
19 non sei previdente, sei con la testa tra le nuvole:
20 spendi i soldi molto più velocemente di quanto li guadagni!
21 – Niente affatto, come dire *(che dica)*, è proprio il contrario:
22 il mio vero problema è che non li guadagno
23 con la velocità con cui li spendo...

Soluzioni dell'esercizio 1

❶ Secondo me, è un amico sicuro, puoi contare sul suo aiuto. ❷ Non ha mai rifiutato di farmi un favore, quando [ne] ho avuto bisogno. ❸ Se vai via troppo tardi, non potrai più tornare in tempo per mangiare assieme. ❹ Non so più dove ho messo i biglietti del teatro, credo di averli lasciati nella tasca della camicia che indossavo *(ho indossato)* ieri. ❺ Il nostro capo ha uno stipendio molto più consistente *(importante)*, ma non posso dire che lavora più di noi.

două sute paisprezece • 214

Exercițiul 2 – Completați

❶ Se gli presti troppi soldi, non potrà restituirteli il mese prossimo.

. . . . îi . . . . prea mulți . . . . , n-o să . . . . . să ți-i dea . . . . . . luna viitoare.

❷ È triste *(da dire)*, ma è scomparso proprio quando avevo *(ho avuto)* bisogno del suo consiglio.

E . . . . . de . . . . , dar a . . . . chiar . . . . am avut nevoie de . . . . . . lui.

❸ Lei l'ha dimenticato presto, e l'ha sostituito con uno *(qualcuno)* più bello e più ricco.

Ea l-a . . . . . repede, și l-a . . . . cu . . . . . . mai . . . . . . și mai . . . . . .

52

Lecția a cinzeci și doua

După sărbători

1 – Salut, amice [1]! Ce cauți aici, la spital?
2   Sper că nu ești bolnav!
3 – Bună ziua, îmi pare bine că te văd!
4   Îl caut pe doctorul Faur, mi se pare că-l cunoști...
5   Știi, e pentru o consultație,
6   vreau să-i cer părerea, cât mai repede posibil.
7 – Îl cunosc, suntem prieteni din copilărie!

Pronuncia

1 ... amice ... spital 4 ... faur ... 5 ... consultatsie 6 ... pərerea ... posibil 7 ... copilərie

❹ Se hai fame, ho lasciato nel forno delle patate, sono ancora calde.
Dacă ți-e ....., am ..... în ...... cartofi, încă sunt ......

❺ Le vostre spese sono state troppo grandi l'anno scorso, che cos'è successo?
.... dumneavoastră au fost prea .... anul ......, ce s-a .... ?

Soluzioni dell'esercizio 2
❶ Dacă – împrumuți – bani – poată – înapoi – ❷ – trist – spus – dispărut – când – sfatul – ❸ – uitat – înlocuit – cineva – frumos – bogat ❹ – foame – lăsat – cuptor – calzi ❺ Cheltuielile – mari – trecut – întâmplat

Seconda ondata: lezione 2

Cinquantaduesima lezione 52

Dopo le feste

1 – Ciao, amico! Cosa fai *(cerchi)* qui, all'ospedale?
2   Spero che [tu] non sia *(sei)* malato!
3 – Buongiorno, felice di vederti!
4   Sto cercando il dottor Faur, mi pare che tu lo conosca *(che lo conosci)*...
5   Sai, è per una visita,
6   voglio chiedere la sua opinione, il più presto possibile.
7 – Lo conosco, siamo amici d' *(da)* infanzia!

Note

1 Accanto a **prieten**, *amico*, il romeno usa a volte (sempre più raramente) il sinonimo **amic**, più familiare, meno impegnativo, spesso ironico. **Amice** è un vocativo, caso dell'interpellazione diretta.

52 / Lecția a cinzeci și doua

8 Despre ce e vorba [2]? Pot să te ajut cu ceva?
9 – Mersi, chiar am nevoie de o mână de ajutor [3].
10 Mi-e teamă că am exagerat de revelion [4];
11 n-am mâncat decât lucruri grase, greu de digerat:
12 cârnați, piftie [5] și sarmale [6]...
13 și acum mă dor stomacul și ficatul.
14 – În cazul ăsta, ai dreptate, Faur e medicul de care ai nevoie!
15 – Lucrează azi, nu e plecat undeva în concediu?
16 – Nu, e aici, l-am văzut acum cinci minute.
17 De fapt, am venit la spital special [7] pentru el.
18 – Slavă Domnului, pot să spun că am noroc!
19 – Stai puțin, nu te pot pune în legătură cu el...
20 E într-o cameră de la etajul paisprezece,

9 ... ažutor 10 ... revelion 11 ... grase ... digerat 12 cîrnatsⁱ piftie ši sarmale 13 ... stomacul ... ficatul 14 ... medicul ... 15 lucreazə ... 18 slavə ... 19 ... legəturə ...

Note

2 e vorba de... (o despre...) è l'equivalente romeno dell'espressione italiana *si tratta di*... Da notare che l'espressione romena è costruita intorno alla voce **vorbă**, *parola*, dal latino *verbum*...

3 a da o mână de ajutor (lett. dare una mano d'aiuto) è la maniera romena per dire *dare una mano*. **Ajutor**, *aiuto*, fa parte della famiglia lessicale del verbo **a ajuta**, *aiutare* e **Ajutor!** significa *Aiuto!*

4 revelion si riferisce al *veglione di Capodanno*, festa tradizionalmente conosciuta come **Anul Nou**.

5 piftie, *carne in gelatina*, ha come sinonimo **răcituri**, un femminile plurale che ricorda che tale specialità gastronomica è il risultato di una coagulazione a freddo (**a se răci**, *raffreddarsi*).

6 sarma *[sarma]* è un involtino di foglia di vite o di cavolo fermentato in salamoia, farcito con un trito di carne con le spezie. Come piatto festivo,

Cinquantaduesima lezione / 52

8 Di che cosa si tratta? Posso aiutarti *(con qualcosa)*?
9 – Grazie, infatti ho bisogno di una mano.
10 Ho paura di aver esagerato a *(di)* Capodanno;
11 ho mangiato solo roba grassa, difficile da digerire:
12 salsicce, carne in gelatina e cavolo farcito...
13 e ora mi fanno male lo stomaco e il fegato.
14 – In tal caso, hai ragione, Faur è il medico di cui hai bisogno!
15 – Oggi lavora, non è andato in ferie da qualche parte?
16 – No, è qui, l'ho visto cinque minuti fa.
17 In realtà, sono venuto all'ospedale apposta per lui.
18 – Grazie a Dio *(Gloria al-Signore)*, posso dire che sono fortunato!
19 – Aspetta un po', non ti posso mettere in contatto *(legame)* con lui...
20 È in una stanza al quattordicesimo piano *(del piano quattordici)*,

sarmalele sono quasi d'obbligo per le grandi occasioni, soprattutto a Natale, Capodanno e per i matrimoni.

7 **special**, sostantivo e aggettivo, qui è usato come avverbio; ricordatevi che di solito è solo il contesto che vi permette di appurare se in romeno una voce è aggettivo o avverbio. Come abbiamo visto, gli avverbi hanno la stessa forma degli aggettivi, senza alcuna marca specifica, simile al *-mente* italiano.

21 de data asta, ca pacient: a fost internat [8] de urgență.
22 L-am invitat la noi de Anul Nou
23 și a cam [9] exagerat și el cu mâncarea și cu băutura...

21 ... pacient ... internat de urgentsə 23 ... cam ... mîncarea ... bəutura

Note

8 In romeno, **a interna** è l'equivalente dell'italiano *ricoverare*.

***

Exercițiul 1 – Traduceți

❶ Sunteți niște părinți fericiți, n-ați avut niciodată nevoie să chemați doctorul noaptea, pentru copilul vostru. ❷ El se plânge de mâncarea de la spital, dar uită că nu e la restaurant, unde poate să comande ce vrea. ❸ Nu reușește să-și plătească datoriile la bancă și a cerut ajutorul familiei. ❹ Revelionul de anul trecut l-am sărbătorit cu niște prieteni, dar anul ăsta suntem prea obosiți și vrem să rămânem singuri. ❺ Trebuie să-i telefonez medicului meu de familie, pentru o consultație.

***

Exercițiul 2 – Completați

❶ Dice a tutti che ha avuto un'infanzia felice, in campagna.
. . . . . la toată . . . . . că a . . . . o . . . . fericită, la . . . . .

❷ Sono stato chiamato d'urgenza in ufficio, mi chiedo di che cosa si tratti.
Am fost . . . . . . de . . . . la . . . . . , mă . . . . . . despre ce este . . . . . .

❸ Questi involtini di cavolo farcito sono meravigliosi, li ha fatti Lei?
. . . . astea sunt . . . . , dumneavoastră le-ați . . . . . ?

21 questa volta, come paziente: è stato ricoverato d'urgenza.
22 L'abbiamo invitato da noi per *(di)* Capodanno
23 e anche lui ha esagerato un po' con il cibo e le bevande…

9 **cam**, *un po'*, *un tantino*: da notare che in altri contesti, l'avverbio **cam** significa *approssimativamente, più o meno, circa*: **Bucureștiul e cam la două mii de kilometri de Paris**, *Bucarest è a circa duemila chilometri da Parigi*.

***

Soluzioni dell'esercizio 1

❶ Siete dei genitori fortunati *(felici)*, non avete mai avuto bisogno di chiamare il medico di notte, per il vostro bambino. ❷ Si lamenta del cibo dell'ospedale, ma dimentica che non è al ristorante, dove può ordinare ciò che vuole. ❸ Non riesce a pagare i suoi debiti alla banca e ha chiesto l'aiuto della famiglia. ❹ Il Capodanno dell'anno scorso l'abbiamo festeggiato con degli amici, ma quest'anno siamo troppo stanchi e vogliamo rimanere soli. ❺ Devo telefonare al mio medico di famiglia, per una visita.

***

❹ È fortunato con il suo stomaco, può mangiare qualsiasi cosa, digerisce tutto senza problemi.
Are . . . . . cu . . . . lui, poate . . . . . orice, ... tot . . . . probleme.

❺ Tutti i suoi pazienti sono contenti, si dice che sia il miglior medico dell'ospedale.
Toți . . . . lui sunt . . . . , se spune că este . . . . medic din . . . .

Soluzioni dell'esercizio 2

❶ Spune – lumea – avut – copilărie – țară ❷ – chemat – urgență – birou – întreb – vorba ❸ Sarmalele – minunate – făcut ❹ – noroc – stomacul – mânca – digeră – fără – ❺ – pacienții – mulțumiți – cel mai bun – spital

In Romania, come in Italia, le feste di fine anno (Natale e Capodanno) sono l'occasione per organizzare pranzi e cene speciali con parenti e amici. Ovviamente, grazie alla globalizzazione l'offerta gastronomica si è molto diversificata, e si può scegliere fra vari tipi di cucina, anche esotica. La maggior parte dei romeni resta però fedele ai piatti tradizionali, in cui si usa parecchio la carne di maiale. La tradizione rurale vuole che l'animale venga macellato qualche giorno prima di Natale, nella festa di Sant'Ignazio.
Accanto alle immancabili **sarmale**, *gli involtini di cavolo, in tavola troveremo* **cârnaţi**, *salsicce,* **caltaboşi**, *salsicce di interiora di maiale,* **sângereţi**, *sanguinacci (da* **sânge**, *sangue),* **răcituri**, *carne in*

Lecţia a cinzeci şi treia

Fiul meu se căsătoreşte

1 – Tăticule [1], trebuie să-ţi spun ceva important.
2 M-am hotărât să o cer în căsătorie pe Elena:
3 o iubesc din tot sufletul,
4 m-am îndrăgostit [2] chiar în momentul în care am văzut-o.
5 Sunt sigur că e femeia visurilor mele,
6 o să fim fericiţi împreună, sunt sigur de asta [3]…
7 – În cazul tău, fără [4] nicio îndoială,

Pronuncia

2 … cəsətorie … 3 iubesc … sufletul 4 … mam indrəgostit … momentul … 5 … visurilor … 7 … fərə … indoialə

Note

1 **tăticule** è il vocativo di **tătic**, diminutivo di **tată**, *padre* – da cui la traduzione *papà, babbo*. Il romeno fa ampio uso dei diminutivi (si veda la lezione di ripasso).

gelatina, **tobă**, pasticcio di testina... *Il classico dolce natalizio è il* **cozonac**, *molto simile al panettone italiano, che però molte famiglie preferiscono preparare in casa; le ricette possono variare, dal* **cozonac cu nucă**, *panettone alle noci,* **al cozonac cu mac**, *panettone ai semi di papavero. Per quel che riguarda invece le bevande, c'è un'ampia scelta fra* **țuică**, *grappa di prugne,* **vin**, *vino,* **șampanie**, *prosecco, e addirittura* **bere**, *birra, che non rientra però fra le tradizionali bevande natalizie...*

Seconda ondata: lezione 3

Cinquantatreesima lezione

Mio figlio si sposa

1 – Papà, ti devo dire qualcosa d'importante.
2 Mi sono deciso a chiedere a Elena di sposarmi *(che la chieda in matrimonio su Elena)*:
3 la amo con tutto il cuore *(da tutta anima-la)*,
4 mi sono innamorato proprio nel momento in cui l'ho vista.
5 Sono sicuro che è la donna dei miei sogni,
6 saremo felici insieme, [ne] sono sicuro...
7 – Nel tuo caso, senza nessun dubbio,

2 a se îndrăgosti, *innamorarsi*, è un'espressione comune, della stessa famiglia dell'aggettivo **drag**, *caro*.

3 In romeno non esiste l'equivalente dell'italiano *ne* e occorre a volte specificare: **vin de acolo** (lett. vengo da lì), *ne vengo*; **vorbește despre asta** (lett. parla di questo), *ne parla*. A volte, la traduzione di *ne* non è obbligatoria in romeno: **sunt sigur (de asta)**, *ne sono sicuro*.

4 **fără** significa qui *senza*; l'avete già incontrato (lezione 29, frase 8) con il significato di *meno*.

două sute douăzeci și doi • 222

53 / Lecția a cinzeci și treia

8 se poate vorbi de o dragoste la prima vedere [5]
9 dar mă gândesc că ești mult prea tânăr,
10 și n-o cunoști pe Elena decât de câteva luni...
11 Căsătoria e o treabă [6] serioasă,
12 n-ai încă destulă [7] experiență.
13 O iubești la nebunie, de acord, numai să țină [8]!
14 – Sunt sigur de sentimentele mele!
15 La ce bun să mai aștept? La ce folosește [9]?
16 De fapt, am fixat deja data nunții [10],
17 am ales nașii și am făcut lista de invitați...
18 – Ai dreptate... poate că eu mă înșel.
19 Știi mai bine decât mine ce-i bine pentru tine,
20 în definitiv, e viața ta, faci cum vrei!
21 Nu-mi rămâne decât să-ți urez mult noroc
22 și casă de piatră [11]!

8 ... dragoste ... 9 gîndesc ... tînər 11 ... treabə serioasə ... 12 ... destulə ecsperientsə 13 ... nebunie ... 14 ... sentimentele ... 15 ... folosește ... 16 ... ficsat ... nuntsi 17 ... naši ... lista ... 18 ... înšel 21 ... urez 22 ... piatrə

Note

5 **o dragoste la prima vedere**, *un amore a prima vista*...

6 **treabă**, *roba, affare, impegno, faccenda*, ricorre in moltissime espressioni, fra cui: **am treabă**, *ho da fare* (lett. ho faccenda); **e treaba mea**, *è affar mio*; **a face treabă bună**, *fare un buon lavoro*; **a se pune pe treabă**, *impegnarsi, cominciare a lavorare*... Quando si tratta invece di un *affare* economico o commerciale, si dice **afacere**.

7 **destulă**, *sufficiente, abbastanza*, è il femminile di **destul**, aggettivo a quattro uscite, le cui forme di plurale sono **destui** e **destule**: **Am destul timp**, *Ho abbastanza tempo*; **Destul!** (lett. Abbastanza!), *Basta!*

Cinquantatreesima lezione / 53

8 si può parlare di un amore a prima vista,
9 ma penso che tu sia *(sei)* davvero troppo giovane,
10 e conosci Elena solo *(non conosci Elena che)* da qualche mese...
11 Il matrimonio è una cosa seria,
12 non hai ancora abbastanza esperienza.
13 La ami alla *(a)* follia, d'accordo... speriamo che duri *(solo che tenga)*!
14 – Sono sicuro dei miei sentimenti!
15 Perché mai *(A che buono)* aspettare ancora? A che serve?
16 In realtà, abbiamo già stabilito la data delle nozze,
17 abbiamo scelto i "padrini" e abbiamo fatto la lista degli invitati...
18 – Hai ragione... forse *(che)* mi sbaglio io.
19 Sai meglio di me ciò che va *(è)* bene per te,
20 in fin dei conti, è la tua vita, fai come vuoi!
21 Non mi rimane [altro] che augurarti buona *(molta)* fortuna
22 e un matrimonio felice *(casa di pietra)*!

---

8 La traduzione letterale di **numai să țină**, *speriamo che duri*, è "soltanto che tenga".

9 Il verbo **a folosi**, già incontrato con il senso di *usare* (lezione 44, frase 11), in questo contesto significa *servire*.

10 **nuntă**, singolare, è l'equivalente di *nozze*; si usa al plurale solo per riferirsi a più matrimoni.

11 **casă de piatră**, *casa di pietra*: ecco l'augurio tradizionale che si rivolge agli sposi. La casa appare come simbolo di solidità e stabilità nel tempo. D'altronde il verbo **a se căsători**, *sposarsi* ricorda l'italiano *mettere su casa (insieme)*.

53 / Lecția a cinzeci și treia

▶ Exercițiul 1 – Traduceți

❶ Nu e momentul să te căsătorești, te sfătuiesc să renunți la ideea asta. ❷ E o femeie foarte serioasă, cred că o să-ți placă. ❸ Nu are noroc; din păcate pentru el, blonda sa preferată e deja măritată. ❹ Hotărârea mea e definitivă: deocamdată, eu trebuie să decid în locul tău. ❺ El se îndrăgostește foarte ușor, dar dragostea lui nu ține foarte multă vreme.

***

Exercițiul 2 – Completați

❶ Per il loro matrimonio, hanno scelto la più antica chiesa ortodossa della città.
Pentru .... lor, au .... cea mai veche .... ortodoxă din .....

❷ Abbiamo una vita da sogno: ci amiamo entrambi alla follia.
Avem o ..... de ...: ...... amândoi .. ..

❸ Lei è molto più giovane di lui, ma ciò non si vede: lui è in forma, per la sua età.
Ea este mult mai ...... decât el, dar asta nu se ....: el ..... bine, pentru ...... lui.

❹ Ammetto *(Riconosco)* che l'esperienza non serve a niente, non posso darti consigli.
.... că .... nu .... la nimic, nu ... să-ți dau ....

***

Dopo **căsătoria civilă**, *il matrimonio civile, celebrato in Municipio, molti romeni proseguono con* **cununia religioasă**, *il matrimonio in chiesa. È difficile dire se accade più per convinzioni religiose o in omaggio alla tradizione, ma ancora oggi la maggior parte dei romeni osserva questo rito. Prima di diventare* **soț**, *marito e* **soție**, *moglie, i protagonisti del matrimonio in chiesa (che si svolge con un fasto degno della tradizione bizantina) si chiamano* **mire**, *sposo e* **mireasă**, *sposa. Durante la cerimonia vengono accompagati dai*

Cinquantatreesima lezione / 53

Soluzioni dell'esercizio 1

❶ Non è il momento di sposarti, ti consiglio di rinunciare a questa idea. ❷ È una donna molto seria, credo che ti piacerà. ❸ Non è fortunato; purtroppo per lui, la sua bionda preferita è già sposata. ❹ La mia decisione è definitiva: per ora, devo decidere io al posto tuo. ❺ Lui si innamora molto facilmente, ma il suo amore non dura moltissimo *(tempo)*.

***

❺ Ho dimenticato quale personaggio importante ha detto "Penso, dunque sono".
Am uitat ce . . . . important a . . . .
" . . . . , deci . . . . . ".

Soluzioni dell'esercizio 2

❶ – căsătoria – ales – biserică – oraș ❷ – viață – vis – ne iubim – la nebunie ❸ – tânără – vede – arată – vârsta – ❹ Recunosc – experiența – folosește – pot – sfaturi ❺ – personaj – spus – Gândesc – exist –

***

nași, padrini (**naș**, padrino; **nașă**, madrina), *considerati come dei veri e propri genitori spirituali degli sposi. I* **nași** *svolgono un ruolo altrettanto importante in occasione di un'altra cerimonia religiosa, il battesimo. Esistono anche ruoli non direttamente collegati con la tradizione:* **martorii**, *i testimoni, e* **domnișoarele de onoare**, *le damigelle d'onore.*

Seconda ondata: lezione 4

două sute douăzeci și șase

Lecția a cinzeci și patra

Mănânc ce vreau!

1 – Suntem în plină primăvară, vine vara,
2 și vreau să plec în vacanță la mare.
3 Mă gândesc cu groază [1] că sunt prea grasă,
4 trebuie neapărat să slăbesc câteva kilograme...
5 – Da de unde [2], ce vorbești [3]!
6 ești mai slabă ca niciodată, pe cuvântul meu [4]!
7 N-ai niciun motiv să te plângi!
8 – Mi-e rușine să ies așa pe plajă, în costum de baie...
9 Știu că citești reviste pline de rețete...
10 Nu-mi poți da un sfat?
11 – Există o soluție foarte simplă:
12 mănânci mai puțin, porții mai mici
13 și faci zilnic gimnastică!

Pronuncia
3 ... groazə ... 4 ... sləbesc ... 6 ... slabə ... 7 ... motiv ... 8 ... plajə 9 ... reviste ... retsete 11 ... solutsie ... 12 ... portsi ... 13 ... zilnic gimnasticə

Note

1 L'uso della parola **groază**, *orrore*, in questo contesto è ovviamente esagerato, ma è comune nella lingua parlata. **Un film de groază** è *un film dell'orrore*. L'espressione **o groază de...** significa invece *un sacco di...*

2 Il significato dell'espressione **da de unde**, (lett. *ma da dove*) è molto simile a quello dell'italiano *ma fammi il piacere*.

Cinquantaquattresima lezione

Mangio quel che voglio!

1 – Siamo in piena primavera, sta arrivando *(viene)* l'estate,
2 e voglio andare in vacanza al mare.
3 Penso con orrore di essere *(che sono)* troppo grassa,
4 devo assolutamente dimagrire [di] qualche chilo…
5 – Ma fammi il piacere! Ma cosa dici?
6 sei più magra che mai, parola d'onore,
7 non hai nessun motivo per lamentarti!
8 – Mi vergogno di andare *(di uscire)* così in *(su)* spiaggia, in costume da bagno…
9 So che leggi riviste piene di ricette…
10 Non mi puoi dare un consiglio?
11 – Esiste una soluzione molto semplice:
12 mangi meno, porzioni più piccole
13 e fai ginnastica ogni giorno!

---

3 **Ce vorbești!** esprime l'incredulità in relazione a un'affermazione dell'interlocutore, un po' come *Ma che dici?*, *Ma cosa stai dicendo?*

4 Anche nell'espressione romena si sottintende, anche se non si esprime spesso in maniera esplicita, la voce **onoare**, *onore*: **pe cuvântul meu** (**de onoare**).

Lecția a cinzeci și patra

14 Iată regimul de slăbit [5] pe care ți-l recomand:
15 dimineața, suc de morcovi sau de portocale,
16 la dejun, legume fierte cu orez
17 și seara, ceva mai ușor,
18 de exemplu, un iaurt cu pâine prăjită [6].
19 – A nu, toate astea țin de bunul simț, le știu și eu!
20 Ce vreau eu, este să pot mânca tot ce am chef [7]!
21 Nu știi dacă nu au inventat un medicament nou, un fel de pilulă de slăbit?

14 ... regimul de slǝbit ... recomand 15 ... suc de morcovi ... portocale 16 ... fierte cu orez 18 ... iaurt ... 19 ... simts 20 ... chef 21 ... inventat ... pilulǝ ...

Note

5 Invece di **regim de slăbit** si può dire **regim de slăbire**, formula in cui la forma verbale **slăbit** viene sostituita dal sostantivo **slăbire**, *dimagrimento*.

6 Ritroviamo l'aggettivo **prăjit** di **cartofi prăjiți**, *patate fritte*, in **pâine prăjită**, *pane tostato*.

***

Exercițiul 1 – Traduceți

❶ Mâine încep o viață nouă: vreau să slăbesc înainte de a pleca în vacanță. ❷ Ele au hotărât să nu mănânce decât legume fierte, fără pâine. ❸ Îmi place carnea de porc, dar e prea grasă; sunt obligată să mănânc carne de pui. ❹ Am aflat că soțul ei este profesor de gimnastică la școala la care învață fiul meu. ❺ Mă plictisesc acasă, hai să ieșim în oraș, să vedem un film de groază.

Cinquantaquattresima lezione / 54

14 Ecco la dieta *(regime-il dimagrante)* che ti raccomando:
15 la mattina, succo di carote o d'arancia,
16 a pranzo, verdure lesse con riso
17 e la sera, qualcosa [di] più leggero,
18 ad esempio, uno yogurt con pane tostato.
19 – Ah no, tutte queste [cose] fanno parte *(tengono)* del buon senso, le so anch'io!
20 Quel che voglio io, è poter mangiare tutto ciò di cui ho voglia!
21 Non sai se *(non)* hanno inventato una nuova medicina, una sorta di pillola dimagrante?

7 Proprio come **a avea poftă**, **a avea chef** significa *aver voglia*: **n-am niciun chef**, *non ho nessuna voglia*. In altri contesti, la parola si deve tradurre diversamente: **a face chef**, *far baldoria*.

***

Soluzioni dell'esercizio 1
❶ Domani comincio una nuova vita: voglio dimagrire prima di andare in vacanza. ❷ Loro hanno deciso di mangiare solo verdure lesse, senza pane. ❸ Mi piace la carne di maiale, ma è troppo grassa; sono costretta a mangiare del pollo. ❹ Ho saputo che suo marito è professore di ginnastica nella scuola dove studia mio figlio. ❺ Mi annoio a casa, usciamo *(in città)*, vediamo un film dell'orrore.

două sute treizeci

Exercițiul 2 – Completați

❶ Questa dieta non fa *(è buona)* per me, ho fame tutto il tempo e ho mal di testa!

.... ăsta nu e ... pentru ...., mi-e .....
tot timpul și mă ..... capul!

❷ Non so come faccia *(fa)*, mangia più di me ed è sempre magra!

Nu știu ... face, ... mai mult ..... mine și e întotdeauna .....!

❸ Credo di essere *(che sono)* malato, oggi mangerò solo un po' di riso in bianco *(non mangerò oggi che poco riso lesso)*.

.... că sunt ......, n-o să ...... astăzi decât ..... orez ......

Lecția a cinzeci și cincea

O familie de muzicieni

1 – Ce voce frumoasă ai! O adevărată voce de înger!
2   Te-am invidiat întotdeauna pentru asta!
3   Din păcate pentru mine, eu cânt fals...
4 – E de mirare [1]! În familia ta muzica e un fel de moștenire;
5   sunt mulți muzicieni printre rudele tale!
6   Ce se întâmplă cu tine?

Pronuncia
1 voce ... înger *2* ... invidiat ... *3* ... cînt fals *4* ... mirare ... moštenire

❹ Hai ancora parecchio lavoro da fare, prima di trovare la soluzione del problema.

Ai .... multă ..... de făcut, ... de a .... soluţia ....

❺ Inventa ogni sorta di ragioni per spiegare perché non fa ciò che deve fare.

.... tot felul de ...... ca să .... de ce nu .... ce trebuie să .....

Soluzioni dell'esercizio 2
❶ Regimul – bun – mine – foame – doare – ❷ – cum – mănâncă – decât – slabă ❸ Cred – bolnav – mănânc – puţin – fiert ❹ – încă – muncă – înainte – găsi – problemei ❺ – inventează – motive – explice – face – facă

Seconda ondata: lezione 5

Cinquantacinquesima lezione

Una famiglia di musicisti

1 – Che bella voce [che] hai! Una vera voce d'angelo!
2 Ti ho sempre invidiato per questo!
3 Purtroppo per me, io canto male…
4 – È sorprendente! Nella tua famiglia, la musica è una specie di eredità;
5 ci sono molti musicisti fra i tuoi parenti!
6 Che ti succede *(con te)*?

Note

1 In romeno, le locuzioni formate da **de** + sostantivo possono sostituire un aggettivo; qui **de mirare**, dove **mirare** significa *stupore*, si usa al posto di **uimitor**, *sorprendente*. L'espressione è più comune nella forma negativa, **nu e de mirare**.

55 / Lecția a cinzeci și cincea

7 – Așa-i, tata [2] e violonist, mama cântă [3] la pian,
8   bunicul meu cântă în corul bisericii,
9   și fiul meu e solist într-un grup de rock.
10 Eu mi-am cumpărat [4] o trompetă,
11 dar nu reușesc să reproduc corect notele!
12 N-am deloc ureche muzicală...
13 – Cred că soluția depinde numai de tine;
14 ești prea timid, îți lipsește [5] curajul!
15 Cu vocea pe care o ai, e destul să-ți [6] iei inima în dinți [7]
16 și sunt sigur că vei reuși să cânți în public!
17 – Poate că ai dreptate; când nu mă aude nimeni,
18 cânt destul de bine, în baie, când fac [8] duș... □

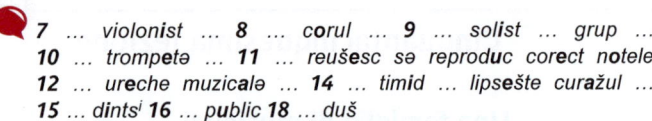

7 ... violonist ... **8** ... corul ... **9** ... solist ... grup ...
10 ... trompetə ... **11** ... reușesc sə reproduc corect notele
12 ... ureche muzicalə ... **14** ... timid ... lipsește curažul ...
15 ... dintsi **16** ... public **18** ... duș

Note

2 **tata** è un modo famigliare per dire **tatăl meu**, *mio padre*, il che giustifica la traduzione *papà*. Nello stesso registro, **mama**, *mamma*, sostituisce **mama mea**, *mia madre*.

3 **a cânta** vuol dire sia *cantare* che *suonare* (uno strumento). Ricordatevi che in romeno **a suna** significa *suonare* (per esempio, **a suna la sonerie**, *suonare il campanello*), *squillare*, *fare uno squillo*.

4 In **mi-am cumpărat**, *mi sono comprato*, il pronome riflessivo è ovviamente al dativo. Torneremo su questo pronome indiretto nella lezione di ripasso.

5 **a lipsi** significa *mancare* ma non nel senso di *mancare un'occasione*, *mancare il bersaglio*. In quel caso si userà il verbo **a rata**.

6 In romeno, invece dell'aggettivo possessivo si usa spesso un pronome al dativo. È il caso di **să-ți iei inima în dinți** (lett. che ti prenda il cuore

Cinquantacinquesima lezione / 55

7 – È vero *(Così è)*, papà è violinista, mamma suona il *(a)* pianoforte,
8 mio nonno canta nel coro della chiesa,
9 e mio figlio è solista in un gruppo *(di)* rock.
10 Io mi sono comprato una tromba,
11 ma non riesco a riprodurre correttamente le note!
12 Non ho per niente orecchio per la musica...
13 – Credo che la soluzione dipenda *(dipende)* solo da te;
14 sei troppo timido, ti manca il coraggio!
15 Con la voce che hai, basta prendere il coraggio a due mani *(che ti prenda cuore-il in denti)*
16 e sono sicuro che riuscirai a cantare in pubblico!
17 – Magari hai ragione; quando nessuno mi sente,
18 canto abbastanza bene, in bagno, sotto la *(quando faccio)* doccia...

nei denti) invece di *să iei inima ta în dinți. Nella lezione di ripasso troverete ulteriori spiegazioni relative a questa costruzione chiamata "dativo possessivo".

7 Una traduzione possibile per **a-și lua inima în dinți** sarebbe *prendere il coraggio a due mani*.

8 In romeno, come in italiano, il bagno o la doccia si "fanno", ma si fanno senza articolo (determinativo): **a face baie**, *fare il bagno*; **a face duș**, *fare la doccia*.

două sute treizeci și patru • 234

Exercițiul 1 – Traduceți

❶ Vorbește cu o voce caldă și adâncă, e o plăcere să-l asculți. **❷** Acum poate să cumpere tot ce vrea, a primit o moștenire importantă de la bunicul lui. **❸** Ca să fii un bun violonist, trebuie să cânți la vioară șase ore pe zi. **❹** Ea a cântat pentru prima dată în corul școlii la vârsta de șase ani. **❺** Copiii lor au plecat în vacanță la munte, cu un grup de prieteni.

***

Exercițiul 2 – Completați

❶ Assomiglia a suo padre, è alto, ma ha gli occhi azzurri, come sua madre.

. . . . cu . . . . . său, e . . . . . , dar are . . . . . albaștri . . mama . . .

❷ Credo che tuo figlio sia *(è)* davvero troppo timido per l'età che ha *(per qualcuno della sua età)*.

Cred că . . . . tău e . . . . prea . . . . . pentru . . . . . . de . . . . . . lui.

❸ La sua musica piace molto al *(è molto ben ricevuta dal)* pubblico, non ci sono più biglietti per il suo spettacolo.

. . . . . . sa e foarte bine . . . . de . . . . . . , nu mai sunt . . . . . . pentru . . . . său.

Lecția a cinzeci și șasea

Recapitulare – Ripasso

1 I diminutivi

Ai romeni, come agli italiani, piacciono molto i diminutivi, e bisogna dire che la lingua li aiuta parecchio! Molte volte, ai sostantivi, agli aggettivi e addirittura agli avverbi viene attaccato un suffisso che spesso traduce una sfumatura affettiva e sentimentale, più

Soluzioni dell'esercizio 1

❶ Parla con una voce calda e profonda, è un piacere ascoltarlo. ❷ Adesso può comprare tutto quel che vuole, ha ricevuto un'importante eredità da suo nonno. ❸ Per essere un buon violinista, bisogna suonare il violino sei ore al giorno. ❹ Lei ha cantato per la prima volta nel coro della scuola all'età di sei anni. ❺ I loro figli sono partiti in vacanza in montagna, con un gruppo di amici.

***

❹ Dopo aver cantato vari anni nel coro della classe, è stato scelto come solista.

.... ce a ...... mai mulți ani în corul ......, a fost .... ca ....

❺ Lo conosco meglio di te e so che non riuscirà mai a cantare correttamente.

Îl ...... mai bine ..... tine și știu că nu va ..... niciodată să cânte ....

Soluzioni dell'esercizio 2

❶ Seamănă – tatăl – înalt – ochii – ca – sa ❷ – băiatul – mult – timid – cineva – vârsta – ❸ Muzica – primită – public – bilete – spectacolul – ❹ După – cântat – clasei – ales – solist ❺ – cunosc – decât – reuși – corect

Seconda ondata: lezione 6

Cinquantaseiesima lezione

che le piccole dimensioni. Quindi una valanga di diminutivi spesso difficili da tradurre.
Ciò risulta ancora più difficile quando la stessa parola conosce più di un diminutivo, o nel caso di diminutivi dei diminutivi: **câine**, **cățel**, **cățeluș** (*cane, cagnetto, cagnolino*)... e vi risparmiamo qui la marea di varianti che si possono usare per uno dei vocaboli più carichi di affettività, **mamă**, *madre*; basti segnalare il diminutivo più frequente, **mămică**, *mammina*...

1.1 Diminutivi dei nomi comuni

Esistono anche per i sostantivi maschili, femminili e neutri (i quali, come sapete dalle lezioni 14, § 4 e 21, § 3, si comportano al singolare come maschili e al plurale come femminili):

• **Maschile**
băiat → băiețel, *ragazzo → ragazzino*

• **Neutro**
oraș → orășel, *città → cittadina*
pat → pătuț, *letto → lettino*

• **Femminile**
farfurie → farfurioară, *piatto → piattino*
rochie → rochiță, *vestito → vestitino*
casă → căsuță, *casa → casetta*

1.2 Diminutivi dei nomi di persona

I nomi di persona vengono spesso alterati per mezzo di diminutivi e di vezzeggiativi.
Ion → Ionuț o **Ionel**, *Giovanni → Gianni*
Ana → Anuța o **Anișoara**, *Anna → Annetta*

1.3 Diminutivi degli aggettivi e degli avverbi

È possibile inoltre usare dei suffissi alterativi con alcuni aggettivi e avverbi, come risulta dai seguenti esempi. Questo tipo di termini è molto comune in romeno.

• **Aggettivi**
mic → micuț, mititel, *piccolo → piccolino, piccino*
bun → bunișor, bunicel, *buono → abbastanza buono*
slab → slăbuț, *magro → magrolino*

• **Avverbi**
bine → binișor, *bene → benino*
încet → încetișor, *piano → pian pianino*

2 Il verbo *a sta*

In romeno, il verbo **a sta** è plurisemantico; in genere, si fa leva sull'idea di immobilità. Ecco alcune delle espressioni e contesti più comuni: **Stai!**, *Fermo!*, *Altolà!*; **Ceasul stă**, *L'orologio si è fermato*; **Nu-i mai stă gura** (**gură**, *bocca*) (lett. La sua bocca non si ferma più), *Non smette di parlare*; **Rochia îți stă bine**, *Il vestito ti sta bene*. Vi proponiamo qui altre espressioni di uso frequente, scelte in base alla struttura delle espressioni in cui compare il verbo **a sta**.

• a sta + preposizione + sostantivo: **Ea stă în Franța**, *Abita in Francia*; **El stă pe gânduri** (**gând**, *pensiero*), *Lui esita*; **El stă la îndoială**, *Lui esita*; **Ele stau de vorbă**, *Loro stanno chiacchierando (chiacchierano)*; **Cum stai cu româna?**, *Come va con il romeno?*; **Cum stai cu sănătatea** (**sănătate**, *salute*)?, *Come va la salute?*

• a sta + avverbio: **El stă treaz** (**treaz**, *sveglio*), *Lui sta sveglio*; **El stă liniștit**, *Lui sta tranquillo*; **Mai stai!**, *Resta ancora!*; **El stă degeaba** (**degeaba**, *invano*), *Lui non si dà da fare*; **El stă bine**, *Lui è ricco*.

• a sta + verbo al congiuntivo. Si può tradurre come *stare per*, *essere sul punto di*: **Piatra stă să cadă**, *La pietra sta per cadere*; **Stă să plouă**, *Sta per piovere*.

3 Anticipazione del complemento di termine

Abbiamo già visto che il romeno anticipa il complemento oggetto quando indica una persona, mettendo all'inizio della frase un pronome diretto, come in **Îl aștept pe prietenul meu**, *Aspetto* (lett. Lo aspetto) *il mio amico*.

Anche il complemento di termine può essere anticipato (o ripreso), se si riferisce a una persona, da un pronome atono al dativo: **Îi trimit bani prietenului meu**, *Mando* (lett. Gli mando) *soldi al mio amico*. Il pronome al dativo può anche seguire il complemento di termine: **Prietenului meu îi trimit bani** (lett. Al mio amico gli mando soldi). In quest'ultimo caso, come in italiano, il dativo all'inizio della frase indica il desiderio di mettere in rilievo il complemento di termine.

3.1 Il dativo del pronome riflessivo

Se vi ricordate le forme del pronome personale al dativo, ossia le forme del pronome indiretto (**îmi**, *mi*; **îți**, *ti*; **îi**, *gli/le*; **ne**, *ci*; **vă**, *vi*;

le, *gli*), sapete già tutto, o quasi, sul pronome riflessivo al dativo.

Il pronome riflessivo al dativo ha le stesse forme, a eccezione di quelle della terza persona, in cui i pronomi personali **îi**, *gli/le* e **le**, *gli/loro* sono sostituiti dal riflessivo **îşi**, *si*.

In romeno come in italiano, al dativo, il pronome riflessivo indica che l'azione a cui si riferisce un verbo transitivo si compie a beneficio del soggetto del verbo: notate la differenza fra **el cumpără un ceas**, *lui compra un orologio* (forse per qualcun altro) e **el îşi cumpără un ceas**, *lui si compra un orologio* (qui il beneficiario è chiaramente indicato).

I verbi che si costruiscono con un pronome riflessivo al dativo sono segnalati all'infinito dalla presenza del riflessivo **îşi** nella forma elisa **-şi**. Un buon esempio è il verbo **a-şi aminti**, *ricordarsi*:

(eu) îmi amintesc	(io) mi ricordo
(tu) îţi aminteşti	(tu) ti ricordi
(el/ea) îşi aminteşte	(lui/lei) si ricorda
(noi) ne amintim	(noi) ci ricordiamo
(voi) vă amintiţi	(voi) vi ricordate
(ei/ele) îşi amintesc	(loro) si ricordano

***

▶ Dialog de recapitulare

1 – Vrei să mergem sâmbătă s-o vedem pe Simona?
2 Îi ducem ciocolată, nişte flori, o sticlă de vin bun...
3 Merită, joacă într-o piesă despre care vorbeşte toată lumea!
4 E excelentă în rolul ei, are o voce bună şi o tehnică perfectă!
5 – Am văzut-o şi eu, m-a impresionat foarte mult,
6 dar uiţi să spui e că e blonda ta preferată
7 şi că o iubeşti de multă vreme – de departe!
8 Scuză-mă, dar de ce ţii să merg şi eu cu tine?

Cinquantaseiesima lezione / 56

Un sinonimo del verbo **a-și aminti** è **a-și aduce aminte**... Seguono le stesse regole alcuni verbi ed espressioni come **a-și închipui** o **a-și imagina**, *immaginare*; **a-și da seama**, *rendersi conto*; **a-și lua rămas bun**, *congedarsi* (per un periodo più lungo).

3.2 Il dativo possessivo

Per esprimere il possesso, il romeno preferisce i pronomi indiretti agli aggettivi possessivi, proprio come succede a volte anche in italiano: **Ți-am călcat cămașa**, *Ti ho stirato la camicia*; **Vă voi cere adresa**, *Vi chiederò l'indirizzo*. Questa costruzione, chiamata "dativo possessivo", sembra comunque molto più frequente in romeno che in italiano; difatti, il romeno tende a evitare sistematicamente gli aggettivi possessivi, a meno che si tratti di un uso contrastivo o enfatico.

Ecco altri esempi: **Îți sunt prieten**, *Sono il tuo amico* (esiste anche **Sunt prietenul tău**); **Îi ascult vocea la radio**, *Ascolto la sua voce alla radio*; **Ne-am pierdut timpul**, *Abbiamo perso il nostro tempo*; **Le cunoaște problemele**, *Conosce i loro problemi*.

***

9 – Insist, vreau neapărat să mergem împreună,
10   tu o cunoști mai bine decât mine și ea are
     încredere în tine!
11   Știi foarte bine că sunt prea timid!
12   Problema mea este că nu reușesc să mă decid:
13   mi-e frică să merg la ea singur!
14 – Te-ai îndrăgostit de ea, dar nu ai curajul să i-o
     spui!
15   E femeia visurilor tale sau nu?
16   Iată un sfat de bun simț: există o singură
     soluție,
17   trebuie să-ți iei inima în dinți,
18   să te duci la ea și să-i spui tot!
19   O să te înțeleagă, nu are o inimă de piatră...

două sute patruzeci

Traduzione

1 Vuoi andare a trovare Simona sabato? **2** Le portiamo del cioccolato, dei fiori, una bottiglia di vino buono... **3** [Se lo] merita, recita in un'opera teatrale di cui parlano tutti *(parla tutto il mondo)*! **4** È eccellente nel suo ruolo, ha una bella voce *(voce buona)* e una tecnica perfetta! **5** L'ho vista anch'io, è impressionante *(mi ha impressionato)*, **6** ma dimentichi di dire che è la tua bionda preferita **7** e che la ami da molto tempo – a distanza! **8** Scusa, ma perché [ci] tieni che venga anch'io con te? **9** Insisto, voglio assolutamente che ci andiamo assieme, **10** tu la conosci meglio di

Lecția a cinzeci și șaptea

Un nume de botez

1 – Marele eveniment se apropie!
2 E momentul să alegem un nume pentru copil,
3 dar cum să-ți explic?
4 Soția mea și cu mine, nu suntem de acord!
5 Când e vorba de prenume, avem gusturi diferite...
6 – Îți propun eu câteva [1]: Vasile, Gheorghe, Ilie, Marcu,
7 Matei, Luca, Ioan, Pavel, Anton, Dumitru, Constantin [2]...
8 – Stai, că mă amețești! Eu prefer nume ca Bogdan, Dragoș, Mircea, Vlad, Ștefan [3]...

Note

1 **câteva**, *alcuni/e*, *qualcuno*; *qualche* è un pronome (e aggettivo) indefinito; nella lezione di ripasso torneremo su questa categoria grammaticale.

2 Nell'onomastica romena, i nomi tradizionali erano caduti in disuso o sostituiti dalla variante internazionale; per esempio **George** invece di

me e lei si fida di te! **11** Sai benissimo che sono troppo timido! **12** Il mio problema è che non riesco a decidermi: **13** ho paura di andare da lei da solo! **14** Ti sei innamorato di lei, ma non hai il coraggio di dirglielo! **15** È la donna dei tuoi sogni o no? **16** Ecco un consiglio sensato *(di buon senso)*: c'è una sola soluzione, **17** devi prendere il coraggio a due mani, **18** andare da lei e dirle tutto! **19** Ti capirà, non ha un cuore di pietra...

Seconda ondata: lezione 7

Cinquantasettesima lezione

Un nome per un bambino *(di battesimo)*

1 – Il grande evento si sta avvicinando *(si avvicina)*!
2 È il momento di scegliere un nome per il bambino,
3 ma come [faccio a] spiegarti?
4 Mia moglie e io *(e con me)* non siamo d'accordo!
5 Quando si tratta di nomi, abbiamo gusti diversi...
6 – Te [ne] propongo io qualcuno: Vasile, Gheorghe, Ilie, Marcu,
7 Matei, Luca, Ioan, Pavel, Anton, Dumitru, Constantin...
8 – Fermati, che mi fai girare la testa *(mi stordisci)*! Io preferisco nomi come Bogdan, Dragoş, Mircea, Vlad, Ştefan...

Gheorghe o **Paul** invece di **Pavel**. Negli ultimi anni sono però tornati di moda.

3 I nomi elencati sono tutti dei nomi storici dei **voievozi**, *principi regnanti* del Medioevo, nelle tre regioni storiche romene: la Valacchia, la Moldavia e la Transilvania.

57 / Lecția a cinzeci și șaptea

9 – Mda, tot manualul de istorie...
10 Ce zici de Tiberiu, Remus, Octavian,
11 Emil, Liviu, poate chiar Vicențiu [4]?
12 – M-am gândit deja,
13 dar de fiecare dată când mă hotărăsc pentru un nume de botez
14 a doua zi [5] mi se pare ridicol...
15 – Nu uita numele de fată! Nu se știe niciodată...
16 – Dacă e fată, ne gândeam [6] la Terezia, Letiția, Monica, Marcela, Anca...
17 La nevoie, transformăm un nume de băiat: Alexandru-Alexandra, Victor-Victoria, Ion-Ioana [7]...
18 – Știi ce, îți aduc două calendare, ortodox și catolic;
19 sunt bune surse de inspirație,
20 îți pot da multe [8] sugestii interesante...
21 Mai este o altă soluție: respecți tradiția,
22 îi dai numele sfântului din ziua în care se va naște!
23 – Și dacă se naște în ziua tuturor [9] sfinților?

Note

[4] La moda dei nomi di origine latina risale all'epoca dell'Illuminismo; i romeni della Transilvania ne hanno fatto uno strumento di lotta contro i tentativi di denazionalizzazione durante l'Impero austro-ungarico.

[5] **a doua zi** (lett. il secondo giorno) è il modo romeno per dire *l'indomani*; in romeno non esiste un vocabolo per designare il giorno dopo.

[6] **ne gândeam**, *pensavamo*, è la prima persona plurale dell'imperfetto indicativo del verbo **a se gândi**; ci soffermeremo di più nella lezione di ripasso.

Cinquantasettesima lezione / 57

9 – Beh, tutto il manuale di storia...
10 Che [ne] dici di Tiberiu, Remus, Octavian,
11 Emil, Liviu, forse addirittura Vicențiu?
12 – [Ci] ho già pensato,
13 ma *(di)* ogni volta che *(quando)* mi decido per un nome di battesimo
14 il giorno dopo *(il secondo giorno)* mi sembra ridicolo...
15 – Non dimenticare i nomi femminili! Non si sa mai...
16 – Se è femmina, pensavamo a Terezia, Letiția, Monica, Marcela, Anca...
17 All'occorrenza, trasformiamo un nome maschile: Alexandru-Alexandra, Victor-Victoria, Ion-Ioana...
18 – Sai cosa, ti porto due calendari, ortodosso e cattolico;
19 sono delle buone fonti d'ispirazione,
20 possono darti molti suggerimenti interessanti...
21 C'è ancora un'altra soluzione: osservi la tradizione,
22 gli dai il nome del santo del giorno in cui nascerà!
23 – E se nasce per Ognissanti *(in giorno-il di-tutti santi-i)*?

---

7 **Ion** (come la variante **Ioan**) era talmente diffuso in Romania da diventare il simbolo del contadino romeno. L'idea che **Ion** sia il prototipo dei romeni è stata rafforzata dal grande successo dell'omonimo romanzo di Liviu Rebreanu, pubblicato nel 1920.

8 **multe** è il femminile plurale dell'aggettivo quantitativo **mult**, *molto*; troverete la lista di questi aggettivi nella lezione di ripasso.

9 **tuturor** è il genitivo plurale di **tot**, *tutto*, aggettivo indefinito.

57 / Lecția a cinzeci și șaptea

▶ Exercițiul 1 – Traduceți

❶ Am uitat cum îl cheamă, dar știu că are un nume extrem de ridicol. ❷ Numele de botez pe care l-am ales pentru fata noastră a fost Anca, și găsesc că îi merge foarte bine. ❸ Cine avea o mamă pe care o chema Letiția? ❹ N-am timp să ascult încă o dată toată istoria vieții lui. ❺ Are puține idei noi și vorbește prea mult, pe gustul meu.

***

Exercițiul 2 – Completați

❶ Aspettano un bambino, è un grande avvenimento per loro.
 . . . . un . . . . . , e un mare . . . . pentru . . .

❷ Ho proposto ai genitori di dargli il nome di un santo importante.
 Le- . . propus . . . . să-i dea . . . . . . unui . . . . . important.

❸ Per me, la miglior fonte d'ispirazione è la storia.
 Pentru . . . . , cea mai bună . . . . . de . . . .
 e . . . .

❹ Al suo battesimo, ci sono stati due preti, uno ortodosso e l'altro cattolico.
 La . . . . lui, au fost doi . . . . , unul . . . . și altul . . . .

❺ Non guido molto velocemente, ho l'impressione che la velocità mi stordisca.
 Nu . . . . . . prea . . . . . . , am . . . . că . . . . . .
 mă . . . .

Cinquantasettesima lezione / 57

Soluzioni dell'esercizio 1
❶ Ho dimenticato come si chiama, ma so che ha un nome estremamente ridicolo. ❷ Il nome di battesimo che abbiamo scelto per nostra figlia è stato Anca, e trovo che le va molto bene. ❸ Chi aveva una madre che si chiamava Letiția? ❹ Non ho tempo di ascoltare ancora una volta tutta la storia della sua vita. ❺ Ha poche idee nuove e parla troppo, secondo il mio gusto.

***

Soluzioni dell'esercizio 2
❶ Așteaptă – copil – eveniment – ei ❷ – am – părinților – numele – sfânt – ❸ – mine – sursă – inspirație – istoria ❹ – botezul – preoți – ortodox – catolic ❺ – conduc – repede – impresia – viteza – amețește

Come sta andando allora questa seconda ondata? Speriamo che vi aiuti a rendervi conto dei progressi che avete fatto. Andate avanti facendovi trasportare dal flusso delle parole, di lezione in lezione… e supererete tutti gli scogli senza alcuna difficoltà!

Seconda ondata: lezione 8

Lecția a cinzeci și opta

Noul apartament

1 – În sfârșit, o veste bună!
2 Ne mutăm [1] la sfârșitul săptămânii viitoare!
3 – Ați găsit deci un apartament convenabil?
4 Deși [2] nu e ușor, știam că o să reușiți [3]!
5 – Este exact ceea ce căutam:
6 patru camere, un salon [4] mare,
7 un dormitor care dă spre curte
8 și altul spre stradă; mai este o cameră mică
9 pe care o s-o folosim ca birou-bibliotecă.
10 – Ce șansă [5]! Sper că chiria nu e prea mare!
11 – Merge, prețul e cam piperat [6], dar e prețul pieței...

Note

1 **ne mutăm**, *traslochiamo*, è una forma del verbo **a se muta**, *traslocare*.

2 **deși nu e ușor**, *benché non sia facile*, esige l'indicativo, a differenza dell'italiano in cui la congiunzione concessiva *benché*, **deși**, richiede il congiuntivo.

3 **știam că o să reușiți**, *sapevo che [ci] sareste riusciti, sapevo che ce l'avreste fatta*, si tradurrebbe letteralmente "sapevo che riuscirete". Il romeno è molto più permissivo dell'italiano per quel che riguarda l'uso dei modi verbali: non si complica la vita con regole ferree di concordanza dei tempi.

4 **salon**, *salotto* o *soggiorno*, ha come sinonimi **living** e **cameră de zi** (lett. camera di giorno).

5 **șansă**, *fortuna, chance*, è una parola di origine francese, si può usare a volte invece di **noroc**, già incontrato (Titolo, lezione 3).

Cinquantottesima lezione

Il nuovo appartamento

1 – Finalmente, una buona notizia!
2 Traslochiamo alla fine della prossima settimana!
3 – Avete quindi trovato un appartamento che va bene?
4 Benché non sia *(è)* facile, sapevo che [ci] sareste riusciti!
5 – È esattamente ciò che cercavamo:
6 quattro camere, un grande soggiorno,
7 una camera da letto che dà sul *(verso)* cortile
8 e l'altra sulla *(verso)* strada; c'è anche *(ancora)* una piccola stanza,
9 che useremo come studio-biblioteca.
10 – Che fortuna! Spero che l'affitto non sia *(è)* troppo alto *(grande)*!
11 – È ok, il prezzo è un po' salato *(pepato)*, ma è il prezzo del mercato…

6 Da notare che per i romeni *un prezzo salato* è "un prezzo pepato"! L'idea è la stessa che in italiano: il prezzo in questione è particolarmente condito… Le due spezie che si ritrovano insieme sulle tavole di tutto il mondo sono **sarea și piperul**, *il sale e il pepe*.

12 Apreciez faptul că avem două băi,
13 una cu cadă și alta cu duș.
14 Am semnat toate actele, am plătit tot ce era de plătit,
15 dar mă întreb cum să transportăm mobila [7]...
16 – E simplu, închiriezi un camion
17 și faci apel la toți prietenii!
18 Știi că te poți baza [8] pe mine:
19 o să urcăm mobilele mari pe scară
20 și o să băgăm [9] în lift ce e greu!
21 – A, am uitat să-ți spun:
22 e un imobil vechi, fără ascensor;
23 apartamentul e la etajul șase
24 și trebuie să urcăm o sută trei trepte, le-am numărat eu...

Note

[7] **mobila** è un termine generico che in italiano si traduce con un plurale, *i mobili*.

[8] In romeno, si può usare **a se baza pe cineva** (lett. basarsi su qualcuno) allo stesso modo di **a conta pe cineva**, *contare su qualcuno*.

***

Exercițiul 1 – Traduceți

❶ Trebuie să ne mutăm, soția mea așteaptă un copil și apartamentul nostru e prea mic. ❷ Deși îl cunosc de puțin timp, am încredere în el, nu pot să spun de ce. ❸ În noul nostru apartament avem un salon mare, putem acum să-i invităm pe toți prietenii noștri. ❹ Biblioteca mea dă spre curte, pot să citesc liniștit fără să mă deranjeze nimeni. ❺ Chiria e tot mai scumpă în fiecare an, dar salariul meu nu se schimbă.

Cinquantottesima lezione / 58

12 Apprezzo il fatto che abbiamo due bagni,
13 uno con vasca e l'altro con doccia.
14 Ho firmato tutti i documenti *(atti-gli)*, ho pagato tutto quel che c'era da pagare,
15 ma mi chiedo come trasportare i mobili...
16 – È semplice, noleggi un camion
17 e chiami *(fai appello a)* tutti gli amici!
18 Sai che puoi contare su di me:
19 faremo salire i mobili grandi per le scale
20 e ficcheremo nell'ascensore quel che è pesante!
21 – Ah, mi sono dimenticato di dirti:
22 è un immobile antico, senza ascensore;
23 l'appartamento è al sesto piano *(a piano-il sei)*
24 e dobbiamo salire centotré gradini, li ho contati io...

9 Il verbo **a băga**, che si ritrova in moltissime espressioni idiomatiche, ha come significato principale *introdurre, ficcare*.

***

Soluzioni dell'esercizio 1

❶ Dobbiamo traslocare, mia moglie aspetta un bimbo e il nostro appartamento è troppo piccolo. ❷ Benché lo conosca da poco tempo, mi fido di lui, non posso dire perché. ❸ Nel nostro nuovo appartamento abbiamo un grande soggiorno, possiamo adesso invitare tutti i nostri amici. ❹ La mia biblioteca dà sul cortile, posso leggere tranquillamente senza che nessuno mi disturbi. ❺ L'affitto è ogni anno più caro, ma il mio stipendio non cambia.

douǎ sute cincizeci • 250

Exercițiul 2 – Completați

❶ I suoi genitori gli hanno comprato un appartamento di quattro stanze, al quinto piano.
Părinții ... i-au .... un .... de patru ......, la etajul ......

❷ La apprezzo molto, è una vera amica, su cui puoi contare.
O .... mult, e o .... prietenă, pe .... poți ......

❸ Diamine, non so più dove ho messo il documento che dovevo firmare!
....., nu mai .... unde am ... actul pe care .... să-l ......!

❹ Le ho dato un'altra possibilità di dire di sì, ma la mia proposta non le interessa.
I-am ... o altă ..... să spună .. , dar .... mea nu o ....

Lecția a cinzeci și noua

Cu cine seamănă băiatul vostru?

1 – Mare eveniment în familie:
2 soția mea a născut [1] ieri!
3 Avem un al doilea copil – un băiat!
4 Visul nostru a devenit realitate!
5 – Felicitări! Să fie într-un ceas bun! Să-ți trăiască!
6 Să crească mare! Să fie sănătos! [2]
7 – Mersi... Așteaptă un moment,
8 dacă vrei să-l vezi, îți pot arăta poza

Note

[1] Il verbo **a naște**, nella forma attiva, significa *partorire*; come abbiamo già visto (lezione 34, frase 6), la forma pronominale, **a se naște**, significa *nascere*: **M-am născut la întâi iulie**, *Sono nato il primo luglio*.

❺ Faccio appello al tuo buon senso, non posso fare *(salire)* tanti piani a piedi!
Fac .... la ..... tău ...., nu pot .... atâtea etaje .....!

Soluzioni dell'esercizio 2

❶ – lui – cumpărat – apartament – camere – cinci ❷ – apreciez – adevărată – care – conta ❸ Drace – știu – pus – trebuia – semnez ❹ – dat – șansă – da – propunerea – interesează ❺ – apel – bunul – simț – urca – pe jos

Seconda ondata: lezione 9

Cinquantanovesima lezione

A *(Con)* chi assomiglia vostro figlio?

1 – Grande evento in famiglia:
2 mia moglie ha partorito ieri!
3 Abbiamo un secondo bambino – un maschietto!
4 Il nostro sogno è diventato realtà!
5 – Congratulazioni! Tanti auguri *(Che sia in un'ora buona! Che ti viva)*!
6 Che cresca bene *(grande)*! Che sia sano!
7 – Grazie... Aspetta un momento,
8 se vuoi vederlo, ti posso mostrare la foto

2 Ecco qui altre espressioni tipiche da aggiungere alla lista di auguri senza equivalente preciso in italiano! Le traduzioni suggerite nel testo sono ovviamente molto approssimative. Per saperne di più, andate alla nota culturale alla fine della lezione.

două sute cincizeci și doi

9 pe care am făcut-o la maternitate:
10 uite [3], soția mea îl ține în brațe.
11 – Extraordinar, e leit [4] tatăl său,
12 semănați ca două picături de apă!
13 – Nu știu cum să zic, exagerezi,
14 e încă prea devreme pentru comparații...
15 Seamănă mai mult cu alți nou-născuți decât cu părinții lui...
16 – Fugi de-aici [5], foarte sincer, e adevărul adevărat:
17 are exact fruntea ta, nasul tău, buzele tale, bărbia ta...
18 Fac pariu [6] că o să fie blond, ca tine!
19 – Depinde, nu-i sigur, nu se știe niciodată,
20 de pildă [7], fata noastră e șatenă [8]...
21 – Dar ce culoare de păr [9] are soția ta?
22 E brunetă? Roșcată? Nu se vede bine în poză!
23 – Nu știu încă, a plecat azi dimineață la coafor [10]...

Note

[3] **uite**, *guarda*, proveniente dal verbo **a se uita**, *guardare*, si usa qui con valore di interiezione.

[4] **leit**, aggettivo il cui senso è simile a *identico*, si usa praticamente solo nei contesti in cui ci si riferisce alla somiglianza fra persone.

[5] **Fugi de-aici!**, *Ma va' là!*, qui idiomatico, può anche significare *Scappa da qui!*, che ne è la traduzione letterale. Il verbo è **a fugi**, *fuggire, scappare*.

[6] Invece di **a face pariu**, *fare una scommessa*, si potrebbe usare anche il verbo **a paria**, *scommettere*.

[7] **pildă** è sinonimo di **exemplu**, *esempio*; **de pildă** e **de exemplu** significano *per esempio*.

Cinquantanovesima lezione / 59

9 che ho fatto*(-la)* in *(a)* maternità:
10 guarda, mia moglie lo tiene in braccio.
11 – Incredibile, è uguale [a] suo padre,
12 [vi] assomigliate come due gocce d'acqua!
13 – Non so come dire, esageri,
14 è ancora troppo presto per i paragoni...
15 Assomiglia più ad *(con)* altri neonati che ai suoi genitori...
16 – Ma va' là, molto sinceramente, è verissimo *(verità-la vera)*:
17 ha esattamente la tua fronte, il tuo naso, le tue labbra, il tuo mento...
18 Scommetto che sarà biondo, come te!
19 – Dipende, non è detto *(sicuro)*, non si sa mai,
20 per esempio, nostra figlia è castana...
21 – Ma che colore di capelli ha tua moglie?
22 È bruna? Rossa? Non si vede bene nella foto!
23 – Non [lo] so ancora, è andata *(partita)* stamattina dal parrucchiere...

---

8 **şatenă**, femminile di **şaten**, *castano*, si può usare per riferirsi a una donna o ragazza dai capelli castani; si dice **e şatenă** come si può dire **e blondă**, **e brunetă**, **e roșcată**... espressioni di cui è facile indovinare il significato.

9 **păr**, *capelli* o *capigliatura*, si usa sempre al singolare in contesti del genere. **Păr** (plurale **peri**) significa *pelo*; *capello* al singolare si dice **fir de păr** (lett. filo di pelo).

10 In romeno, come in italiano, **coafor**, *parrucchiere,* si riferisce sia alla persona che esercita il mestiere che al suo negozio. In genere, i romeni vanno **al** negozio e non **dal** commerciante: si dirà **Merg la farmacie**, *Vado in farmacia*, ma anche **Merg la pâine** (lett. Vado a pane), *Vado dal panettiere*. La stessa struttura si usa per **Merg la doctor** e **Merg la dentist**, il cui significato non richiede ulteriori commenti.

două sute cincizeci şi patru • 254

59 / Lecția a cinzeci și noua

Exercițiul 1 – Traduceți

❶ Realitatea este că a venit momentul să luăm decizii importante împreună. ❷ În manualul francez de istorie este scris că cinematograful s-a născut la Paris. ❸ Bunica lui a trăit până la vârsta de o sută de ani și n-a fost niciodată bolnavă. ❹ La maternitate am avut pentru prima dată impresia că toți nou-născuții seamănă între ei. ❺ Am așteptat în zadar atâta timp și uite că acum e prea târziu ca să intervin.

***

Exercițiul 2 – Completați

❶ Siamo in pieno inverno, fa freddo... non vuoi venire fra le *(nelle)* mie braccia?
...... în plină ....., e .... nu .... să ... în .... mele?

❷ Se metti due gocce di cognac nel *(in)* caffè, lo bevo con piacere.
Dacă ... două .... de ...... în ....., o .... cu ....

❸ Quando ha saputo la verità, era troppo tardi: l'occasione era definitivamente persa.
.... a aflat ...., era .... târziu: ...... era .... pierdută.

❹ [Mi] rifiuto di fare una scommessa con te, non voglio farti pagare troppo *(caro)*.
..... să ...... cu ...., nu ..... să te ... să .... prea ......

❺ Ti capisco, sono d'accordo con te, ma la decisione non dipende da me.
Te ...., sunt de ..... cu tine, ... decizia nu .... de .....

Cinquantanovesima lezione / 59

Soluzioni dell'esercizio 1

❶ Il fatto è che è arrivato il momento di prendere delle decisioni importanti insieme. ❷ Nel manuale francese di storia sta scritto che il cinema è nato a Parigi. ❸ Sua nonna ha vissuto fino a cent'anni e non è mai stata malata. ❹ In maternità ho avuto per la prima volta l'impressione che tutti i neonati [si] somigliassero tra di loro. ❺ Ho aspettato invano tanto tempo ed ecco che adesso è troppo tardi perché [io] intervenga.

***

Soluzioni dell'esercizio 2

❶ Suntem – iarnă – frig – vrei – vii – braţele – ❷ – pui – picături – coniac – cafea – beau – plăcere ❸ Când – adevărul – prea – ocazia – definitiv – ❹ Refuz – pariez – tine – vreau – fac – plăteşti – scump ❺ – înţeleg – acord – dar – depinde – mine

In Romania, quando viene annunciata la nascita di un bambino, è usanza comune fare gli auguri tradizionali, quali: **Să fie într-un ceas bun! Să crească mare! Să fie sănătos! Să-ţi trăiască!**, *di cui ecco una spericolata traduzione letterale: "Che sia in un'ora buona! Che diventi grande! Che sia sano! Che viva!".*
Il verbo **a trăi**, *vivere, è alla base di molte espressioni come* **Să trăiţi!** *(lett. Che Lei viva!), che si può usare come saluto col significato di* Lunga vita!, Salute!, *oppure come espressione del gergo militare,* **Să trăiţi, domnule căpitan!** *(lett. Che Lei viva, signor capitano!),* Agli ordini, Signor capitano! *Infine, abbiamo* **trăiască,** *evviva; ad esempio,* **Trăiască republica!**, *Evviva la repubblica!*

Seconda ondata: lezione 10

Lecția a şaizecea

Ghici cine vine la cină?

1 – Iubito,[1] ghici cine vine la cină diseară?
2 – Aoleo, mă tem de surprizele tale!
3   Pe cine ai mai invitat fără să mă previi?
4 – Nu te enerva, pe Ion şi pe Ana...
5   Ne-am întâlnit întâmplător pe stradă
6   şi practic s-au invitat singuri la noi...
7 – Ce neplăcută surpriză! Nu sunt deloc pregătită!
8 – Nu exagera, nu-i mare lucru de făcut,
9   mai avem salată de bœuf
10 şi nişte cartofi franţuzeşti:
11 verşi smântână şi-i încălzeşti în cuptor...
12 De băutură nu ducem lipsă [2]...
13 – Nu-i vorba de mâncare, de fapt nu-i suport,
14 găsesc că nu sunt deloc simpatici, mai ales Ion.
15 – Eşti severă cu el, nu merită antipatia ta!

Note

[1] iubito è il vocativo di iubită, *cara* o *amata*; ricordatevi che a iubi significa *amare*. A questa parola fanno concorrenza draga mea e scumpa mea, *mia cara*.

Sessantesima lezione

Indovina chi viene a cena?

1 – Amore *(Amata)*, indovina chi viene a cena stasera?
2 – Oddio, ho paura delle tue sorprese!
3   Chi hai invitato ancora, senza avvertirmi?
4 – Non ti innervosire, Ion e Ana...
5   Ci siamo incontrati per caso per *(su)* strada
6   e praticamente si sono autoinvitati *(invitati da-soli)* da noi...
7 – Che brutta *(spiacevole)* sorpresa! Non sono affatto preparata!
8 – Non esagerare, non c'è granché da fare,
9   abbiamo ancora dell'insalata russa
10 e delle patate gratinate *(francesi)*:
11 [ci] metti *(versi)* della panna e le fai riscaldare *(riscaldi)* nel forno...
12 Da bere non [ne] manca...
13 – Non si tratta del cibo, in realtà non li sopporto,
14 non li trovo per niente simpatici *(trovo che non sono affatto simpatici)*, soprattutto Ion.
15 – Sei severa con lui, non merita la tua antipatia!

---

2 Nell'espressione **a duce lipsă**, *mancare*, **lipsă** significa *mancanza*. Il verbo romeno corrispondente è **a lipsi**, *mancare*, che avete già incontrato (lezione 55, nota 5).

16 E un om de viață, întotdeauna vesel și bine dispus,
17 gata să facă chef cu prietenii și cu rudele!
18 Știe să aprecieze mâncarea și băutura!
19 În plus [3], cântă cu orice ocazie,
20 arii din opere și cântece populare [4]...
21 – ...și când începe, nimeni [5] nu-l poate opri!
22 Vai, cred că n-o să dormim la noapte!
23 Ultima dată când a fost la noi,
24 a făcut atâta gălăgie că vecinii au chemat poliția...

Note

[3] **plus**, *più*, indica anche il simbolo aritmetico: **doi plus doi fac patru**, *due più due fa quattro*.

[4] In romeno, il sintagma **cântec popular** non si riferisce a qualsiasi canzone che gode di grande popolarità, ma a una *canzone folklorica*.

[5] **nimeni**, *nessuno*, è uno dei pronomi negativi che ritroverete nella lezione di ripasso.

***

Exercițiul 1 – Traduceți

❶ Nu i-am văzut de mult pe Liana și pe Eugen, mă gândesc să le telefonez ca să-i invit la noi duminică. ❷ Are o voce extraordinară, când cântă poate să spargă paharele de cristal. ❸ Te previn că nu avem nimic de mâncare, n-am avut timp să fac cumpărături, am fost la coafor. ❹ Regret, dar mă enervez de fiecare dată când mă gândesc la el. ❺ Nu-ți amintești? L-am întâlnit întâmplător la niște prieteni comuni.

Sessantesima lezione / 60

16 È un buontempone *(uomo di vita)*, **sempre allegro e di buon umore** *(ben disposto)*,
17 pronto a far baldoria con gli amici e i parenti!
18 Sa apprezzare il cibo e le bevande!
19 Inoltre *(In più)*, canta ad *(con)* ogni occasione,
20 arie operistiche e canzoni folkloriche...
21 – ...e quando comincia, nessuno lo può fermare!
22 Ahimè, credo che non dormiremo stanotte!
23 L'ultima volta che è stato da noi,
24 ha fatto tanto baccano che i vicini hanno chiamato la polizia...

Soluzioni dell'esercizio 1
❶ È da tempo che non vediamo *(abbiamo visto)* Liana ed Eugen, sto pensando di chiamarli per invitarli da noi domenica. ❷ Ha una voce straordinaria, quando canta può rompere i bicchieri di cristallo. ❸ Ti avverto che non abbiamo niente da mangiare, non ho avuto il tempo di fare la spesa, sono stata dal parrucchiere. ❹ Me ne pento, ma mi innervosisco ogniqualvolta penso a lui. ❺ Non ti ricordi? Li abbiamo incontrati per caso da amici comuni.

Exercițiul 2 – Completați

❶ Credo che sia molto ben preparato per far fronte a questa situazione difficile.

.... că este ...... bine .... pentru a face .... acestei .... dificile.

❷ La sua banca gli ha versato molti soldi perché se ne vada il più presto possibile.

..... sa i-a ...... mulți .... ca să ..... cât ... repede ....

❸ Il medico sostiene che la mancanza di sonno è una delle ragioni della mia stanchezza.

Medicul .... că ..... de .... este .... din .... oboselii .....

***

Anche le nonne romene usavano fare la pasta in casa; la chiamavano **macaroane** *e per condirla, oltre a formaggio o cavolo, usavano spesso ingredienti dolci! Ne risultava un dessert molto particolare, le* **macaroane cu lapte** *(maccheroni al latte e vaniglia), mentre quando la pasta veniva messa al forno, con formaggio dolce e uvetta, si chiamava* **budincă**, *una parola stranamente derivata dall'inglese "pudding". Difatti le* **budinci** *si possono declinare in mille modi, in base agli ingredienti: dolci, salate, a base di pasta o di riso.*

61

Lecția a șaizeci și una

Cine ce face acasă?

1 – Vii târziu azi, aveți mult de lucru [1] la birou?
2 – Da, ca de obicei la sfârșit de lună

Note

1 Ci sono due parole in romeno per dire *lavoro*: **muncă** e **lucru**, con i verbi relativi: **a munci** e **a lucra**, *lavorare*. Questo doppione si spiega ancora una volta per ragioni etimologiche: il primo proviene da una voce

❹ L'insegnante di tedesco è molto severo, non perdona nessun errore.

. . . . de . . . . e foarte . . . . . , nu
. . . . . nicio . . . .

❺ Da dove viene questo baccano? Ah, ho dimenticato che stanotte c'è la festa della musica…

De . . . . vine . . . . asta? A, am . . . . . că
. . . . asta e . . . . muzicii…

Soluzioni dell'esercizio 2

❶ Cred – foarte – pregătit – față – situații – ❷ Banca – vărsat – bani – plece – mai – posibil ❸ susține – lipsa – somn – unul – motivele – mele ❹ Profesorul – germană – sever – iartă – greșeală ❺ – unde – gălăgia – uitat – noaptea – sărbătoarea –

***

*Oggi invece troverete più facilmente un altro piatto tradizionale, la **plăcintă**, una specie di torta salata farcita in vari modi, di solito con ingredienti freschi e semplici. Impossibile elencare qui tutte le prelibatezze della cucina romena: la miglior maniera per scoprirle è organizzare voi stessi un'avventura gastronomica in Romania! Ricordatevi solo che, in quanto italiani, vi potrà capitare di essere identificati come **macaronari**, ossia "mangiatori di maccheroni", una parola che designa in maniera scherzosa gli abitanti della Penisola…*

Seconda ondata: lezione 11

Sessantunesima lezione

Chi fa che cosa a casa?

1 – Torni *(Vieni)* tardi oggi, avete molto da fare *(di lavoro)* in *(a)* ufficio?
2 – Sì, come al solito a fine *(di)* mese

slava che si riferisce alla tortura (come il *travaglio* italiano), mentre il secondo da una voce latina legata all'idea di guadagno, di profitto, di *lucro*. Due modi decisamente differenti di concepire il lavoro…

3 tot ce n-am făcut până acum
4 trebuie să facem în ultimele zile... Ce nebunie!
5 Lucrăm pe rupte [2], ca să recuperăm timpul pierdut...
6 – În întreprinderea noastră e la fel [3]...
7 Îl cunoști pe directorul nostru,
8 strigă toată ziua că nu muncim destul și că tragem chiulul [4]...
9 – E de nesuportat, și când ajungi acasă seara
10 mai sunt o groază [5] de lucruri de făcut!
11 – Ai dreptate, și eu singură trebuie să le fac pe toate:
12 eu fac de mâncare, eu fac curățenie prin casă...
13 – Să nu exagerăm, scumpa mea!
14 Te ajut și eu, la nevoie!
15 Cine șterge praful, cine dă cu aspiratorul?
16 – Apropo, dragul meu, nu vrei să speli tu vasele?
17 Un munte de farfurii a rămas în chiuvetă de aseară!
18 – Îmi pare rău, draga mea, dar am avut o zi infernală;
19 nu mai pot, sunt frânt de oboseală [6],
20 mă dor toate oasele,
21 am stat ore întregi într-o poziție inconfortabilă,

Note

[2] Nell'espressione **a lucra** (o **a munci**) **pe rupte**, *lavorare a più non posso, ammazzarsi di lavoro*, **rupte** proviene dal verbo **a rupe**, *rompere*. Si può essere **rupt de oboseală**, *distrutto, morto dalla stanchezza*.

[3] **fel**, che abbiamo già incontrato con significati molto diversi, come *sorta* o *piatto*, si usa anche nell'espressione (**a fi**) **la fel**, *(essere) uguale*.

[4] Quando si tratta di sottrarsi agli obblighi scolastici, **a trage chiulul** si traduce come *marinare la scuola*.

Sessantunesima lezione / 61

3 tutto ciò che non abbiamo fatto finora
4 [lo] dobbiamo fare negli ultimi giorni... Che follia!
5 Lavoriamo a più non posso, per recuperare il tempo perso...
6 – Nella nostra azienda è lo stesso...
7 Conosci il nostro direttore,
8 grida tutto il giorno che non lavoriamo abbastanza e battiamo la fiacca...
9 – È insopportabile, e quando arrivi a casa la sera,
10 ci sono ancora mille cose da fare!
11 – Hai ragione, e devo fare tutto da sola *(io da-sola devo che le faccia su tutte)*:
12 io faccio da mangiare, io faccio le pulizie di *(per)* casa...
13 – Non esageriamo, mia cara!
14 Anch'io ti aiuto, all'occorrenza!
15 Chi spolvera *(asciuga polvere-la)*, chi passa *(dà con)* l'aspirapolvere?
16 – A proposito, caro mio, non vuoi lavare tu i piatti?
17 Una montagna di piatti è rimasta nel lavello da ieri sera!
18 – Mi spiace, mia cara, ma ho avuto una giornata infernale;
19 non [ne] posso più, sono distrutto *(rotto)* dalla stanchezza,
20 mi fanno male tutte le ossa,
21 sono rimasto per ore *(ore intere)* in una posizione scomoda,

---

5 **groază**, che conoscete con il senso di *orrore*, cambia leggermente significato nell'espressione **o groază de**, *un sacco di, una (grande) quantità di*; siamo in presenza di un'iperbole, una figura retorica che consiste nell'esagerare la realtà.

6 **frânt de oboseală** è un altro modo per dire **rupt de oboseală**, *morto* (lett. affranto) *dalla stanchezza*. Il verbo è **a frânge**, *rompere, spezzare*.

61 / Lecția a șaizeci și una

22 cu nasul în ecranul calculatorului...
23 – Ei bine, iubitule, voiam numai să te pun la încercare:
24 vasele sunt deja spălate!
25 – Și eu glumeam [7], iubito, te-aș fi ajutat cu dragă inimă!

Note

7 glumeam, *scherzavo* (qui *stavo scherzando*), è la prima persona dell'imperfetto indicativo del verbo a glumi, *scherzare*, che già conoscete (lezione 44, frase 9). Come promesso, torneremo sull'imperfetto nella lezione di ripasso.

***

Exercițiul 1 – Traduceți

❶ Deseară vin mai târziu acasă, am mult de lucru la spital.
❷ Am profitat de ocazie ca să-l pun la încercare, dar nu are destulă experiență.
❸ Ultima întreprindere în care a lucrat nu mai există de un an.
❹ E atât de timid, că are nevoie de mai multe zile pentru a rupe gheața.
❺ Înainte de a pleca, vreau să recuperez mobila pe care am moștenit-o de la bunicul meu.

***

Exercițiul 2 – Completați

❶ Si è sposato troppo giovane e adesso dice che ha fatto una pazzia.
S-a . . . . prea . . . . . și acum . . . . . că a . . . . . o . . . .

❷ È insopportabile, a fine mese il nostro direttore grida dalla mattina alla sera.
E . . . . , la . . . . lunii . . . . nostru . . . . . . de . . . . până . . . .

❸ Ogni sera, lei prepara da mangiare per suo marito, ma lei non mangia niente.
În . . . . seară, ea . . . . de . . . . pentru . . . . . ei, . . . ea nu . . . . nimic.

265 • două sute șaizeci și cinci

Sessantunesima lezione / 61

22 con il naso nello schermo del computer....
23 – Ebbene, tesoro, volevo soltanto metterti alla prova:
24 i piatti sono già lavati!
25 – Anch'io stavo scherzando *(scherzavo)*, amor mio, ti avrei aiutata di tutto *(con caro)* cuore!

Soluzioni dell'esercizio 1

❶ Stasera torno a casa più tardi, ho molto da fare all'ospedale.
❷ Ho approfittato dell'occasione per metterlo alla prova, ma non ha abbastanza esperienza. ❸ L'ultima azienda in cui ha lavorato non esiste più da un anno. ❹ È così timido, che ha bisogno di più giorni per rompere il ghiaccio. ❺ Prima di partire, voglio recuperare i mobili che ho ereditato da mio nonno.

***

❹ Dai, facciamo le pulizie: tu spolveri e io passo l'aspirapolvere.
. . . să facem . . . . : tu . . . . . . praful și eu
. . . cu . . . .

❺ Non ho voglia di lavare tutti questi piatti, preferisco romperli!
N-am . . . . să . . . . toate . . . . astea,
. . . . . . să le . . . . . !

Soluzioni dell'esercizio 2

❶ – căsătorit – tânăr – spune – făcut – nebunie ❷ – de nesuportat – sfârșitul – directorul – strigă – dimineața – seara ❸ – fiecare – pregătește – mâncare – soțul – dar – mănâncă ❹ Hai – curățenie – ștergi – dau – aspiratorul ❺ – chef – spăl – farfuriile – prefer – sparg

Seconda ondata: lezione 12

Lecția a șaizeci și doua

O căsnicie aproape perfectă

1 – Fratele tău pare din ce în ce [1] mai abătut,
2   mai slab și mai palid... E bolnav?
3 – Deloc, dar are probleme cu nevastă-sa [2];
4   nu se mai înțeleg [3] deloc, se ceartă tot timpul.
5 – Din ce motiv? Păreau atât de fericiți...
6 – E numai o iluzie, căsnicia lor e un infern!
7   De fapt, nu e vina cumnatei mele,
8   dar soacra fratelui meu intervine când nu trebuie,
9   se amestecă fără jenă în viața lor...
10 – Păcat, din punctul meu de vedere,
11   și unul și altul [4] sunt simpatici, luați separat...
12   Amândoi au probabil dreptate, fiecare în felul lui...
13   Dar viața comună implică compromisuri!

Note

1 Una traduzione letterale di **din ce în ce**, *sempre più*, sarebbe "di che in che"; lo stesso **ce** compare in numerose espressioni, fra cui **La ce bun?**, *Perché mai?* (riga 22).

2 **nevastă** è sinonimo di **soție**, *moglie*; si usa nel linguaggio colloquiale e popolare. Nello stesso registro linguistico, l'aggettivo possessivo si può accodare come qui alla fine del sostantivo: **nevastă-sa**, *sua moglie*. L'articolo in quel caso non è più necessario. Questa struttura sintattica, molto informale, è riservata ai membri della famiglia. Meglio quindi **soția sa** o **soția lui** di **soție-sa**, *sua moglie*; **sora mea** di **sor(ă)-mea**, *mia sorella*; **mama ta** di **mamă-ta** o **maică-ta**, *tua madre*; **tatăl său** di **tată-său**, o **taică-su**, *suo padre*, **fratele meu** di **frate-meu**, *mio fratello*...

Sessantaduesima lezione

Un matrimonio quasi perfetto

1 – Tuo fratello sembra sempre più *(da che in che più)* abbattuto,
2 più magro e più pallido… È malato?
3 – Niente affatto, ma ha problemi con sua moglie;
4 non vanno più d'accordo per niente, litigano in continuazione *(tutto tempo-il)*.
5 – Per quale ragione? Sembravano così felici…
6 – È solo un'illusione, il loro matrimonio è un inferno!
7 In realtà, non è colpa di mia cognata,
8 ma la suocera di mio fratello interviene quando non dovrebbe *(deve)*,
9 si immischia senza vergogna nella loro vita…
10 – Peccato, dal mio punto di vista,
11 entrambi *(e l'uno e l'altro)* sono simpatici, presi separatamente…
12 Entrambi hanno forse ragione, ognuno a *(nel)* modo suo…
13 Ma la vita comune presuppone *(implica)* dei compromessi!

3 Il verbo romeno **a (se) înțelege** è simile alla coppia italiana *intendere* e *intendersi*, che si possono tradurre *capire* e *andare d'accordo*.

4 **unul și altul**, *entrambi, sia l'uno che l'altro*, sono pronomi indefiniti; riaffronteremo l'argomento nella prossima lezione di ripasso.

14 – Nu e întotdeauna ușor să trăiești împreună cu cineva care te calcă pe nervi [5]...
15 Totul are o limită, nu-i așa?
16 – Da, la un moment dat, îți pierzi răbdarea...
17 Vezi, și eu, cu soțul meu, deși îl iubesc,
18 câteodată am chef să-l dau afară pe ușă...
19 – Nu știu dacă mă crezi, dar eu nu mă cert niciodată cu Paul...
20 – Vă invidiez! Cum faceți?
21 Imposibil să nu vă ciondăniți din când în când [6]!
22 – La ce bun? Ne înțelegem perfect!
23 Când greșește, recunoaște imediat că eu am dreptate!
24 – Și când are el dreptate?
25 – A, asta nu se întâmplă niciodată!

Note

[5] Per dire *mi dà sui nervi*, in romeno si può scegliere fra **mă calcă pe nervi** (lett. mi calpesta su nervi) e **îmi mănâncă nervii** (lett. mi mangia i nervi). **A călca**, che abbiamo già visto con il senso di *stirare*, significa anche *calpestare*.

***

Exercițiul 1 – Traduceți

❶ N-am auzit de mult un banc bun, la birou nu glumim deloc! ❷ Vecinii care locuiesc la etajul patru se ciondănesc toată ziua, noi auzim tot ce-și spun. ❸ Ea zice că el bea prea multă bere, el zice că ea mănâncă prea multe prăjituri; eu zic că au dreptate amândoi. ❹ Câteodată mă enervează atât de mult, că trebuie să fac eforturi ca să nu ne certăm. ❺ Degeaba s-a dus trei săptămâni la soare, s-a întors mai palid decât înainte de a pleca.

Sessantaduesima lezione / 62

14 – Non è sempre facile vivere con qualcuno che ti dà sui nervi...
15 C'è un limite a tutto *(Tutto ha un limite)*, **vero** *(non è così)*?
16 – Sì, a un certo punto, *(ti)* perdi la pazienza...
17 Vedi, anch'io, con mio marito, benché gli voglia bene *(lo amo)*,
18 a volte ho voglia di cacciarlo via *(che lo dia fuori)* dalla porta...
19 – Non so se tu mi creda *(credi)*, ma io non litigo mai con Paul...
20 – Vi invidio! [Ma] come fate?
21 Impossibile non bisticciare *(bisticciarvi)* ogni tanto!
22 – Perché mai? Andiamo perfettamente d'accordo!
23 Quando sbaglia, ammette *(riconosce)* subito che ho ragione io!
24 – E quando ha ragione lui?
25 – Ah, questo non succede mai!

6 **din când în când**, *ogni tanto*, si traduce letteralmente "di quando in quando"; **când** si ritrova ovviamente in numerose espressioni legate al tempo; eccone qualche esempio: **pe când**, *mentre*; **de când**, *da quando*; **ca și când**, *come se*.

***

Soluzioni dell'esercizio 1
❶ Non sento *(ho sentito)* da tempo una buona barzelletta, in ufficio non scherziamo affatto! ❷ I vicini che abitano al quarto piano bisticciano tutto il giorno, noi sentiamo tutto quello che si dicono. ❸ Lei dice che lui beve troppa birra, lui dice che lei mangia troppi dolci; io dico che hanno ragione entrambi. ❹ A volte mi dà sui nervi tanto che devo fare degli sforzi per non litigare *(perché non litighiamo)*. ❺ È andato tre settimane al sole per niente *(invano)*, è tornato più pallido di prima *(di partire)*.

Exercițiul 2 – Completați

❶ La capisco e non litigo mai con lei perché le voglio bene.
O . . . . și nu mă . . . . niciodată . . ea pentru că o . . . .

❷ Loro non sono disposti a fare dei compromessi nella vita di famiglia.
Ei nu sunt . . . . să facă . . . . în . . . . . de . . . .

❸ Oggi lui vede tutto nero, crede che la felicità sia solo un'illusione (non è che un'illusione).
Astăzi el . . . . totul în . . . . . , crede că . . . . nu e decât o . . . .

❹ Maria, che non sbaglia mai, dice che Paul ha probabilmente ragione ogni tanto.
Maria, care nu . . . . niciodată, ... că Paul are . . . . dreptate din . . . . în . . . . .

Lecția a șaizeci și treia

Recapitulare – Ripasso

1 Aggettivi e avverbi quantitativi

Gli aggettivi quantitativi romeni si comportano in modo molto simile ai corrispettivi italiani: **destul**, *abbastanza*; **mult**, *molto*; **cât**, *quanto*; **puțin**, *poco*, e **atâta**, *tanto*.

Come aggettivi, si accordano in genere e numero con i sostantivi che accompagnano. Elenchiamo qui le forme:

Singolare		Plurale	
Maschile	Femminile	Maschile	Femminile
destul	**destulă**	**destui**	**destule**
mult	**multă**	**mulți**	**multe**

❺ Sua suocera e sua cognata le danno entrambe ai nervi.
...... ei și .... ei o ..... amândouă pe ......

Soluzioni dell'esercizio 2
❶ – înțeleg – cert – cu – iubesc ❷ – dispuși – compromisuri – viața – familie ❸ – vede – negru – fericirea – iluzie ❹ – greșește – zice – probabil – când – când ❺ Soacra – cumnata – calcă – nervi

Seconda ondata: lezione 13

Sessantatreesima lezione

cât	câtă	câți	câte
puțin	puțină	puțini	puține
atâta	atâta	atâția	atâtea

Alcuni di questi aggettivi si declinano al plurale, per il genitivo e il dativo: **multor** (a/di molti di); **câtor** (di/a quanti); **atâtor** (di/a tanti). Come tutti gli aggettivi romeni, si possono usare, al maschile singolare, come avverbi. Mettete a confronto:
– **Un motor vechi consumă mult ulei**, *Un motore vecchio consuma molto olio* (in cui **mult** è aggettivo) e **Un motor vechi consumă mult**, *Un motore vecchio consuma molto* (in cui **mult** è avverbio).
– **Am puțin timp de pierdut**, *Ho poco tempo da perdere* (in cui **puțin** è aggettivo) e **Nu te enerva, așteaptă puțin!**, *Non ti arrabbiare, aspetta un po'!* (in cui **puțin** è avverbio).

2 Pronomi e aggettivi

Il pronome è una categoria particolarmente ricca nella grammatica romena. Inoltre, possiamo ritrovare gli stessi elementi anche accanto a un sostantivo, come determinanti. Conviene quindi raggruppare insieme pronomi e aggettivi, sottolineando però le eventuali differenze di funzione e di forma.

2.1 Pronomi e aggettivi indefiniti

• **I pronomi e aggettivi indefiniti semplici**
I più usati sono:
– **unul**, *uno*; **una**, *una*; **unii**, *alcuni*; **unele**, *alcune*;
– **altul**, *l'altro*; **alta**, *l'altra*; **alţii**, *gli altri*; **altele**, *le altre*;
– **tot**, *tutto*; **toată**, *tutta*; **toţi**, *tutti*; **toate**, *tutte*;
– **cutare**, *tale, cotale; Tizio e Caio*.

• **I pronomi e aggettivi indefiniti composti**
Sono costruiti sulla base dei pronomi relativi **cine**, *chi*; **care**, *che*; **ce**, *che*; **cât**, *quanto*, a cui si aggiungono:
– i prefissi **fie-, ori-, oare-, cine-**: **fie**care, *ognuno, ciascuno*; **ori**care, *qualsiasi*; **ori**ce, *qualsiasi cosa*; **oare**care, *qualsiasi*; **ori**cât, *qualsiasi quantità; quantunque*; **ori**cine, *chiunque* (quest'ultimo si può usare solo come pronome).
– la particella **-va**: **cine**va, *qualcuno* (solo pronome); **care**va, *qualcuno* (solo pronome); **ce**va, *qualcosa*; **câte**va, *qualche*.
– **vreo-**, attaccato all'inizio del pronome indeterminativo **unul**, **una**, **unii**, **unele**, dà **vre**unul, *qualcuno*; **vre**una, *qualcuna*; **vre**unii, *alcuni*; **vre**unele, *alcune*.

Alcuni pronomi indefiniti sono composti da tre elementi: **alt + cine (care, ce) + va**: **alt**cineva, *qualcun altro*; **alt**ceva, *qualcos'altro*.

• **La declinazione dei pronomi indefiniti**
Esistono pronomi indefiniti che non si declinano, ma alcuni hanno, oltre alle forme del nominativo-accusativo, anche delle forme di genitivo-dativo, singolare e plurale.
Ecco ad esempio la declinazione di **unul**, *uno*, **una**, *una*; **unii**, *alcuni*; **unele**, *alcune*:

Sing.	Nominativo e accusativo	**unul**, *uno*	**una**, *una*
	Genitivo e dativo	**unuia**, *di/a qualcuno*	**uneia**, *di/a qualcuna*
Plur.	Nominativo e accusativo	**unii**, *alcuni*	**unele**, *alcune*
	Genitivo e dativo	**unora** (masc./femm.), *di/ad alcuni/alcune*	

Tot, *tutto*; **toată**, *tutta*; **toți**, *tutti*; **toate**, *tutte*, si declina soltanto al plurale:

Nominativo e accusativo	**toți**, *tutti*	**toate**, *tutte*
Genitivo e dativo	**tuturor(a)**, *di/a tutti/tutte*	

• **Pronomi e aggettivi indefiniti**
• Come accennavamo prima, **cineva**, *qualcuno*; **careva**, *qualcuno*; **altcineva**, *qualcun altro*; **altceva**, *qualcos'altro*; **oricine**, *chiunque*, sono sempre <u>pronomi</u> indefiniti.
• **Ceva**, *qualcosa*; **fiecare**, *ognuno, ciascuno*; **oricare**, *qualsiasi*; **orice**, *qualsiasi cosa*; **oricât**, *qualsiasi quantità*; **oarecare**, *qualsiasi*; **cutare**, *(un) tale*; **atât(a)**, *tanto*, e **câtva**, *qualche*, <u>pronomi</u> indefiniti, possono invece determinare dei sostantivi, in qual caso vengono classificati come <u>aggettivi</u> indefiniti. Si accordano in genere, numero e caso con il sostantivo che precedono. Per esempio, il pronome **fiecare** in **Fiecare știe ce are de făcut**, *Ognuno sa ciò che ha da fare*, diventa aggettivo in **Fiecare participant câștigă un cadou**, *Ciascun participante vince un regalo*.
• Quando si usano come <u>aggettivi</u> indefiniti, alcuni <u>pronomi</u> cambiano forma, perdendo l'articolo determinativo: **unul** diventa **un**, **altul**, **alt** e **vreunul**, **vreun**: **Unul știe, altul nu știe**, *Uno sa, l'altro non sa*; **Un elev știe, alt elev nu știe**, *Un alunno sa, un altro alunno non sa*.
• Notate infine che la traduzione italiana dei pronomi e degli aggettivi indefiniti romeni è spesso approssimativa o parziale. Per esempio, nel caso di **unul**, **una**, il significato del plurale **unii**, **unele** si può rendere meglio come *alcuni, alcune*, che come *gli uni, le une*: **Și unul și altul sunt de vină**, *E l'uno e l'altro sono colpevoli*; **Unii**

preferă blondele, *Alcuni* (lett. gli uni) *preferiscono le bionde*; **Unora le place jazzul**, *Alcuni amano il jazz* (lett. Ad alcuni gli piace il jazz), che d'altronde è il titolo di un celebre film, noto in italiano come *A qualcuno piace caldo*.

2.2 Pronomi e aggettivi indefiniti negativi

Il pronome negativo è una variante del pronome indefinito; a differenza dell'italiano, va sempre ripreso o preceduto dall'avverbio negativo **nu**, *non*. Le forme sono: **nimeni**, *nessuno*; **nimic** o **nimica**, *niente*; **niciunul**, **niciuna**, *nessuno, nessuna* o *alcuno, alcuna*: **Niciuna nu mă iubește!**, *Nessuna* (lett. non) *mi ama!*

Usato come aggettivo, quest'ultimo pronome prende la forma **niciun, nicio**, *nessun, nessuna*: **Niciun scop nu scuză mijloacele** (lett. Nessun fine non giustifica i mezzi).

3 L'imperfetto indicativo

3.1 Uso

In romeno come in italiano, l'imperfetto indicativo designa un'azione la cui durata è indeterminata nel passato; si usa soprattutto per descrizioni in un contesto passato, per evocare un'abitudine o una ripetizione e per parlare di un'azione dalla durata indeterminata, che si è svolta nel passato e che è stata o meno interrotta da un'altra.

3.2 Forme

• **Le forme regolari**

In romeno, l'imperfetto indicativo si ottiene a partire dalla radice dell'infinito alla quale si aggiunge:

– **-am, -ai, -a, -am, -ați, -au** per i verbi in **-a** e **-î** (1° e 4° gruppo):

a prefer-a, *preferire*	a cobor-î, *scendere*
prefer-**am**, *preferivo*	cobor-**am**, *scendevo*
prefer-**ai**, *preferivi*	cobor-**ai**, *scendevi*
prefer-**a**, *preferiva*	cobor-**a**, *scendeva*
prefer-**am**, *preferivamo*	cobor-**am**, *scendevamo*
prefer-**ați**, *preferivate*	cobor-**ați**, *scendevate*
prefer-**au**, *preferivano*	cobor-**au**, *scendevano*

Sessantatreesima lezione / 63

– **-eam**, **-eai**, **-ea**, **-eam**, **-eați**, **-eau** per i verbi in **-ea**, **-e**, **-i** (2°, 3° e 4° gruppo):

a merg-e, *andare*	a ved-ea, *vedere*	a fug-i, *correre*
merg-**eam**, *andavo*	ved-**eam**, *vedevo*	fug-**eam**, *correvo*
merg-**eai**, ...	ved-**eai**, ...	fug-**eai**, ...
merg-**ea**	ved-**ea**	fug-**ea**
merg-**eam**	ved-**eam**	fug-**eam**
merg-**eați**	ved-**eați**	fug-**eați**
merg-**eau**	ved-**eau**	fug-**eau**

Attenzione alla pronuncia! Le desinenze dell'imperfetto indicativo sono accentate. L'accento tonico cade sulla vocale **a** delle forme verbali.

• Eccezioni

Esiste anche qualche piccola eccezione alla regolarità altrimenti esemplare dell'imperfetto indicativo.
• L'ausiliare **a avea**, *avere*, rientra tranquillamente nella categoria dei verbi in **-eam**, che conosce alcune alternanze vocaliche:

a face, *fare*	a cunoaște, *conoscere*
făc-**eam**, *facevo*	cunoșt-**eam**, *conoscevo*
făc-**eai**, ...	cunoșt-**eai**, ...
făc-**ea**	cunoșt-**ea**
făc-**eam**	cunoșt-**eam**
făc-**eați**	cunoșt-**eați**
făc-**eau**	cunoșt-**eau**

• I verbi che terminano in vocale + **i** conservano questa vocale. Lo potete vedere con l'esempio di **a locui**, *abitare*: **locui-am**; **locui-ai**; **locui-a**; **locui-am**; **locui-ați**; **locui-au**.
• L'imperfetto di **a vrea**, *volere*, si forma a partire dalla sua variante **a voi**, che abbiamo incontrato quando parlavamo del futuro letterario: **voi-am**; **voi-ai**; **voi-a**; **voi-am**; **voi-ați**; **voi-au**.
• Le eccezioni riguardano soprattutto i verbi monosillabici, categoria alla quale appartiene l'ausiliare **a fi**, *essere*, la cui pronuncia merita la vostra attenzione: proprio come la **e** iniziale di alcune

două sute șaptezeci și șase

forme dell'indicativo presente, anche la **e** iniziale delle forme dell'imperfetto si pronuncerà aggiungendovi una yod iniziale.

a da, *dare*	a sta, *stare*	a şti, *sapere*	a fi, *essere*
dăd-eam, *davo*	stăt-eam, *stavo*	şti-am, *sapevo*	er-am, *ero*
dăd-eai, ...	stăt-eai, ...	şti-ai, ...	er-ai, ...
dăd-ea	stăt-ea	şti-a	er-a
dăd-eam	stăt-eam	şti-am	er-am
dăd-eaţi	stăt-eaţi	şti-aţi	er-aţi
dăd-eau	stăt-eau	şti-au	er-au

***

▶ Dialog de recapitulare

1 – L-am întâlnit întâmplător pe stradă pe fiul tău;
2 a crescut atât de mult că nu l-am recunoscut la prima vedere!
3 S-a schimbat mult în ultima vreme...
4 – Găseşti? Pentru mine a rămas tot copil...
5 Nu mai ştiu ce să fac cu el:
6 nu vrea deloc să înveţe, nu munceşte destul...
7 – Nu e greu de ghicit de ce: e în plină adolescenţă!
8 Nu-i nimic grav, totul se va aranja cu timpul,
9 e destul să aştepţi!
10 – Probabil că e vina mea,
11 trebuia să-i impun mai repede nişte limite...
12 – În realitate, e un băiat inteligent,
13 chiar dacă nu-i place să muncească.
14 – Mă enervează ideea că nu-i nimic de făcut,
15 şi el exagerează: de pildă, aseară, în loc să pregătească examenul care se apropie,
16 a preferat să facă chef toată noaptea cu prietenii lui!

17 A venit acasă numai dimineața pe la opt, frânt de oboseală...
18 Nu așa o să reușească în viață!
19 – Ce, tu, la vârsta lui, aveai chef de învățat?
20 Îmi aduc bine aminte de tine,
21 profitai de orice ocazie ca să tragi chiulul de la școală!
22 Nu aveai răbdare să stai în clasă mai mult de trei ore pe zi...

Traduzione

1 Ho incontrato per caso per strada tuo figlio; **2** è cresciuto tanto che non l'ho riconosciuto a prima vista! **3** È cambiato molto ultimamente... **4** Trovi? Per me è rimsto sempre un bambino... **5** Non so più che cosa fare con lui: **6** non vuole affatto studiare, non lavora abbastanza... **7** Non è difficile indovinare perché: è in piena adolescenza! **8** Non è niente di grave, tutto si aggiusterà con il tempo, **9** basta aspettare! **10** È probabilmente colpa mia, **11** dovevo imporgli dei limiti prima... **12** In realtà, è un ragazzo intelligente, **13** anche se non gli piace lavorare. **14** Mi irrita l'idea che non ci sia niente da fare **15** e lui esagera: per esempio, ieri sera, invece di preparare l'esame che si sta avvicinando, **16** ha preferito far baldoria tutta la notte con i suoi amici! **17** È tornato a casa soltanto stamattina *(la-mattina)* verso le otto, morto dalla stanchezza... **18** Non è così che riuscirà nella vita! **19** Cosa, tu, alla sua età, avevi voglia di studiare? **20** Mi ricordo bene di te, **21** approfittavi di qualsiasi opportunità per marinare la scuola! **22** Non avevi [la] pazienza di restare in classe [per] più di tre ore al giorno...

Com'è andata questa nuova serie di lezioni? Speriamo che vi abbia fatto sentire sempre più a vostro agio nei meandri della lingua romena e che vi abbia fatto venire voglia di saperne ancora di più. Prestate attenzione alla melodia della lingua romena, ma anche alle note che accompagnano i dialoghi... Avete già fatto tanti progressi ed è solo l'inizio!

Seconda ondata: lezione 14

Lecția a șaizeci și patra

N-am voie!

1 – Aoleo [1], n-am văzut cum trece timpul!
2 La ora asta trebuia să fiu demult acasă!
3 Chelner! Nota de plată [2], vă rog!
4 – Unde vrei să mergi? Afară plouă cu găleata,
5 n-are niciun rost [3] să ieșim din restaurant,
6 n-avem umbrelă [4], ploaia o să ne ude până la piele!
7 Mai bem o bere? E rândul meu să fac cinste [5]!
8 Chelner, încă două halbe [6]
9 și șase mici [7] cu muștar, bine prăjiți!
10 – Dar mă așteaptă nevastă-mea cu masa!

Note

1 **Aoleo!** sarebbe l'equivalente di *Oddio!*, ma potrebbe essere tradotto come *Mamma mia!* La traduzione delle interiezioni dipende dal contesto ed è molto variabile. Nella lezione di ripasso troverete esempi di sospiri, rumori, grida e bisbigli che il romeno e l'italiano si sforzano di trascrivere per mezzo di suoni articolati…

2 **Nota de plată**, *il conto*, significa letteralmente "nota di pagamento". Si può anche chiedere semplicemente: **Plata/Nota, vă rog!**

3 In questo contesto, **rost** significa *senso*, ma il vocabolo ricorre in numerose espressioni con il significato di *ragion d'essere, motivo* e **a învăța pe de rost** significa *imparare a memoria*.

4 Il romeno ha una parola sola, **umbrelă**, per designare sia l'*ombrello* che l'*ombrellone*. In effetti si potrebbe dire che lo stesso oggetto serva a proteggere sia dalla pioggia che dal sole…

5 Il primo senso di **cinste** è *onestà*. L'espressione **a face cinste** ha un doppio significato, *onorare* e *offrire da bere*.

Sessantaquattresima lezione

Non ho il permesso!

1 – Oddio, non ho visto passare *(come passa)* il tempo!
2 A quest'ora dovevo essere da un pezzo a casa!
3 Cameriere! Il conto, per favore!
4 – Dove vuoi andare? Fuori piove a catinelle *(con secchio-il)*,
5 non ha *(nessun)* senso uscire dal ristorante,
6 non abbiamo ombrello, la pioggia ci bagnerà fino al midollo *(fino a pelle)*!
7 Beviamo un'altra birra? Tocca a me offrire *(È turno-il mio che faccia onore)*!
8 Cameriere! Ancora due pinte
9 e sei "mici" con senape, ben grigliati!
10 – Ma mia moglie mi sta aspettando per mangiare *(aspetta con pasto-il)*!

6 L'etimologia di **halbă** è *una metà, mezzo* (si sottintende, di litro) cioè una *pinta*; la parola si riferisce oggi al *boccale* e al suo contenuto.

7 Un **mic** (o il suo diminutivo **mititel**) è un *rotolo di carne tritata e speziata* alla griglia, immancabile d'estate all'aperto insieme alla birra.

11 Dacă nu ajung la timp, o să se enerveze pe mine!
12 – Şi ce, ea îţi dictează ce trebuie să faci?
13 Eşti la ordinele ei? Nu te ştiam sub papuc!
14 – Ai dreptate! Nu-mi pasă [8] de ce zice ea!
15 Stau până se opreşte ploaia, fie ce-o fi [9]!
16 De când m-am căsătorit,
17 nu mai am voie [10] să ies cu prietenii,
18 nu mai am voie să întârzii acasă,
19 nu mai am voie să beau, nu mai am voie să fumez...
20 – În concluzie, îţi pare rău că te-ai însurat!
21 – A nu, nici asta n-am voie!

Note

8 Il verbo **a-i păsa**, *importare a qualcuno*, è alla base di varie espressioni usuali, del tipo **Ce-mi pasă?**, *Che m'importa?* e **Puţin îmi pasă!**, *Non me ne importa niente!*

9 **fie** è il congiuntivo (privo della congiunzione **să**) dell'ausiliare **a fi**, *essere*. Si adopera negli stessi contesti dell'italiano *sia*: **Fie!**, *Sia!*

10 **voie** significa *diritto*, ma si può tradurre anche *permesso*. Del resto si può dire **Am dreptul să greşesc**, *Ho il diritto di sbagliare*.

***

Exerciţiul 1 – Traduceţi

❶ În oraşul ăsta plouă de trei ori pe săptămână, trebuie să-mi cumpăr o umbrelă! **❷** O halbă e prea mult pentru mine, mă mulţumesc cu o sticlă mică de bere. **❸** E ultima dată când mai vin în restaurantul ăsta, micii lor sunt prea mici! **❹** Aţi uitat să puneţi pe masă sarea, piperul şi muştarul. **❺** Ţi-am spus de mai multe ori că nu ai voie să fumezi în dormitor.

Sessantaquattresima lezione / 64

11 Se non rientro in *(arrivo a)* tempo, si arrabbierà con *(su)* me!
12 – E allora? *(E che,)* ti detta lei che cosa devi fare?
13 Sei ai suoi ordini? Non sapevo che fossi al guinzaglio *(Non ti sapevo sotto pantofola)*!
14 – Hai ragione! Non m'importa di cosa dice lei!
15 Resto *(Sto)* finché smette di piovere *(si ferma pioggia-la)*, sia quel che sia!
16 Da quando mi sono sposato,
17 non ho più il permesso di uscire con gli amici,
18 non ho più il permesso di arrivare tardi *(che tardi-io a casa)*,
19 non ho più il permesso di bere, non ho più il permesso di fumare…
20 – Insomma, ti penti di esserti *(che ti sia-tu)* sposato!
21 – Ah no, neanche per questo ho il permesso!

***

Soluzioni dell'esercizio 1

❶ In questa città piove tre volte alla settimana, devo comprarmi un ombrello! ❷ Una pinta è troppo per me, mi accontento di una bottiglia di birra piccola. ❸ È l'ultima volta che vengo in questo ristorante, i loro "mici" sono troppo piccoli! ❹ Avete dimenticato di mettere in tavola il sale, il pepe e la senape. ❺ Ti ho detto più volte che non hai il permesso di fumare in camera da letto.

Exercițiul 2 – Completați

❶ Piove da qualche giorno, mi chiedo che fine abbia fatto *(dove è sparito)* il sole.

..... de ...... zile, ... unde a .... soarele.

❷ Lo conosco benissimo, vuole che tutti siano *(tutto il mondo sia)* ai suoi ordini!

Îl ...... foarte ...., ... ca toată ..... să fie la .... lui!

❸ Ti ho lasciato parlare, è il mio turno di prendere la parola.

...-am .... să vorbești ......, e ...... meu să ... cuvântul.

❹ So bene che non t'importa quel che ti dico, ma ti consiglio di darmi retta *(ascoltarmi)*.

.... bine că ..-. .... de ce-ți ...., dar te .... să mă ....

❺ Non trovo la mia pantofola sinistra, dev'essere da qualche parte sotto il letto.

Nu-mi găsesc .... stâng, ... să fie ...... sub ....

Lecția a șaizeci și cincea

De ce învețî românește?

1 – Văd că citești ziarul... Ce mai e nou?
2 Ce se mai întâmplă în lume? Care sunt știrile [1]?
3 Dar văd că e scris într-o limbă străină...

Note

[1] știre, *notizia*, proviene evidentemente dal verbo a ști, *sapere*; a da de știre, *far sapere*.

Soluzioni dell'esercizio 2

❶ Plouă – câteva – mă întreb – dispărut – ❷ – cunosc – bine, vrea – lumea – ordinele – ❸ Te – lăsat – destul – rândul – iau – ❹ Ştiu – nu-ţi pasă – spun – sfătuiesc – asculţi ❺ – papucul – trebuie – undeva – pat

I **mici** *(o* **mititei***) sono estremamente popolari in Romania. Si possono friggere in padella ma è molto meglio farli alla griglia, il che ne fa un piatto ideale d'estate all'aperto, nell'ambito delle sagre campestri, ad esempio. L'origine del piatto è ancora dibattuta; per alcuni, si tratta dell'adattamento locale di una ricetta ampiamente diffusa nei Balcani, dalla Turchia alla Serbia, passando per la Grecia. Per altri, molto attaccati alle cose autoctone, non c'è dubbio che i* **mici** *siano stati inventati a Bucarest, all'inizio del Novecento. La leggenda racconta che un cuoco particolarmente creativo, mentre stava preparando delle salsicce alla griglia, d'improvviso si ritrovò senza budelli; gli venne l'idea di mettere semplicemente sulla griglia soltanto la farcitura, condita a piacimento e arrotolata in piccoli involtini. In origine, i* **mici** *erano fatti esclusivamente di carne di manzo, ma oggi la fantasia non ha limiti... Comunque sia, si mangiano di solito accompagnati da senape e pane, a volte da peperoncino o semplicemente con il sale. Non vi resta che andare in uno dei tanti negozi di prodotti romeni che si trovano in Italia per comprarli e assaggiarli!*

Seconda ondata: lezione 15

Sessantacinquesima lezione

Perché impari il romeno?

1 – Vedo che stai leggendo il giornale... Che cosa c'è *(ancora)* [di] nuovo?
2 Che cosa *(ancora)* succede nel mondo? Quali sono le notizie?
3 Ma vedo che è scritto in una lingua straniera...

65 / Lecția a șaizeci și cincea

4 – E un ziar românesc, "România liberă"[2].
5 – Și înțelegi ceva? Nu e prea complicat?
6 – Depinde! Înțeleg ușor reportajele sportive
7 și uneori[3] articolele de politică și de economie...
8 Operele literare sunt mai greu de înțeles,
9 mai ales poeziile, cu limbajul lor special...
10 – Mda, nu pare prea dificil...
11 Și eu pot să înțeleg ce înseamnă[4] "liberă"...
12 Dar de ce înveți românește?
13 Vrei să mergi în România în vacanță sau pentru afaceri?
14 Se pare că există oportunități reale...
15 – Deocamdată învăț limba,
16 încerc să citesc și să fac conversație
17 cu prietena mea[5],
18 care e de origine română...
19 – A, trebuia să-mi dau seama[6] de la început!
20 Am uitat că ești un sentimental...
21 Așa cum te cunosc, ești capabil să înveți românește
22 numai ca să-i poți dedica prietenei tale un poem în limba sa maternă...

Note

2 **România liberă**, *La Romania libera*, fondato nel 1877, è uno dei principali quotidiani romeni.

3 In **uneori**, in origine formato da **une** + **ori**, come *qualche* + *volta*, ritroviamo **oară**, *volta*, come in altri avverbi: **alteori**, *altre volte*; **deseori**, *spesso*.

4 – È un giornale romeno, "La Romania libera".
5 – E capisci qualcosa? Non è troppo complicato?
6 – Dipende! Capisco facilmente i resoconti sportivi
7 e a volte gli articoli di politica ed economia…
8 Le opere letterarie sono più difficili da capire,
9 soprattutto le poesie, con il loro linguaggio speciale…
10 – Beh, non sembra troppo difficile…
11 Anch'io posso capire cosa vuol dire "liberă"…
12 Ma perché stai studiando il romeno?
13 Vuoi andare in Romania in vacanza o per affari?
14 Pare che ci siano delle opportunità reali…
15 – Per ora sto studiando la lingua,
16 provo a leggere e a far conversazione
17 con la mia ragazza,
18 che è di origine romena…
19 – Ah, avrei dovuto capirlo *(dovevo che mi renda conto)* dall'inizio!
20 Ho dimenticato che sei un sentimentale…
21 Da *(Così)* come ti conosco, sei capace di imparare il romeno
22 solo per poter dedicare alla tua ragazza un poema nella sua lingua madre…

---

4 Il senso di **a însemna**, *significare*, varia leggermente a seconda del contesto: **Asta nu înseamnă nimic**, *Questo non vuol dire niente*; **a însemna cu fierul roșu**, *marchiare col ferro rovente (rosso)*.

5 **prietena mea** significa *la mia amica*, e spesso, come qui, *la mia ragazza*; dal contesto si evince che i due personaggi hanno allacciato un rapporto che va al di là della semplice amicizia…

6 L'infinito di questa espressione è **a-și da seama**, *rendersi conto, accorgersi*. **Seamă**, il cui senso principale è *conto*, compare in espressioni come **de bună seamă**, *certamente*; **mai cu seamă**, *soprattutto*; **Ia seama!**, *fai attenzione!*

Exercițiul 1 – Traduceți

❶ E ușor de înțeles că "România literară" e o revistă în care nu găsești prea multe articole sportive. ❷ În zadar citesc ziarul în fiecare zi, nu înțeleg nimic din economie. ❸ Mă întreb uneori dacă are rost să insist. ❹ Mi-am dat seama că o iubesc când era deja prea târziu. ❺ Are o memorie excelentă, e capabil să învețe o limbă străină în câteva săptămâni.

***

Exercițiul 2 – Completați

❶ Sei rimasto un sentimentale, credi che la donna dei tuoi sogni esista da qualche parte!
Ai . . . . . un . . . . , crezi că . . . . . .
visurilor . . . . există . . . . . . !

❷ La politica non mi interessa più, preferisco rimanere lontano dal mondo, con i miei libri.
. . . . nu mă mai . . . . , prefer să
. . . . de . . . . , cu . . . . mele.

❸ Sono convinto che il problema è complicato, ma devo trovare presto una soluzione.
Sunt . . . . că . . . . e . . . . , dar
trebuie să . . . . . . repede o . . . .

❹ Lei ha cercato invano di spiegargli che cosa volesse (voleva), lui ha preferito non capire.
În . . . . . a . . . . ea să-i . . . . ce . . . . , el
a . . . . să nu . . . .

❺ In conclusione, devo riconoscere che molte parole romene sono d'origine latina.
În . . . . , trebuie să . . . . că . . . . .
cuvinte . . . . sunt de . . . . latină.

Sessantacinquesima lezione / 65

Soluzioni dell'esercizio 1

❶ È facile capire che la "Romania letteraria" è una rivista in cui non trovi troppi articoli sportivi. ❷ Invano leggo tutti i giorni il giornale, non capisco niente di economia. ❸ Mi chiedo a volte se ha senso insistere. ❹ Mi sono reso conto di amarla quando era già troppo tardi. ❺ Ha una memoria eccellente, è capace di imparare una lingua straniera in qualche settimana.

***

Soluzioni dell'esercizio 2

❶ – rămas – sentimental – femeia – tale – undeva ❷ Politica – interesează – rămân departe – lume – cărțile – ❸ – convins – problema – complicată – găsesc – soluție ❹ – zadar – încercat – explice – voia – preferat – înțeleagă ❺ – concluzie – recunosc – multe – românești – origine –

Seconda ondata: lezione 16

Lecția a șaizeci și șasea

Sete de lectură

1 – Sunt disperată, nu știu ce să mai fac cu fiu-meu,
2 nu vrea deloc să citească!
3 Degeaba îi spun: "Citește [1] ceva!
4 Stinge blestematul ăla de televizor și deschide și tu o carte!"
5 – Cu fiică-mea e exact invers, e pasionată de lectură,
6 trebuie să-i interzic să citească prea mult!
7 Și ieri i-am spus: "Nu mai citi [2] atâta, că o să-ți strici ochii!"
8 Se preface că mă ascultă, dar știu prea bine
9 că citește pe ascuns [3] cu lanterna, noaptea sub pătură!
10 – Las-o în pace [4], dacă-i place! Învață multe lucruri!
11 – La ce bun? La ce-i folosește? Pierdere de timp!
12 Eu nu mai citesc decât reviste ilustrate,
13 nu am răbdare să citesc texte lungi:

Note

[1] **Citește!** non è qui la 3ª persona singolare dell'indicativo presente di **a citi**, *leggere*, ma la 2ª persona dell'imperativo: *Leggi!* Notate che l'imperativo italiano si forma secondo lo stesso meccanismo, ma solo nel caso dei verbi del 1º gruppo: *Canta!*, **Cântă!** Ci soffermeremo sull'imperativo romeno nella lezione di ripasso.

Sessantaseiesima lezione

Sete di lettura

1 – Sono disperata, non so più che cosa fare con mio figlio,
2 non vuole mai *(affatto)* leggere!
3 Gli dico [sempre] inutilmente: "Leggi qualcosa!
4 Spegni quella maledetta *(di)* TV e apri *(anche tu)* un libro!"
5 – Con mia figlia è esattamente il contrario, è appassionata di libri *(lettura)*,
6 devo vietarle di leggere troppo!
7 Anche ieri le ho detto: "Non leggere *(più)* tanto, che ti rovini *(rovinerai)* gli occhi!"
8 Fa finta di darmi retta *(che mi ascolta)*, ma so benissimo *(troppo bene)*
9 che legge di nascosto con la torcia, di notte sotto le coperte!
10 – Lasciala stare *(in pace)*, se le piace! Impara molte cose!
11 – Perché mai? A cosa le serve? Sta perdendo *(Perdita di)* tempo!
12 Io ormai leggo solo *(non leggo più che)* riviste illustrate,
13 non ho [la] pazienza di leggere testi lunghi:

---

2 **Nu citi!**, *Non leggere!* è la forma negativa di **Citește!**, *Leggi!* L'imperativo è l'unico modo verbale la cui forma negativa diverge da quella affermativa. Ve lo spiegheremo nella lezione di ripasso.

3 Nella locuzione avverbiale **pe ascuns**, *di nascosto*, **ascuns** è il participio del verbo **a ascunde**, *nascondere*.

4 Invece di *Lasciala stare!* si potrebbe tradurre anche *Lasciala in pace!*, per usare un'espressione in tutto e per tutto simile a quella romena.

două sute nouăzeci • 290

14 romanele și nuvelele mă obosesc
15 și poezii n-am mai citit de când eram elevă.
16 Bărbatu-meu [5] citește numai ziare...
17 – Eu citesc sistematic, de ani de zile [6]!
18 Am chiar o carte de căpătâi
19 pe care o consult aproape în fiecare zi!
20 – Ei taci [7]! De unde vine setea asta de lectură la tine?
21 – Care sete? O citesc când mi-e foame!
22 E o carte de bucate [8], cadou de nuntă de la mama!

Note

[5] Nel linguaggio colloquiale molto rilassato ci si può permettere di adoperare **bărbatul meu**, *il mio uomo*, al posto di **soțul meu**, *mio marito*. Una prova che i due personaggi del testo parlano una lingua poco convenzionale è il fatto che ritroviamo espressioni come **fiu-meu** per **fiul meu**, *mio figlio*; **fiică-mea** per **fiica mea**, *mia figlia*.

[6] **de ani de zile** (lett. da anni di giorni) è una formula assai ridondante che designa un lungo periodo di tempo. La stessa insistenza sull'idea di tempo giustifica in italiano formule altrettanto ridondanti quali *Al giorno d'oggi*, che si può tradurre in romeno, quasi letteralmente, come **în ziua de azi**...

[7] **Ei taci!**, *Sul serio!* si tradurrebbe letteralmente come "Eh taci!, Eh sta' zitto!". È un'altra espressione del linguaggio colloquiale, usata praticamente solo nelle conversazioni fra amici e parenti.

***

Exercițiul 1 – Traduceți

❶ După ea, lectura nu folosește la mare lucru în ziua de azi. ❷ Stinge radioul, m-am săturat de atâtea știri rele! ❸ I-am interzis să-l mai vadă, băiatul ăla nu e pentru ea! ❹ Lasă-mă în pace, nu vezi că sunt ocupată? ❺ Dacă strigi toată ziua, o să-ți strici vocea și n-o să mai poți cânta.

14 i romanzi e le novelle mi stancano
15 e poesie, non [ne] ho più lette da quando ero a scuola *(alunna)*.
16 Mio marito *(uomo)* legge soltanto giornali...
17 – Io leggo sistematicamente, da anni *(di giorni)*!
18 Ho addirittura un libro di riferimento *(capezzale)*,
19 che consulto quasi tutti i giorni *(in ogni giorno)*!
20 – Sul serio? Da dove ti viene tutta questa sete di libri *(viene questa sete di lettura da te)*?
21 – [Ma] quale sete? Lo leggo quando ho fame!
22 È un libro di cucina *(piatti)*, regalo di nozze di mia madre!

8 **bucate**, *piatti*, con questo significato si usa solo al plurale. Il vocabolo è all'origine di **bucătărie**, *cucina*. Della stessa famiglia abbiamo anche **bucătar**, *cuoco*; **bucătăreasă**, *cuoca*. In altri contesti **bucată**, al plurale **bucăți**, significa *pezzo*. L'etimologia è simile a quella dell'italiano *boccone*.

***

Soluzioni dell'esercizio 1

❶ Secondo lei, leggere non serve a granché al giorno d'oggi. ❷ Spegni la radio, sono stufo di tante brutte notizie! ❸ Le ho vietato di rivederlo *(vederlo ancora)*, quel ragazzo non è per lei! ❹ Lasciami stare, non vedi che sono occupata? ❺ Se gridi tutto il giorno, ti rovinerai la voce e non potrai più cantare.

Exercițiul 2 – Completați

❶ Non fai [altro] che perdere *(il)* tempo a scuola, non impari mai niente!
  Nu faci . . . . . să-ţi . . . . . . timpul la . . . . . . , nu . . . . . . niciodată . . . . . !

❷ Guardala *(a lei)*, che [ne] dici, è una bella donna, non è vero?
  . . . . -te la . . , ce . . . . , e o femeie . . . . , nu-i . . . ?

❸ Credo di capirti *(che ti capisco)*, ma non posso essere d'accordo con te.
  . . . . că te . . . . , dar nu . . . fi de . . . . . cu . . . . .

67

Lecţia a şaizeci şi şaptea

Nu se pricepe!

1 – Care dintre voi cunoaşte un instalator [1],
2 priceput [2], disponibil şi cinstit,
3 capabil să repare un robinet stricat?
4 Nu ştiu precis ce are,
5 dar în bucătărie apa picură zi şi noapte [3], de o săptămână...
6 – Îţi recomand eu un instalator polonez,
7 un foarte bun specialist, om de încredere,

Note

1 In questo dialogo, **instalator** ha evidentemente il senso di *idraulico*. Per essere più precisi si potrebbe anche dire **instalator de apă**. **Instalator**, *installatore*, è un termine generico che può indicare diversi mestieri: **instalator de gaze**, *installatore di gas*; **instalator de calorifere**, *installatore di caloriferi*; **instalator de lumină** (o **electrician**), *elettricista*.

293 • **două sute nouăzeci şi trei**

❹ Lui legge ogni sera nel suo letto, prima di addormentarsi.
El .... în fiecare ..... în patul ... , înainte
de a ....

❺ Alla fine del pasto, voglio assolutamente conoscere di persona il vostro cuoco.
La .... mesei, vreau .... să-l cunosc
.... pe .... dumneavoastră.

Soluzioni dell'esercizio 2
❶ – decât – pierzi – școală – înveți – nimic ❷ Uită – ea – zici – frumoasă – așa ❸ Cred – înțeleg – pot – acord – tine ❹ – citește – seară – lui – adormi ❺ – sfârșitul – neapărat – personal – bucătarul –

Seconda ondata: lezione 17

Sessantasettesima lezione

Non se ne intende!

1 – Chi di voi *(Quale fra voi)* conosce un idraulico,
2   bravo, disponibile e onesto,
3   capace di aggiustare un rubinetto rotto?
4   Non so bene *(precisamente)* che cos'ha,
5   ma in cucina l'acqua sta gocciolando giorno e notte, da una settimana...
6 – Ti raccomando io un idraulico polacco,
7   un ottimo specialista, *(uomo)* di fiducia,

2 **priceput**, *abile*, proviene dal verbo **a se pricepe**, *intendersi* (lezione 48).
3 In questa espressione romena, la notte segue sempre il giorno. Si dirà quindi **zi și noapte**, *giorno e notte* e mai ***noapte și zi**, *notte e giorno*.

67 / Lecția a șaizeci și șaptea

8 care se ține de cuvânt [4] și cere prețuri rezonabile.
9 Locuiește la doi pași de tine,
10 dacă ai noroc, vine imediat când îl chemi.
11 Dar ești sigură că soțul tău nu poate face nimic?
12 Poate că e numai o garnitură [5] de schimbat...
13 – El zice că se pricepe, dar eu nu am încredere în el!
14 Joia trecută am avut un scurtcircuit din cauza unui bec care s-a ars
15 și am rămas ore întregi fără lumină;
16 a ținut cu orice preț să intervină personal
17 și a provocat o adevărată catastrofă!
18 Cred că a inversat niște fire [76] electrice
19 și acum televizorul se aprinde și se stinge când vrea el,
20 cuptorul rămâne rece și frigiderul încălzește. □

Note

4 L'espressione romena è **a se ține de cuvânt**, *mantenere la propria parola*. Una traduzione letterale, un po' azzardata, avrebbe come risultato "tenersi di parola".

5 **garnitură**, *guarnizione*, è un termine che si riferisce a cose diverse a seconda del contesto: nell'ambito della meccanica o in cucina, dove si può tradurre come *contorno*.

Sessantasettesima lezione / 67

8 che è *(si tiene)* di parola e chiede prezzi ragionevoli.
9 Abita a due passi da te,
10 se sei fortunata, viene subito quando lo chiami.
11 Ma sei sicura che tuo marito non [ci] può far niente?
12 Forse è solo una guarnizione da cambiare...
13 – Lui dice che se ne intende, ma io non mi fido *(ho fiducia in lui)*!
14 Giovedì scorso abbiamo avuto un cortocircuito a causa di una lampadina che si è bruciata
15 e siamo rimasti per ore *(ore intere)* senza luce;
16 [ci] teneva *(ha tenuto)* a tutti i costi *(con ogni prezzo)* a intervenire di persona
17 e ha provocato una vera e propria catastrofe!
18 Credo che abbia invertito dei fili elettrici
19 e adesso la TV *(il televisore)* si accende e si spegne quando vuole lei *(lui)*,
20 il forno rimane freddo e il frigo riscalda...

6 fir, *filo*, già incontrato nella lezione 59 (**fir de păr**, *capello*), compare in vari contesti, identici in romeno e italiano: **fir de telefon**, *filo del telefono*; **firul apei**, *filo d'acqua*; **a se ţine numai într-un fir**, *essere appeso a un filo*; **firul ideilor**, *il filo delle idee*; **firul zilelor**, *il filo dei giorni*, **fir de iarbă**, *filo d'erba*. Ma un **fir de nisip** è un *granello di sabbia*.

Lecția a șaizeci și șaptea

▶ Exercițiul 1 – Traduceți
❶ Sunt disperat, caut de o săptămână și nu reușesc să găsesc un instalator disponibil. ❷ Fii cinstit și recunoaște că nu ești nici măcar capabil să repari un simplu robinet. ❸ Îl cunosc foarte bine, e un om rezonabil, poți conta pe el. ❹ Lângă friptură, vă putem servi cartofi prăjiți ca garnitură. ❺ Nu mă așteptam ca romanul ăsta să fie atât de greu de citit.

***

Exercițiul 2 – Completați
❶ Grande esperto *(specialista)* di opera italiana, ha dedicato la sua vita intera alla musica.
Mare .... în ..... italiană, și-a .... întreaga viață ....

❷ Quando ho aperto la porta del frigo, la lampadina era già bruciata.
.... am .... ușa ...., ... era deja ....

❸ Dalla strada, ho visto [la] luce e sono entrato a dirvi buona sera.
Din ......, am văzut ...... și am ...... ca să vă .... bună ......

❹ Accendi la TV, è l'ora di sapere cosa succede nel mondo.
.... televizorul, e ... să ..... ce se .... în lume.

Soluzioni dell'esercizio 1

❶ Sono disperato, sto cercando da una settimana e non riesco a trovare un idraulico disponibile. ❷ Sii onesto e ammetti che non sei neanche capace di aggiustare un semplice rubinetto. ❸ Lo conosco molto bene, è un uomo ragionevole, puoi contare su di lui. ❹ Con *(Accanto a)* l'arrosto, vi possiamo servire patate fritte come contorno. ❺ Non mi aspettavo che questo romanzo fosse così difficile da leggere.

***

❺ Mi scusi, ma ha invertito il mio nome e cognome sul *(nel)* passaporto.

. . . . -mă, dar mi-aţi . . . . numele şi
. . . . în . . . .

Soluzioni dell'esercizio 2

❶ – specialist – opera – dedicat – muzicii ❷ Când – deschis – frigiderului, becul – ars ❸ – stradă – lumină – intrat – spun – seara ❹ Aprinde – ora – aflăm – întâmplă – ❺ Scuzaţi – inversat – prenumele – paşaport

Seconda ondata: lezione 18

Lecția a șaizeci și opta

La recepția hotelului

1 – Am rezervat pe internet o cameră cu un pat...
2 – O clipă [1], domnule, termin cu doamna
3   și mă ocup imediat de dumneavoastră!
4   La revedere, doamnă, drum bun [2] și mai poftiți [3] pe la noi!
5   Bună ziua, domnule... Cu ce vă pot ajuta?
6 – Spuneam că am rezervat la dumneavoastră...
7 – Un single [4], da... Pe [5] ce nume?
8 – Iancu, Marcel Iancu. Rămân două săptămâni.
9 – Un moment... Îmi pare rău, dar nu vă am pe listă.
10 – De fapt, am luat camera începând [6] de mâine,
11   dar am ajuns cu o zi mai devreme,

Note

1 **clipă**, qui tradotto come *istante*, proviene dal verbo **a clipi**, *battere le ciglia*, e si trova nell'espressione **într-o clipă**, *in un batter d'occhio*.

2 **Drum bun!** (lett. Buon cammino!) è la formula più comune per augurare *Buon viaggio!*, ma i romeni aggiungono spesso **Călătorie plăcută!** (lett. Viaggio piacevole!). Esiste anche la parola d'origine francese **voiaj**, ma il suo uso è più limitato; si parla di **birou de voiaj** e di **agenție de voiaj**, *agenzia di viaggi*.

3 In **Mai poftiți pe la noi!**, equivalente approssimativo di *Torni a trovarci!*, il verbo **a pofti** ritrova il suo senso d'invito, già incontrato in **Poftiți înăuntru!**, *Avanti, prego!*

Sessantottesima lezione

Nella reception dell'albergo

1 – Ho prenotato su Internet una stanza singola *(con un letto)*...
2 – Un istante, signore, finisco con la signora
3   e mi occupo subito di Lei!
4   ArrivederLa, signora, buon viaggio *(buon cammino)* e alla prossima *(favorisca ancora da noi)*!
5   Buongiorno, signore... Come *(Con che cosa)* posso aiutarLa?
6 – Dicevo che avevo prenotato *(ho prenotato)* da voi...
7 – Una singola, sì... A *(Su)* che nome?
8 – Iancu, Marcel Iancu. Mi fermo *(Rimango)* due settimane.
9 – Un momento... Sono spiacente, ma non La trovo *(non L'ho)* sulla lista.
10 – In realtà, ho preso la stanza a partire *(cominciando)* da domani,
11   ma sono arrivato *(con)* un giorno prima,

---

4 Nel gergo alberghiero internazionale, presto adottato dai romeni, **un single** (pronunciato all'inglese) è ovviamente **o cameră simplă**, *una camera singola*.

5 **Pe ce nume?**, *A che nome?* Attenzione alla scelta delle preposizioni! In questo contesto, il romeno usa **pe**, *su*, laddove l'italiano preferisce *a*. Nella lezione di ripasso troverete ulteriori dettagli sull'uso delle preposizioni romene.

6 **începând**, *cominciando*, è un gerundio, forma verbale su cui torneremo più avanti. Notate per ora il suo uso nelle espressioni che servono a stabilire limiti nel tempo: **începând de mâine până la sfârșitul lunii**, *a partire da domani fino alla fine del mese*.

12 am găsit un bilet de avion incredibil de ieftin,
13 un zbor cu o companie low-cost [7]...
14 – Totul se explică... Într-adevăr,
15 camera e rezervată din 15 până în 30 august.
16 – Dacă nu e liberă în seara asta,
17 dați-mi alta, provizoriu, până mâine;
18 de preferință la etaj, cu balcon și cu vedere spre mare.
19 – Vă pot da camera 1001, la etajul zece.
20 Poftiți cheia... Vă urez ședere [8] plăcută
21 și vă asigur că la noi o să vă simțiți ca acasă!
22 – Sper că nu! Am venit aici ca să mă odihnesc! □

Note

[7] **low-cost** è un altro anglicismo praticamente inevitabile. Non dimenticate che l'inglese è la lingua internazionale dell'aviazione civile!

[8] Nella formula di cortesia **ședere plăcută**, *buon soggiorno, buona permanenza* (lett. soggiorno piacevole), **ședere** proviene dal verbo **a ședea**, nel senso di *soggiornare*.

***

Exercițiul 1 – Traduceți

❶ Eu prefer să rezerv camere la hotel pe internet, e cea mai bună soluție și cea mai ieftină. ❷ Au spus la televizor că o să fie foarte frig la noapte, am nevoie de cel puțin două pături. ❸ Incredibil, îmi cere să tac când discut cu ea! ❹ Nu vreau să te provoc, dar cred că tu nu poți să faci întotdeauna diferența între bine și rău. ❺ Lucrez de doi ani la recepția hotelului, dar n-am avut niciodată un client atât de dificil ca dumneavoastră!

Sessantottesima lezione / 68

12 ho trovato un biglietto d'aereo incredibilmente conveniente,
13 un volo con una compagnia low-cost ...
14 – Tutto si spiega... Infatti *(In verità)*,
15 la camera è prenotata dal 15 al *(fino in)* 30 agosto.
16 – Se non è libera *(in)* stasera,
17 me [ne] dia un'altra, provvisoriamente, fino [a] domani;
18 preferibilmente in alto *(a piano)*, con balcone e con vista sul *(verso)* mare.
19 – Le posso dare la stanza 1001, al decimo piano *(piano-il dieci)*.
20 Ecco [a Lei] la chiave... Le auguro [un buon] soggiorno *(piacevole)*
21 e Le assicuro che da noi si sentirà come a casa!
22 – Spero di no! Sono venuto qui per riposarmi!

Soluzioni dell'esercizio 1

❶ Preferisco prenotare stanze d'albergo su Internet, è la miglior soluzione e la più economica. ❷ Hanno detto in TV che farà molto freddo stanotte, mi servono almeno due coperte. ❸ Incredibile, mi chiede di stare zitto quando parlo con lei! ❹ Non voglio provocarti, ma credo che tu non possa *(puoi)* sempre fare la differenza fra bene e male. ❺ Lavoro da due anni nella reception dell'albergo, ma non ho mai avuto un cliente così difficile come Lei!

Exercițiul 2 – Completați

1. Quanto tempo si ferma *(rimarrà)* da noi, signore?
   ... timp veți ...... la noi, ... ?

2. Mi scusi, ma ho perso la chiave della stanza!
   .... -mă, dar am pierdut ..... camerei!

3. Finisco ciò che ho da fare in un istante e vengo ad aiutarLa.
   ...... ce am de ..... într-o ..... și ... să vă .....

4. *(Vi)* auguro buon viaggio a tutti e vi dico a presto!
   Vă .... drum bun .... și vă spun pe ...... !

***

La storia della navigazione aerea romena si confonde con la storia della navigazione aerea mondiale. Già nel 1906 Traian Vuia (uno studente romeno a Parigi) progettava e pilotava una "macchina volante", la prima in grado di decollare senza essere catapultata. Nel 1910, Aurel Vlaicu fece delle dimostrazioni di volo con un aereo costruito da lui. Lo stesso anno, un altro ingegnere romeno, Henri Coandă, progettava il primo aereo a reazione del mondo. Il principale ae-

Lecția a șaizeci și noua

O cheltuială neprevăzută

1 – **A**lo, **Ra**dule [1]! Sunt **Eu**gen...
2 Sc**u**ză-mă, ști**u** că e un mom**e**nt nepotriv**i**t [2],
3 nu voi**a**m să te deranj**e**z în **o**rele de bir**o**u.

Note

[1] **Radule** è il vocativo del nome proprio **Radu**. Ricordatevi **Domnule**, *Signore*! Saprete tutto sul vocativo romeno facendo riferimento alla lezione di ripasso.

❺ Ti assicuro che non mi posso riposare se non disteso nel mio letto.
Te . . . . . . că nu mă pot . . . . . . decât . . . . . . în . . . . . meu.

Soluzioni dell'esercizio 2
❶ Cât – rămâne – domnule ❷ Scuzaţi – cheia ❸ Termin – făcut – clipă – vin – ajut ❹ – urez – tuturor – curând ❺ – asigur – odihni – întins – patul –

***

roporto di Bucarest porta oggi il suo nome. La compagnia di bandiera romena è **TAROM** *(***Transporturi Aeriene Române***, Trasporti Aerei Romeni), che ha assunto l'attuale denominazione nel 1954.*

Seconda ondata: lezione 19

Sessantanovesima lezione

69

Una spesa imprevista

1 – Pronto, Radu! Sono Eugen…
2 Scusa*(mi)*, so che è un momento inopportuno,
3 non volevo disturbarti nell'orario *(in ore-le)* d'ufficio…

2 Come **nefericit**, *infelice*, e anche **necăsătorit**, *celibe* (lett. non sposato), **nepotrivit**, *inopportuno*, è formato a partire da un aggettivo preceduto e negato dalla particella negativa **ne-**. Ovviamente, **potrivit** significa *opportuno*.

trei sute patru • 304

69 / Lecția a șaizeci și noua

4 – Nu face nimic, tocmai [3] am terminat de scris
5   un articol despre soldurile de iarnă,
6   cu ocazia sărbătorilor de Crăciun și de Anul Nou.
7   Ce mai faci, bătrâne?
8   Nu ne-am văzut de un secol!
9 – Poți vorbi? Vreau să zic: ești singur în birou?
10 – Da, colegii mei au ieșit să mănânce în oraș.
11   Dar ce vrei să-mi spui? Zi [4] ce ai de zis!
12 – Ascultă, prietene, cum stai [5] cu economiile?
13   Mai ai niște bani puși deoparte,
14   o sumă relativ importantă?
15   Așteaptă-te la o cheltuială serioasă,
16   care o să-ți lase o gaură în buget!
17 – Nu înțeleg nimic din ce spui, fii mai clar!
18   N-am prevăzut să cumpăr ceva special!
19 – Ei bine, chiar de asta îți telefonez, ca să te previn!
20   Nevastă-mea, care profită de orice reducere de preț
21   și-a cumpărat un mantou de blană de vulpe
22   și s-a dus să-l arate soției tale!

Note

3   Per rendere il significato dell'italiano *appena*, il romeno adopera avverbi come **tocmai**, **chiar** o **abia**: **Tocmai am sosit**, *Sono appena arrivato*.

4   **Zi!**, *Di'!*, è una forma irregolare di imperativo di **a zice**, *dire* (vedete la lezione di ripasso).

5   Abbiamo già incontrato il verbo **a sta** in una costruzione identica: **Cum stai cu sănătatea?** (lett. Come stai con la salute?), *Come va la salute?*

Sessantanovesima lezione / 69

4 – Non fa niente, ho appena finito di scrivere
5 un articolo sui saldi d'inverno,
6 in *(con l')* occasione delle feste di Natale e Capodanno.
7 Come stai, vecchio [mio]?
8 Non ci vediamo da secoli *(Non ci siamo visti da un secolo)*!
9 – Puoi parlare? Voglio dire: sei solo in ufficio?
10 – Sì, i miei colleghi sono usciti per mangiare fuori *(in città)*.
11 Ma che cosa mi volevi *(vuoi)* dire? Dimmi *(Di')* quello che hai da dire!
12 – Ascolta, amico [mio], come sei messo *(stai)* con i risparmi?
13 Hai ancora dei soldi *(messi)* da parte,
14 una somma relativamente importante?
15 Preparati per *(Aspettati a)* una spesa seria,
16 che ti lascerà un buco nelle tasche *(nel budget)*!
17 – Non capisco niente di ciò che dici, sii più chiaro!
18 Non ho previsto di comprare nulla di *(qualcosa)* speciale!
19 – Ebbene, proprio per *(di)* questo ti chiamo, per avvertirti!
20 Mia moglie, che approfitta di tutti gli sconti possibili *(ogni riduzione di prezzo)*
21 si è comprata un cappotto di *(pelo di)* volpe
22 ed è andata a mostrarlo a tua moglie!

Lecția a șaizeci și nouă

▶ Exercițiul 1 – Traduceți

① Ce coincidență, tocmai mă gândeam la tine, când ai sunat la ușă! ② Chiar acum m-am întors acasă, după orele de birou. ③ Ai vești de la ea, de când a plecat în străinătate, bătrâne? ④ Cu ocazia soldurilor, o să-mi cumpăr și eu pantofi italienești. ⑤ În tot ziarul ăsta nu-i niciun articol care merită să fie citit!

***

Exercițiul 2 – Completați

① Il mio collega mi ha avvertito che sarebbe stato *(sarà)* difficile!
.... meu m-a .... că va fi ....!

② Non ho abbastanza risparmi per comprare un altro appartamento.
N-am suficiente .... ca să ...... un alt
....

③ Il professore sostiene che la stella rossa scomparirà in questo buco nero.
Profesorul .... că ...... roșie va ....
în această ..... neagră.

④ Approfitto dell'occasione per ringraziare tutti coloro che hanno organizzato questo incontro.
...... de ...... ca să .... tuturor
..... care au .... această ....

⑤ Il testo mi pare relativamente chiaro, capisco che cosa vuol dire.
...... mi se .... relativ ...., înțeleg ce .... să
......

Sessantanovesima lezione / 69

Soluzioni dell'esercizio 1

❶ Che combinazione, stavo proprio pensando a te, quando hai suonato alla porta! ❷ Proprio adesso sono tornato a casa, dopo l'orario di lavoro. ❸ Hai notizie di lei, da quando è andata all'estero, vecchio mio? ❹ In occasione dei saldi, mi comprerò anch'io delle scarpe italiane. ❺ In tutto questo giornale non c'è nessun articolo che valga la pena di leggere!

***

Soluzioni dell'esercizio 2

❶ Colegul – prevenit – dificil ❷ – economii – cumpăr – apartament ❸ – susține – steaua – dispărea – gaură – ❹ Profit – ocazie – mulțumesc – celor – organizat – întâlnire ❺ Textul – pare – clar – vrea – spună

Seconda ondata: lezione 20

Lecţia a şaptezecea

Recapitulare – Ripasso

1 L'imperativo

L'imperativo romeno ha soltanto due forme: la seconda persona singolare e plurale.
Per la prima persona plurale si usa il congiuntivo: **Să mergem!** (lett. Che andiamo!), *Andiamo!*, che può anche essere preceduto da **hai**: **Hai să mergem!** (lett. Dai che andiamo).

1.1 L'imperativo alla forma affermativa

- **L'imperativo singolare**
- L'imperativo singolare si forma a partire dalla 3ª persona del presente indicativo, ovviamente con la specifica intonazione: **Cântă!**, *Canta!*; **Răspunde!**, *Rispondi!*; **Citeşte!**, *Leggi!*; **Coboară!**, *Scendi!*
È il caso della stragrande maggioranza dei verbi: quelli in **-a**, **-e**, **-i** (coniugati con il suffisso **-esc**) e **-î** osservano questa regola. Qualche eccezione: **Mergi!**, *Va'!*; **Rămâi!**, *Resta!*; **Treci!**, *Passa!*; **Zi!**, *Di'!*
- I verbi in **-ea** (irregolari per natura) e quelli in **-i** (coniugati senza il suffisso **-esc**) sono ancora più semplici: il loro imperativo singolare ha la stessa forma del presente indicativo, con tono esclamativo: **Ai răbdare!**, *Abbi pazienza!*; **Taci!**, *Taci! Zitto!* (o *Zitta!*); **Fugi!**, *Scappa!*; **Ieşi!**, *Esci!* Anche qui riscontriamo qualche eccezione: **Oferă!**, *Offri!*; **Acoperă!**, *Copri!*
- Per concludere, come in italiano, alcuni verbi hanno forme proprie: **Fii!**, *Sii!*; **Fă!**, *Fa'!*; **Vino!**, *Vieni!*; **Du!**, *Porta via!*; **Adu!**, *Porta qui!*; **Condu!** *Guida!*

- **L'imperativo plurale**
L'imperativo plurale è anch'esso semplicissimo: coincide con la seconda persona plurale del presente indicativo, ovviamente con intonazione esclamativa: **Cântaţi!**, *Cantate!*; **Răspundeţi!**, *Rispondete!*; **Citiţi!**, *Leggete!*; **Coborâţi!**, *Scendete!*

Settantesima lezione

1.2 L'imperativo negativo

• **L'imperativo negativo singolare**
In romeno si forma come in italiano: si mette la negazione (**nu**) davanti all'infinito corto (cioè senza la **a**) del verbo. In altre parole, la forma negativa di **Cântă!**, *Canta!* è **Nu cânta!**, *Non cantare!*, che proviene dall'infinito **a cânta**. Ecco altri esempi: **Nu mai plânge!**, *Non piangere più! (Smetti di piangere)*; **N-o asculta!**, *Non ascoltarla! (Non darle retta)*; **Nu-i da importanță!**, *Non dargli/darle importanza! (Non farci caso)*; **Nu mi le lua!**, *Non prendermele! (Non portarmele via)*.

• **L'imperativo negativo plurale**
Neanche quest'ultimo solleva problemi, in quanto funziona come in italiano, cioè negando semplicemente le forme affermative: **Nu cântați!**, *Non cantate!*; **Nu răspundeți!**, *Non rispondete!*; **Nu citiți!**, *Non leggete!*; **Nu coborâți!**, *Non scendete!*

1.3 L'imperativo e il pronome

• **Alla forma affermativa**
Come in italiano, dopo l'imperativo, anche in romeno si usa una forma pronominale atona: **Dă-mi!**, *Dammi!*; **Citește-o!**, *Leggila!*; **Amintește-ți!**, *Ricordati!*; **Gândește-te!**, *Pensaci!*
Se ci sono due pronomi complemento, l'indiretto precede il diretto: **Dă-mi-l!**, *Dammelo!*

• **Alla forma negativa**
Nella forma negativa, il pronome si unisce con un trattino alla particella negativa **nu**: **Nu-mi da!**, *Non darmi!*; **N-o citi!**, *Non leggerla!*; **Nu-ți aminti!**, *Non ricordarti!*; **Nu mi-l da!**, *Non darmelo!*

trei sute zece •

2 Il vocativo

2.1 Il vocativo singolare

Il vocativo è il caso che si adopera quando ci si rivolge direttamente a qualcuno o lo si chiama. In frasi del tipo *Oh Dio mio!* o *Maledetto, che cosa fai qui?*, le voci *Dio* e *Maledetto* vanno messe al vocativo in romeno: **O Doamne! Blestematule, ce cauți aici?**

Al maschile singolare, la marca del vocativo è la **-e** finale: **Ștefane!**; **Prietene!**, *Amico (mio)!*; **Copile!** *Bambino!* Si aggiungono spesso alla forma articolata (cioè provvista di articolo) del nome: **Domnule!**, *Signore!*; **Copilule!**, *Bambino!*, ma anche **Radule!** (nome proprio romeno).

Al femminile singolare, il nome rimane di solito invariato: **Ana!**; **Doamnă!**, *Signora!*; **Soră!**, *Sorella!* Può avere anche una forma specifica, oggi piuttosto popolare, in **-e** o **-ă**: **Marie!, Ană!** Esiste anche il vocativo femminile in **-o**: **Ano!, Mario!, Soro!**, *Sorella!*

Ci si può però rivolgere a qualcuno senza ricorrere alla forma tipica del vocativo: **Ștefan! Radu! Ana! Maria!**

Da notare che il vocativo è il caso che si usa negli insulti; in romeno come in tante altre lingue, spesso vengono evocati animali: **animalule!** (*animal*, *animale*); **boule!** (*bou*, *bue*); **porcule!** (*porc*, *maiale*); **măgarule!** (*măgar*, *asino*); abbiamo inoltre: **hoțule!** (*hoț*, *ladro*); **prostule!** (*prost*, *stupido*); **mincinosule!** (*mincinos*, *bugiardo*). Molti si possono usare anche al femminile: **hoațo!**, *ladra!*; **proasto!**, *stupida!*, **mincinoaso!**, *bugiarda!*. In tutti i casi, da usare con parsimonia...

Riassumendo: il vocativo è obbligatorio con gli aggettivi e i nomi comuni, mentre oggi è facoltativo con i nomi propri.

2.2 Il vocativo plurale

Al plurale (maschile e femminile) i nomi possono essere usati tali e quali (non dimenticate il punto esclamativo!) o modificati dalla presenza del suffisso del vocativo **-lor**: **Doamnelor, domnișoarelor și domnilor!**, *Signore, signorine e signori!*; **Fraților!**, *Fratelli!*; **Fetelor!**, *Ragazze!* Il vocativo in **-lor** è obbligatorio nel caso degli aggettivi sostantivati: **Fericiților!** (lett. Beati voi!); **Frumoaselor!** (lett. Belle!). In italiano la marca del vocativo in genere è inesistente: **Bună ziua, frumoaso!**, *Buongiorno, bella!*

3 I casi della declinazione romena

Siccome con la scoperta del vocativo avete fatto il giro dei casi della declinazione romena, è ora di fare il bilancio dei cinque casi che conoscete già...

– **Nominativul** (*il nominativo*) è il caso del soggetto; è la forma che troverete nei dizionari.

– **Acuzativul** (*l'accusativo*) è il caso del complemento oggetto. Non ha una forma speciale in romeno, essendo identico al nominativo. Ricordatevi comunque che se il complemento oggetto è un nome di persona (o il relativo **care**), va preceduto dalla preposizione **pe**: **Îl văd pe Ion**, *Vedo Ion*; **Nu știu pe care să o aleg**, *Non so quale scegliere*.

– **Genitivul** (*il genitivo*) esprime il complemento di specificazione. Risponde alla domanda *di chi?*, che in italiano esige una risposta contenente la preposizione *di*. In romeno, la marca è **-lui** al maschile singolare, **-lor** al maschile plurale, **-ei** o **-ii** al femminile singolare e **-lor** al femminile plurale. Nel caso dei nomi propri maschili, **lui** non si aggiunge alla fine della parola; va messo prima, separatamente. Abbiamo quindi: **tatăl (lui Ion, băiatului, băieților)**, *il padre (di Ion, del ragazzo, dei ragazzi)*; **mama (Mariei, fetei, femeii, fetelor)**, *la madre (di Maria, della figlia, della donna, delle ragazze)*.

– **Dativul** (*il dativo*) è il caso del complemento di termine, formalmente identico al genitivo. Esprime un rapporto fra un verbo e un nome e risponde alla domanda *a chi?* o *a che cosa?* In italiano, la risposta contiene la preposizione *a*: **lui Ion, băiatului, băieților** *(a Ion, al ragazzo, ai ragazzi)*; **Mariei, fetei, femeii, fetelor** *(a Maria, alla figlia, alla donna, alle ragazze)*.

– **Vocativul** (*il vocativo*) è il caso del complemento di vocazione; esprime l'interpellazione diretta.

4 L'interiezione

L'interiezione è una parola invariabile che spesso esprime un'emozione spontanea. Riassume a volte un messaggio breve o cerca di riprodurre approssimativamente un certo rumore; per alcuni, le onomatopee costituiscono infatti le sole vere e proprie interiezioni. Si parla talvolta di false interiezioni, nel caso dei prestiti da un'altra categoria o da un'altra lingua, oggi sempre più in voga. Comunque sia, ecco qui le interiezioni romene più frequenti: **Bravo!**, *Bravo!* (invariabile in romeno: si può tradurre, a seconda dei contesti, anche *Brava!*, *Bravi!*, *Brave!*); **A!**, *Ah!*; **Hm!**, *Ehm!*; **Of!**, *Uffa!*; **Uf!**, *Uffa!*; **Vai!**, *Ahimè!*; **Gâl-gâl!**, *Glu glu!*; **Aoleo!**, *Oddio!*; **Hai!**, *Dai!*; **Iată!**, *Ecco!*; **Sst!**, *Sst!*; **Buf!**, *Puff!*; **Aș!**, *Mah!*; **Hei!**, *Ehi!*; **Zău!**, *Giuro!*; **Tic-tac**, *Tic tac*.

Nel linguaggio colloquiale, un'interiezione come **mă** o **măi** (come le decisamente meno cortesi **bă** o **băi**) può marcare un vocativo: **Mă(i) Ioane, vino aici!**, *Tu, Ion, vieni qui!* L'interiezione **ia** può accompagnare un vocativo: **Ia spune!**, *Su, dimmi!*

Da notare infine che in Romania gli animali parlano ovviamente romeno... Scherzi a parte, i loro versi sono percepiti diversamente: **Cucurigu!**, *Chicchirichì!*; **Cucu!**, *Cucù!*; **Miau!**, *Miao!*; **Ham-ham!**, *Bau bau!*

5 La preposizione *pe*

5.1 Uso

Concludiamo questa lezione di ripasso con la preposizione **pe**. L'uso corretto delle preposizioni è tra le cose più difficili nell'imparare una lingua straniera. Attenzione dunque alla scelta della preposizione, che non è necessariamente la stessa in romeno e in italiano. È così anche nel caso di **pe**: sembrerebbe che i romeni

passeggino "sulla strada" ed entrino "sulla porta": **mă plimb pe stradă**, *passeggio per la strada*; **intru pe uşă**, *entro dalla porta*.
Sapete che la preposizione **pe**, *su*, perde a volte il senso spaziale per diventare un semplice strumento grammaticale che marca un complemento oggetto riferito a una persona: **(L-)am întâlnit pe fratele meu, pe profesorul Popescu, pe Ion**, *Ho incontrato mio fratello, il professor Popescu, Ion*. I nomi propri degli animali vengono trattati allo stesso modo: **(L-)am văzut pe Azorel**, *Ho visto Azorel*. Se questi nomi sono invece sostituiti da un pronome, quest'ultimo andrà ovviamente preceduto da **pe**.
Attenzione! Ricordatevi che il pronome relativo-interrogativo **care**, *che* o *quale*, va sempre preceduto da **pe** quando è complemento oggetto, anche quando sostituisce un oggetto e non una persona: **Cartea pe care am citit-o**, *Il libro che ho letto*. I romeni stessi spesso si dimenticano di questa regola...

5.2 Costruzione

Come la maggior parte delle preposizioni romene, **pe**, *su*, si costruisce con l'accusativo; in genere questo non è evidente perché la forma dell'accusativo è identica a quella del nominativo, nel caso dei sostantivi. **Pe**, *su*, fa parte delle preposizioni più usate, accanto a **către** o **spre**, *verso*; **cu**, *con*; **de**, *di*; **fără**, *senza*; **în**, *in*; **la**, *a*; **lângă**, *accanto a*; **pentru**, *per*; **peste**, *sopra*; **până**, *fino a*; **sub**, *sotto*.

Dialog de recapitulare

1 – Am impresia că lucrez de un secol
2   în întreprinderea asta, m-am săturat!
3 – Şi ce vrei să faci? Ai totuşi noroc,
4   nu te omori cu munca, ai un salariu relativ interesant ...
5 – Da, dar nu mai pot să-l suport pe şeful meu!
6   Nu ne consultă niciodată când trebuie să ia hotărâri importante!
7 – Nu te enerva, viaţa e complicată,
8   gândeşte-te că în ziua de azi e greu să găseşti un loc convenabil...
9 – Te asigur că sunt disperat,
10   am tăcut prea multă vreme,
11   nimeni nu-mi poate interzice să spun clar ce cred!
12 – Fii rezonabil, asta înseamnă că rişti să te cerţi cu el, n-are rost...
13 – Înţelege-mă, sunt disperat,
14   m-am obişnuit cu ideea că trebuie să plec cu orice preţ, fie ce-o fi!
15 – Îmi dau seama ce simţi,
16   dar şeful tău e ca toţi şefii,
17   dă ordine pentru că e plătit pentru asta, ce vrei să facă?
18 – Ce mă deranjează cel mai mult e că nu-şi respectă colegii!
19   De exemplu, noi n-avem dreptul să fumăm în birou,
20   dar el fumează fără jenă în faţa noastră!

Settantesima lezione / 70

Traduzione

1 Ho l'impressione di lavorare da un secolo **2** in questa azienda, sono stufo! **3** E cosa [ci] vuoi fare? Sei comunque fortunato, **4** non ti ammazzi di *(con)* lavoro, hai uno stipendio relativamente interessante... **5** Sì, ma non sopporto più il mio capo! **6** Non chiede mai la nostra opinione quando deve prendere decisioni importanti! **7** Non ti innervosire, la vita è complicata, **8** pensa che al giorno d'oggi è difficile trovare un posto conveniente... **9** Ti assicuro che sono disperato, **10** ho taciuto troppo a lungo, **11** nessuno mi può vietare di dire chiaramente ciò che penso *(credo)*! **12** Sii ragionevole, questo vuol dire che rischi di litigare con lui, non ha senso... **13** Comprendimi, sono disperato, **14** mi sono abituato all'idea che devo andarmene a tutti i costi, sia quel che sia! **15** Mi rendo conto [di] quel che stai provando *(senti)*, **16** ma il tuo capo è come tutti i capi, **17** dà degli ordini perché è pagato per questo, che vuoi che faccia? **18** Ciò che mi disturba di più è che non rispetta i suoi colleghi! **19** Per esempio, noi non abbiamo il permesso di fumare in ufficio, **20** ma lui fuma spudoratamente davanti a noi!

***

Complimenti per questa nuova serie di lezioni! Pronti per la prossima? Un piccolo consiglio per approfittarne al massimo: non trascurate la lettura a voce alta di ciascuna frase dei dialoghi, non solo degli imperativi e dei vocativi! Vedrete, è una tecnica molto efficace per migliorare la vostra pronuncia e la vostra intonazione... Coraggio!

Seconda ondata: lezione 21

Lecția a șaptezeci și una

O alternativă sănătoasă la țigară

1 – Vă salut [1], domnule doctor! Respectele [2] mele!
2 Ce faceți aici? Așteptați și dumneavoastră autobuzul?
3 – Bună ziua! Da, aștept douăzeci și doiul,
4 mă întreb la ce oră trebuie să vină...
5 – În mod [3] normal, la unsprezece și ceva,
6 azi e duminică, zi de odihnă, trece mai rar,
7 avem timp să fumăm o țigară.
8 Drace, mi-am uitat acasă țigările și chibriturile!
9 – Aveți noroc, eu nu mai fumez de doi ani,
10 dar am întotdeauna la mine țigări
11 pentru prietenii mei fumători...
12 – Mersi frumos [4], vă rămân îndatorat!
13 Aș vrea [5] și eu să mă las [6], dacă aș putea...

Note

1 In romeno, questo saluto segnala semplicemente il rispetto per la persona alla quale ci si rivolge.

2 **Respectele mele**, *I miei ossequi*, è un'espressione molto cerimoniosa che sta cadendo in disuso. La voce **respect** è alla base di un'altra formula di cortesia: **Vă salut cu respect** (lett. La saluto con rispetto).

3 In realtà, **mod** significa *modo, maniera*; seguito da un aggettivo, forma una locuzione avverbiale: **în mod normal**, *normalmente* (lett. in modo normale).

4 L'aggettivo **frumos**, *bello*, qui è adoperato come avverbio, *bellamente*; in romeno per *molte grazie* si possono usare le espressioni **mersi frumos** e soprattutto **mersi mult**.

Settantunesima lezione

Un'alternativa sana alla sigaretta

1 – Buongiorno *(La saluto), (signor)* dottore! I miei ossequi!
2 [Ma] cosa fa qua? Aspetta anche Lei l'autobus?
3 – Buongiorno! Sì, sto aspettando il ventidue,
4 mi chiedo a che ora arrivi *(deve che arrivi)*…
5 – Normalmente, poco dopo le undici *(a undici e qualcosa)*,
6 oggi è domenica, giorno festivo, passa più di rado,
7 abbiamo tempo per fumare una sigaretta.
8 Diamine, ho dimenticato a casa le sigarette e i fiammiferi!
9 – Le è andata bene *(Avete fortuna)*, io non fumo più da due anni,
10 ma ho sempre con *(a)* me delle sigarette
11 per i miei amici che fumano *(fumatori)*…
12 – Molte grazie *(Grazie bellamente)*, Le sono debitore *(vi rimango indebitato)*!
13 Anch'io vorrei smettere, se potessi *(potrei)*…

5 **aș vrea** è il condizionale presente del verbo **a vrea**, *volere*. Infatti, nelle frasi condizionali, **dacă**, *se*, è sempre seguito da un condizionale, mai dal congiuntivo: **dacă aș putea** (lett. se potrei). Vi ritorneremo nella lezione di ripasso.

6 L'infinito dell'espressione è **a se lăsa de…**, *smettere di…* (lett. lasciarsi di), seguito da un nome: **m-am lăsat de fumat**, *ho smesso di fumare*; **s-a lăsat de prostii**, *ha smesso di fare sciocchezze*.

trei sute optsprezece • 318

14 Fumez mult, două pachete pe zi...
15 Sunt conştient că nu e bine, nu e sănătos
16 şi pe de altă parte, tutunul e tot mai scump...
17 Cum să scap de acest viciu, ce mă sfătuiţi?
18 – În situaţia dumneavoastră, e o chestie [7] de voinţă, de perseverenţă...
19 Trebuie să ştiţi că fumatul [8] e un tic nervos;
20 când simţiţi nevoia să aprindeţi o ţigară, mâncaţi un măr!
21 – Ştiţi, sunt plin de bunăvoinţă, am încercat şi asta,
22 dar până la urmă [9] am lăsat-o baltă [10], nu merge...
23 Sunt incapabil să mănânc patruzeci de mere pe zi!

Note

7 **chestie** vuol dire normalmente *cosa, roba,* quando l'oggetto di cui si parla non viene definito. Per dire *questione di*, il romeno adopera di solito la variante **chestiune**.

8 Il romeno usa volentieri un sostantivo laddove l'italiano preferisce un verbo; nel nostro caso, **fumatul** è infatti un sostantivo che si riferisce all'*azione di fumare, il fatto di fumare*: **Fumatul interzis**, *Vietato fumare*.

9 L'espressione **la urmă** significa *alla fine*, ma il sostantivo **urmă** significa *orma*.

10 L'infinito di quest'espressione è **a o lăsa baltă**, con una **o** neutra: **Las-o baltă!**, *Lascia perdere! Baltă* significa in realtà *stagno* o *pozzanghera*.

***

Exerciţiul 1 – Traduceţi

❶ Sâmbăta, duminica şi în zilele de sărbătoare, autobuzul trece mai rar pe aici. ❷ Drace, nu am chibrituri ca să aprind o ţigară! ❸ Nu mai fumez de cel puţin zece ani. ❹ Când eram tânăr, fumam cam două pachete pe zi. ❺ Îşi aminteşte întotdeauna cu mult respect de profesorul său de istorie din liceu.

Settantunesima lezione / 71

14 Fumo molto, due pacchetti al giorno...
15 Sono consapevole che non va *(è)* bene, non è sano
16 e *(su)* d'altra parte, il tabacco è sempre più caro...
17 Come liberarmi da questo vizio, che cosa mi consiglia?
18 – Nella Sua situazione, è questione di volontà, di perseveranza...
19 Deve sapere che fumare è un tic nervoso;
20 quando sente il bisogno di accendere una sigaretta, mangi una mela!
21 – Sa, sono pieno di buona volontà, ho provato anche questo,
22 ma alla fine *(fino a orma)* ho lasciato perdere, non funziona...
23 Non riesco *(Sono incapace)* a mangiare quaranta mele al giorno!

Soluzioni dell'esercizio 1
❶ Il sabato, la domenica e nei giorni festivi, l'autobus passa di qui più di rado. ❷ Diamine, non ho i fiammiferi per accendere una sigaretta! ❸ Non fumo più da almeno dieci anni. ❹ Quando ero giovane, fumavo circa due pacchetti al giorno. ❺ Si ricorda sempre con molto rispetto del suo professore di storia del liceo.

trei sute douăzeci

Exercițiul 2 – Completați

① Ho smesso di fumare per ragioni di salute.
M-am ..... de ..... din ...... de ....

② La tua situazione è molto complicata, temo che non ci sia alternativa.
.... ta e foarte ...., mi-e ..... că nu există ....

③ Devi essere consapevole del fatto che si tratta solo di un tic nervoso.
Trebuie să fii .... de ...... că nu e vorba decât de un tic ....

④ Ti assicuro che riuscirete a mettervi d'accordo, con un po' di buona volontà.

Lecția a șaptezeci și doua

Așa era scris!

1 – Și uite-așa am divorțat pentru a treia oară...
2 – Ceasu' rău [1]! Așa ți-era scris!
3   Apropo, tu din ce zodie [2] ești? Când te-ai născut?
4   Nu te întreb anul, nu se face, nu e politicos,
5   iar zodiacul chinezesc nu mă interesează;
6   spune-mi numai ziua și luna.

Note

[1] L'espressione romena **ceasu' rău** designa un momento sfortunato e negativo. Notate che il sostantivo romeno è incompleto; infatti, gli manca l'articolo determinativo, la **-l** di **ceasul**, *l'ora*. Nel parlato, accade spesso che la **-ul** finale si riduca a **-u**. Abbiamo già incontrato nella lezione 59 l'espressione contraria, **(Să fie) într-un ceas bun!**, *Auguri!*

Te . . . . . . că veți . . . . . să cădeți de . . . . . , cu puțină . . . .

❺ Si dice che fumare sia un vizio e io so che non va *(è)* bene, ma sono incapace di rinunciarvi!

Se . . . . . că fumatul e un . . . . . și eu știu că nu e . . . . , dar sunt . . . . să . . . . . . !

Soluzioni dell'esercizio 2

❶ – lăsat – fumat – motive – sănătate ❷ Situația – complicată – teamă – alternativă ❸ – conștient – faptul – nervos ❹ – asigur – reuși – acord – bunăvoință ❺ – spune – viciu – bine – incapabil – renunț

Seconda ondata: lezione 22

Settantaduesima lezione

Era destino *(Così era scritto)*!

1 – Ed ecco come *(così)* ho divorziato per la terza volta...
2 – Che sfortuna *(Ora-la cattiva)*! Era destino *(Così ti era scritto)*!
3 A proposito, tu di che segno *(zodiacale)* sei? Quando sei nata?
4 Non ti chiedo l'anno, non si fa, non è cortese,
5 e lo zodiaco cinese non mi interessa;
6 dimmi soltanto il giorno e il mese.

2 **zodie** designa la costellazione zodiacale e il segno dello zodiaco: **zodia Leului**, *il segno del Leone*; **zodia Peștilor**, *il segno dei Pesci*.

Lecția a șaptezeci și doua

7 – N-am nimic de ascuns [3], m-am născut în [4] șapte aprilie
8 – Berbec, aș fi jurat [5]! Și fostul [6] tău soț?
9 – În 15 martie, cred, dar aș prefera să uit!
10 – În zodia peștilor, nu se putea mai rău!
11 Erați perechea cea mai nepotrivită [7]!
12 N-aveați nicio șansă să vă înțelegeți!
13 Erați un bun exemplu de incompatibilitate de caracter!
14 – Ei lasă, crezi în chestiile astea? Citești în stele?
15 – E mult mai serios decât ți se pare!
16 Astrologia e o adevărată știință!
17 – Uită prostiile astea, mai bine comandăm o clătită cu dulceață, un ecler [8] sau o jofră,
18 în cofetăria [9] asta prăjiturile sunt excelente!
19 – Bună idee, și cerem și două cafele turcești...
20 – Ai dreptate, cafeaua filtru nu se compară la gust!
21 – A, nu-i pentru asta... dar nu are zaț,
22 nu poți ghici viitorul în ea...

Note

3 de ascuns è il supino del verbo a ascunde, *nascondere*. Ormai lo sapete: il romeno tende a evitare l'infinito del verbo. Qui viene sostituito dal supino.

4 Per esprimere la data, si può scegliere fra le preposizioni în, *in*; pe, *su* e la, *a*; di conseguenza, si può dire în/pe/la șapte aprilie, *il sette aprile*.

5 aș fi jurat è il condizionale passato del verbo a jura, *giurare*.

6 fostul è un aggettivo che proviene da fost, *stato*, participio passato del verbo a fi, *essere*; un po' come l'italiano *il fu*, ma ancora vivo!

Settantaduesima lezione / 72

7 – Non ho niente da nascondere, sono nata il *(in)* sette aprile.
8 – Ariete, [ci] avrei giurato! E il tuo ex-marito?
9 – Il *(In)* quindici marzo, credo, ma preferirei dimenticare!
10 – Nel segno dei Pesci, non poteva essere *(si poteva)* peggio!
11 Eravate la coppia più incompatibile!
12 Non avevate nessuna possibilità di andare d'accordo!
13 Eravate un buon esempio d'incompatibilità di carattere!
14 – Ma dai *(Ehi lascia)*, credi a *(in)* 'sta roba? Leggi nelle stelle?
15 – È molto più serio di quel che *(ti)* sembra!
16 L'astrologia è una vera scienza!
17 – Dimentica queste stupidaggini, meglio che ordiniamo una crêpe alla *(con)* marmellata, un éclair o una torta al cioccolato,
18 in questa pasticceria i dolci sono ottimi!
19 – Buona idea, e chiediamo anche due caffè alla turca...
20 – Hai ragione, il caffè filtrato non regge il paragone *(non si paragona a sapore)*!
21 – Ah, non è per questo... [è che] *(ma)* non ha il fondo,
22 non [ci] puoi leggere il futuro *(indovinare futuro-il in essa)*...

---

7 Avete già incontrato questo aggettivo con il senso di *inopportuno* (lezione 69, nota 2); qui la traduzione più adatta è *incompatibile*, in quanto **nepotrivit** significa letteralmente "non abbinato", dal verbo **a se potrivi**, *abbinarsi*.

8 Il termine **ecler** deriva dal francese e indica una specie di bignè allungato. Molti dolci sono infatti d'ispirazione francese.

9 **o cofetărie** è *una pasticceria-sala da tè* dove si possono consumare soprattutto dolci e bevande non alcoliche.

72 / Lecția a șaptezeci și doua

Exercițiul 1 – Traduceți

❶ El s-a născut în prima zi a lunii iulie, în plină noapte. **❷** Tatăl meu e născut în zodia leului, ca și sora mea. **❸** Nu mai înțeleg nimic, ție îți spune că e încă măritată, mie îmi spune că a divorțat deja! **❹** Dacă nu mă înșel, pe fosta lui soție o chema Margareta, nu-i așa? **❺** Ceea ce îmi place la el, e că e un bărbat extrem de politicos.

***

Exercițiul 2 – Completați

❶ Ho dimenticato che età aveva quando si è sposato, ma era davvero troppo giovane.
Am ..... ce ...... avea când s-a ...., dar ... mult prea ......

❷ Non aveva nessuna esperienza, credeva [a] tutto quello che lui le diceva.
Nu .... nicio ...., ... tot ce-i ...... el.

❸ Ti giuro che i soldi non mi interessano affatto; quel che conta è l'amore.
Îți ... că ..... nu mă .... deloc; ceea ce .... e ....

❹ Non ti nascondo che non vedo nessun futuro possibile fra di loro.
Nu-ți ...... că nu ... niciun ...... posibil ..... ei.

❺ Non c'è paragone fra la marmellata di mia nonna e quella del **supermercato** (La marmellata del supermercato non si paragona con quella fatta da mia nonna)!
.... din .... nu se .... cu cea ...... de ...... mea!

Settantaduesima lezione / 72

Soluzioni dell'esercizio 1
❶ Lui è nato il primo giorno del mese di luglio, nel cuore della *(in piena)* notte. ❷ Mio padre è nato nel segno del Leone, come mia sorella. ❸ Non capisco più nulla, a te dice che è ancora sposata, [mentre] a me dice che ha già divorziato! ❹ Se non mi sbaglio, la sua ex-moglie si chiamava Margareta, vero? ❺ Ciò che mi piace di *(a)* lui, è che è un uomo estremamente educato.

***

Soluzioni dell'esercizio 2
❶ – uitat – vârstă – însurat – era – tânăr ❷ – avea – experiență, credea – spunea – ❸ – jur – banii – interesează – contează – dragostea ❹ – ascund – văd – viitor – între – ❺ Dulceața – supermarket – cumpără – făcută – bunica –

Seconda ondata: lezione 23

Lecția a șaptezeci și treia

Nu se poate renunța la ziare!

1 – N-ai un ziar de azi? Eu nu sunt abonat
2 și în dimineața asta n-am avut timp să mă opresc
3 să cumpăr "Jurnalul național"[1] sau "Evenimentul zilei"...
4 – Eu nu mai cumpăr demult ziare,
5 nici măcar "Gazeta sporturilor"[2]!
6 La ce bun? Bani aruncați[3] pe fereastră!
7 – Nu sunt de acord cu tine,
8 mie îmi place să mă țin la curent cu ce se întâmplă în lume!
9 – Și pe mine mă interesează actualitatea:
10 în fiecare dimineață când mă bărbieresc[4],
11 ascult buletinul de știri la radio
12 și seara mă uit la telejurnal!
13 Oricum, găsesc orice vreau pe Internet,
14 în doi timpi și trei mișcări.
15 Presa scrisă e condamnată să dispară
16 și dealtfel mă întreb cât o să mai supraviețuiască[5] radioul!

Note

1 **Jurnalul național** e, nella stessa frase, **Evenimentul zilei**, sono fra i giornali più diffusi in Romania. Notate l'uso della voce **jurnal**, *giornale*, invece di **ziar**, *quotidiano* (frase 1).

2 **gazetă** è un altro sinonimo di **ziar**: quest'ultimo però è di gran lunga il termine più comune.

3 **aruncați**, *buttati*, del verbo **a arunca**, *buttare*.

327 • trei sute douăzeci și șapte

Settantatreesima lezione

Non si può rinunciare ai giornali!

1 – Non hai un giornale di oggi? Io non sono abbonato
2 e *(in)* stamattina non ho avuto *(il)* tempo di fermarmi
3 a comprare il "Giornale nazionale" o "l'Evento del giorno"...
4 – Io [è] da molto [tempo che] non compro più giornali,
5 neanche la "Gazzetta degli sport"!
6 A che serve? Soldi buttati dalla *(su)* finestra!
7 – Non sono d'accordo con te,
8 a me piace essere aggiornato su *(tenermi a corrente con)* ciò che accade nel mondo!
9 – Anche a me interessa l'attualità:
10 tutte le mattine *(in ogni mattina)* quando mi faccio la barba,
11 ascolto le *(bollettino-il di)* notizie alla radio
12 e la sera guardo il *(a)* telegiornale!
13 Ad ogni modo, trovo tutto quel che voglio in Internet,
14 in quattro e quattr'otto *(in due tempi e tre movimenti)*.
15 La stampa scritta è condannata a scomparire
16 e del resto mi domando quanto tempo ancora sopravvivrà la radio!

---

4 In questo contesto, invece di **a se bărbieri**, si potrebbe usare anche **a-și rade barba**, *farsi (radersi) la barba*.

5 Il verbo **a supraviețui**, *sopravvivere*, assicura la sopravvivenza del verbo **a viețui**, sinonimo meno usato del verbo **a trăi**, *vivere*. **A viețui** fa parte della famiglia lessicale di **viață**, *vita*.

17 Civilizația noastră a ales definitiv imaginile...
18 – A nu, după mine, în ciuda [6] progresului tehnic,
19 radioul și televizorul n-o să înlocuiască niciodată ziarul!
20 – Ce [7] te face să crezi asta? Cine [8] poate ști ce se va întâmpla?
21 – Ascultă-mă pe mine, e o simplă chestiune de logică:
22 niciunul din aparatele astea, oricât de perfecționat ar fi,
23 nu poate fi folosit pentru a ambala un pachet! □

Note

6 La locuzione preposizionale **în ciuda**, *malgrado, nonostante*, funziona con il genitivo, qui **progresului**. È il caso di alcune preposizioni e locuzioni preposizionali, di cui ecco qualche esempio: **contra** (o **împotriva**) **curentului**, *contro corrente*; **în numele poporului**, *in nome del popolo*; **din cauza vitezei**, *a causa della velocità*.

7 Il pronome interrogativo **ce?**, *che?, che cosa?* merita un trattamento a parte, in ragione della sua frequenza d'uso. Ci rivediamo nella lezione di ripasso per ulteriori particolari.

***

Exercițiul 1 – Traduceți

❶ Nu citesc niciodată articolele de economie din ziare, nu mă interesează și nu înțeleg nimic din limbajul lor. ❷ El se ține la curent cu actualitatea și e abonat la mai multe reviste americane. ❸ Îți dai imediat seama că nu el îi va arunca prima piatră! ❹ Insiști degeaba, astăzi nu am chef să mă bărbieresc! ❺ El făcea parte dintr-o mișcare literară foarte importantă la sfârșitul secolului trecut.

17 La nostra civiltà ha definitivamente scelto le immagini...
18 – Ah no, secondo me, malgrado il progresso tecnico,
19 la radio e la TV non sostituiranno mai il giornale!
20 – Che cosa ti fa pensare questo? Chi può sapere che cosa succederà?
21 – Ascolta me, è una semplice questione di logica:
22 nessuno di questi apparecchi, per quanto perfezionati siano,
23 *(non)* può essere usato per incartare un pacco!

8 Come in italiano, vi è una differenza fra **ce?**, *che?*, che fa riferimento a una cosa o un oggetto e **cine?**, *chi?*, che si riferisce a un essere animato. Come pronome interrogativo, si può declinare e conosce delle forme specifiche per il genitivo-dativo. Le scoprirete nella lezione di ripasso.

***

Soluzioni dell'esercizio 1
❶ Non leggo mai gli articoli di economia dei giornali, non mi interessano e non capisco niente del loro linguaggio. ❷ Si tiene aggiornato sull'attualità ed è abbonato a più riviste americane. ❸ Ti accorgi immediatamente che non sarà lui a tirarle la prima pietra! ❹ Insisti inutilmente, oggi non ho voglia di farmi la barba! ❺ Lui faceva parte di un movimento letterario molto importante alla fine del secolo scorso.

Exercițiul 2 – Completați

1. Hanno detto alla radio che lui è riuscito a sopravvivere due settimane senza mangiare niente.
   Au .... la ..... că el a ...... să
   .... două .... fără să
   .... nimic.

2. Ho visto in TV delle immagini splendide sulla vita degli animali.
   Am .... la .... nişte .... splendide din ....

3. Nonostante la mia volontà, non sono riuscito a rispettare il limite di velocità *(la velocità legale)*.
   În ciuda .... mele, n-am reuşit să ....
   ...... legală.

4. Non so che cosa vuole da me, ciò che dice lui non ha alcuna logica.
   Nu .... ce .... de la .... , ce ..... el
   n-are nicio ....

Lecția a șaptezeci și patra

Cum poți să fii român? [1]

1 – Nimic nu merge cum trebuie în țara asta!
2 E criză în toate domeniile! Asta-i viață?
3 M-am săturat, îmi vine să [2]-mi iau lumea în cap [3]!
4 – Calmează-te, totul se aranjează cu vremea;
5 viața e frumoasă, și merită să fie trăită din plin [4]!

Note

[1] Il titolo riprende una frase del filosofo romeno **Emil Cioran** che si interrogava sull'identità nazionale.

[2] Notate anche l'uso del verbo **a veni**, *venire*, molto simile a quello italiano, nell'espressione **îmi vine să...**, *mi viene da...*

❺ Si sono comprati degli elettrodomestici *(apparecchi di cucina)* molto cari, ma non li usano mai.

Şi-au .... de .... foarte
........, dar nu le .... niciodată.

Soluzioni dell'esercizio 2

❶ – spus – radio – reuşit – supravieţuiască – săptămâni – mănânce –
❷ – văzut – televizor – imagini – viaţa animalelor **❸** – voinţei – respect viteza – **❹** – înţeleg – vrea – mine – spune – logică **❺** – cumpărat aparate – bucătărie – scumpe – folosesc –

Seconda ondata: lezione 24

Settantaquattresima lezione

Come si può essere romeni *(puoi essere romeno)*?

1 – Niente *(non)* va come deve in questo paese!
2 C'è crisi in tutti i settori! È vita, questa?
3 Sono stufo, ho voglia di scappare in capo al mondo *(mi viene da prendermi mondo-il in testa)*!
4 – Calma*(ti)*, tutto si sistema con il tempo;
5 la vita è bella e merita di essere vissuta appieno!

---

3 **a-şi lua lumea în cap** (lett. prendersi il mondo in testa) significa *scappare il più lontano possibile, andarsene in capo al mondo*, di solito come conseguenza di un'esperienza negativa.

4 **din plin**, *appieno*, è una locuzione avverbiale costruita sulla base dell'aggettivo **plin**, *pieno*.

6 – Cine mai crede încă într-o minune care să rezolve totul? Nu fi naiv!
7 Recunosc în tine caracterul tipic românesc!
8 Stăm cu brațele încrucișate și așteptăm nu se știe ce!
9 – Răbdarea poate fi o virtute!
10 Important e să nu-ți pierzi simțul umorului,
11 să lupți, să reziști până la capăt [5]...
12 – Deschide bine ochii și privește în jurul [6] tău!
13 Uite unde ne-a dus gustul nostru
14 pentru umor negru, paradox și absurd!
15 – Exagerezi, te lași condus [7] de emoții negative,
16 nu ții cont de faptul că românul e inventiv,
17 se descurcă el întotdeauna cumva!
18 – Da, dar numai când îi ajunge cuțitul la os...
19 O să zici că sunt prea pesimist
20 dar sunt convins că am atins o limită!
21 Zău [8], mai rău [9] ca așa, e imposibil!
22 – Eu sunt optimist: ba da, e posibil!

Note

[5] Il romeno **capăt**, etimologicamente apparentato all'italiano *capo*, mantiene il significato di estremità e ricorre in varie espressioni, spesso equivalenti: **de la un capăt la altul**, *da un'estremità all'altra*; **la capătul lumii**, *in capo al mondo*; **a fi la capătul răbdării**, *essere sul punto di perdere la pazienza*; **a fi la capătul puterilor** (lett. alla fine dei poteri), *essere stremato*.

[6] In **în jurul tău** (lett. nel giro tuo), *intorno a te*, **tău** è l'aggettivo possessivo della seconda persona singolare (lezione 73, nota 6).

[7] Notate che il romeno usa un participio passato invece dell'infinito italiano, in un'espressione come **te lași condus** (lett. ti lasci condotto), *ti lasci guidare*. Non ci stancheremo di ripetere che, a differenza dell'italiano, il romeno evita l'infinito il più possibile.

Settantaquattresima lezione / 74

6 – Chi crede ancora a *(in)* un miracolo che risolva tutto? Non essere ingenuo!
7 Riconosco in te il carattere tipicamente romeno!
8 Restiamo con le mani in mano *(Stiamo con braccia-le incrociate)* e aspettiamo non si sa che cosa!
9 – La pazienza può essere una virtù!
10 L'importante è non perdere il senso dell'umorismo,
11 lottare, resistere fino alla fine…
12 – Apri bene gli occhi e guardati intorno!
13 Ecco dove ci ha portati il nostro gusto
14 per l'umorismo nero, [per il] paradosso e [per l'] assurdo!
15 – Esageri, ti lasci guidare da emozioni negative,
16 non tieni conto del fatto che i romeni sono inventivi *(romeno-il è inventivo)*,
17 se la cavano sempre in un modo o nell'altro!
18 – Sì, ma soltanto quando hanno l'acqua alla gola *(quando gli arriva coltello-il a osso)*…
19 Dirai che sono troppo pessimista
20 ma sono convinto che abbiamo raggiunto il *(un)* limite!
21 Giuro, peggio di così, *(è)* impossibile!
22 – Io sono ottimista: invece sì, è possibile!

---

8 **Zău**, qui tradotto come *Giuro*, è in realtà la contrazione di **Dumnezeu**, *Dio (Domineddio)*, nell'espressione **Jur pe Dumnezeu**, *Giuro su Dio*.

9 Il comparativo di **rău**, *male, malvagio* o *cattivo*, è **mai rău** (lett. più male/malvagio), *peggio* o *peggiore*. La voce non fa eccezione alla regola generale di formazione del comparativo degli aggettivi e degli avverbi. In altri contesti **rău** può significare *cattivo*: **câine rău**, *cane cattivo*; **Atenție, câine rău**, *Attenti al cane.*

trei sute treizeci și patru

74 / Lecția a șaptezeci și patra

Exercițiul 1 – Traduceți

❶ Nu e deloc ușor pentru ei, copiii lor sunt în plină criză de adolescență. ❷ Soțul ei e cunoscut ca unul dintre cei mai importanți oameni de știință în domeniul său. ❸ Sunt destul de naiv ca să cred că totul se va aranja cu timpul. ❹ Optimistul vede paharul pe jumătate plin, pesimistul preferă să-l vadă pe jumătate gol. ❺ Deschide te rog fereastra, simt că am nevoie de aer.

Exercițiul 2 – Completați

❶ Voglio sapere come lottare contro la stanchezza al volante.
   Vreau să .... cum să .... împotriva .... la ......

❷ Calmati e guardami negli occhi quando ti parlo!
   ....-te și ....-mă în .... când ... vorbesc!

❸ Non mi ricordo chi ha scritto il romanzo "Il nome della rosa".
   Nu-mi .... cine a ..... romanul "Numele ...."

❹ Quando ho tempo, preferisco fare parole crociate che guardare la TV.
   .... am ...., prefer să ... cuvinte .... decât să mă ... la televizor.

***

Nel XIX secolo, i romantici in cerca del "genio nazionale" hanno accreditato l'idea secondo la quale i romeni sono pessimisti e fatalisti. Il nascente sentimento nazionale veniva così lusingato da un'immaginaria propensione a una metafisica degli abissi. Si è provato a definire "l'anima romena" a partire dal folklore e la commovente rassegnazione del pastore, eroe della canzone epica **Miorița**, *l'Agnella, davanti alla sua morte annunciata è stato il punto di partenza di un'ampia letteratura. La malinconia innata dei romeni sarebbe evidente in un'altra creazione folklorica, la* **doină**, *melopea nostalgica*

Settantaquattresima lezione / 74

Soluzioni dell'esercizio 1

❶ Non è affatto facile per loro, i loro figli sono in piena crisi adolescenziale. ❷ Suo marito è noto come uno dei più importanti scienziati *(uomini di scienza)* nel suo campo. ❸ Sono abbastanza ingenuo da credere che tutto si sistemerà con il tempo. ❹ L'ottimista vede il bicchiere mezzo pieno, il pessimista preferisce vederlo mezzo vuoto. ❺ Apri ti prego la finestra, sento che ho bisogno d'aria.

❺ Ti assicuro che sa benissimo cavarsela nella vita anche senza il tuo aiuto.

Te . . . . . . că . . . . foarte bine să se . . . . în viață și fără . . . . tău!

Soluzioni dell'esercizio 2

❶ – știu – lupt – oboselii – volan ❷ Calmează – privește – ochi – îți – ❸ – amintesc – scris – trandafirului ❹ Când – timp – fac – încrucișate – uit – ❺ – asigur – știe – descurce – ajutorul –

***

che i dizionari traducono impropriamente come lamento. *Quando George Bacovia, poeta del Novecento, esclama* **O, țară tristă, plină de umor!**, *Oh, Paese triste, pieno d'umorismo!, coglie però anche un'altra evidente caratteristica dei romeni, che paradossalmente coesiste con la prima. Infatti, i romeni adorano ridere e adorano le barzellette, soprattutto intorno al tavolo e a un buon bicchiere di vino!*

Seconda ondata: lezione 25

trei sute treizeci și șase

Lecția a șaptezeci și cincea

Cine joacă câștigă

1 – Ard de nerăbdare să te întreb ceva,
2 dar nu știu cum să încep... e penibil...
3 – Mă mir că eziți, ne cunoaștem de atâția ani!
4 Te pot ajuta? Ai o cerere [1] de făcut?
5 Ai nevoie de o pilă [2] la primărie?
6 – A nu, mulțumesc frumos, apreciez propunerea,
7 dar e ceva ce te privește personal...
8 – Poți să mă întrebi ce vrei, n-am secrete pentru tine...
9 – Am aflat povestea asta de la Bogdan, alaltăieri,
10 dar tot orașul vorbește... în fine [3], vreau să zic,
11 toți prietenii noștri comuni, dar nu numai ei...
12 – Despre ce-i vorba? Curaj, dă-i drumul [4]!
13 – Știi, se zice că ai căzut în patima jocului
14 și că joci cărți [5] cu soția ta!

Note

1 Nella famiglia del verbo **a cere**, *richiedere*, **cerere** significa *richiesta, domanda*: **la cerere**, *su richiesta*; **cerere în căsătorie**, *domanda di matrimonio*.

2 **o pilă** è, in senso proprio, *una limetta*, e in senso figurato, *una raccomandazione*. È chiaro che lo strumento a cui si riferisce l'espressione romena si usa per smussare gli spigoli...

3 **în fine**, *insomma*, è un'altra espressione conclusiva, come **în sfârșit**, che conoscete già.

Settantacinquesima lezione

Chi gioca vince

1 – Brucio d'impazienza di chiederti una cosa *(qualcosa)*,
2   ma non so come cominciare... è imbarazzante...
3 – Mi stupisco che esiti, ci conosciamo da tanti anni!
4   Posso aiutarti? Hai una domanda da fare?
5   Hai bisogno di una raccomandazione in *(a)* Comune?
6 – Ah no, grazie mille *(bellamente)*, apprezzo la proposta,
7   ma è qualcosa che ti riguarda di persona...
8 – Mi puoi fare qualsiasi domanda *(Puoi che mi domandi che vuoi)*, non ho segreti per te...
9 – Ho saputo questa storia da Bogdan, l'altro ieri,
10   ma tutta la città [ne] parla... insomma, voglio dire,
11   tutti i nostri amici comuni, ma non soltanto loro...
12 – Di che cosa si tratta? Coraggio, avanti!
13 – Sai, dicono *(si dice)* che tu sia caduto *(sei caduto)* nel vizio del gioco
14   e che giochi a carte con tua moglie!

---

4 Nella lunga lista d'espressioni contenenti la voce **drum**, *cammino*, *via*, **a da drumul** può anche significare *mettere in moto* (un apparecchio, un meccanismo), nonché *mollare la presa*.

5 Il verbo **a juca**, *giocare*, è seguito in romeno da un oggetto senza preposizione: **a juca cărţi**, *giocare a carte*; **a juca fotbal**, *giocare a calcio*.

75 / Lecția a șaptezeci și cincea

15 Sunt sigur că zvonul a fost lansat [6] de un răuvoitor [7]!
16 – Asta-i tot? Ei bine, te anunț că e adevărat;
17 jucăm împreună cărți în fiecare săptămână!
18 – Nu pot să cred! Ce se întâmplă cu voi?
19 – Stai să-ți explic, nu te grăbi să tragi concluzii!
20 Eu am avut ideea asta, pentru care mă felicit
21 și pe care o aplic cu succes de două luni!
22 Știi că la noi nevastă-mea ține banii
23 și nu vrea să cheltuiesc prea mult.
24 Ei bine, luna trecută de exemplu,
25 am reușit să câștig înapoi [8] jumătate din salariu...

Note

[6] Nella frase **zvonul a fost lansat (de un răuvoitor)**, *la voce è stata messa in giro (da un malintenzionato)*, il soggetto **zvonul**, *la voce che si sente dire in giro*, è presentato come se subisse l'azione. La forma verbale che indica che il soggetto subisce l'azione costituisce la voce passiva; vi ritorneremo nella lezione di ripasso.

[7] L'aggettivo sostantivato **răuvoitor**, *malintenzionato, in malafede*, comprende ovviamente, in romeno come in italiano, la voce **rău**, *male*. Allo stesso modo si costruisce **răufăcător**, *malfattore*.

***

Exercițiul 1 – Traduceți

❶ Vineri seara noi jucăm cărți în familie, cu fratele meu și cu soția lui. **❷** Unchiul meu lucrează la primărie și te poate ajuta, dacă ai nevoie. **❸** Nu e în România decât de câteva zile, dar a început deja să vorbească românește. **❹** Îl cunosc foarte bine, știu că a ezitat mult timp între viciu și virtute, înainte de a alege. **❺** Am făcut alaltăieri o cerere de viză și sper să pot pleca cât mai repede posibil.

Settantacinquesima lezione / 75

15 Sono sicuro che la voce è stata messa in giro da un malintenzionato!
16 – Questo è tutto? Ebbene, ti annuncio che è vero;
17 giochiamo insieme a carte *(in)* ogni settimana!
18 – Non [ci] posso credere! Che cosa [vi] succede *(con voi)*?
19 – Aspetta che ti spieghi, non ti affrettare a tirare [le] conclusioni!
20 [Sono] io [che] ho avuto questa idea, di cui sono orgoglioso *(per la-quale mi congratulo)*
21 e che applico con successo da due mesi!
22 Sai che da noi [è] mia moglie [che] tiene i soldi
23 e non vuole che spenda troppo.
24 Ebbene, il mese scorso ad esempio,
25 sono riuscito a recuperare *(vincere indietro)* metà dello stipendio...

8 **înapoi**, avverbio il cui senso principale è *indietro* (**a rămâne înapoi**, *rimanere indietro*), può modificare il significato di alcuni verbi: **a da înapoi**, *restituire* o *fare marcia indietro*; **a veni înapoi**, *tornare indietro* oppure *rientrare*.

***

Soluzioni dell'esercizio 1

❶ Venerdì sera noi giochiamo a carte in famiglia, con mio fratello e con sua moglie. ❷ Mio zio lavora in comune e ti può aiutare, se hai bisogno. ❸ È in Romania solo da qualche giorno, ma ha cominciato già a parlare romeno. ❹ Lo conosco molto bene, so che ha esitato a lungo fra vizio e virtù, prima di scegliere. ❺ Ho fatto l'altro ieri una domanda di visto e spero di poter partire il più presto possibile.

trei sute patruzeci

Exercițiul 2 – Completați

❶ Mi chiedo quale sia *(è)* il segreto di coloro che riescono nella vita.
Mă ...... care este .... celor care ....
în ......

❷ Non mi so *(posso)* spiegare il successo di questo libro che non mi piace affatto.
Nu ... să explic .... acestei ..... care nu-mi ..... deloc.

❸ Non è una voce malevola, purtroppo è la pura *(vera)* verità!
Nu e un .... răuvoitor, e din ...... adevărul .... !

❹ Con il naso nello schermo del computer, mio fratello gioca spesso a carte su Internet.
Cu ..... în ecranul .... , fratele meu ..... adesea ..... pe Internet.

Lecția a șaptezeci și șasea

Vino cu mine la meci!

1 – Vii cu mine duminică la meciul cu Steaua [1]?
2   Am făcut rost de două locuri la tribuna întâi [2]!
3 – Mulțumesc de invitație, dar eu și fotbalul...
4 – Hai, lasă-te și tu convins o dată!

Note

[1] **Steaua**, di cui conoscete già il senso di *stella*, è anche il nome di una squadra di calcio di Bucarest, che nella seconda metà del secolo scorso era il club dell'esercito. È la squadra romena che ha vinto più titoli, persino la Coppa dei Campioni, contro il Barcellona, e la Supercoppa Europea, entrambe nel 1986. I suoi derby con l'altra grande squadra di Bucarest, la **Dinamo**, accendono regolarmente la passione dei tifosi.

⑤ Arriverai alla conclusione che devi applicare questa ricetta, se vuoi guadagnare.

Vei . . . . . . la . . . . că trebuie să . . . . . . această . . . . . . , dacă vrei să . . . .

Soluzioni dell'esercizio 2

❶ – întreb – secretul – reușesc – viață **❷** – pot – succesul – cărți – place – **❸** – zvon – păcate – adevărat **❹** – nasul – calculatorului – joacă – cărți – **❺** – ajunge – concluzia – aplici – rețetă – câștigi

Seconda ondata: lezione 26

Settantaseiesima lezione

Vieni con me alla partita!

1 – Vieni con me domenica a [vedere] la partita con la Steaua?
2 Sono riuscito ad avere due biglietti in tribuna *(a tribuna prima)*!
3 – Grazie per l'invito, ma io e il calcio…
4 – Dai, lasciati *(anche tu)* convincere *(convinto)* [per] una volta!

2 **tribuna întâi** o **tribuna întâia**? La grammatica romena ha per anni consigliato la prima variante, spiegando che **întâi** è avverbio, quindi invariabile. Oggi anche la variante **întâia** è ritenuta accettabile: potete quindi scegliere fra **clasa întâi** e **clasa întâia**. Noi vi abbiamo proposto la seconda variante fin dalla **lecția întâia**, *prima lezione*.

76 / Lecția a șaptezeci și șasea

5 Dacă ai ști cât m-am chinuit [3] să obțin biletele,
6 am reușit numai cu intervenții:
7 vărul meu îl cunoaște pe antrenorul de la Dinamo.
8 – Nu te supăra pe mine, n-am chef să ies...
9 – Hai, te rog, n-aș vrea să merg fără tine!
10 Singur, n-am pe nimeni cu cine să comentez spectacolul!
11 Unde altundeva decât pe un teren de sport
12 poți să vezi cum fug și transpiră milionari în șort?
13 – Poate că e interesant pentru tine,
14 dar eu nu cunosc jucătorii, nu știu care cine-i [4]!
15 – Nu se poate, îți garantez că i-ai văzut la televizor,
16 dacă nu în meciuri, în reclame...
17 – Bine, ca să-ți fac plăcere, te însoțesc [5],
18 cu condiția să răspunzi la o întrebare
19 din vastul domeniu al [6] fotbalului!
20 – Fără să mă laud, sunt un adevărat specialist:

Note

3 L'uso di **a se chinui** (lett. *torturarsi*) in questo contesto, con il senso di *sforzarsi, fare degli sforzi, darsi da fare*, non è percepito come un'esagerazione in romeno. Il verbo ha perso molta parte della sua forza evocativa e significa semplicemente che il soggetto fa degli sforzi intensi per ottenere qualcosa.

4 care cine-i è un modo romeno per dire *chi è chi*.

5 a însoți, *accompagnare*, è un verbo della stessa famiglia della parola **soț**, *marito*.

6 La **al** di **vastul domeniu al fotbalului** viene chiamata articolo possessivo o genitivale (vedere la lezione di ripasso).

Settantaseiesima lezione / 76

5 Se sapessi quanto mi sono dato da fare *(mi ho torturato)* per ottenere i biglietti,
6 [ci] sono riuscito soltanto grazie ad alcuni contatti *(con interventi)*:
7 mio cugino conosce l'allenatore della Dinamo.
8 – Non te la prendere *(Non ti arrabbiare su me)*, [ma] non ho voglia di uscire...
9 – Dai, ti prego, non vorrei andar[ci] senza [di] te!
10 [Da] solo, non ho nessuno con cui commentare lo spettacolo!
11 Dove *(Dove altrove)* se non su un campo sportivo,
12 puoi vedere come corrono e sudano milionari in pantaloncini corti?
13 – Forse è interessante per te,
14 ma io non conosco i giocatori, non so chi è chi!
15 – Non è possibile *(Non si può)*, ti garantisco che li hai visti in TV *(a televisore)*,
16 se non nelle partite, [almeno] nelle pubblicità...
17 – Bene, per farti [questo] piacere, ti accompagno,
18 a *(con la)* condizione che [tu] risponda a una domanda
19 sull' *(dall')* ampio settore del calcio!
20 – Senza vantarmi, sono un vero specialista:

21 știu tot, cine a dat [7] gol, în ce repriză [8]...
22 – Rămâne de văzut... Vreau un răspuns precis:
23 câte ochiuri [9] are plasa de la poartă? ☐

Note

[7] Nel gergo sportivo si può usare il verbo **a da**, *dare*, nel sintagma **a da gol** (lett. dare goal), per intendere *segnare una rete*. Ma si può dire anche **a marca un gol**, e addirittura **a înscrie un gol** (lett. iscrivere una rete).

[8] Il romeno **repriză** (lett. ripresa) si riferisce sia al primo che al secondo tempo; difatti si dice **prima repriză** oppure **repriza întâia**.

***

Exercițiul 1 – Traduceți

❶ Jucătorii au reușit să obțină un succes important în lupta pentru locul întâi. ❷ A cerut intervenția poliției pentru ca lucrurile să se calmeze. ❸ Nu vreau să comentez decizia ta, tu știi mai bine decât mine ce trebuie să faci. ❹ Am trimis acum două săptămâni o cerere la primărie și încă aștept un răspuns. ❺ Știu foarte bine că nu am voce, dar insist și mă chinui să cânt corect; e un infern!

***

Exercițiul 2 – Completați

❶ Ti posso garantire che non troverai mai più una donna come lei.
Îți pot . . . . că nu . . . mai . . . . niciodată o
. . . . . . ca ea.

❷ Mi dia il permesso di accompagnarLa fino all'aeroporto.
Dați-mi . . . . să vă . . . . până la . . . .

❸ Non dimenticare che sei in una posizione che non ti permette di porre condizioni.
Nu . . . . că ești într-o . . . . care nu-ți . . . .
să pui . . . .

21 so tutto, chi ha segnato *(dato goal)*, in quale tempo...
22 – Questo è *(Rimane)* da vedere... Voglio una risposta precisa:
23 quante maglie ha la rete della porta?

9 Conoscete già il sostantivo maschile **ochi**, *occhio*, invariabile al plurale **ochi**, *occhi*, nel senso anatomico. Qui, **ochi**, *maglia*, ha invece il plurale **ochiuri**, ed è un neutro. Nell'ambito della cucina, **ouă ochiuri** sono le *uova al tegamino*.

***

Soluzioni dell'esercizio 1

❶ I giocatori sono riusciti a ottenere un successo importante nella lotta per il primo posto. ❷ Ha chiesto l'intervento della polizia perché le cose si tranquillizzino. ❸ Non voglio commentare la tua decisione, sai meglio di me che cosa devi fare. ❹ Ho inviato due settimane fa una domanda al municipio, e sono ancora in attesa della riposta *(ancora aspetto una risposta)*. ❺ So benissimo che non ho [una bella] voce, ma insisto e faccio degli sforzi per cantare correttamente; è un inferno!

***

❹ Ha segnato niente *(non)* meno che quattro reti durante la partita contro la Francia.
A . . . . . . nu mai . . . . . de patru . . . . . . în timpul
. . . . cu . . . .

❺ Non mi sta simpatico, si vanta troppo, per i miei gusti *(secondo gusto-il mio)*.
Nu mi-e . . . . , se . . . . . prea mult, după
. . . . . . meu.

Soluzioni dell'esercizio 2

❶ – garanta – vei – găsi – femeie – ❷ – voie – însoțesc – aeroport
❸ – uita – poziție – permite – condiții ❹ – marcat – puțin – goluri
– meciului – Franța ❺ – simpatic – laudă – gustul –

In Romania come in Italia, lo sport numero uno è, nessuna sorpresa, il calcio, che mobilita un gran numero di tifosi, ma gli sportivi romeni si sono fatti notare a livello europeo, internazionale e olimpico anche in altre discipline sportive. I nomi dei tennisti **Ilie Năstase** *e* **Ion Țiriac***, famosi negli anni '70, insieme a quello di* **Simona Halep** *oggi, hanno fatto il giro del mondo. Ma la più famosa sportiva romena è senz'altro* **Nadia Comăneci***. A soli 14 anni fu la rivelazione dei Giochi olimpici del 1976 a Montréal, in Canada, dove ottenne per la prima volta nella storia il punteggio massimo,*

Lecția a șaptezeci și șaptea

Recapitulare – Ripasso

1 Il condizionale

1.1 Usi

Il condizionale è una forma verbale che presenta un'azione come realizzabile purché si verifichi una determinata condizione.

• **Usi comuni con l'italiano**
Il condizionale romeno condivide con il condizionale italiano alcuni valori:

Ipotesi	**Ea ar putea sosi mâine**, *Lei potrebbe arrivare domani.*
Domanda cortese	**Aș vrea un kilogram de mere**, *Vorrei un chilo di mele.*
Consiglio	**Ar trebui să te lași de fumat**, *Dovresti smettere di fumare.*
Rimpianto	**Mi-ar fi plăcut să o întâlnesc înaintea ta**, *Mi sarebbe piaciuto incontrarla prima di te.*

• **Usi propri al condizionale romeno**
• Il condizionale compare a volte in contesti dove l'italiano adopera il congiuntivo: **Orice aș spune, el nu e de acord**, *Qualsiasi cosa dica, lui non è d'accordo*; **Oricum ar fi**, *Comunque sia*.

*cioè 10, grazie alla sua impeccabile esibizione alle parallele asimmetriche. Performance talmente eccezionale che i tabelloni, i quali non erano nemmeno programmati per attribuire tale voto, mostrarono 1.0 invece di 10.0! A Montréal, **Nadia Comăneci** ottenne poi per ben sette volte il massimo dei punti, segnando per sempre la storia dello sport. Rimane un idolo per le ginnaste della scuola romena di ginnastica femminile, che hanno continuato a vincere diverse medaglie nelle competizioni internazionali.*

Seconda ondata: lezione 27

Settantasettesima lezione

- In romeno non si usa mai il congiuntivo nei periodi ipotetici. È normale trovare il condizionale dopo **dacă**, *se*: **Dacă aş fi bogat, nu aş mai avea nevoie să lucrez**, *Se fossi* (lett. sarei) *ricco, non avrei più bisogno di lavorare*. La condizione è qui espressa chiaramente, e il modo verbale giustifica appieno la denominazione di **condiţional**, *condizionale*.
- Quando la condizione non è espressa, come in **Aş vrea să plec în vacanţă**, *Vorrei andare in vacanza*, il condizionale che esprime un desiderio o un augurio viene chiamato **optativ**, *ottativo*. D'altronde si parla spesso di **condiţional-optativ**, *condizionale-ottativo*, per designare ciò che le grammatiche italiane chiamano *condizionale*.
- Da notare infine che in romeno il condizionale non si usa mai per esprimere il cosiddetto futuro nel passato.

1.2 Il condizionale presente

In romeno, il condizionale presente è composto da una variante specifica dell'ausiliare **a avea**, *avere* più l'infinito corto (senza la preposizione **a**) del verbo da coniugare. Ne trovate qui di seguito qualche esempio per i quattro gruppi verbali:

aș prefera	aș vedea	aș merge	aș fugi
ai prefera	ai vedea	ai merge	ai fugi
ar prefera	ar vedea	ar merge	ar fugi
am prefera	am vedea	am merge	am fugi
ați prefera	ați vedea	ați merge	ați fugi
ar prefera	ar vedea	ar merge	ar fugi

...ossia *preferirei, vedrei, andrei, scapperei* ecc.

1.3 Il condizionale passato

Il condizionale passato si forma, molto regolarmente, dal condizionale presente del verbo **a fi**, *essere*, seguito dal participio passato del verbo da coniugare; ne risulta:

aș fi preferat	aș fi văzut	aș fi mers	aș fi fugit
ai fi preferat	ai fi văzut	ai fi mers	ai fi fugit
ar fi preferat	ar fi văzut	ar fi mers	ar fi fugit
am fi preferat	am fi văzut	am fi mers	am fi fugit
ați fi preferat	ați fi văzut	ați fi mers	ați fi fugit
ar fi preferat	ar fi văzut	ar fi mers	ar fi fugit

...ossia *avrei preferito, avrei visto, sarei andato, sarei scappato* ecc.

2 L'articolo possessivo o "genitivale"

2.1 Uso generale

L'articolo possessivo o "genitivale", sconosciuto in italiano, compare in romeno davanti a un sostantivo al genitivo. Per capire la sua ragion d'essere, occorre partire dall'analisi di una sequenza di due sostantivi, di cui il secondo è al genitivo: **câinele vecinului**, *il cane del vicino*; **poarta casei**, *la porta della casa*; **papucii bunicului**, *le pantofole del nonno*; **informațiile zilei**, *le informazioni del giorno*.
In romeno, se il primo sostantivo (l'oggetto posseduto) non è accompagnato da articolo determinativo, deve essere ripreso da un articolo possessivo davanti al secondo sostantivo (il possessore), come in **un câine al vecinului**, *un cane del vicino*; **noua poartă a casei**, *la nuova porta della casa*; **acești papuci ai bunicului**, *queste pantofole del nonno*; **informații ale zilei**, *informazioni del giorno*.

Come avrete notato, gli articoli possessivi **al**, **a**, **ai**, **ale**, si accordano in genere e numero con l'oggetto posseduto e si mettono immediatamente prima del sostantivo senza articolo che indica il possessore. Nei nostri esempi, **al** riprende **câine**, maschile singolare; **a** riprende **poartă**, femminile singolare; **ai** riprende **papuci**, maschile plurale, e **ale** riprende **informaţii**, femminile plurale. Notate che l'articolo si accorda con il sostantivo determinato (l'oggetto posseduto), e non con il sostantivo al genitivo (il possessore).

Notate anche che quando un'altra parola si interpone fra l'oggetto posseduto e il possessore, l'uso dell'articolo possessivo è obbligatorio per non perdere di vista l'oggetto posseduto, che a volte rimane all'inizio dell'enunciato: **Drepturile omului şi ale cetăţeanului**, *I diritti dell'uomo e del cittadino*; **Statele Unite ale Americii**, *gli Stati Uniti d'America*.

Davanti al genitivo, l'articolo possessivo si può a volte tradurre come *quello, quella, quelli, quelle*, come in **Drepturile omului şi ale cetăţeanului**, *I diritti dell'uomo e (quelli) del cittadino*, dove *quelli* è l'equivalente del romeno **ale**.

2.2 L'articolo genitivale-possessivo nei numerali ordinali

L'articolo genitivale-possessivo fa parte anche della struttura del numerale ordinale (che avete incontrato per la prima volta in **Lecţia a doua**, *Seconda lezione*, dove **a** riprende **lecţia**). In italiano si traduce come articolo determinativo davanti a un numerale ordinale (**al treilea**, *il terzo*).

2.3 Articolo genitivale-possessivo e pronome possessivo

Seguito da un pronome possessivo, l'articolo genitivale-possessivo forma il pronome possessivo, di cui ecco qui le forme:

al meu, *il mio*	a mea, *la mia*	ai mei, *i miei*	ale mele, *le mie*
al tău, *il tuo*	a ta, *la tua*	ai tăi, *i tuoi*	ale tale, *le tue*
al său, ...	a sa, ...	ai săi, ...	ale sale, ...
al nostru	a noastră	ai noştri	ale noastre
al vostru	a voastră	ai voştri	ale voastre
al lor	a lor	ai lor	ale lor

Sapete già che, nel caso della 3ª persona singolare, il romeno ha la possibilità di specificare il genere del possessore: **al său**, *il suo*.

Le varianti **al lui** e **al ei** indicano, rispettivamente, il possessore maschile e femminile. Notate che, come in italiano, **ai mei**, *i miei*, può significare *la mia famiglia*.

Come tutti i pronomi, anche il pronome possessivo si declina ed è l'articolo possessivo che marca il caso: **alui** è il genitivo-dativo di **al**, **alei** è il genitivo-dativo di **a** e **alor** è il genitivo-dativo di **ai** e di **ale**. Ecco qui un esempio: **Le-am scris o scrisoare alor mei**, *Ho* (lett. Gli ho) *scritto una lettera ai miei*.

Un piccolo trucco: per evitare l'uso del dativo, al suo posto potete usare la preposizione **la** (+ accusativo). Invece di **Le-am scris o scrisoare alor mei**, potete dire quindi **Le-am scris o scrisoare la ai mei**. Del resto gli stessi madrelingua ricorrono spesso a questa struttura: persino per loro l'articolo genitivale-possessivo risulta impegnativo! Vi potete sentire rassicurati: se questo articolo vi sembra un po' tosto, nessuno si offenderà se vi smarrite un po' tra tutte queste forme… Una buona notizia, no?

3 I pronomi interrogativi *cine?* e *ce?*

Conoscete già **cine?**, *chi?*, che, come in italiano, rinvia a un referente animato e **ce?**, *che?/che cosa?* che rinvia a un referente inanimato: **Cine știe?**, *Chissà?*; **Ce arde acolo?**, *Che cosa sta bruciando là?*; **Ce?** *Che cosa?* A questo proposito, ricordatevi che in questi esempi, **cine?** e **ce?** sono al nominativo (caso del soggetto) e che all'accusativo (caso del complemento oggetto), si deve aggiungere **pe** davanti a **cine**, in quanto si tratta di una persona: **Pe cine căutați?**, *Chi cerca?*

La forma del genitivo-dativo di **cine?**, *chi?*, è **cui?**, *di/a chi?*: **Fratele cui e doctor?**, *Il fratello di chi è dottore?*; **Al cui e copilul ăsta?**, *Di chi è questo bambino?* Avete notato? In quest'ultimo esempio, l'articolo genitivale che precede il **cui** genitivo preannuncia un oggetto posseduto maschile singolare: qui **copilul**, *il bambino*.

Come premio per la vostra attenzione, concludiamo con una buona notizia: **ce?**, *che?* o *che cosa?* non ha forme specifiche per il genitivo-dativo.

4 La voce passiva

Non c'è niente di particolare da dire sulla voce passiva, in quanto in romeno si forma come in italiano: il complemento oggetto diventa soggetto e il soggetto diventa complemento d'agente (o di causa efficiente) introdotto da **de (către)**, *da*. Passando dalla voce attiva alla voce passiva, **Tata citește ziarul și mama scrie o scrisoare**, *Papà legge il giornale e mamma scrive una lettera*, diventa **Ziarul e citit de tata și scrisoarea e scrisă de mama**, *Il giornale è letto da papà e la lettera è scritta da mamma*. Nel romeno contemporaneo sta dilagando la moda giornalistica che usa **de către** in tutti i contesti (ma soprattutto per indicare un nome di persona), anche laddove un semplice **de** dovrebbe bastare.

Come in italiano, il romeno conosce alcune formule che, nonostante la forma pronominale, hanno un senso passivo: **Fructele se vând scump azi**, *La frutta si vende cara oggi*; **Casa lor se vede de departe**, *La loro casa si vede da lontano*. È ovvio che la frutta in questione "viene venduta" e che la casa "è vista". Questo "*si* passivante" è frequente in romeno: **Magazinul se deschide la ora opt**, *Il negozio apre* (lett. si apre) *alle ore otto*.

Dialog de recapitulare

1 – De când e interzis să fumezi în restaurant,
2 trebuie să ies în stradă ca să aprind o țigară!
3 E în același timp penibil și absurd!
4 – Crede-mă că te înțeleg!
5 Și eu am fumat, când eram tânăr.
6 Să spunem că vara nu e o problemă pentru tine,
7 dar iarna ești condamnat să suporți frigul!
8 – Nu știam că ești un fost fumător!
9 Cum ai reușit să te lași de fumat?
10 – A, pentru mine a fost ușor!
11 Nu fumam decât două țigări pe zi,
12 una dimineața și alta la amiază, cu cafeaua.
13 Am renunțat când mi-am dat seama
14 că nu toate țigările aveau gust bun,
15 dar nu mă deranjează
16 când cineva fumează lângă mine, ca tine acum.
17 – Îți mulțumesc, ești un prieten adevărat!
18 Tutunul are o imagine negativă în presă...
19 – Știu că opinia altora nu te interesează,
20 dar dacă ții la sănătatea ta și la a mea,
21 te-aș sfătui să stingi țigara:
22 să respirăm puțin aer curat nu ne poate face rău...

Settantasettesima lezione / 77

Traduzione
1 Da quando è vietato fumare nel ristorante, **2** devo uscire fuori *(in strada)* per accendere una sigaretta! **3** È al tempo stesso imbarazzante e assurdo! **4** Credimi, *(che)* ti capisco! **5** Anch'io fumavo *(ho fumato)*, da giovane. **6** Diciamo che l'estate non è un problema per te, **7** ma d'inverno sei condannato a sopportare il freddo! **8** Non sapevo che fossi *(sei)* un ex fumatore! **9** Come sei riuscito a smettere di fumare? **10** Ah, per me è stato facile! **11** Fumavo solo due sigarette al giorno, **12** una la mattina e l'altra a mezzogiorno, con il caffè. **13** Ho rinunciato quando mi sono accorto **14** che non tutte le sigarette avevano un buon sapore, **15** ma non mi dà fastidio **16** quando qualcuno fuma vicino a me, come te adesso. **17** Ti ringrazio, sei un vero amico! **18** Il tabacco ha un'immagine negativa nella stampa... **19** So che l'opinione degli altri non ti interessa, **20** ma se [ci] tieni alla tua salute e alla mia, **21** ti consiglierei di spegnere la sigaretta: **22** respirare *(che respiriamo)* un po' d'aria fresca *(pulita)* male non fa *(non ci può far male)*...

I vostri progressi vi permettono piano piano di saltare le traduzioni letterali: cominciate ormai a capire sempre meglio il romeno e potete afferrare il senso delle frasi senza più bisogno di tanti aiuti. Bravissimi! Per incoraggiarvi in questa direzione, da ora in poi ridurremo sempre di più le parentesi dedicate alle traduzioni letterali. Potete ormai andare avanti senza rete! Fidatevi... state migliorando molto!

Seconda ondata: lezione 28

Lecția a șaptezeci și opta

Arta contemporană în dezbatere

1 – Ce părere ai [1] despre pictura lui Lucian?
2   Eu o găsesc remarcabilă!
3   L-ai văzut noua expoziție de la galeria primăriei?
4 – Îl cunosc de multă vreme, sunt prieten cu el,
5   dar recunosc că în artă am gusturi clasice,
6   mă simt pierdut în fața unor pânze
7   fără formă și fără sens pentru mine,
8   simplu amestec de linii și de culori...
9   Dar destul cu critica, poate greșesc...
10 – Pur și simplu [2], nu-ți place arta contemporană!
11   Eu văzusem [3] deja tablouri de Lucian anul trecut,
12   la salonul de toamnă
13   și apreciasem în special [4] armonia culorilor;
14   fără nicio îndoială, pictorul [5] ăsta are talent!
15   Știe să-și aleagă subiectele și are o tehnică perfectă...

Note

1 Il romeno usa assai sovente dei nomi (qui, **părere**, *parere, opinione*), in contesti in cui l'italiano preferisce dei verbi (qui, *pensare*): **Ce părere ai?**, *Che cosa ne pensi?*

2 Non dimenticate che l'aggettivo al maschile singolare può servire anche da avverbio.

3 **văzusem**, *avevo visto*, è un piuccheperfetto, tempo verbale sul quale torneremo nella lezione di ripasso.

4 **în special** si può rendere in italiano con *particolarmente, soprattutto*.

5 I sostantivi **pictor**, *pittore* e **pictură**, *pittura* derivano dal verbo **a picta**, *dipingere*.

Settantottesima lezione

L'arte contemporanea in discussione

1 – Che cosa pensi *(Che parere hai)* della pittura di Lucian?
2   Io la trovo notevole!
3   Hai visto la sua nuova mostra presso la galleria municipale?
4 – Lo conosco da tanto tempo, è un amico *(sono amico con lui)*,
5   ma ammetto che in arte ho dei gusti classici,
6   mi sento perso davanti a certe tele
7   senza forma e senza senso per me,
8   [un] semplice miscuglio di linee e di colori…
9   Ma basta con la critica, forse sbaglio…
10 – Semplicemente, non ti piace l'arte contemporanea!
11 Io avevo già visto dei quadri di Lucian l'anno scorso,
12 al salone d'autunno,
13 e avevo particolarmente apprezzato l'armonia dei colori;
14 senza alcun dubbio, questo pittore ha talento!
15 Sa scegliere i soggetti e ha una tecnica perfetta…

16 Naturile moarte și peisajele sunt perfect reușite.
17 – Degeaba îl aperi, nu vei reuși să mă convingi!
18 Și între noi fie vorba [6],
19 e inutil de spus de ce preferă să picteze peisaje
20 și evită portretele:
21 un pom [7] nu se poate plânge că nu seamănă...

Note

6 *Sia detto tra noi* si può dire **între noi fie vorba** o **fie vorba între noi**; in questo caso il romeno è più flessibile dell'italiano per quel che riguarda l'ordine delle parole.

***

Exercițiul 1 – Traduceți

❶ Părerea mea este că, în ciuda antipatiei tale, soțul ei e foarte simpatic. ❷ Nu uita că e pictor, știe foarte bine că arta e lungă și viața e scurtă. ❸ Trebuie să-mi zugrăvesc apartamentul și mă tem că o să mă coste o grămadă de bani. ❹ Când e cald, prefer să port un pantalon ușor de pânză. ❺ Îți dai seama că ce spui tu n-are niciun sens?

***

Exercițiul 2 – Completați

❶ Hanno aperto una galleria d'arte *(di pittura)* nel centro della città.
Au . . . . o . . . . de . . . . în centrul
. . . .

❷ Nonostante l'età e i problemi di salute, sembra in piena forma.
În ciuda . . . . și a . . . . de
. . . ., ... în plină . . . . . .

❸ Mi chiedo che colore risulterà da *(darà)* un miscuglio di giallo e blu.
Mă întreb ce . . . . va da un . . . . de
. . . . . . și de . . . .

Settantottesima lezione / 78

16 Le nature morte e i paesaggi sono perfettamente riusciti!
17 – Lo difendi invano, non riuscirai a convincermi!
18 E, detto tra noi *(tra noi sia parola-la)*,
19 è inutile dire perché preferisce dipingere paesaggi
20 ed evita i ritratti:
21 un albero non si può lamentare di non essere **somigliante** *(che non assomiglia)*…

7 In romeno ci sono molte parole per dire *albero*: **pom**, **copac** e **arbore**, quest'ultima più vicina foneticamente ed etimologicamente al suo equivalente italiano. **Pom** si riferisce in genere (ma non solo) a un *albero da frutto*. Si dice però **pom de Crăciun**, *albero di Natale*…

***

Soluzioni dell'esercizio 1
❶ A mio parere *(Il mio parere è che)*, nonostante la tua antipatia, suo marito è molto simpatico. ❷ Non dimenticare che è pittore, sa benissimo che l'arte è lunga e la vita è breve. ❸ Devo tinteggiare il mio appartamento e ho paura che mi costerà una barca di soldi. ❹ Quando fa caldo, preferisco mettere dei pantaloni leggeri di tela. ❺ Ti rendi conto che ciò che dici non ha alcun senso?

***

❹ Ho l'impressione di aver già visto da qualche parte questo quadro.
  Am .... că am ..... deja undeva .... ăsta.

❺ Vivono in armonia con la natura, lontano dalla civiltà.
  .... în .... cu ......, departe de
  ....

Soluzioni dell'esercizio 2
❶ – deschis – galerie – pictură – orașului ❷ – vârstei – problemelor – sănătate, pare – formă ❸ – culoare – amestec – galben – albastru ❹ – impresia – văzut – tabloul – ❺ Trăiesc – armonie – natura – civilizație

Seconda ondata: lezione 29

Lecția a șaptezeci și noua

Vreau să vin cu tine!

1 – Sunt chemat de urgență la Ministerul Agriculturii,
2 o să încercăm încă o dată să împăcăm capra cu varza,
3 economia cu protecția naturii...
4 – O ocazie nesperată [1]! Vin și eu cu tine la București!
5 – N-are rost [2], ar fi inutil, nu rămân mult,
6 plec mâine în zori și mă întorc la miezul [3] nopții.
7 – Îmi convine perfect, îmi ajunge [4] o zi!
8 – Să știi că trebuie să intru imediat în ședință
9 și poate să dureze ore întregi!
10 – Din fericire [5], e un parc în fața [6] ministerului,
11 voi citi o revistă așteptându-te [7] pe o bancă, la umbră;

Note

1 **nesperat**, *insperato, inaspettato*, è da aggiungere alla lista delle voci formate con l'ausilio del prefisso negativo. Ecco una buona occasione per andare a rivedere la lezione 42!

2 Si usa **rost** in questa espressione in quanto questa voce polisemantica (lezione 64, nota 3) qui significa *senso*: **n-are rost să insiști**, *non ha senso insistere*.

3 In **miezul nopții**, *mezzanotte*, ritroviamo **miez**, con un significato simile a *mezzo*: **în miez de vară**, *nel cuore dell'estate*; **în miezul problemei**, *nel cuore del problema*; **miez de pâine**, *mollica di pane*.

359 • **trei sute cincizeci și nouă**

Settantanovesima lezione

Voglio venire con te!

1 – Mi hanno *(Sono)* chiamato d'urgenza al Ministero dell'Agricoltura,
2 cercheremo ancora una volta di mettere d'accordo capra e cavoli *(che riconciliamo capra-la con cavolo-il)*,
3 l'economia e *(con)* la protezione dell'ambiente *(della-natura)*…
4 – Un'occasione insperata! Vengo anch'io con te a Bucarest!
5 – Non ha senso, sarebbe inutile, non mi ci fermo *(rimango)* molto,
6 parto domani all'alba e torno a mezzanotte.
7 – Mi va benissimo, mi basta un giorno!
8 – Sappi che mi tocca *(devo)* andare *(entrare)* subito in riunione *(seduta)*
9 e può durare delle ore *(ore intere)*!
10 – Per fortuna, c'è un parco davanti al ministero,
11 leggerò una rivista mentre ti aspetto *(aspettandoti)*, su una panchina, all'ombra;

---

4 a ajunge, di cui conoscete il senso di *arrivare*, significa anche *bastare*. Ajunge!, *Basta!*

5 L'aggettivo **fericit**, *felice*, non può essere adoperato come avverbio; la forma corretta è **din fericire** (lett. da felicità).

6 în fața, *davanti a*, introduce un sostantivo al genitivo: în fața gării, *davanti alla stazione*.

7 aşteptându-te, *aspettandoti*: questa forma è un modo verbale chiamato in romeno **gerunziu**, *gerundio* – vedete la lezione di ripasso.

trei sute şaizeci • 360

12 când **v**ei fi terminat [8], o să ne plimbăm un pic [9] prin oraș
13 să ved**e**m ce e **n**ou în vit**r**ine...
14 – De ce te încăpățânezi? Nu înțeleg de ce insiști!
15 – **E**i bine, o să fiu sinceră cu **t**ine:
16 țin să vin pentru că vreau să-mi cumpăr o rochie!
17 – Încă una? Și de ce neapărat de la București?
18 Nu sunt destule magazine de modă în orașul nostru?
19 Ieri am trecut pe lângă un magazin de haine în centru,
20 primiseră noua colecție de vară,
21 tocmai descărcau camionul cu marfă;
22 nu poți să-ți cumperi rochia de aici?
23 – Aha, în sfârșit! Asta voiam să aud!

Note

[8] Abbiamo forzato un po' il testo romeno per introdurre un futuro anteriore, un tempo letterario usato molto raramente. Si forma a partire dal futuro semplice dell'ausiliare **a fi**, *essere*, seguito dal participio passato del verbo da coniugare: **voi** (**vei**, **va**, **vom**, **veți**, **vor**) **fi preferat**: *avrò (avrai, avrà, avremo, avrete, avranno) preferito*.

[9] **pic**, *po'*, significa anche *goccia*, che, come in italiano, può indicare una piccolissima quantità: **un pic de vin**, *un goccio di vino*. È chiaramente un'onomatopea che riproduce il rumore di un liquido che gocciola.

***

Exercițiul 1 – Traduceți

❶ Agricultura joacă un rol important în economia României. ❷ Unchii mei sunt medici și lucrează amândoi la Ministerul Sănătății. ❸ Cum să-i explic că nu mă pot împăca cu ea? ❹ Ajunge, ai reușit să mă convingi, inutil să insiști! ❺ Când șeful lor e prezent, ședința durează cel puțin patru ore.

Settantanovesima lezione / 79

12 quando avrai finito, passeggeremo un po' per la città
13 per vedere che cosa c'è [di] nuovo nelle vetrine...
14 – Perché ti intestardisci? Non capisco perché insisti!
15 – Ebbene, sarò sincera con te:
16 [ci] tengo a venire perché voglio comprarmi un vestito!
17 – Un altro *(Ancora una)*? E perché per forza a *(da)* Bucarest?
18 Non ci sono abbastanza negozi di moda nella nostra città?
19 Ieri sono passato accanto a un negozio di abbigliamento in centro,
20 avevano ricevuto la nuova collezione estiva *(d'estate)*,
21 erano sul punto di scaricare il camion della *(con)* merce;
22 non puoi comprarti il vestito *(da)* qui?
23 – Ah, finalmente! È questo che volevo sentire!

Soluzioni dell'esercizio 1

❶ L'agricoltura gioca un ruolo importante nell'economia della Romania. ❷ I miei zii sono medici e lavorano entrambi presso il Ministero della Sanità. ❸ Come spiegarle che non posso rinconciliarmi con lei? ❹ Basta, sei riuscito a convincermi, inutile insistere! ❺ Quando il loro capo è presente, la riunione dura almeno quattro ore.

Exercițiul 2 – Completați

① Sono stanco, cerchiamo una panchina per riposarci.
Sunt ......, să căutăm o ..... ca să ne ....

② Mi sono alzato all'alba perché l'aereo parte molto presto la mattina.
M-am ...... în ...., pentru că avionul ...... foarte .... dimineața.

③ Il sole picchia troppo (forte), preferisco mettermi all'ombra.
.... arde prea ...., prefer să mă ... la ......

④ Non lo capisco, passeggia cantando sotto la (in) pioggia!
Nu-l ...., se plimbă .... în ......!

Lecția a optzecea

În bucătărie

1 – Ce bine miroase [1]! Îmi lasă gura apă!
2   Ce faci de mâncare [2], bătrâne?
3 – Nu mare lucru, dar te invit să împărțim
4   o omletă cu brânză de oaie, cu ceapă și măsline;
5   recunosc că nu știu să gătesc ca lumea [3]!
6   Ca celibatar, pretențiile mele culinare sunt modeste...
7 – Eu, de când am divorțat, am renunțat să mai gătesc,

Note

[1] **miroase**, *odorare di*, in romeno è un verbo, per cui richiede la presenza di un avverbio: **bine**, e non **bun**. *Odore* (ma anche *odorato*) si dice invece **miros**.

[2] **mâncare** (dal verbo **a mânca**, *mangiare*), che conoscete già nel senso di *cibo*, si ritrova anche nelle espressioni: **poftă de mâncare**, *ap-*

363 • trei sute șaizeci și trei

Ottantesima lezione / 80

⑤ È sempre elegante, *(vestita)* secondo la moda di Milano.
E . . . . elegantă, ... după . . . .
de la Milano.

Soluzioni dell'esercizio 2

❶ – obosit – bancă – odihnim **❷** – sculat – zori – pleacă – devreme **❸** Soarele – tare – pun – umbră **❹** – înțeleg – cântând – ploaie **❺** – întotdeauna – îmbrăcată – moda –

Seconda ondata: lezione 30

Ottantesima lezione ⑧⓪

In cucina

1 – Che buon profumino *(Che bene odora)*! Mi viene l'acquolina in bocca *(Mi lascia bocca-la acqua)*!
2 Che cosa fai da mangiare, vecchio [mio]?
3 – Non [faccio un] granché, ma ti invito a condividere
4 una frittata al *(con)* formaggio di pecora, *(con)* cipolla e olive;
5 ammetto *(riconosco)* che non so cucinare come si deve!
6 Essendo *(Come)* celibe, le mie pretese culinarie sono modeste…
7 – Io, da quando ho divorziato, ho rinunciato a *(più)* cucinare,

petito; **a face de mâncare**, *far da mangiare*, **fel de mâncare**, *piatto (gastronomico)*.

3 ca lumea (lett. come il mondo) è un altro modo per dire **cum trebuie**, *come si deve*.

trei sute șaizeci și patru • 364

8 prefer de o mie de ori [4] să mănânc la restaurant...
9 – Mama mea, gospodină [5] perfectă,
10 făcea o mâncare de să-ți lingi degetele!
11 Dar totul s-a schimbat când m-am căsătorit:
12 fosta mea soție n-a învățat niciodată să facă de mâncare!
13 În plus, era extrem de mofturoasă:
14 pentru ea, zahărul și mierea erau prea dulci [6],
15 sarea era prea sărată și oțetul prea acru!
16 – E greșeala ta, ar fi trebuit să stabiliți de la început rolurile în bucătărie:
17 de exemplu, ea face de mâncare și tu speli vasele.
18 – Așa am făcut, chiar din prima zi,
19 dar pentru ea, era o sarcină imposibilă:
20 nu-ți ascund că am surprins-o
21 când încerca să deschidă un ou cu cheia de conserve...

Note

[4] **de o mie de ori**, *mille volte*, è una locuzione avverbiale considerata nella grammatica romena come un numerale moltiplicativo – maggiori particolari nella lezione di ripasso.

[5] **gospodină** significa più o meno *casalinga* o *massaia*.

[6] **dulce** significa *dolce*... in tutti i sensi: **a face ochi dulci**, *fare [gli] occhi dolci*.

***

Exercițiul 1 – Traduceți

❶ Aș mânca un pic de ceapă, dacă nu te deranjează. ❷ Miroase a ars în toată casa, ai făcut pâine prăjită? ❸ Nu mi-e foarte foame, mă voi mulțumi cu o omletă cu șuncă. ❹ Are pretenția că este un bun bucătar, dar în realitate nu știe să gătească. ❺ Lucrează într-un magazin modest, cu haine de ocazie.

Ottantesima lezione / 80

8 preferisco mille volte mangiare al ristorante...
9 – Mia madre, casalinga perfetta,
10 cucinava dei piatti da leccarsi i baffi *(dita-le)*!
11 Ma tutto è cambiato quando mi sono sposato:
12 la mia ex-moglie non ha mai imparato a far da mangiare!
13 Inoltre, era estremamente schizzinosa:
14 per lei, lo zucchero e il miele erano troppo dolci,
15 il sale era troppo salato e l'aceto troppo acido!
16 – È colpa *(errore)* tua, avreste dovuto stabilire [fin] dall'inizio i ruoli in cucina:
17 per esempio, lei fa da mangiare e tu lavi i piatti.
18 – [È] così [che] abbiamo fatto, fin dal primo giorno,
19 ma per lei era una missione *(un incarico)* impossibile:
20 non ti nascondo che l'ho sorpresa
21 mentre *(quando)* cercava di aprire un uovo con un apriscatole *(chiave-la di conserve)*...

Soluzioni dell'esercizio 1

❶ Mangerei un po' di cipolla, se non ti dà fastidio. ❷ C'è odore di bruciato in tutta la casa, hai fatto del pane tostato? ❸ Non ho molta fame, mi accontenterò di una frittata al prosciutto. ❹ Pretende di essere un bravo cuoco, ma in realtà non sa cucinare. ❺ Lavora in un negozio di poche pretese *(modesto)*, con vestiti d'occasione.

trei sute șaizeci și șase • 366

Lecția a optzeci și una

Exercițiul 2 – Completați

❶ Al posto tuo, metterei dell'olio d'oliva nell'insalata.
   În . . . . . tău, aș pune . . . . de . . . . în
   . . . .

❷ I suoi veri amici si contano sulle dita di una mano.
   . . . . săi . . . . se . . . . . . pe
   . . . . de la . . . .

❸ È un bambino schizzinoso, non gli piace niente di ciò che gli si dà da mangiare.
   E un copil . . . . , nu-i place . . . . . din ce i se . .
   să . . . .

***

Ogni parola ha la sua storia, ma non tutte sono documentate. Alcune voci comunissime rimandano a realtà di cui si è persa la memoria. Prendiamo due esempi di questa lezione: bătrân, vecchio, anziano, e sarcină, incarico. Bătrân proviene dal latino "veteranus", veterano, soldato con grande esperienza che, una volta esentato dagli obblighi militari, poteva stabilirsi ovunque nel territorio della Dacia romana, godendo di diversi privilegi. Nel corso del tempo, il senso di veterano

---

Lecția a optzeci și una

Vacanță în România

1 – Te-ai gândit la o destinație de vacanță?
2   Ar trebui să facem deja rezervările necesare!
3   N-aș vrea să mergem prea departe,
4   n-am chef să zbor [1] zece ore cu avionul!
5   Să nu mai facem greșeala de anul trecut,

Note

1 L'infinito del verbo è **a zbura**, *volare*; fate attenzione alle alternanze fonetiche che intervengono nella coniugazione all'indicativo presente: zbor, zbori, zboară, zburăm, zburați, zboară.

❹ Il miele è molto più dolce dello zucchero, ma cambia il sapore del caffè.

. . . . . . este mult mai . . . . . decât . . . . , dar . . . . gustul . . . .

❺ Il vino va a male all'aria, si trasforma presto in aceto.

. . . . . se . . . . . . la . . . , se . . . . repede în . . . . .

Soluzioni dell'esercizio 2

❶ – locul – ulei – măsline – salată ❷ Prietenii – adevărați – numără – degetele – o mână ❸ – mofturos – nimic – dă – mănânce ❹ Mierea – dulce – zahărul – schimbă – cafelei ❺ Vinul – strică – aer – transformă – oțet

***

si è affievolito a favore di quello di vecchio*; si è mantenuto invece il riferimento esclusivo alle persone, mentre parlando di oggetti, si dice* **vechi**. *Per quel che riguarda* **sarcină**, *si tratta di un altro ricordo del passato militare dei Romani in Dacia: la voce latina si riferiva al* bagaglio *personale del soldato romano. Questo senso principale di* peso, carica, *si è poi arricchito con i significati derivati di* gravidanza *e* incarico.

Seconda ondata: lezione 31

Ottantunesima lezione

Vacanze in Romania

1 – Hai pensato a una destinazione per le vacanze *(di vacanza)*?
2 Dovremmo già fare le prenotazioni necessarie!
3 Non vorrei andare troppo lontano,
4 non ho voglia di farmi dieci ore d'aereo *(che io-voli dieci ore con aereo-il)*!
5 Non rifacciamo *(facciamo più)* l'errore dell'anno scorso,

6 pierzând patru zile dus și întors, până în Australia!
7 – Ce-ai zice să rămânem în România?
8 Sunt lucruri de descoperit în toate regiunile!
9 Ar trebui să ne fie rușine la amândoi [2],
10 nu ne cunoaștem bine propria noastră țară!
11 – Ce zici de un sejur [3] pe litoral?
12 De acolo, am putea face excursii peste tot [4] în Dobrogea!
13 – Nu îndrăznesc să-ți propun o drumeție în Carpați [5],
14 dar am putea face un itinerar cultural,
15 un tur al mănăstirilor din Moldova, din Oltenia,
16 sau al bisericilor fortificate din Transilvania,
17 deși le-am văzut deja de două ori [6]...
18 – Am putea alege Maramureșul sau Delta Dunării [7]...
19 – Nu mai rămâne decât să cumpărăm un ghid și o hartă!
20 Multe situri [8] sunt pe lista patrimoniului mondial al omenirii [9]
21 și turiștii străini vin câteodată de foarte departe
22 ca să le vadă de aproape...

Note

[2] **amândoi**, *entrambi, tutt'e due* (femm. **amândouă**, *entrambe*), viene chiamato nella grammatica romena "numerale collettivo". Ulteriori particolari sulle varie categorie di numerali nella lezione di ripasso.

[3] **sejur**, *soggiorno*, è un neologismo che fa parte del vocabolario turistico e amministrativo.

[4] La locuzione avverbiale **peste tot**, in cui i due elementi compaiono ancora separatamente, corrisponde agli avverbi italiani *dappertutto, ovunque*.

Ottantunesima lezione / 81

6 di perdere *(perdendo)* quattro giorni [tra] andata e ritorno, fino in Australia!
7 – Che [ne] dici di restare in Romania?
8 Ci sono cose da scoprire in tutte le regioni!
9 **Dovremmo vergognarci** *(Bisogna che a-noi sia vergogna)* **entrambi,**
10 non conosciamo bene il nostro *(proprio)* paese!
11 – Cosa dici di un soggiorno al mare *(su litorale)*?
12 Da lì, potremmo fare delle gite ovunque in Dobrogea!
13 – Non oso proporti una scarpinata nei Carpazi,
14 ma potremmo fare un itinerario culturale,
15 un giro dei monasteri della Moldavia, dell'Oltenia,
16 o delle chiese fortificate della Transilvania,
17 benché le abbiamo già viste due volte...
18 – Potremmo scegliere il Maramureș o il delta del Danubio...
19 – Non ci resta che comprare una guida e una mappa!
20 Molti siti sono sulla lista del patrimonio mondiale dell'umanità
21 e i turisti stranieri vengono a volte da molto lontano
22 per vederli da vicino...

---

5 **drumeție**, *scarpinata, camminata*, fa parte della famiglia lessicale di **drum**, *cammino*.

6 **de două ori**, *due volte*, viene considerato nella grammatica romena un "numerale distributivo". Vi ritorneremo nella lezione di ripasso.

7 **Dunărea**, *il Danubio*, è femminile in romeno, come pure **delta**, *il delta*; ne risulta il genitivo **delta Dunării**, *il delta del Danubio*.

8 Il romeno **sit**, *sito*, è un vocabolo che si usa soprattutto nell'ambito del turismo e dell'archeologia. Un *sito* Internet si scrive e si pronuncia invece come in inglese, **site** *[sait]*.

9 **omenire**, *umanità*, si riferisce in romeno soltanto al genere umano nel suo complesso. La voce per dire *umanità* nel senso di *compassione* o *empatia* è invece **omenie**.

trei sute șaptezeci • 370

Exercițiul 1 – Traduceți

❶ Dacă ai puțin timp liber, hai să facem împreună un itinerar de călătorie. ❷ O destinație posibilă ar fi Delta Dunării, cu condiția să-ți placă peștele. ❸ Sunt gata să fac tot ce e necesar ca să putem pleca la timp. ❹ Litoralul românesc al Mării Negre nu e prea lung, are cam 250 de kilometri. ❺ Am descoperit o regiune pe care n-o cunoșteam decât din cărțile de istorie.

***

Exercițiul 2 – Completați

❶ Il volo da Parigi a Bucarest dura due ore e quaranta minuti.

. . . . . . de la Paris . . București . . . . două . . . și . . . . de . . . .

❷ Ognuno deve ammettere la propria responsabilità in questa catastrofe.

. . . . trebuie să-și . . . . responsabilitate în această . . . .

❸ La conosco da due anni, ma non oso dirle che la amo.

. cunosc de . . . ani, . . . nu . . . . să-i spun că o . . . .

❹ Il sogno impossibile del turista è di visitare i siti culturali da solo.

. . . . . imposibil al . . . . este să viziteze . . . . . . siturile . . . .

***

La lista del patrimonio mondiale stabilita dall'UNESCO comprende dei beni che costituiscono il patrimonio culturale e naturale del pianeta e che sono considerati come aventi un valore universale eccezionale. Questa lista annovera 31 siti romeni: il delta del Danubio, sette chiese del nord della Moldavia, con affreschi esterni, il monastero di Hurezu, sette chiese fortificate dei paesi sassoni della Transilvania,

Ottantunesima lezione / 81

Soluzioni dell'esercizio 1
❶ Se hai un po' di tempo libero, andiamo a fare insieme un itinerario turistico *(di viaggio)*. ❷ Una destinazione possibile sarebbe il delta del Danubio, a condizione che ti piaccia il pesce. ❸ Sono pronto a fare tutto ciò che è necessario per poter partire in tempo. ❹ Il litorale romeno del Mar Nero non è troppo lungo, è di *(ha)* circa 250 km. ❺ Ho scoperto una regione che conoscevo soltanto dai libri di storia.

***

❺ Ho dimenticato sul pianoforte la guida *(di camminata)* che avevo comprato.

Am . . . . . pe pian . . . . . . de . . . . pe care îl
. . . .

Soluzioni dell'esercizio 2
❶ Zborul – la – durează – ore – patruzeci – minute ❷ Fiecare – recunoască propria – catastrofă ❸ O – doi – dar – îndrăznesc – iubesc ❹ Visul – turistului – singur – culturale ❺ – uitat – ghidul – drumeție – cumpărasem

***

il centro storico medievale di Sighișoara, otto chiese di legno del Maramureș e sei fortezze daciche delle montagne d'Orăștie.
Ma i turisti possono scegliere anche i Carpazi, d'estate per l'escursionismo e d'inverno per sciare, oppure una cura termale nelle varie località balneari o un po' di svago in riva al Mar Nero…

Seconda ondata: lezione 32

trei sute șaptezeci și doi

Lecția a optzeci și doua

Unde se poate vedea un film bun?

1 – M-aș duce să văd un film bun, la cinematograf!
2 Nu mai suport televizorul, nu-i nimic de văzut!
3 Pe cuvântul meu, ne iau drept [1] tâmpiți [2]!
4 – Sunt de acord, ai dreptate să te indignezi,
5 avem zeci de canale [3] pe cablu, dar la ce bun?
6 N-ai nimic de ales, decât tot felul de prostii!
7 – Aș vrea să văd un film ca lumea,
8 cu personaje realiste și cu o intrigă credibilă,
9 dar din păcate filmele nu mai sunt ca altădată!
10 Filmul nu mai e o operă de artă,
11 e o marfă care se vinde!
12 Ultima dată am văzut o porcărie [4] fără cap și fără coadă!
13 – Ești greu de mulțumit, prea cauți nod [5] în papură...

Note

1 **drept**, un'altra voce polisemantica, può essere sostantivo, aggettivo, avverbio o preposizione. In quest'ultimo caso, si tradurrebbe con *per*: **Drept cine mă iei?**, *Per chi mi prendi?*

2 Nella lunga lista di sinonimi per **tâmpit** (conoscete già **prost**, *stupido*) vi sono termini più trasparenti come **idiot**, **cretin**, **stupid**, **imbecil**, che è superfluo tradurre...

3 Il primo senso di **canal** è *canale*, con tutti i significati del vocabolo italiano.

Ottantaduesima lezione

Dove si può vedere un buon film?

1 – Andrei a vedere un buon film, al cinema!
2   Non sopporto più la TV, non c'è niente da vedere!
3   Sul serio, ci prendono per cretini!
4 – Sono d'accordo, hai ragione d'indignarti,
5   abbiamo decine di canali via *(su)* cavo, ma per farci che?
6   Non c'è niente da scegliere, soltanto ogni sorta di stupidaggini!
7 – Vorrei vedere un film come Dio comanda *(come mondo-il)*,
8   con personaggi realistici e una trama credibile,
9   ma purtroppo i film non sono più come una volta!
10 Il film non è più un'opera d'arte,
11 è una merce che si vende!
12 L'ultima volta ho visto una porcheria senza capo né coda!
13 – Sei difficile da accontentare, cerchi troppo il pelo nell'uovo *(nodo nel giunco)*...

---

4 **o porcărie de film** è un'espressione molto più forte di **film prost** (nota 2) che indica un *film scadente*...

5 Il tronco del giunco è perfettamente liscio al tatto, per cui **a căuta nod în papură**, letteralmente "cercare (un) nodo nel giunco", vuol dire cercare difetti laddove non ce ne sono, esattamente come in *cercare il pelo nell'uovo*.

14 – Crede-mă, scenariul era debil, regia lăsa de dorit,
15 actorii [6] ar mai avea de învățat meserie
16 și scenograful ar fi putut face un efort...
17 Altfel, rețeta obișnuită, cu succes garantat:
18 o treime [7] de exotism, o treime de sex, o treime de violență;
19 la sfârșit, regretam că nu mai am doișpe [8] ani!
20 – Ce vrei să spui cu asta? De ce?
21 – Dacă aș fi avut norocul să am doișpe ani, nu m-ar fi lăsat să intru în sală... □

Note

6 Il femminile di **actor** (*attore*) è **actriță**.

7 Nella grammatica romena, **o treime**, *un terzo*, viene considerato un numerale frazionale – nella lezione di ripasso troverete maggiori dettagli.

8 Ricordate le forme popolari dei numerali? **Doișpe** (**douășpe** al femminile) è la variante colloquiale di **doisprezece** (femm. **douăsprezece**), *dodici*. E non dimenticate che in questo caso il romeno mantiene la distinzione tra il maschile e il femminile!

***

Exercițiul 1 – Traduceți

❶ E ușor să te indignezi în fața realității, e mai greu să propui soluții realiste. **❷** Ascultă ce-ți spun eu, ideile sale economice nu sunt credibile. **❸** Altădată credeam că am întotdeauna dreptate, acum nu mai sunt atât de sigur. **❹** A câștigat foarte mulți bani cumpărând ieftin și vânzând scump. **❺** N-am știut niciodată să fac un nod de cravată ca lumea.

Ottantaduesima lezione / 82

14 – Credimi, la sceneggiatura era stupida, la regia lasciava a desiderare,
15 gli attori dovrebbero ancora *(avrebbero ancora da)* imparare il mestiere
16 e lo scenografo avrebbe potuto fare uno sforzo...
17 Altrimenti, la solita ricetta con successo garantito:
18 un terzo d'esotismo, un terzo di sesso, un terzo di violenza;
19 alla fine, mi dispiaceva non avere più *(rimpiangevo che non ho più)* dodici anni!
20 – Che cosa vuoi dire con questo? Perché?
21 – Sa avessi *(avrei)* avuto la fortuna di avere dodici anni, non mi avrebbero lasciato entrare in sala!

Soluzioni dell'esercizio 1

❶ È facile indignarsi di fronte alla realtà, è più difficile proporre soluzioni realistiche. ❷ Ascolta quel che ti dico io, le sue idee economiche non sono credibili. ❸ Una volta pensavo di avere sempre ragione, ora non ne sono più così sicuro. ❹ Ha guadagnato moltissimi soldi comprando a buon mercato e vendendo caro. ❺ Non ho mai saputo fare un nodo alla cravatta come si deve.

Exercițiul 2 – Completați

❶ La sceneggiatura è firmata da un grande nome del cinema *(film)* italiano.

. . . . este . . . . . . de un mare . . . . al . . . . italian.

❷ Penso che la messinscena dello spettacolo sia lungi dall'essere riuscita.

. . . . că . . . . . spectacolului e departe de a fi . . . .

❸ Credimi, *(li)* conosco di persona tutti gli attori che recitano in questa opera teatrale.

Crede-. . , îi . . . . . . personal . . toți . . . . care . . . . . în . . . . . asta.

Lecția a optzeci și treia

Așteaptă să-ți explic!

1 – La ora asta te întorci acasă? Unde ai fost până acum?

2 Ai fi putut să telefonezi, am fost foarte îngrijorată!

3 – Știi, draga mea, povestea [1] e lungă și complicată...

4 După orele de birou, am avut o reuniune cu un client

5 și apoi am fost obligat să merg la un bar de noapte

❹ Ha imparato il mestiere con uno *(qualcuno)* più anziano che è rimasto al suo fianco.

A învăţat .... cu ...... mai .... care a ..... lângă el.

❺ Lavorano cinque giorni alla settimana per imparare il romeno senza sforzo.

.... cinci .... pe .... ca să ...... româneşte fără ......

Soluzioni dell'esercizio 2
❶ Scenariul – semnat – nume – filmului – ❷ Cred – regia – reuşită ❸ – mă – cunosc – pe – actorii – joacă – piesa – ❹ – meseria – cineva – în vârstă – rămas – ❺ Muncesc – zile – săptămână – înveţe – efort

Seconda ondata: lezione 33

Ottantatreesima lezione

Aspetta che ti spieghi!

1 – [È] a quest'ora [che] torni a casa? Dove sei stato finora?
2 Avresti potuto telefonare, ero *(sono stata)* molto preoccupata!
3 – Sai, cara, la storia è lunga e complicata...
4 Dopo il lavoro *(ore-le d'ufficio)*, ho avuto una riunione con un cliente
5 e in seguito sono stato obbligato ad andare in un locale notturno

Note

1 **poveste**, di cui già conoscete il significato di *storia*, vuol dire anche *racconto* (**a povesti**, *raccontare*).

83 / Lecția a optzeci și treia

6 cu toți colegii și cu șeful cel mare [2]...
7 – Cui îi spui asta? Basme [3] de adormit copiii!
8 Cine te mai crede? Minți de îngheață apele!
9 – Când îți spun adevărul, nu mă iei în serios!
10 – Îți bați joc [4] de mine? Crezi că nu înțeleg?
11 Intri pe furiș [5] în casă, în zori [6]
12 și miroși de departe a băutură și a parfum!
13 Și ce e cu firul ăsta de păr blond pe haina [7] ta?
14 Și de unde vine rujul de pe gât?
15 Să nu-mi spui că te-a mușcat [8] un țânțar!
16 – Nu e deloc ce crezi, te înșeli!
17 A trebuit să dansez cu șefa de la resurse umane și...
18 – Ah nu, nu-ți mai pot suporta minciunile!
19 Știu eu prea bine cu cine am de-a face!
20 Am fost oarbă și surdă când m-am căsătorit cu tine!
21 – Îmi face plăcere să aud asta, iubito,
22 am reușit deci să te vindec de două boli grave...

Note

2 **șeful cel mare** è un altro modo di dire **marele șef**, *il grande capo*. Nella grammatica romena, **cel** viene chiamato articolo aggettivale dimostrativo; troverete ulteriori dettagli nella lezione di ripasso.

3 Come **poveste**, che conoscete già, anche **basm** significa *storia*, più precisamente *racconto fantastico*, *favola*.

4 L'infinito di questa espressione è **a-și bate joc**, *prendere in giro*.

5 In questa locuzione avverbiale, **furiș** è un aggettivo il cui senso è *furtivo*.

Ottantatreesima lezione / 83

6 con tutti i colleghi e con il grande capo...
7 – Ma che dici? Favole *(da far-addormentare bambini-i)*!
8 Chi ti crede più? Stai mentendo spudoratamente *(Menti da gelano acque-le)*!
9 – Quando ti dico la verità, non mi prendi sul *(in)* serio!
10 – Mi stai prendendo in giro? Credi che non capisca?
11 Entri furtivamente in casa, all'alba
12 e puzzi da lontano d'alcol *(a bere)* e profumo!
13 E cos'è *(con)* questo capello biondo sulla tua giacca?
14 E da dove viene il rossetto *(dal)* sul tuo collo?
15 Non dirmi che ti ha punto *(morso)* una zanzara!
16 – Non è affatto quello che pensi, ti stai sbagliando!
17 Ho dovuto ballare con la direttrice delle risorse umane e...
18 – Ah no, non posso più sopportare le tue bugie!
19 So benissimo con chi ho a che *(da)* fare!
20 Sono stata cieca e sorda quando mi sono sposata con te!
21 – Mi fa piacere sentire questo, cara,
22 sono quindi riuscito a farti guarire da due gravi malattie...

---

6 **zori**, *alba*, che conoscete già, in romeno è un maschile plurale: **zorii zilei** (lett. l'alba del giorno).

7 In questo caso, **haină** significa *giacca*; ricordatevi che il plurale **haine** ha anche il senso generico di *vestiti, abbigliamento*.

8 Il verbo **a mușca**, *mordere*, si può usare anche quando si tratta di una puntura d'insetto.

Lecția a optzeci și treia

▶ Exercițiul 1 – Traduceți
❶ Părinții ei sunt foarte îngrijorați, nu mai au vești de la ea de când a plecat. ❷ Îți propun să ne întâlnim la miezul nopții, la barul hotelului tău. ❸ Nu poți să ai încredere în el, știi prea bine că minte cum respiră. ❹ Iarna trecută a fost extrem de frig, înghețase și apa sărată a mării. ❺ El spune că dacă munca e sănătate, cei care ar trebui să muncească ar fi bolnavii.

***

Exercițiul 2 – Completați
❶ Senza perdere più tempo, entriamo nel cuore dell'argomento.
. . . . să mai . . . . timp, să . . . . . . în . . . . . . problemei.

❷ La strada è lunga, dobbiamo partire domani mattina all'alba.
. . . . . . e . . . . , trebuie să plecăm . . . . . dimineață
. . . .

❸ Lei mi ha consigliato di mettere meno profumo, perché ha un odore troppo forte.
Ea m-a . . . . să pun mai puțin . . . . . . , pentru că . . . . prea . . . . .

❹ Prendendo questa medicina, è riuscito a guarire dalla sua malattia.
. . . . . acest . . . . , el a reușit să . . . . de . . . . . sa.

❺ Se non mi sbaglio, credo che il suo cane non morda *(morde)*.
. . . . nu mă . . . . . , cred că . . . . lui nu . . . . . .

Ottantatreesima lezione / 83

Soluzioni dell'esercizio 1

❶ I suoi genitori sono molto preoccupati, non hanno sue notizie *(di lei)* da quando è andata via. ❷ Ti propongo di incontrarci a mezzanotte, al bar del tuo albergo. ❸ Non puoi fidarti di lui, sai benissimo che è un bugiardo patentato *(mente come respira)*. ❹ L'inverno scorso ha fatto molto freddo, si era congelata persino l'acqua salata del mare. ❺ Lui dice che se il lavoro è salute, quelli che dovrebbero lavorare sarebbero i malati.

***

Soluzioni dell'esercizio 2

❶ Fără – pierdem – intrăm – miezul – ❷ Drumul – lung – mâine – în zori ❸ – sfătuit – parfum – miroase – tare ❹ Luând – medicament – se vindece – boala – ❺ Dacă – înșel – câinele – mușcă

Seconda ondata: lezione 34

Lecția a optzeci și patra

Recapitulare – Ripasso

1 L'articolo aggettivale o dimostrativo

In genere, un aggettivo può essere usato con l'articolo indeterminativo: **un mare șef**, *un grande capo*, o con l'articolo determinativo, **marele șef**, *il grande capo*. Il romeno dispone inoltre di un articolo chiamato "dimostrativo-aggettivale": **șeful cel mare**, un altro modo per dire *il grande capo*, senza equivalente esatto in italiano. In quest'ultimo caso, l'articolo mette particolarmente in risalto la qualità espressa dall'aggettivo: **șeful cel mare**, *il grande capo* è quindi molto bene individuato rispetto ad altri capi. Ciò vale anche per i nomi propri: **Petru cel Mare**, *Pietro il Grande*, a differenza degli altri *Pietro*.

Se l'aggettivo è adoperato senza il sostantivo, che rimane sottinteso, l'articolo dimostrativo è obbligatorio: **Am doi copii, cel mare e medic, cel mic merge încă la școală**, *Ho due figli, il grande è medico, il piccolo va ancora a scuola*.

1.1 Le forme dell'articolo aggettivale

Formalmente, si potrebbe dire che l'articolo aggettivale (o dimostrativo) non sia altro che l'articolo determinativo accorpato alla radice **ce-**. La sua esistenza si spiega col fatto che l'articolo determinativo romeno non esiste da solo, indipendentemente dal sostantivo alla fine del quale è attaccato. Le sue quattro forme, corrispondenti ai due generi e ai due numeri, sono le seguenti:

	Maschile	Femminile
Singolare	**cel**	**cea**
Plurale	**cei**	**cele**

Queste forme le conoscevate già, vero? Ma sì, vi ricordate, sono le stesse usate per formare il superlativo degli aggettivi.

Ottantaquattresima lezione

Al genitivo-dativo, abbiamo:

	Maschile	Femminile
Singolare	**celui** (*di/a quello*)	**celei** (*di/a quella*)
Plurale	**celor** (*di/a quelli/quelle*)	

– Un esempio con il genitivo: **Nimeni nu cunoaște numărul celor plecați în străinătate**, *Nessuno conosce il numero di coloro che sono andati all'estero*.
– Un esempio con il dativo: **El le face cadouri celor mici**, *Lui* (lett. gli) *fa dei regali ai piccoli*. Ricordatevi che, per evitare il dativo, basta sostituire **celor** con **la cei** (**face cadouri la cei mici**)!

1.2 I valori dell'articolo aggettivale

• **L'articolo aggettivale con valore di dimostrativo**
C'è poca differenza semantica fra un articolo aggettivale e un dimostrativo; inoltre, in certi contesti, l'articolo aggettivale, come il pronome dimostrativo, può essere seguito per esempio dal relativo **care**, *che, il quale*. In questo caso, in italiano si può tradurre con il dimostrativo *colui* o *quello che*: **Cel care vine e șeful**, *Colui che viene è il capo*; **O să-l întâlnești imediat pe cel pe care nu-l cunoști**, *Incontrerai subito quello che non conosci*.

• **L'articolo aggettivale davanti all'aggettivo numerale**
Notate l'uso dell'articolo aggettivale davanti all'aggettivo numerale: **cei trei mușchetari**, *i tre moschettieri*; **cele patru anotimpuri**, *le quattro stagioni*.

2 Il piuccheperfetto

2.1 Uso

Il piuccheperfetto è il tempo verbale che esprime un'azione passata, anteriore a un'azione che si è già svolta, e corrisponde al trapassato prossimo italiano. In romeno si ricorre di meno a questo tempo. Questo si spiega con l'assenza di regole fisse come la concordanza dei tempi.

trei sute optzeci și patru • 384

2.2 La costruzione del piuccheperfetto

Le desinenze caratteristiche del piuccheperfetto sono: **-sem**, **-seși**, **-se**, **-serăm**, **-serăți**, **-seră**.

• **Per i verbi che finiscono in -a, -i e -î**
Le desinenze si aggiungono all'infinito dei verbi. Abbiamo quindi:

a prefera, *preferire*	a fugi, *scappare*	a coborî, *scendere*
preferasem	fugisem	coborâsem
preferaseși	fugiseși	coborâseși
preferase	fugise	coborâse
preferaserăm	fugiserăm	coborâserăm
preferaserăți	fugiserăți	coborâserăți
preferaseră	fugiseră	coborâseră

...ossia *avevo preferito, avevi preferito* ecc.; *ero scappato, eri scappato* ecc.; *ero sceso, eri sceso* ecc.

• **I verbi in -ea**
Le stesse desinenze si aggiungono al participio passato (al quale si toglie in precedenza la consonante finale) dei verbi in **-ea**: da **a vedea** si ha **văzut** al participio passato e **văzusem**, *avevo visto*; **văzuseși**, *avevi visto* ecc. al piuccheperfetto.

• **I verbi in -e**
Le desinenze classiche del piuccheperfetto raddoppiano la sillaba **se**: **-sesem**, **-seseși**, **-sese**, **-seserăm**, **-seserăți**, **-seseră** si aggiungono al participio passato (senza consonante finale!): **mersesem**, **merseseși**, **mersese** ecc.: *ero andato, eri andato, era andato* ecc. Attenzione, notate che alcuni verbi in **-e**, il cui participio passato è in **-ut**, si coniugano come i verbi in **-ea**. È il caso per esempio di **a trece**, *passare* (participio passato **trecut**, *passato*): **trecusem**, **trecuseși**, **trecuse** ecc.: *ero passato, eri passato, era passato* ecc.

• **I verbi a fi, a da, a sta e a ști**
Il verbo **a fi**, *essere*, è irregolare al piuccheperfetto: **fusesem**, **fuseseși**, **fusese**, ecc: *ero stato, eri stato, era stato* ecc.

I verbi **a da**, **a sta** e **a şti** seguono il suo esempio: **dădusem, dăduseşi, dăduse** ecc.; *avevo dato, avevi dato* ecc.; **stătusem, stătuseşi, stătuse** ecc.: *ero stato, eri stato, era stato* ecc.; **ştiusem, ştiuseşi, ştiuse** ecc.: *avevo saputo, avevi saputo, aveva saputo* ecc.

3 I numerali

Oltre ai cardinali e agli ordinali, la grammatica romena distingue le seguenti categorie di numerali.

3.1 Il numerale collettivo

Ha forme speciali per i gruppi di due, con una differenza di genere: **amândoi**, *entrambi*; **amândouă**, *entrambe*, e **ambii, ambele**, dallo stesso significato. A partire da **trei**, *tre*, si procede oggi praticamente come in italiano: **toţi/toate trei**, *tutti/tutte e tre*; **toţi/toate patru**, *tutti/tutte e quattro* ecc.

3.2 Il numerale frazionale

Formato a partire dal cardinale, al quale viene aggiunto il suffisso **-ime**, costituisce un sostantivo femminile: **o doime** (o **o jumătate**), *una metà* (o *un mezzo*); **o treime**, *un terzo*; **o pătrime** (e spesso **un sfert**, nella lingua parlata e sempre in relazione al tempo) *un quarto*; **o cincime**, *un quinto*; **o zecime**, *un decimo*; **o sutime**, *un centesimo*; **o miime**, *un millesimo*…

3.3 Il numerale distributivo

È composto dal cardinale preceduto da **câte**; in romeno, il primo dei due cardinali è facoltativo: **(doi) câte doi**, *a due a due*; **(trei) câte trei**, *a tre a tre*…

3.4 Il numerale moltiplicativo

Si tratta in realtà di una locuzione avverbiale; fino a **douăzeci**, *venti*, si forma in base allo schema: **de** + numerale cardinale + **ori**: **de două ori**, *due volte*; **de trei ori**, *tre volte*… **Ori** è il plurale di **oară**, *volta*: **prima oară**, *la prima volta*, ma questa voce non si può usare da sola con gli articoli: *una volta* si dice quindi **o dată**.

A partire da **douăzeci**, *venti*, si aggiunge un **de** dopo il numerale cardinale: **de douăzeci de ori**, *venti volte*; **de o mie de ori**, *mille volte*; **de un milion de ori**, *un milione di volte*.

Alcune grammatiche ritengono che anche gli aggettivi composti con il prefisso **în** seguito dal cardinale, al quale si aggiunge il suffisso **-it**, siano dei numerali moltiplicativi: **îndoit**, *doppio*; **întreit**, *triplo*; **înzecit**, *decuplo*... I primi due termini della serie sono spesso sostituiti da **dublu** e **triplu**.

4 Il gerundio

4.1 La formazione del gerundio

Il **gerunziu** romeno è un modo verbale particolare che corrisponde sia al *gerundio* sia al *participio presente* italiano.

Si forma a partire dall'infinito corto (senza la **a**), sopprimendo la vocale finale (o il gruppo **-ea** per i verbi del 2° gruppo). A questa base si aggiunge **-ind** per i verbi che terminano in **-i**, **-ia**, **-chea**, **-ghea**: fug**ind**, *scappando*, cop**iind**, *copiando*; îngenunch**ind**, *inginocchiando(si)*; vegh**ind**, *vegliando*.

Per tutti gli altri verbi, il suffisso del gerundio è **-ând**: prefer**ând**, *preferendo*; văz**ând**, *vedendo*; merg**ând**, *andando*.

Notate che:

– per i verbi la cui radice finisce in **-d**, l'aggiunta del suffisso del gerundio provoca alcuni cambiamenti fonetici: la **-d** si trasforma in **-z**: **a crede → crez**ând, *credere → credendo*; **a râde → râz**ând, *ridere → ridendo*; **a vedea → văz**ând, *vedere → vedendo*.

– pochi verbi sono irregolari al gerundio. Eccoli qui: **a fi → fiind**, *essere → essendo*; **a şti → ştiind**, *sapere → sapendo*; **a scrie → scriind**, *scrivere → scrivendo*.

4.2 Il gerundio nella forma negativa

Nella forma negativa, la particella **ne-** si attacca all'inizio del gerundio: **Ne**fiind prost, a înțeles imediat, *Non essendo stupido, ha capito subito.*

A volte, **mai**, *più*, si intromette fra **ne-** e il gerundio, come in **Ne**mai**putând să rămân, plec!**, *Non potendo più rimanere, me ne vado!* La stessa idea si può rendere più semplicemente con **Pentru că nu mai pot să rămân, plec!**, *Siccome non posso più rimanere, me ne vado!*

4.3 Il gerundio e i pronomi

I pronomi complemento atoni, diretti e indiretti, si mettono dopo il gerundio... e dopo il trattino: **Întâlnind-o, am salutat-o**, *Incontrandola, l'ho salutata.*

In determinati contesti va inserita la vocale **-u-** allo scopo di agevolare la pronuncia: **întâlnindu-l**, *incontrandolo*; **văzându-i**, *vedendoli*; **dându-le**, *dandole*.

Quando i due pronomi, diretto e indiretto, sono entrambi presenti, si mette prima l'indiretto: **Aducându-mi-l la timp, îmi faceți un mare serviciu**, *Portandomelo in tempo, mi fa un grande favore.*

4.4 Il presuntivo

Il gerundio romeno contribuisce inoltre alla formazione di una struttura che alcuni ritengono un modo a sé stante, chiamato "presuntivo", che presenta l'azione come ipotetica, un po' come il futuro italiano: **O fi (fiind) bolnav**, *Sarà malato*; il condizionale **Ar fi bolnav** è anch'esso possibile in romeno in questo contesto.

Tutto ciò vi sembra complicato? Non vi preoccupate; per il gerundio, **folosindu-l, o să învățați să-l apreciați**, *adoperandolo, imparerete ad apprezzarlo*. In romeno, come in italiano, **pofta vine mâncând**, *l'appetito vien mangiando*...

Dialog de recapitulare

1 – Ascultă, am o idee pentru vara asta!
2 Hai să facem un tur la mănăstirile din centrul Moldovei!
3 – Le-am văzut când eram elevă,
4 într-o excursie cu școala,
5 dar ai dreptate, ar fi interesant,
6 am avut timp să uit tot...
7 – Nu e nevoie de rezervări la hotel,
8 o să ne descurcăm pe loc;
9 dacă nu mă înșel, multe mănăstiri închiriază camere
10 și în orice caz putem dormi peste tot
11 la particulari, sunt obișnuiți să primească turiști.
12 – N-am nimic împotrivă,
13 e o adevărată fericire
14 să te odihnești în plină natură!
15 – Să fie clar, țin să te previn
16 că aș vrea să facem un pic de drumeție,
17 să mergem pe jos de la o mănăstire la alta!
18 Nu cere prea mare efort,
19 o să fie mai degrabă o plimbare
20 și îți promit peisaje remarcabile!
21 – Nu trebuie să insiști ca să mă convingi
22 și pentru mine, drumeția e o adevărată fericire!

Ottantaquattresima lezione / 84

Traduzione

1 Ascolta, ho un'idea per quest'estate! **2** Andiamo a fare un giro dei monasteri del centro della Moldavia! **3** Li ho visti quando andavo a scuola, **4** in gita scolastica, **5** ma hai ragione, sarebbe interessante, **6** è passato tanto tempo che ho dimenticato tutto... **7** Non c'è bisogno di prenotazioni in albergo, **8** ce la caveremo sul posto; **9** se non mi sbaglio, molti monasteri affittano camere **10** e in ogni caso possiamo dormire ovunque **11** dai privati, sono abituati a ricevere turisti. **12** Non ho niente in contrario, **13** è una vera felicità **14** riposare in piena natura! **15** Che sia chiaro, ci tengo ad avvertirti **16** che vorrei fare un po' di camminate, **17** andare a piedi da un monastero all'altro! **18** Non richiede troppi sforzi, **19** sarà piuttosto una passeggiata **20** e ti prometto dei paesaggi notevoli! **21** Non devi insistere per convincermi **22** anche per me, camminare è una vera felicità!

Queste ultime sette lezioni sono passate in fretta, vero? Cominciate a conoscere bene le strutture tipiche del romeno; è la prova che state facendo dei progressi. Come va il ripasso delle prime lezioni del metodo? Non trascuratelo: esse vi permettono di fissare e consolidare meglio le vostre conoscenze grammaticali, lessicali e addirittura fonetiche... Forza!

Seconda ondata: lezione 35

Lecția a optzeci și cincea

Un tânăr politicos

1 – Scuzați-mă, doamnă, nu vreți să vă așezați [1]?
2   Eu cobor [2] la următoarea, vă cedez locul meu!
3 – Accept [3] cu plăcere, mai ales că e în sensul mersului!
4   Sunteți foarte drăguț, vă sunt recunoscătoare [4]!
5   Politețea a devenit ceva rar în zilele noastre,
6   bunele maniere nu mai sunt decât amintiri!
7   E probabil o chestiune de educație [5], de generație,
8   azi nu întâlnești prea des tineri prevenitori!
9 – Sunteți prea bună, nu mai sunt [6] așa de tânăr…
10   Nu mai am demult douăzeci de primăveri!
11 – Nu cred că aveți cu mult mai mult!

Note

[1] **a se așeza**, *sedersi*, subisce nel linguaggio colloquiale la concorrenza di **a sta jos** (lett. stare giù). Un'altra prova della grande polisemia del verbo **a sta**, di cui abbiamo già parlato (lezione 31, nota 3).

[2] **a coborî**, *scendere*, possiede anch'esso, in questo contesto, un sinonimo analitico, molto frequente nel parlato: **a se da jos** (lett. darsi giù, lezione 45, nota 3).

[3] L'uso delle consonanti doppie è molto ridotto in romeno. Possono comparire nelle parole formate con prefissi, quando la consonante finale del prefisso è identica alla consonante iniziale della parola di base: **înnăscut**, *innato*.

[4] **recunoscătoare** (**recunoscător** al maschile) deriva dal verbo **a recunoaște**, *riconoscere*. Il suffisso **-tor** è si usa spesso nei nomi di professione: **muncitor**, *lavoratore*, da **a munci**, *lavorare*.

Ottantacinquesima lezione

Un giovane beneducato

1 – Mi scusi, signora, non vuole sedersi?
2   Io scendo alla prossima, Le cedo il mio posto!
3 – Accetto volentieri, soprattutto perché è nel senso di marcia!
4   È molto gentile, glie[ne] sono grata!
5   La buona educazione è diventata qualcosa di raro ai *(nei)* giorni nostri,
6   le buone maniere sono soltanto *(non più sono che)* ricordi!
7   È probabilmente una questione d'educazione, di generazione,
8   oggi non si incontrano *(incontri)* troppo spesso giovani cortesi!
9 – È troppo buona, non sono più così giovane…
10 [È] da tempo [che] non ho più vent'anni *(venti primavere)*!
11 – Non credo che ne abbia molti *(avete con molto)* di più!

---

5 Il suffisso italiano *-zione* si rende spesso in romeno con *-ție*: per esempio, **educație**, *educazione*, e **generație**, *generazione*, nella stessa frase. **Atenție!**, *Attenzione!*

6 Le forme verbali **sunteți** e **sunt** osservano le norme ortografiche attuali. In passato si usava scrivere **sînt** e **sînteți**, con una **î** al posto della **u**. Incontrerete queste varianti nei testi meno recenti o scritti da autori contrari al cambiamento. La lezione di ripasso vi insegnerà di più sull'argomento.

12 Să zicem douăzeci și cinci, douăzeci și șase...
13 – Stimată doamnă, am împlinit [7] treizeci de ani!
14 – Imposibil! De necrezut [8]!
15 Știți că păreți mult mai tânăr?
16 Arătați foarte bine, faceți probabil sport?
17 Și eu sunt înscrisă într-un club,
18 frecventez regulat o sală de gimnastică
19 și înot kilometri întregi în piscină,
20 ca să mă mențin în formă...
21 Sper că rezultatele sunt vizibile!
22 Să vedem, ce vârstă îmi dați?
23 – Ca să fiu sincer cu dumneavoastră, n-am idee,
24 dar vă asigur că păreți mult mai tânără! □

Note

[7] Il verbo **a împlini**, *compiere*, si usa spesso per parlare dell'età di qualcuno. Attenzione! Per dire *Ha compiuto un incarico importante* si usa il verbo **a îndeplini**: **El a îndeplinit o sarcină importantă**.

[8] L'espressione **De necrezut!** ha anche il sinonimo **Incredibil!**, *Incredibile!*

***

Exercițiul 1 – Traduceți

❶ Am împlinit deja patruzeci de ani, în iulie o să am patruzeci și unu. ❷ E mult prea tânără pentru tine, cred că e încă elevă sau studentă. ❸ Nu pot să accept o soluție care nu-mi convine numai ca să-ți fac plăcere! ❹ E un tânăr foarte politicos, se vede că a primit o bună educație în familie. ❺ Cartea sa de amintiri din copilărie a cunoscut un succes neașteptat.

Ottantacinquesima lezione / 85

12 Diciamo venticinque, ventisei...
13 – Cara *(Apprezzata)* signora, ho compiuto trent'anni!
14 – Impossibile! [Roba] da non credere!
15 Sa che sembra molto più giovane?
16 È molto in forma, probabilmente fa sport?
17 Anch'io sono iscritta a un club,
18 frequento regolarmente una palestra *(sala da ginnastica)*
19 e faccio *(nuoto)* dei chilometri *(interi)* in piscina,
20 per mantenermi in forma...
21 Spero che i risultati si vedano *(sono visibili)*!
22 Vediamo, quanti anni *(che età)* mi dà?
23 – A essere sincero con Lei, non [ne] ho idea
24 ma Le assicuro che sembra molto più giovane!

Soluzioni dell'esercizio 1

❶ Ho compiuto già quarant'anni, a luglio ne faccio *(avrò)* quarantuno. ❷ È veramente troppo giovane per te, credo che vada ancora a scuola *(è ancora allieva)* o [che sia una] studentessa universitaria. ❸ Non posso accettare una soluzione che non mi conviene solo per farti [un] piacere! ❹ È un giovanotto molto cortese, si vede che ha ricevuto una buona educazione in famiglia. ❺ Il suo libro di ricordi d'infanzia ha conosciuto un successo inatteso.

Exercițiul 2 – Completați

① Preferisco sedermi sulla sedia, mi fanno male le gambe.
...... să ...... pe ......, mă dor ....

② La loro generazione non ha conosciuto Internet e il telefonino.
.... lor n-a .... Internetul și telefonul ......

③ Credi che sia necessario dire a tutti che sono più vecchia di te?
...... că e .... să spui la toată ...... că sunt mai .... ca ....?

④ Ha solo *(Non ha che)* tre anni, ma non ha paura dell'acqua e nuota come un pesce.
Nu are ..... trei ..., dar nu .-. ..... de ...
și ...... ca un ......

Lecția a optzeci și șasea

Un alt om

1 – Era [1] să nu te recunosc, din cauza ochelarilor de soare!
2   Și de când ți-ai lăsat barbă și mustață?
3 – Nu-ți place? E foarte comod pentru mine,
4   nu mai trebuie să mă bărbieresc [2] dimineața!
5 – Bine ai făcut, ai scăpat de o corvoadă!
6   Și pentru mine bărbieritul e o problemă,

Note

1 In questo contesto, il senso di **Era (cât pe ce) să**, *essere lì per lì,* equivale a *stare per,* come in **Era să cad**, *Stavo per cadere*. Un'espressione equivalente, più trasparente per gli italiani, è **Eram pe punctul de a cădea**, *Ero sul punto di cadere*.

❺ Tutti i suoi sforzi sono stati inutili, non hanno dato nessun risultato.
Toate . . . . sale au fost . . . . , n-au dat niciun . . . .

Soluzioni dell'esercizio 2
❶ Prefer – mă așez – scaun – picioarele ❷ Generația – cunoscut – mobil ❸ Crezi – necesar – lumea – bătrână – tine ❹ – decât – ani – i-e frică – apă – înoată – pește ❺ – eforturile – inutile – rezultat

Seconda ondata: lezione 36

Ottantaseiesima lezione

Un altro uomo

1 – Lì per lì non ti riconoscevo *(Stavo per non riconoscerti)*, a causa degli occhiali da sole!
2 E da quando ti sei fatto crescere *(ti sei lasciato)* barba e baffi?
3 – Non ti piace? È molto comodo per me,
4 non devo più farmi la barba la mattina!
5 – Hai fatto bene, ti sei liberato di *(sei sfuggito a)* una scocciatura!
6 Anche per me farmi la barba è un problema,

2 **a se bărbieri** si traduce *farsi la barba*, che si può dire anche **a-și rade barba** o semplicemente **a se rade**. Ma quando un romeno dice **M-am bărbierit**, può significare *Mi sono fatto la barba* o *Mi sono fatto fare la barba*. L'autore dell'azione non viene precisato in quanto in romeno manca un'espressione equivalente all'italiano *far fare*.

trei sute nouăzeci și șase • 396

7 o risipă de timp și de apă caldă
8 și în plus mă tai sistematic!
9 În schimb, nu mă mai tund [3] la frizerie,
10 nevastă-mea îmi taie părul!
11 – Cu clienți ca noi, frizerii [4] riscă să dea faliment...
12 – Mi-ai dat o idee: dacă m-aș rade pe cap
13 n-ar mai trebui să mă piaptăn [5]...
14 Aș scăpa de o dilemă:
15 nu știu niciodată dacă e mai bine să-mi fac cărarea pe stânga, pe dreapta sau pe mijloc,
16 și dacă e preferabil să mă tund mai scurt pe ceafă și pe tâmple...
17 – Încearcă să vezi, eu mă simt un alt om de când mi-am lăsat să crească barba:
18 sunt în sfârșit eu însumi [6]!
19 – Aiurea! Nu văd ce schimbare esențială a intervenit în viața ta, de când ești bărbos!
20 – Nu te repezi, așteaptă să-ți explic!
21 Știi că am un frate geamăn [7];
22 ei bine, de când port barbă, nimeni nu ne mai confundă!

Note

3 **a tunde** significa *tagliare (i capelli / la barba / i baffi / l'erba)*.

4 **un frizer** è *un parrucchiere per uomini*, e **o frizerie** indica il relativo negozio. Per le donne si parla di **coafor**, voce che indica sia *il parrucchiere* che il suo negozio.

5 L'infinito di questo verbo è **a se pieptăna**, *pettinarsi; pettine* si dice **pieptene**.

Ottantaseiesima lezione / 86

7 uno spreco di tempo e d'acqua calda
8 e inoltre *(in più)*, mi taglio sistematicamente!
9 In cambio, non mi faccio più tagliare i capelli dal parrucchiere,
10 [è] mia moglie [che] mi taglia i capelli!
11 – Con clienti come noi, i parrucchieri rischiano di fallire *(dar fallita)*...
12 – Mi hai fatto venire *(dato)* un'idea: se mi rasassi la *(raderei su)* testa,
13 non dovrei più pettinarmi...
14 Eviterei *(Sfuggirei a)* un dilemma:
15 non so mai se sia *(è)* meglio farmi la riga sulla sinistra, sulla destra o in mezzo,
16 e se sia *(è)* preferibile farmi tagliare i capelli più corti sulla nuca e sulle tempie...
17 – Prova a vedere, io mi sento un'altra persona da quando mi sono fatto crescere la barba:
18 sono finalmente me stesso!
19 – Ma va' là! Non vedo che cambiamento essenziale sia intervenuto nella tua vita, da quando sei barbuto!
20 – Non essere precipitoso *(ti precipitare)*, aspetta che ti spieghi!
21 Sai che ho un fratello gemello;
22 ebbene, da quando porto la barba, nessuno ci confonde più!

---

6 **eu însumi**, *io stesso*, viene classificato, nella grammatica romena, come "pronome personale rafforzativo". Andate a consultare la lezione di ripasso per saperne di più su questa sottocategoria del pronome.

7 Il romeno **geamăn**, *gemello*, si può usare anche quando si tratta dell'oroscopo (**zodia Gemenilor**, *il segno dei Gemelli*).

trei sute nouăzeci și opt • 398

Lecția a optzeci și șasea

Exercițiul 1 – Traduceți

❶ Dacă comandați ochelarii de vedere, vă oferim în plus o pereche de ochelari de soare. **❷** Nu știu ce să cred, mi se spune că o barbă de trei zile e din nou la modă. **❸** Privind-o în ochi, nu reușesc să-mi dau seama dacă e sinceră sau nu. **❹** Caut un apartament comod și liniștit, în centrul orașului, nu departe de parc. **❺** Nu știu ce se întâmplă, de când am întâlnit-o nu mai sunt eu însumi.

***

Exercițiul 2 – Completați

❶ Rimane ancora da vedere se per lui il lavoro sia un piacere o una tortura.

...... încă .... dacă pentru el ..... este o .... sau o ....

❷ Ieri mattina, mentre mi stavo facendo la barba, mi sono tagliato *(fino al sangue)*.

.... dimineață, când mă ...., m-am ..... până la ......

❸ Per non sprecare l'acqua, non lasciare il rubinetto aperto quando ti lavi i denti.

Ca să nu .... apa, nu .... robinetul .... când te ..... pe ......

❹ A causa della pioggia, l'erba è troppo alta, la devo tagliare oggi stesso.

Din ..... ploii ..... e prea ......, trebuie să o .... chiar astăzi.

❺ Lui esita davanti a questo dilemma e non sa quale sarebbe la miglior soluzione.

El ..... în fața acestei ...... și nu știe .... ar fi cea mai bună ....

Ottantaseiesima lezione / 86

Soluzioni dell'esercizio 1

❶ Se ordinate occhiali da vista, vi offriamo inoltre un paio di occhiali da sole. ❷ Non so cosa pensare, mi dicono che la barba di tre giorni sia tornata di moda. ❸ Guardandola negli occhi, non riesco a rendermi conto se sia sincera o meno. ❹ Cerco un appartamento comodo e tranquillo, nel centro della città, non lontano dal parco. ❺ Non so che cosa succeda, da quando l'ho incontrata non sono più me stesso.

***

Soluzioni dell'esercizio 2

❶ Rămâne – de văzut – munca – plăcere – corvoadă ❷ Ieri – bărbieream – tăiat – sânge ❸ – risipești – lăsa – deschis – speli – dinți ❹ – cauza – iarba – înaltă – tund – ❺ – ezită – dileme – care – soluție

Seconda ondata: lezione 37

Lecția a optzeci și șaptea

Pasiunea fotbalului

1 – O veste bună, mergem sâmbătă la concert!
2 În program e, printre altele, o simfonie de Mozart [1].
3 Am reușit să obțin două fotolii de orchestră!
4 – Cade rău, tricolorii [2] au un meci internațional, decisiv [3] pentru calificarea la cupa mondială de fotbal...
5 – Nu e prima dată că refuzi să ieși cu mine,
6 dar, de data asta, ar fi păcat să ratăm ocazia,
7 au invitat un dirijor [4] celebru!
8 – Oricând [5] altădată, dar nu sâmbăta asta!
9 Știi foarte bine că sportul e pasiunea mea!
10 – Uite unde se ascundea marele sportiv!
11 Întins pe canapea, în fața [6] televizorului, cu o sticlă [7] de bere în mână!

Note

[1] Non dimenticate che i romeni si attengono quasi sempre alla pronuncia originale dei nomi stranieri; qui, dunque, *[Motsart]* con la *z* sorda.

[2] **tricolorii**, *i Tricolori*, fa riferimento alla nazionale romena; infatti, la bandiera della Romania è a tre colori (rosso, giallo e blu).

[3] **decisiv**, *decisivo*, proviene ovviamente dal verbo **a decide**, *decidere*. Dal suo sinonimo **a hotărî** abbiamo invece l'aggettivo **hotărâtor**, un altro modo per dire *decisivo*.

[4] Il sostantivo **dirijor**, *direttore d'orchestra*, fa parte della famiglia lessicale di **a dirija**, *dirigere*.

Ottantasettesima lezione

La passione per il *(del)* calcio

1 – Una buona notizia, sabato andiamo a un concerto!
2 In programma c'è, fra l'altro *(altre-le)*, una sinfonia di Mozart.
3 Sono riuscita a ottenere due posti in prima fila *(poltrone d'orchestra)*!
4 – Casca male, i Tricolori hanno una partita internazionale decisiva per la qualificazione alla Coppa del mondo di calcio...
5 – Non è la prima volta che rifiuti di uscire con me,
6 ma stavolta sarebbe [un] peccato farsi sfuggire *(mancare)* l'occasione,
7 hanno invitato un direttore d'orchestra famoso!
8 – Un'altra volta, quando vuoi *(in qualsiasi momento)*, ma non questo sabato!
9 Sai benissimo che lo sport è la mia passione!
10 – Ecco dove si nascondeva il grande sportivo!
11 Sdraiato sul divano, davanti alla TV *(televisore-il)*, con una bottiglia di birra in mano!

---

5 **oricând**, *in qualsiasi momento*, è un avverbio formato grazie alla fusione di **ori** e **când**, in base a un modello che già conoscete: ricordatevi **oricare**, *qualsiasi*; **oricât**, *qualsiasi quantità*; **oricine**, *chiunque*; **orice**, *qualsiasi cosa*.

6 La locuzione preposizionale **în faţa**, *davanti a*, è seguita da un genitivo, il che spiega la forma **televizorului**.

7 La voce **sticlă** ha due significati; può indicare il materiale (*vetro*) ma anche la *bottiglia*.

12 – Înțelege-mă, e un meci extrem de important...
13 – Lasă-mă în pace cu fotbalul tău!
14 Nu ne mai înțelegem amândoi:
15 când unul din noi vrea ceva, celălalt [8] vrea altceva!
16 Nu vorbești decât despre scoruri și clasamente!
17 Pe mine m-ai uitat, mă neglijezi complet,
18 s-ar zice că te-ai însurat cu echipa națională!
19 Sunt sigură că nu-ți mai amintești data căsătoriei noastre!
20 – Cum poți să crezi asta, draga mea?
21 Cum aș putea uita ziua aceea fericită de 7 mai,
22 când Steaua a câștigat finala Cupei Campionilor Europeni,
23 bătând FC Barcelona cu doi la zero?

Note

8 celălalt, *l'altro*, rappresenta una sottocategoria di pronomi dimostrativi che alcune grammatiche romene chiamano "pronomi dimostrativi di differenziazione"; maggiori dettagli nella lezione di ripasso.

***

Exercițiul 1 – Traduceți

❶ În programul concertelor din luna asta e și o simfonie pe care vreau neapărat s-o ascult. ❷ Și-a cumpărat un fotoliu club foarte scump, ca să se poată uita liniștit la televizor. ❸ Au pierdut meciul pentru că au ratat ocazia de a înscrie un gol decisiv în repriza a doua. ❹ El este probabil cel mai celebru om de știință contemporan, dar am uitat cum îl cheamă și ce a inventat. ❺ Asta se poate întâmpla oricui, oricând; nimeni nu știe ce ne rezervă viitorul.

Ottantasettesima lezione / 87

12 – Capiscimi, è una partita estremamente importante...
13 – Lasciami stare con il tuo calcio!
14 Non ci intendiamo più noi due *(entrambi)*:
15 quando uno di noi vuole una cosa, l'altro vuole un'altra cosa!
16 Non parli [d'altro] che di punteggi e classifiche!
17 A me, mi hai dimenticata, mi trascuri completamente,
18 si direbbe che ti sei sposato con la squadra nazionale!
19 Sono sicura che non ti ricordi più la data del nostro matrimonio!
20 – Come puoi credere una cosa del genere *(questo)*, mia cara?
21 Come potrei scordare quel *(giorno)* felice del 7 maggio,
22 quando la Steaua ha vinto la finale della Coppa dei Campioni d'Europa
23 battendo il Barcellona *(con)* due a zero?

Soluzioni dell'esercizio 1

❶ Nel programma dei concerti di questo mese c'è anche una sinfonia che voglio assolutamente ascoltare. ❷ Si è comprato una poltrona club molto cara, per poter guardare tranquillamente la TV. ❸ Hanno perso la partita perché hanno perso *(mancato)* l'occasione di segnare un goal decisivo nel secondo tempo. ❹ È probabilmente il più famoso scienziato contemporaneo, ma ho dimenticato come si chiama e che cosa ha inventato. ❺ Questo può succedere a chiunque, in qualsiasi momento; nessuno sa che cosa ci riservi il futuro.

Exercițiul 2 – Completați

❶ Lei ammette che non ha [altro] che una passione nella vita: il cioccolato.

Ea .... că nu are ..... o singură .... în ..... : ciocolata.

❷ Questa macchina non mi interessa, preferisco l'altra, più cara.

...... asta nu mă .... , o ...... pe .... , mai ....

❸ Che posto occupa la Romania nella classifica mondiale delle squadre nazionali di calcio?

.. loc ..... România în .... mondial al .... naționale de fotbal?

***

La bandiera nazionale romena è fatta di tre colori: blu, giallo e rosso, disposti verticalmente, con il blu accanto all'asta. Tuttavia, i romeni leggono i propri colori in senso inverso: secondo loro, la bandiera del loro Paese è **roşu, galben şi albastru***, rosso, giallo e blu.*
Le spiegazioni sulle ragioni della scelta di questi tre colori sono molteplici, e affondano le radici alla confluenza fra leggenda, tradizione e simbologia araldica.

88
Lecția a optzeci şi opta

Un sfat bun

1 – Te consider cea mai bună prietenă a mea,
2 ştiu că pot conta pe sfaturile tale dezinteresate;
3 ce zici, ar fi timpul să mă mărit?
4 – Nu sunt consiliera conjugală cea mai potrivită,
5 dar îți mulțumesc pentru încrederea ta.
6 Depinde de ce aştepți de la viață!

❹ Non dobbiamo trascurare l'importanza della critica letteraria nel successo di un libro.

Nu .... să .... importanța .... literare în .... unei ......

❺ Congratulazioni, ti ho visto ieri in TV *(a televisore)*, in "Domande per un campione".

.........., te-am ..... ieri la ...., în " .... pentru un .... ".

Soluzioni dell'esercizio 2

❶ – recunoaște – decât – pasiune – viață – ❷ Mașina – interesează – prefer – cealaltă – scumpă ❸ Ce – ocupă – clasamentul – echipelor – ❹ – trebuie – neglijăm – criticii – succesul – cărți ❺ Felicitări – văzut – televizor – Întrebări – campion –

***

Sempre parlando di simboli ufficiali, a partire dal 1990 l'inno nazionale romeno è **Deșteaptă-te Române**, Destati, romeno, *portatore di un messaggio nazionale e sociale ereditato dalla rivoluzione del 1848.*

Seconda ondata: lezione 38

Ottantottesima lezione

Un buon consiglio

1 – Ti considero la mia migliore amica,
2 so che posso contare sui tuoi consigli disinteressati;
3 che dici, sarebbe ora *(tempo-il)* di sposarmi?
4 – Non sono la consulente matrimoniale più adatta,
5 ma ti ringrazio per la tua fiducia.
6 Dipende da che cosa ti aspetti nella *(dalla)* vita!

88 / Lecția a optzeci și opta

7 – Mărturisesc că e o problemă intimă,
8 și mi-e puțin jenă [1] să o spun deschis:
9 aș vrea să întemeiez o familie,
10 dar mi-e frică să mă lansez orbește [2] într-o relație
11 care să nu aibă toate șansele de reușită...
12 – Mă uimești! Nimic mai convențional!
13 Dar ai așteptat destul ca Făt-Frumos [3] să vină să trezească Frumoasa din pădurea adormită [4]!
14 De fapt, care e idealul tău masculin?
15 Sunt sigură că nu ai o idee precisă,
16 ești prea nehotărâtă din fire [5]...
17 – Nimeni nu se cunoaște bine pe sine [6],
18 dar nu cred că am pretenții exagerate,
19 m-aș mulțumi cu un bărbat normal, care să corespundă totuși unor cerințe minime:
20 să fie tânăr, frumos, inteligent, harnic și bogat...
21 – În cazul ăsta, dacă vrei să-ți îndeplinești visurile [7],
22 va trebui să te căsătorești de cinci ori... □

Note

1 Il romeno **jenă** è un francesismo. Fa parte qui di una costruzione, **mi-e jenă**, *mi sento in imbarazzo*, dove il pronome personale è al dativo, come nelle analoghe *ho fame*, **mi-e foame**, o *ho difficoltà*, **mi-e greu**. Potrebbe essere un'ottima occasione per rivedere le spiegazioni della lezione di ripasso 49 (§ 4.3).

2 **orbește** viene da **orb**, *cieco, orbo*, a cui si aggiunge il suffisso avverbiale -**ește**, l'equivalente (molto meno frequente) dell'italiano -*mente*. Allo stesso modo si possono ottenere avverbi di maniera come **românește**, *alla romena*; **prostește**, *stupidamente*; **bărbătește**, *virilmente*.

3 Il *Principe Azzurro* delle favole romene è **Făt-Frumos**, il cui nome conserva il lontano ricordo dei tempi in cui **făt** significava *ragazzo* (vedete a confronto l'attuale **fată**, *ragazza*); oggi si usa solo con il senso di *feto*.

Ottantottesima lezione / 88

7 – Confesso che è un problema intimo,
8 e mi sento un po' in imbarazzo a dirlo apertamente:
9 vorrei metter su famiglia,
10 ma ho paura di buttarmi a capofitto *(alla cieca)* in una relazione
11 che non abbia tutte le possibilità di riuscita...
12 – Mi stupisci! Niente di più scontato!
13 Ma hai aspettato abbastanza che il Principe Azzurro venisse a svegliare la Bella addormentata nel bosco *(del bosco addormentato)*!
14 In realtà, qual è il tuo ideale maschile?
15 Sono sicura che non hai un'idea precisa,
16 sei troppo indecisa di natura...
17 – Nessuno conosce bene se stesso,
18 ma non credo di avere *(che ho)* delle pretese esagerate,
19 mi accontenterei di *(con)* un uomo normale, che corrispondesse però a delle esigenze minime:
20 che fosse giovane, bello, intelligente, lavoratore e ricco...
21 – In questo caso, se vuoi realizzare *(compiere)* i tuoi sogni,
22 dovrai sposarti cinque volte...

---

4 In realtà, **pădurea adormită** significa letteralmente "la foresta addormentata"; conoscete già il verbo **a adormi**, *addormentarsi*.

5 **fire** è una voce poetica per riferirsi alla *natura*, ma si ritrova anche in svariate espressioni d'uso comune, come: **fire veselă**, *carattere allegro*; **om în toată firea**, *uomo maturo*; **a-şi veni în fire**, *riprendersi*; **a-şi ieşi din fire**, *perdere le staffe*; **a scoate pe cineva din fire**, *far perdere le staffe*.

6 **sine**, *sé*, è un pronome personale riflessivo sul quale ci soffermeremo di più nella lezione di ripasso.

7 **vis**, *sogno*, ha spesso due plurali possibili: **visuri** e **vise**, ma uno solo nell'augurio **vise plăcute**, *sogni d'oro*. Il verbo è **a visa**, *sognare*.

Exercițiul 1 – Traduceți

❶ El consideră că viața e un fel de meci pe care poți să-l câștigi sau să-l pierzi. ❷ Am citit undeva că orice dragoste adevărată ar trebui să fie dezinteresată. ❸ Ea a descoperit că el minte cum respiră, fără nicio jenă. ❹ Soluția cea mai potrivită ar fi ca el să renunțe la cererile sale. ❺ Mărturisesc că nu mai înțeleg nimic; nu-mi dau seama ce vrea de la mine.

***

Exercițiul 2 – Completați

❶ Mi fido della *(Ho fiducia nella)* mia migliore amica: è al corrente di tutti i miei segreti.
Am .... în prietena mea .... : ea e la ...... cu toate .... mele.

❷ Non dovremmo mai ascoltare ciecamente le persone che ci danno consigli.
N-ar trebui .... să ascultăm .... persoanele care ne dau ....

❸ Si dice che il loro amore sia *(è)* cominciato con un rapporto d'amicizia e di fiducia.
Se ..... că dragostea lor a .... cu o .... de .... și de ....

❹ Sono stupito di vedere che i due bambini non assomigliano affatto ai loro genitori.
Sunt ..... să văd .. cei doi ..... nu .... deloc cu .... lor.

❺ Ho dormito male, mi sono svegliato a mezzanotte e non sono più riuscito ad addormentarmi.
Am ...... rău, m-am ...... la miezul ...... și n-am mai ...... să ..... din nou.

Ottantottesima lezione / 88

Soluzioni dell'esercizio 1
❶ Lui ritiene che la vita sia una sorta di partita che puoi vincere o perdere. ❷ Ho letto da qualche parte che qualsiasi vero amore dovrebbe essere disinteressato. ❸ Lei ha scoperto che lui è un bugiardo patentato, mente spudoratamente. ❹ La miglior *(più adatta)* soluzione sarebbe che lui rinunciasse alle sue richieste. ❺ Confesso che non capisco più niente; non mi rendo conto di che cosa vuole da me.

***

Soluzioni dell'esercizio 2
❶ – încredere – cea mai bună – curent – secretele – ❷ – niciodată – orbește – sfaturi ❸ – spune – început – relație – prietenie – încredere ❹ – uimit – că – copii – seamănă – părinții – ❺ – dormit – trezit – nopții – reușit – adorm –

Seconda ondata: lezione 39

Lecția a optzeci și noua

Căldură mare

1 – Plecăm săptămâna viitoare [1] pentru o lună;
2 dacă vreți, puteți să veniți să stați la noi.
3 Se pare că o să fie deosebit de cald:
4 profitați de grădină și de piscină!
5 – Sunteți foarte drăguți, dar n-am vrea să vă deranjăm!
6 – Nicio problemă [2], dimpotrivă [3],
7 ne face plăcere să vă găzduim [4]:
8 o să vedeți, o să vă simțiți ca acasă!
9 O să golim un dulap și câteva sertare de la comodă,
10 ca să vă puteți pune lucrurile.
11 Vă lăsăm pe pat cearșafuri, fețe de pernă [5] și pături [6]
12 și în baie prosoape, câte două de fiecare;
13 găsiți săpun și șampon în dulăpiorul [7] de toaletă.

Note

[1] Per dire *la settimana prossima* si può scegliere fra **săptămâna viitoare/care vine** (lett. la settimana ventura/che viene) e **săptămâna următoare** (lett. la settimana seguente); l'aggettivo **apropiat**, *vicino, prossimo*, non si usa in questo contesto.

[2] In alcuni testi, troverete **nici o** invece di **nicio**, *nessuna*. Si tratta dell'antica ortografia del termine. Maggiori dettagli nella lezione di ripasso.

[3] **dimpotrivă**, *al contrario*: se fate fatica a memorizzare questo vocabolo, potete adoperare il suo sinonimo **din contră**, più vicino all'espressione italiana.

Ottantanovesima lezione

Gran caldo

1 – Partiamo la settimana prossima per un mese;
2 se volete, potete venire a stare da noi.
3 Pare che farà *(sarà)* particolarmente caldo:
4 approfittate del giardino e della piscina!
5 – Siete molto gentili, ma non vorremmo disturbarvi!
6 – Nessun problema, al contrario,
7 ci fa piacere ospitarvi:
8 vedrete, vi sentirete come a casa [vostra]!
9 Svuoteremo un armadio e qualche cassetto del comodino,
10 perché possiate metter[ci] le [vostre] cose.
11 Vi lasciamo sul letto delle lenzuola, delle federe e delle coperte
12 e nel bagno degli asciugamani, due per *(di)* ciascuno;
13 troverete sapone e shampoo nell'armadietto del bagno.

---

4 Nella famiglia lessicale del verbo **a găzdui**, *ospitare*, ricordate il sostantivo **gazdă**, *ospite* o *anfitrione*; **a sta în gazdă**, *essere ospitati / abitare da qualcuno*.

5 Conoscete già **față de masă** con il significato di *tovaglia* (lezione 41); ecco qui **față de pernă**, *federa (di cuscino)*. Nella stessa linea abbiamo **față de plapumă**, *copripiumino*.

6 **pătură**, *coperta*, può essere il più delle volte sostituito da **cuvertură**, una voce più simile al corrispondente italiano.

7 Per riferirsi all'*armadietto del bagno*, il romeno usa **dulăpior de toaletă**, dove **dulăpior** è il diminutivo di **dulap**, *armadio*.

89 / Lecția a optzeci și noua

14 – Ne-ar face desigur plăcere să locuim la voi!
15 Previziunile meteo anunță o adevărată caniculă
16 și în apartamentul nostru o să ne vină rău [8] de căldură!
17 Se pare că anul ăsta, ca anul trecut,
18 iulie își merită numele popular, luna lui cuptor!
19 – Perfect! Stând la noi, ne faceți un serviciu:
20 vă rugăm să udați florile o dată pe săptămână
21 și să dați de mâncare la animale de două ori pe zi.
22 Atenție la pisică!
23 Îi e întotdeauna foame și e în stare [9] să scoată cu laba peștișorul roșu din acvariu și canarul din colivie.

Note

[8] L'espressione **a-i veni rău** significa *sentirsi male, svenire*: **simt că îmi vine rău** (lett. sento che mi viene male), *mi sento svenire*.

[9] Nell'espressione **a fi în stare**, *essere capace, essere in grado di*, **stare** è in realtà un sostantivo che significa *stato*, come in **stare bună**, *buono stato*; **stare de fapt**, *stato delle cose*.

***

Exercițiul 1 – Traduceți

❶ Anul viitor, dacă totul merge bine, o să luăm trei săptămâni de vacanță. **❷** Bunăvoința lui nu mă convinge; din contră, cred că el îmi ascunde ceva. **❸** O să-ți explic mâine cum să faci ca să golești memoria computerului. **❹** Într-unul din sertarele comodei am găsit o cheie, dar am uitat ce ușă deschide. **❺** Nu mai știu unde am pus unele lucruri, am pierdut mult timp căutându-le.

Ottantanovesima lezione / 89

14 – Ci farebbe certamente piacere stare *(abitare)* da voi!
15 Le previsioni meteo annunciano una vera canicola
16 e nel nostro appartamento sverremo *(ci verrà male)* dal caldo!
17 Sembra che quest'anno, come l'anno scorso,
18 luglio meriti il suo nome popolare, il mese del forno!
19 – Perfetto! Restando da noi, ci fate un favore *(servizio)*:
20 vi preghiamo di annaffiare i fiori una volta alla settimana
21 e dar da mangiare agli animali due volte al giorno.
22 Attenzione al gatto!
23 Ha sempre fame ed è capace di tirar fuori con la zampa il pesciolino rosso dall'acquario e il canarino dalla gabbia.

Soluzioni dell'esercizio 1

❶ L'anno prossimo, se tutto va bene, prenderemo tre settimane di vacanza. ❷ La sua gentilezza non mi convince; al contrario, credo che lui mi nasconda qualcosa. ❸ Ti spiegherò domani come fare per svuotare la memoria del computer. ❹ In uno dei cassettini del comodino ho trovato una chiave, ma ho dimenticato che porta apre. ❺ Non so più dove ho messo certe cose, ho perso molto tempo a cercarle *(cercandole)*.

Exercițiul 2 – Completați

❶ La notte fa freddo, devo coprirmi con due coperte.
   . . . . e . . . . , trebuie să mă . . . . . . cu două
   . . . .

❷ Se non piove questa settimana, sarò costretto *(obbligato)* ad annaffiare i fiori nel giardino.
   . . . . nu . . . . . săptămâna asta, o să fiu . . . . să
   . . florile din . . . .

❸ Non guadagno abbastanza per comprarmi un appartamento; per adesso sono ospitato da mia zia.
   Nu . . . . . . destul ca să-mi . . . . . . un
   . . . . ; deocamdată . . . . la
   . . . . . . mea.

❹ Le banche danno previsioni economiche ottimistiche per l'anno prossimo.
   . . . . anunță . . . . economice
   . . . . pentru anul . . . .

***

Lecția a nouăzecea

Alcoolul la volan

1 – Am plecat la opt și e deja zece,
2   ar trebui să ne oprim la prima stație de benzină!
3 – Ai dreptate, obosesc repede conducând și trebuie să rămân concentrat la volan,
4   ca să nu risc surprize neplăcute.

❺ Vendo a buon mercato orologio di marca in buono stato, eredità di famiglia.
.... ieftin .... de ..... în ..... bună,
.... de familie.

Soluzioni dell'esercizio 2

❶ Noaptea – frig – acopăr – pături ❷ Dacă – plouă – obligat – ud – grădină ❸ – câştig – cumpăr – apartament – stau în gazdă – mătuşa – ❹ Băncile – previziuni – optimiste – viitor ❺ Vând – ceas – marcă – stare – moştenire –

Seconda ondata: lezione 40

Novantesima lezione

L'alcol al volante

1 – Siamo partiti alle otto e sono già le dieci,
2 dovremmo fermarci dal primo benzinaio *(a prima-la stazione di benzina)*!
3 – Hai ragione, mi stanco in fretta quando guido *(guidando)* e devo rimanere concentrato al volante,
4 per non rischiare brutte *(spiacevoli)* sorprese.

90 / Lecția a nouăzecea

5 – S-ar zice că toți șoferii [1] de duminică au ieșit pe autostradă;
6 ei nu respectă nicio regulă de circulație [2]!
7 Cum au obținut permisul de conducere?
8 – Sunt aceiași [3] care în oraș parchează pe trotuar [4],
9 nu se opresc la trecerea de pietoni,
10 nu semnalizează când schimbă direcția,
11 accelerează și frânează [5] prea brusc,
12 ca să nu mai vorbim de inconștienții care conduc în stare de ebrietate...
13 – Se pare că 30 la sută din accidentele de circulație se datorează [6] consumului de alcool!
14 – Deci 70 la sută se datorează unor persoane care nu beau decât apă, suc, ceai, cafea și alte băuturi de genul ăsta.
15 În concluzie, trebuie să fim atenți la cei care nu beau alcool!
16 Ei provoacă [7] de trei ori mai multe accidente! □

Note

1 In romeno, **șofer**, *autista*, è praticamente sinonimo di **conducător auto**. La patente si ottiene dopo aver frequentato la **școală de șoferi**, *scuola guida*.

2 In romeno il *Codice stradale* si chiama ufficialmente **Regulament de circulație** (lett. Regolamento di circolazione).

3 **aceiași**, *gli stessi*, è quello che le grammatiche romene chiamano un "pronome dimostrativo d'identità". Vi offriremo tutte le forme nella lezione di ripasso.

5 Ecco due verbi interessanti per sfrecciare sulle strade della Romania: **a accelera** significa *accelerare* (di qui, **accelerator**, *acceleratore*). Attenzione alla pronuncia, separata, delle due **c**! Abbiamo poi **a frâna**, *frenare*, e ovviamente **frâna**, *il freno*.

Novantesima lezione / 90

5 – Si direbbe che tutti gli autisti della domenica siano *(sono)* usciti in *(su)* autostrada;
6 non osservano per niente il codice della strada *(nessuna regola stradale)*!
7 Come hanno ottenuto la patente *(permesso-il di guidare)*?
8 – Sono gli stessi che in città parcheggiano sul marciapiede,
9 non si fermano prima delle strisce *(a passaggio-il di pedoni)*,
10 non mettono la freccia *(segnalano)* quando cambiano direzione,
11 accelerano e frenano troppo all'improvviso,
12 per non parlare degli incoscienti che guidano ubriachi *(in stato di ebbrezza)*...
13 – Sembra che il 30 per *(al)* cento degli incidenti stradali sia *(è)* dovuto al consumo d'alcol!
14 – Quindi il 70 per *(al)* cento si deve a persone che bevono solo acqua, succo [di frutta], tè, caffè e altre bevande del *(di questo)* genere.
15 In conclusione, bisogna stare *(essere)* attenti a quelli che non bevono alcol!
16 Provocano incidenti *(di)* tre volte di più!

---

6 Il verbo pronominale **a se datora** significa *essere dovuto, doversi*, ma la forma attiva ha il significato di *dovere, avere un debito*, come in **îi datorez bani**, *gli devo denaro*; **nu datorez nimănui nimic**, *non devo niente a nessuno*. Nella stessa famiglia lessicale, conoscete già **datorie**, *debito* (lezione 51, Titolo).

7 L'infinito del verbo è **a provoca**, *provocare*; la trasformazione della seconda **o** della radice della parola in **oa** (**provoacă**, per esempio) è ciò che si chiama un'alternanza vocalica (maggiori particolari nella lezione di ripasso).

Lecția a nouăzecea

Exercițiul 1 – Traduceți

❶ Am obosit explicându-i că situația nu e deloc așa cum și-o închipuie el, e mult mai gravă. **❷** Nu e întotdeauna ușor să te organizezi, să rămâi concentrat pe munca pe care o faci. **❸** Poliția anunță că șoferul nu avea permis de conducere și că actele mașinii erau false. **❹** România va trebui să aștepte anul 2020 ca să aibă cam o mie de kilometri de autostrăzi. **❺** Sunt obligat să parchez acolo unde găsesc un loc liber, câteodată chiar pe trecerea de pietoni.

***

Exercițiul 2 – Completați

❶ Non è capace di fare due cose diverse allo stesso tempo.
Nu e .... să facă .... lucruri .... în .... timp.

❷ Alla sua età, sta cercando ancora la donna ideale, che lo faccia sognare.
La ...... lui, ... încă femeia ......, care să-l facă să ....

❸ La circolazione è sempre più difficile sulla statale numero 1 a causa di un incidente.
.... e tot mai .... pe ...... național 1 din ..... unui ....

❹ Se il conducente accelera quando non deve, la sua macchina consuma più benzina.
.... șoferul .... când nu ...., mașina sa .... mai multă ....

❺ Alla fine, [ci] ha tenuto a ringraziare tutte le persone presenti nella sala.
La ...., a ..... să .... tuturor .... prezente în .....

Novantesima lezione / 90

Soluzioni dell'esercizio 1

❶ Mi sono stancato di spiegargli *(spiegandogli)* che la situazione non è affatto come lui se la immagina, è molto più grave. ❷ Non è sempre facile organizzarsi *(organizzarti)*, rimanere concentrati *(concentrato)* sul lavoro che si fa *(la fai)*. ❸ La polizia comunica *(annuncia)* che il conducente non aveva la patente e che i documenti dell'automobile erano falsi. ❹ La Romania dovrà aspettare l'anno 2020 per avere circa mille chilometri di autostrade. ❺ Sono costretto a parcheggiare dove trovo un posto libero, a volte addirittura sulle strisce.

***

Soluzioni dell'esercizio 2

❶ – capabil – două – diferite – același – ❷ – vârsta – caută – ideală – viseze ❸ Circulația – dificilă – drumul – cauza – accident ❹ Dacă – accelerează – trebuie – consumă – benzină ❺ – sfârșit – ținut – mulțumească – persoanelor – sală

Seconda ondata: lezione 41

Lecţia a nouăzeci şi una

Recapitulare – Ripasso

1 Le nuove norme ortografiche

Nel 1993, l'Accademia romena adottò una riforma dell'ortografia che scatenò molte polemiche. Gli autori furono accusati di agire per ragioni politiche, spinti dal discutibile desiderio di mettere in risalto le origini latine del romeno grazie a un'ortografia etimologizzante. La loro idea era di ritornare alle norme ortografiche degli anni '30, nel tentativo di cancellare la memoria della riforma imposta negli anni '50 dal nuovo regime comunista. Senza entrare nei dettagli del dibattito, ecco qui la lista delle modifiche più importanti:

– ai tempi del comunismo, il suono *[î]* veniva trascritto î in tutte le parole, a eccezione di **român** e dei suoi derivati – l'ortografia era volta a rilevare, con la sua â proveniente da a, la discendenza romana dei romeni (*Roma* è **Roma** anche in romeno...). In base alle nuove norme, la *[î]* viene invece resa con î soltanto a inizio e fine parola: **început**, *inizio*; **a coborî**, *scendere*, o quando si tratta di una voce che inizia con î ed è alterata da un prefisso: **a reîncepe**, *ricominciare*. Altrove, all'interno di parola, l'ortografia corretta è â.

– un'altra modifica riguarda la coniugazione del verbo **a fi**, *essere*: al presente indicativo, laddove in passato si usavano le forme **sînt**, *sono*; **sîntem**, *siamo*; **sînteţi**, *siete*; **sînt**, *(loro) sono*, adesso si usano **sunt**, **suntem**, **sunteţi**, **sunt**, cioè con la **u** al posto della **î**.

– infine, **niciun**, *nessun*, e **nicio**, *nessuna*, scritti tutti attaccati, sostituiscono adesso le antiche grafie **nici un**, **nici o**.

2 Il pronome personale rafforzativo

Il pronome personale seguito dall'avverbio rafforzativo **însumi**, *stesso*, viene classificato nelle grammatiche romene come "pronome personale rafforzativo" (chiamato a volte anche "determinativo", "intensivo" o "identificativo").

Novantunesima lezione

Il romeno ha una forma diversa per ogni persona:

Maschile	Femminile
eu însumi, *io stesso*	**eu însămi**, *io stessa*
tu însuți, *tu stesso*	**tu însăți**, *tu stessa*
el însuși, *lui stesso*	**ea însăși**, *lei stessa*
noi înșine, *noi stessi*	**noi însene**, *noi stesse*
voi înșivă, *voi stessi*	**voi însevă**, *voi stesse*
ei înșiși, *loro stessi*	**ele înseși**, *loro stesse*

Quando si usa come aggettivo, questo elemento può precedere o seguire il suo determinante: **Însuși șeful** (o **Șeful însuși**) **mi-a spus-o!**, *Il capo stesso me l'ha detto!*
Per fortuna, nella lingua parlata si usano delle alternative più semplici. Per esempio, si può adoperare l'avverbio **chiar**, *proprio*, prima del pronome: **chiar eu**, *io stesso, proprio io*; **chiar tu**, *proprio tu*. Un'altra soluzione per evitare la complessità di queste forme (i romeni stessi vi si smarriscono!) è l'uso di strutture come **eu singur**, *io solo*, o **eu în persoană**, *io in persona*. Insomma, per dire *Credimi, l'ho vista io stesso, con i miei occhi!*, avete la scelta fra **Crede-mă, am văzut-o eu însumi, cu ochii mei!** e **Crede-mă, am văzut-o chiar eu, cu ochii mei!**, ma sono possibili anche **Crede-mă, am văzut-o eu singur, cu ochii mei!** e **Crede-mă, am văzut-o eu în persoană, cu ochii mei!**

3 Il pronome personale riflessivo

3.1 Le forme toniche del pronome personale riflessivo

Il pronome personale riflessivo esiste soltanto alla terza persona: **sine**, *sé*, e **sieși**, *a sé*. La prima forma è un accusativo e la seconda un dativo.
Sine e **sieși** non sono frequenti nel parlato. Al loro posto sono subentrate strutture più semplici. **Se vede pe sine în oglindă**, *Vede se stesso nello specchio*, si può riformulare, usando il pronome

personale rafforzativo di cui sopra: **Se vede pe el însuşi în oglindă**, *Vede se stesso nello specchio*, e invece di **Îşi spunea sieşi**, *Diceva a se stesso*, si può usare **Îşi spunea lui însuşi**.

Sine compare invece come sostantivo in **în sinea mea**, *tra me e me*, e in espressioni come **se înţelege de la sine**, *va da sé*.

3.2 Le forme atone del pronome personale riflessivo

Conoscete da tempo le forme atone del pronome personale riflessivo, **se** e **s-** (provenienti da **sine**), **-şi**, **îşi** e **şi-** (varianti corte di **sieşi**), incontrate nella coniugazione dei verbi pronominali: **el se spală**, *lui si lava*; **el s-a spălat**, *lui si è lavato*; **a-şi aminti**, *ricordarsi*; **el îşi aminteşte**, *lui si ricorda*; **el şi-a amintit**, *lui si è ricordato*. Nel caso dei verbi come **a-şi aminti**, *ricordarsi*, **-şi**, il pronome riflessivo, è al dativo, mentre nel primo caso di **a se spăla**, il pronome è all'accusativo. Un'ottima occasione per rivedere a questo punto le spiegazioni della lezione 56...

4 Il pronome dimostrativo

4.1 Il pronome d'identità

Le grammatiche romene distinguono una variante del pronome dimostrativo che viene chiamato "pronome dimostrativo d'identità". Le sue forme sono **acelaşi**, *lo stesso*; **aceeaşi**, *la stessa*; **aceiaşi**, *gli stessi*; **aceleaşi**, *le stesse*.

Avete già riconosciuto il dimostrativo **acela**, vero? Basta attaccarci un **-şi** in fondo perché esprima il concetto d'identità. Il pronome dimostrativo d'identità può essere usato come aggettivo, e l'elemento **acel(a)** si declina: **Nu cobori de două ori în apa aceluiaşi râu**, *Non puoi scendere due volte nell'acqua dello stesso fiume*.

4.2 Il pronome dimostrativo di differenziazione

Un altro pronome dimostrativo, che certe grammatiche chiamano "di differenziazione", è **celălalt**, *l'altro*; designa l'alterità. Si forma a partire da **cel**: **celălalt**, *l'altro*; **cealaltă**, *l'altra*; **ceilalţi**, *gli altri*; **celelalte**, *le altre*. Come il pronome dimostrativo d'identità, anche il pronome dimostrativo di differenziazione può essere adoperato come aggettivo; l'elemento **cel** si declina: **Dă şi celorlalţi!**, *Da' anche agli altri!*

5 Le alternanze vocaliche

Le alternanze vocaliche sono delle modifiche dell'ultima vocale della radice di un sostantivo, di un aggettivo o di un verbo, dovute alla comparsa delle vocali **a**, **e** e **i** nella desinenza o a uno spostamento dell'accento all'interno della parola. Si verificano nel corso della flessione, cioè della declinazione dei nomi e della coniugazione dei verbi.

5.1 Alternanze vocaliche dovute alla comparsa di *a, e, i* come ultima vocale della parola

Si tratta soprattutto di una dittongazione (**o** diventa per esempio **oa**) o di una monottongazione (**oa** si riduce a **o**). Qualche esempio:

a–ă	c**a**rte–c**ă**rți, *libro - libri*
a–e	m**a**să–m**e**se, *tavolo - tavoli*
ă–e	v**ă**r–v**e**ri, *cugino - cugini*; v**ă**d–v**e**zi, *vedo - vedi*
â–i	tân**ă**r–tin**e**ri, *giovane - giovani*; v**â**nd–v**i**nzi, *vendo - vendi*
e–ea	într**e**g–într**ea**gă, *intero - intera*; m**e**rge–să m**ea**rgă, *va - che vada*
ea–e	g**ea**măn–g**e**meni, *gemello - gemelli*; b**ea**u–b**e**i, *bevo - bevi*
ie–ia	**ie**rt–**ia**rtă, *perdono - perdona*
o–oa	avi**o**n–avi**oa**ne, *aereo - aerei*; frum**o**s–frum**oa**să, *bello - bella*; r**o**g–r**oa**gă, *prego - prega*
oa–o	fl**oa**re–fl**o**ri, *fiore - fiori*; n**oa**pte–n**o**pți, *notte - notti*

5.2 Alternanze vocaliche dovute allo spostamento dell'accento

Compaiono nel corso della coniugazione dei verbi; nella maggior parte dei casi, la **a** tonica diventa **ă** quando non è più accentata. Ecco per esempio l'indicativo presente di **a cădea**, *cadere*: **cad**, **cazi**, **cade**, **cădem**, **cădeți**, **cad**.
Nella coniugazione di un verbo possono verificarsi diverse alternanze, come nel caso di **a putea**, *potere*, che oscilla fra le vocali/gruppi vocalici **o/oa/u**: **pot**, **poți**, **poate**, **putem**, **puteți**, **pot**.

Da notare che anche il suo equivalente italiano presenta un'alternanza *o/uo* nelle forme del presente indicativo (*posso, puoi* ecc.).

***

▶ Dialog de recapitulare

1 – Ați găsit ușor un loc în parkingul blocului?
2 – Nu, parkingul era plin, am parcat pe stradă;
3   am avut noroc, o mașină a plecat când am ajuns în fața porții.
4 – Cred că era vecinul nostru de la etajul trei,
5   numai el pleacă la serviciu la ora asta,
6   e medic de urgență și lucrează de noapte.
7 – Totul e bine când se termină cu bine!
8   Mă gândeam cu groază că o să întârziem,
9   că o să pierdem mult timp învârtindu-ne prin cartier!
10   În plus, mașina mea e prea lungă și prea lată,
11   e greu să găsești un loc pentru ea.
12 – Ați venit pe autostradă sau pe națională?
13   Pe hartă, itinerarul cel mai scurt e pe națională,
14   dar în realitate pe autostradă e mult mai rapid:
15   nu există semafoare și pietoni care traversează strada...
16 – Da, și știi că mie îmi place viteza,
17   accelerez și depășesc repede 150 de kilometri pe oră;
18   în schimb, consum mai multă benzină.
19   Recunosc că încă nu am găsit soluția cea mai potrivită;
20   pentru mine, e o adevărată dilemă...
21 – Ei da, te înțeleg, sunt de acord cu tine,
22   pe autostradă câștigi timp dar pierzi bani...
23   Cel mai inteligent ar fi să alegi calea de mijloc:
24   să vii pe autostradă, dar cu 90 de kilometri pe oră...

Novantunesima lezione / 91

Traduzione
1 Avete trovato posto facilmente nel parcheggio condominiale? **2** No, il parcheggio era pieno, abbiamo parcheggiato in strada; **3** ci è andata bene, una macchina è andata via quando siamo arrivati davanti alla porta. **4** Credo che fosse il nostro vicino del terzo piano, **5** c'è solo lui che va al lavoro *(a servizio)* a quest'ora, **6** è medico al pronto soccorso e lavora di notte. **7** Tutto è bene quel che *(quando)* finisce *(si termina con)* bene! **8** Pensavo inorridita *(con orrore)* che avremmo fatto *(faremo)* tardi, **9** che avremmo perso *(perderemo)* molto tempo girando nel quartiere! **10** Inoltre, la mia macchina è troppo lunga e troppo larga, **11** è difficile trovare un posto adatto *(per essa)*. **12** Siete arrivati dall'autostrada o dalla statale? **13** Sulla mappa, il percorso più corto passa dalla *(è su)* statale, **14** ma in realtà dall'autostrada è molto più rapido: **15** non ci sono semafori e pedoni che attraversino la strada... **16** Sì, e sai che a me piace la velocità, **17** accelero e supero in fretta i 150 km/h. **18** In cambio, consumo più benzina. **19** Ammetto che non ho ancora trovato la miglior soluzione; **20** per me, è un vero e proprio dilemma... **21** Eh sì, ti capisco, sono d'accordo con te, **22** sull'autostrada guadagni tempo e perdi denaro... **23** La [cosa] più intelligente sarebbe scegliere una via di mezzo: **24** prendere *(venire su)* l'autostrada, ma a 90 km/h...

Come sta andando l'ultima parte del vostro percorso d'apprendimento? Avvertite già degli automatismi? Andate avanti regolarmente per acquisire le sottigliezze di ogni struttura della lingua romena, nonché l'intonazione e la pronuncia corrette: vedrete, i vostri interlocutori romeni rimarranno stupiti!

Seconda ondata: lezione 42

Lecţia a nouăzeci şi doua

O carte de călătorii

1 – Alo, eu sunt, te sun din vagonul restaurant,
2 aveam chef să mănânc un biftec în [1] sânge.
3 – Ai plecat din Bucureşti fără nicio întârziere?
4 – Da, de data asta, trenul a respectat orarul...
5 – Un adevărat miracol [2]! Deci o să ajungi la timp...
6 Unde [3] eşti acum? Ai trecut de Braşov?
7 – Nu, suntem încă pe valea Prahovei,
8 în zare [4] se văd munţi acoperiţi de zăpadă
9 şi [5] în gări schiori echipaţi din cap până în picioare,
10 cu schiurile în spate şi cu beţele în mână.
11 – Te aştept cum am stabilit, pe peron.
12 – Mersi mult, geamantanul meu cântăreşte o tonă,
13 s-ar zice că cineva l-a umplut cu cărămizi...
14 Problema e că mai am cinci ore de drum şi mă plictisesc de moarte...
15 – N-ai nimic de citit? N-ai luat nicio carte?
16 Ar fi trebuit să te gândeşti dinainte [6]!
17 Ideal ar fi fost ceva fără prentenţii intelectuale,
18 un roman poliţist sau de aventuri...

Note

1 La preposizione **în**, *in*, è fra le preposizioni più usate in romeno: maggiori dettagli come sempre nella lezione di ripasso.

2 Conoscete già **minune** nel senso di *miracolo*; in certi contesti, si può tradurre come *meraviglia*.

3 **unde**, *dove*, è un avverbio di luogo molto usato, su cui ritorneremo nella lezione di ripasso.

4 Invece di **în zare**, *all'orizzonte*, potete benissimo adoperare anche **la orizont**.

Novantaduesima lezione

Un libro di viaggi

1 – Pronto, sono io, ti sto chiamando dal vagone ristorante,
2 avevo voglia di mangiare una bistecca al *(in)* sangue.
3 – Sei partita da Bucarest senza alcun ritardo?
4 – Sì, stavolta il treno ha rispettato l'orario...
5 – Un vero miracolo! Quindi arriverai in tempo...
6 Dove sei adesso? Hai passato *(di)* Brașov?
7 – No, siamo ancora nella *(su)* valle di Prahova,
8 all'orizzonte si vedono le montagne coperte di neve
9 e nelle stazioni gli sciatori attrezzati dalla testa ai piedi,
10 gli sci in spalla e i bastoncini in mano.
11 – Ti aspetto come abbiamo stabilito, al *(su)* binario.
12 – Grazie mille, la mia valigia pesa una tonnellata,
13 si direbbe che qualcuno l'abbia riempita di mattoni...
14 Il problema è che ho ancora cinque ore di strada e mi sto annoiando da morire *(di morte)*...
15 – Non hai niente da leggere? Non hai preso nessun libro?
16 Avresti dovuto pensarci prima!
17 L'ideale sarebbe stato qualcosa senza pretese intellettuali,
18 un giallo o un romanzo d'avventure...

---

5 **și**, *e*, congiunzione coordinativa, invariabile, è utile per collegare due elementi grammaticali dello stesso livello. Su questo argomento potete consultare la lezione di ripasso.

6 L'avverbio **dinainte**, *prima*, o *con anticipo*, è il risultato della contrazione di due elementi che non vi sono nuovi: *de*, *di*, e *înainte*, *avanti, prima*.

19 De fapt, cea mai potrivită ar fi fost o carte de călătorii...
20 – O, am la mine o carte de genul ăsta, imposibil de [7] citit,
21 n-are nici personaje și nici acțiune,
22 e Mersul [8] trenurilor... □

Note

[7] Rivedremo nella lezione di ripasso la preposizione **de**, *di*, che in questo caso contribuisce alla formazione del supino.

***

Exercițiul 1 – Traduceți

❶ Trenul are deja o întârziere de cinci minute, dar o poate recupera fără probleme până la Cluj. ❷ Insist, vreau ca biftecul să fie bine prăjit, nu suport gustul de sânge. ❸ Cu ajutorul tehnicilor moderne, medicii reușesc să facă azi adevărate miracole. ❹ Pe valea Oltului, care traversează Carpații, se pot vizita mai multe mănăstiri vechi de sute de ani. ❺ În 1954, iarna, străzile Bucureștiului au fost acoperite de cinci metri de zăpadă și viteza vântului a atins 126 de km pe oră.

***

Exercițiul 2 – Completați

❶ Questi sci sono troppo cari, mi chiedo quanto costi un paio di sci d'occasione.

.... astea sunt prea ...., mă întreb ... costă o .... de schiuri de ....

❷ Ha dichiarato alla radio che i due paesi devono stabilire rapporti aperti e sinceri sulla via della pace.

A .... la ..... că cele două ..... trebuie să .... relații .... și .... pe ..... păcii.

❸ Ha paura di ingrassare: mangia soltanto verdura e si pesa due volte al giorno.

I-e ..... că se ....: nu mănâncă decât .... și se .... de două ... pe zi.

19 In realtà, il più adatto sarebbe stato un libro di viaggi...
20 – Oh, ho con *(a)* me un libro di questo tipo, impossibile da leggere,
21 non ha né personaggi né azione,
22 è l'orario *(Andatura-la)* dei treni!

8 Il sostantivo **mers**, *andatura*, della famiglia del verbo **a merge**, *andare*, può comparire in altri contesti con il senso di *andamento*.

***

Soluzioni dell'esercizio 1
❶ Il treno ha già cinque minuti di ritardo, ma lo può recuperare senza problemi fino a Cluj. ❷ Insisto, voglio che la bistecca sia ben cotta, non sopporto il sapore del sangue. ❸ Oggi, con l'ausilio delle tecniche moderne, i medici riescono a fare dei veri miracoli. ❹ Nella valle di Olt, che attraversa i Carpazi, si possono visitare vari monasteri antichi di centinaia d'anni. ❺ Nel 1954, d'inverno, le vie di Bucarest furono ricoperte da cinque metri di neve e la velocità del vento raggiunse i 126 km/h.

***

❹ Nel nome della protezione della natura, vogliono trasferirsi in una casa di mattoni e di legno.
În . . . . . protecţiei . . . . , vor să se . . . . într-o . . . . de . . . . şi de . . . . .

❺ Un romanzo d'avventure è un romanzo senza grandi pretese, che mette l'accento sull'azione.
Un . . . . . de . . . . e un roman . . . . mari . . . . , care . . . . accentul pe . . . .

Soluzioni dell'esercizio 2
❶ Schiurile – scumpe – cât – pereche – ocazie ❷ – declarat – radio – ţări – stabilească – deschise – sincere – calea – ❸ – teamă – îngraşă – legume – cântăreşte – ori – ❹ – numele – naturii – mute – casă – cărămidă – lemn ❺ – roman – aventuri – fără – pretenţii – pune – acţiune

La Romania è situata all'intersezione del 45° parallelo nord (latitudine di Venezia e Bordeaux) e del 25° meridiano est; in altre parole, si trova nel cuore dell'Europa, a mezza strada fra l'Equatore e il Polo Nord, da un lato, e fra la costa atlantica e gli Urali dall'altro. Conseguenza di un clima continentale moderato, con estati torride e inverni rigidi, la temperatura può scendere a volte fino a meno 25 gradi. Da novembre fino a marzo-aprile la neve imbianca abbondantemente le zone di montagna (i Carpazi coprono un terzo della superficie della Romania), per la grande gioia degli amanti degli sport invernali. Le stazioni sciistiche più frequentate si trovano nella Valle di Prahova; **Poiana Brașov** *dispone della più grande superficie sciabile, ma è a* **Sinaia** *che si trovano le piste da sci,* **pârtii***, più alte del paese (Monte Furnica, 2103 m).*

93

Lecția a nouăzeci și treia

Un om distrat

1 – Cum poți să fii atât de distrat?
2 Azi ți-ai pierdut umbrela,
3 după ce ți-ai pierdut [1] portofelul, săptămâna trecută...
4 – De fapt, nu știu dacă l-am pierdut sau dacă mi s-a furat!
5 Ultima dată când l-am avut în mână
6 a fost la ghișeul de la [2] metrou,

Note

1 La costruzione italiana con l'infinito passato in romeno viene sostituita da un semplice passato prossimo, il tempo passato più usato. L'infinito passato, forma verbale che esprime un'azione compiuta, esiste anche in romeno ma è raramente adoperato; si forma con l'infinito presente dell'ausiliare **a fi**, *essere*, seguito dal participio passato del verbo da coniugare: **a fi pierdut**, *aver perso*.

Seconda ondata: lezione 43

Novantatreesima lezione

Una persona distratta

1 – Come puoi essere così distratto?
2 Oggi *(ti)* hai perso l'ombrello,
3 dopo aver *(che ti hai)* perso il portafoglio, la settimana scorsa…
4 – In realtà, non so se l'ho perso o se me l'hanno *(mi è stato)* rubato!
5 L'ultima volta che l'ho avuto in mano,
6 è stata nella *(a)* biglietteria della metropolitana,

---

2 La preposizione **la**, *a*, compare due volte in questa frase; la seconda serve a evitare un genitivo. Vi ritorneremo brevemente nella lezione di ripasso.

93 / Lecţia a nouăzeci şi treia

7 când mi-am reînnoit [4] abonamentul.
8 A dispărut apoi fără urmă!
9 Cineva trebuie că mi l-a scos din buzunar, profitând de înghesuială;
10 era multă lume la ora de vârf [5]...
11 – Ai declarat furtul la poliţie?
12 – La ce bun? Nu-i nicio speranţă!
13 Şi nu sunt sigur că am fost victima unui delict...
14 – Greu de închipuit cineva mai neatent [6] decât tine!
15 Ai fost la biroul de obiecte pierdute?
16 Se pare că au adunat, cu vremea, o adevărată colecţie de curiozităţi [7]!
17 Se uită lucruri neaşteptate în transporturile în comun...
18 Cred că dispui de câteva luni ca să poţi recupera un obiect,
19 totul depinde de valoarea lui...
20 Dar dacă nimeni nu-l reclamă într-un interval de timp,
21 obiectul e vândut la licitaţie.

: Note

4 Il prefisso **re-** indica qui la ripetizione di un'azione verbale, ma si può applicare anche ai sostantivi e agli aggettivi: **acţiune-reacţiune**, *azione-reazione*; **încălzit-reîncălzit**, *scaldato-riscaldato*.

5 In romeno **vârf**, *punta*, significa anche *vetta, picco*: **Cu cei 2544 metri ai săi, vârful Moldoveanu din Carpaţi e cel mai înalt vârf din România**, *Con i suoi 2544 metri, il picco Moldoveanu nei Carpazi è la vetta più alta della Romania*.

6 Ricordatevi che il prefisso negativo **ne-** è molto produttivo in romeno, e che lo si può aggiungere a sostantivi, aggettivi e participi passati (lezione 42, § 4).

Novantatreesima lezione / 93

7 quando ho rinnovato l'abbonamento.
8 È sparito poi senza [lasciare] traccia!
9 Qualcuno deve avermelo tirato fuori dalla tasca, approfittando dell'affollamento;
10 c'era molta gente nell'ora di punta...
11 – Hai denunciato il furto alla polizia?
12 – Perché mai? Non c'è nessuna speranza!
13 E non sono sicuro di essere stato *(che sono stato)* vittima di un reato...
14 – Difficile *(da)* immaginare qualcuno più sbadato di te!
15 Sei andato all'ufficio degli oggetti smarriti?
16 Pare che abbiano raccolto, col tempo, una vera e propria collezione di curiosità!
17 Si dimenticano cose inattese sui mezzi pubblici *(nei trasporti in comune)*...
18 Credo che tu abbia a disposizione *(di)* qualche mese per recuperare un oggetto,
19 tutto dipende dal suo valore...
20 Ma se nessuno lo rivendica entro una certa data *(in un intervallo di tempo)*,
21 l'oggetto viene venduto all'asta.

7 Il singolare di **curiozități** è **curiozitate**, *curiosità*. La trasformazione della **t** del singolare in **ț** al plurale è da ricondurre a un'alternanza consonantica che spiegheremo più in dettaglio nella lezione di ripasso.

93 / Lecția a nouăzeci și treia

22 Pentru că veni **⁸** vorba,
23 când ți-ai dat seama că ți-ai pierdut umbrela?
24 – Când **⁹** am vrut s-o închid! ☐

Note

8 Nell'espressione **Pentru că veni vorba**, *Parlando di ciò* (lett. Perché venne la parola), compare un passato remoto, poco comune e limitato all'uso letterario o regionale. Merita tuttavia qualche spiegazione che ritroverete nella lezione di ripasso.

***

Exercițiul 1 – Traduceți

❶ N-aveam bani în portofelul care mi s-a furat în tramvai, hoțul s-a înșelat! ❷ Prefer să cumpăr abonamentul la teatru pe Internet, e o coadă prea lungă la ghișeu. ❸ Nu reușesc să recunosc animalul care a lăsat urme de pași în zăpadă. ❹ Nu vreau să-ți dau speranțe false, dar sunt sigur că te vei descurca fără ajutorul nimănui. ❺ N-am văzut niciodată un om mai distrat ca el, întotdeauna cu capul în nori, fără nicio legătură cu realitatea!

***

Exercițiul 2 – Completați

❶ Oggi molti bambini sono vittime della moda, come i loro genitori.
Azi mulți . . . . sunt . . . . ale . . . . . , ca părinții
. . . .

❷ Ha raccolto in qualche anno una collezione d'oggetti d'arte di grande valore.
A . . . . . . în . . . . . . ani o . . . . de . . . .
de . . . . de mare . . . .

❸ Afferma in un libro che la più grande virtù dell'uomo è la curiosità.
. . . . . . într-o . . . . . că cea mai mare . . . . a omului e . . . .

435 • patru sute treizeci și cinci

Novantatreesima lezione / 93

22 A proposito *(Perché venne parola-la)*,
23 quando ti sei accorto che avevi *(ti hai)* perso l'ombrello?
24 – Quando volevo *(ho voluto)* chiuderlo!

9 când, *quando*, è un avverbio di tempo. Anche di questo riparleremo nella lezione di ripasso.

***

Soluzioni dell'esercizio 1
❶ Non avevo denaro nel portafoglio che mi hanno rubato sul tram, il ladro si è sbagliato! ❷ Preferisco comprare l'abbonamento al teatro in Internet, la coda in biglietteria è troppo lunga. ❸ Non riesco a riconoscere l'animale che ha lasciato tracce *(di passi)* nella neve. ❹ Non voglio darti false speranze, ma sono sicuro che te la caverai senza l'aiuto di nessuno. ❺ Non ho mai visto un uomo più distratto di lui, sempre con la testa tra le nuvole, senza alcun rapporto con la realtà!

***

❹ Dispone di molti soldi, ha comprato molti quadri all'asta.
. . . . de mulți . . . . , a . . . . multe
. . . . la . . . .

❺ Scegliete la lingua che volete imparare e cominciate poi con la prima lezione del manuale.
. . . . limba pe care vreți s-o . . . . și
începeți . . . . cu prima . . . . . . din . . . .

Soluzioni dell'esercizio 2
❶ – copii – victime – modei – lor ❷ – adunat – câțiva – colecție – obiecte – artă – valoare ❸ – Afirmă – carte – virtute – curiozitatea ❹ – Dispune – bani – cumpărat – tablouri – licitație ❺ Alegeți – învățați – apoi – lecție – manual

Seconda ondata: lezione 44

Lecția a nouăzeci și patra

Planuri de viitor

1 – Nu mai suport să mi se spună ce trebuie să fac, nici să primesc ordine de la șefi idioți!
2 Am hotărât să iau taurul de coarne:
3 îmi dau demisia din [1] slujbă [2]
4 și mă pun pe contul meu, mă lansez în afaceri ca întreprinzător individual!
5 – Nu știu ce să zic, e un mare risc, mai ales acum,
6 în conjunctura asta economică defavorabilă...
7 Nu erai mulțumit cu postul tău de la Consiliul județean?
8 Sper [3] că ești conștient că n-o să fie ușor pentru tine...
9 Ai o idee precisă, știi ce vrei să faci?
10 – Toate posibilitățile sunt deschise, am mai multe planuri de viitor,
11 dar orice e preferabil situației actuale!
12 – Va trebui să iei decizii importante!
13 – O [4] știu foarte bine...
14 De fapt, ezit între mai multe proiecte [5],

Note

1 Ricordatevi (lezione 10, frase 3) che la preposizione **din**, *di*, è composta da altre due preposizioni: **de**, *di* e **în**, *in*.

2 La voce **slujbă**, *lavoro, servizio*, leggermente arcaica, in questo senso si usa soprattutto nel linguaggio colloquiale; altrimenti si parla di **post**, *posto di lavoro*, o di **serviciu**, *impiego*, mentre **slujbă** è molto comune nell'ambito ecclesiale, per riferirsi alla *messa*.

Novantaquattresima lezione

Progetti per il futuro

1 – Non sopporto più che mi si dica quel che devo fare, né di ricevere ordini da capi idioti!
2   Ho deciso di tagliare la testa al toro *(prendere toro-il di corna)*:
3   do le dimissioni *(dal lavoro)*
4   e mi metto in proprio *(su conto-il mio)*, mi butto negli affari come imprenditore autonomo!
5 – Non so che cosa dire, è un grande rischio, soprattutto adesso,
6   in queste circostanze economiche sfavorevoli...
7   Non eri contento del *(con il)* tuo posto presso il *(di a)* Consiglio distrettuale?
8   Spero che tu sia [ben] cosciente che non sarà facile per te...
9   Hai un'idea chiara, sai che cosa vuoi fare?
10 – Tutte le possibilità sono aperte, ho più progetti per il futuro *(piani di futuro)*,
11 ma qualsiasi cosa è preferibile all'attuale situazione!
12 – Dovrai prendere delle decisioni importanti!
13 – Lo *(La)* so benissimo...
14 In realtà, esito fra vari progetti,

3 că, *che*, è una congiunzione subordinativa. Ulteriori particolari nella lezione di ripasso.

4 Il *lo* neutro italiano si può rendere in romeno con il femminile **o**, come in questa frase, ma se ne può tranquillamente fare a meno e dire soltanto: **știu foarte bine**, *so benissimo*.

5 La voce **proiect**, *progetto*, esiste anche in romeno, ma per parlare di *progetti per il futuro* si dice piuttosto **planuri de viitor** (lett. piani di futuro).

15 nu știu încă pe care să-l privilegiez...
16 – Trebuie să faci studii de fezabilitate,
17 să găsești finanțări, eventual sponsori...
18 Secretul succesului e simplu:
19 chiar de la început, trebuie să iei decizii corecte!
20 – Și cum poți să știi că o decizie e corectă sau nu?
21 – A, experiența te învață asta [6], cu timpul!
22 – Și cum [7] poți să acumulezi experiența necesară?
23 – Ce întrebare! Luând desigur decizii greșite!

Note

6 In questo contesto, **asta**, *questo*, ha un valore neutro; sottolineiamo che il romeno usa il femminile laddove l'italiano adopera in questi casi il maschile (nota 4).

7 Dopo *unde*, *dove*, e *când*, *quando*, ecco adesso *cum*, *come*, avverbio di modo o maniera. Ritorneremo su tutti questi avverbi nella lezione di ripasso.

***

Exercițiul 1 – Traduceți

❶ Ca toți cei care sunt născuți în zodia Taurului, e o persoană calmă și plină de bun simț, apropiată de natură. ❷ S-a săturat să lucreze pentru alții și s-a decis să-și dea demisia, a scris deja o scrisoare în acest sens. ❸ Primăria a promis că va lua toate măsurile necesare pentru a preveni riscurile iernii. ❹ Echipa lui se află într-o situație defavorabilă în clasament și trebuie să lupte pentru a supraviețui. ❺ Se pare că un tânăr din trei visează să aibă o slujbă sigură, cu un salariu fix.

15 non so ancora quale privilegiare...
16 – Devi fare degli studi di fattibilità,
17 trovare dei finanziamenti, eventualmente degli sponsor...
18 Il segreto del successo è semplice:
19 fin dall'inizio, devi prendere decisioni corrette!
20 – E come puoi sapere se *(che)* una decisione è corretta o meno?
21 – Ah, è l'esperienza a insegnartelo, col tempo!
22 – E come puoi accumulare l'esperienza necessaria?
23 – Che domanda! Prendendo ovviamente decisioni sbagliate!

Soluzioni dell'esercizio 1

❶ Come tutti quelli che sono nati nel segno del Toro, è una persona tranquilla e piena di buon senso, vicina alla natura. ❷ Si è stufato di lavorare per gli altri e ha deciso di dare le dimissioni, ha già scritto una lettera in questo senso. ❸ Il Comune ha promesso che prenderà tutte le misure necessarie per prevenire i rischi dell'inverno. ❹ La sua squadra si trova in una situazione sfavorevole in classifica e deve lottare per sopravvivere. ❺ Pare che un giovane su tre sogni di avere un posto sicuro, con uno stipendio fisso.

Lecția a nouăzeci și patra

Exercițiul 2 – Completați

❶ Se vuole, ha la possibilità di iscriversi a più facoltà nello stesso tempo.
   Dacă . . . . , are . . . . să se . . . . la mai . . . . . facultăți în . . . . timp.

❷ Credo che esistano situazioni in cui è preferibile non dire la verità in pubblico.
   Cred că . . . . . . situații în care e . . . . să nu . . . . adevărul în . . . .

❸ Dopo aver fatto più studi di mercato, è riuscito a stabilire un progetto d'impresa e sta cercando adesso finanziamenti.
   După ce a făcut mai multe . . . . . . de . . . . . , a reușit să . . . . un . . . . de întreprindere și . . . . . acum . . . .

***

In base alla Costituzione, la Romania è organizzata, dal punto di vista amministrativo, in collettività territoriali: comuni, città e distretti. Il comune, **comuna***, che in Romania indica un'unità amministrativa più piccola delle città, è gestito da un* **Consiliu local***, Consiglio locale, e da un sindaco (***primar***) eletto; può essere costituito da uno o più* **sate***, villaggi, località, e* **cătune***, frazioni. La città,* **oraș***, è anch'essa gestita da un consiglio e da un sindaco. Alcune città particolarmente importanti e grandi sono state dichiarate* **municipii***, municipi.* **București***, Bucarest, municipio con statuto di distretto, è suddivisa*

Novantaquattresima lezione / 94

❹ Ha dichiarato davanti ai partecipanti alla riunione che il suo paese privilegia la pace nelle relazioni internazionali.
A declarat în faţa .... la ....
că ţara sa .... pacea în ....
internaţionale.

❺ Rischiano di sbagliarsi e di prendere decisioni erronee, di cui si pentiranno in seguito *(più tardi)*.
..... să se ...... şi să ia decizii ...., pe care le vor .... mai târziu.

Soluzioni dell'esercizio 2

❶ – vrea – posibilitatea – înscrie – multe – acelaşi – ❷ – există – preferabil – spui – public ❸ – studii – piaţă – stabilească – proiect – caută – finanţări ❹ – participanţilor – reuniune – privilegiază – relaţiile – ❺ – Risca – înşele – greşite – regreta –

***

*în sei **sectoare**, circoscrizioni. All'inizio del 2013, in Romania c'erano 320 **oraşe**, di cui più di cento municipi e più di 2800 **comune**, che comprendevano quasi 13 000 **sate**.*
*Il **judeţ**, il distretto, è gestito da un Consiglio generale (chiamato **Consiliu judeţean**, Consiglio distrettuale) e da un **prefect**, prefetto, nominato dal governo. La Romania annovera 41 distretti, ciascuno con in media 500 000 abitanti.*

Seconda ondata: lezione 45

Lecția a nouăzeci și cincea

În autobuz

1 – E de necrezut [1], sunt unii cetățeni care n-au niciun respect pentru alții și urcă în autobuz cu câini!
2 E un adevărat scandal!
3 – Cine ești dumneata ca să judeci și să condamni?
4 Dacă nu-ți plac animalele, nu-ți plac nici oamenii!
5 – N-are rost să discutăm, e o chestiune [2] de principiu!
6 Un câine, chiar ținut în lesă, n-are ce căuta în transportul în comun!
7 Locul lui e în grădină, doamnă, să păzească casa de hoți!
8 – Care grădină? Care casă? Nu locuiesc într-o vilă!
9 Am o garsonieră la parter, într-un bloc...
10 Și ce-aveți cu el? Nu face rău la nimeni!
11 Vă miroase pentru că e curios!

Note

1 Come sapete, il romeno ha a disposizione la tipica struttura **de necrezut** (lett. da non credere) come alternativa a **incredibil**. Si tratta di un altro uso del supino, che qui è stato tradotto con un aggettivo negativo; ricordatevi **de nesuportat**, *insopportabile* (lett. da non sopportare).

Novantacinquesima lezione

Sull'autobus

1 – È incredibile, ci sono alcuni cittadini che non hanno nessun rispetto per gli altri e salgono sull' *(in)* autobus con i cani!
2 È un vero scandalo!
3 – Chi è Lei per giudicare e condannare?
4 Se non ama gli animali, non ama neanche le persone!
5 – Non ha senso discutere, è una questione di principio!
6 Un cane, anche *(tenuto)* al guinzaglio, non deve stare sui mezzi pubblici *(no ha che cercare in trasporto-il in comune)*!
7 Il suo posto è in giardino, signora, per difendere la casa dai ladri!
8 – [Ma] quale giardino? [Ma] quale casa? Non abito in una villa!
9 Ho un monolocale al pianterreno, in un condominio...
10 *(E)* perché se La prende con lui *(che cosa ha con lui)*? Non fa male a nessuno!
11 La annusa perché è curioso!

2 Conoscete già **chestie**, con il significato di *cosa*, *questione*, o anche, colloquialmente, *coso*; ecco adesso **chestiune**, una variante della stessa parola.

12 – **A**sta-i prea de tot! Marș [3] de-**a**ici!
13 Câinele e un animal periculos!
14 Transmite tot felul de boli, de la râie la turbare; mușcă, face pipi peste tot, e murdar!
15 – Câinele meu, murdar? Ce obrăznicie [4]!
16 Îți garantez că e mai curat ca dumneata!
17 Îl spăl în fiecare zi cu [5] un șampon special!
18 – Nu se vede! Și simt deja că îmi urcă un purice pe picior [6]!
19 – Azorel, hai repede de acolo! Domnul are purici! □

Note

[3] L'interiezione **Marș!**, *Via!*, è tipica per scacciare i cani ma compare anche nell'espressione **Înainte, marș!**, *Avanti, marsc'!*, che rimanda ovviamente all'ambito militare.

[4] **obrăznicie**, *sfacciataggine, sfrontatezza*, si può dire anche **insolență**. *Sfacciato* si dirà **obraznic**, mentre il verbo **a se obrăznici** (a riprova della facilità con cui il romeno forma i verbi) significa *diventare sfacciato*.

[5] La preposizione **cu**, *con*, che qui introduce un complemento di mezzo (**șampon**, *shampoo*) ha diversi valori, sui quali ritorneremo nella lezione di ripasso.

***

Exercițiul 1 – Traduceți

❶ Anul viitor trebuie să-mi reînnoiesc pașaportul de cetățean român stabilit în străinătate. ❷ Articolul lui a provocat un adevărat scandal în lumea literară, puțin obișnuită cu această lipsă de maniere. ❸ Cei doi răufăcători au fost judecați de mai multe ori pentru furt, dar n-au fost niciodată condamnați. ❹ În principiu, sunt de acord cu tine, dar de data asta sunt sigur că exagerezi. ❺ Femeia cu cele mai lungi picioare din lume (132 cm) e o rusoaică de aproape doi metri.

Novantacinquesima lezione / 95

12 – Questo è troppo! Vai via *(Marcia di qui)*!
13 Il cane è un animale pericoloso!
14 Trasmette ogni sorta di malattie, dalla scabbia alla rabbia; morde, fa la pipì dappertutto, è sporco!
15 – Il mio cane, sporco? Che sfacciataggine!
16 Le garantisco che è più pulito di Lei!
17 Lo lavo ogni giorno con uno shampoo speciale!
18 – Non si nota *(vede)*! E sento già che una pulce sta salendo sulla mia gamba!
19 – Azorel! Dai, subito via da lì! Il signore ha le pulci!

6 Vi ricordiamo che in romeno esiste una parola unica per indicare sia il *piede* che la *gamba*: **picior**.

***

Soluzioni dell'esercizio 1

❶ L'anno prossimo devo rinnovare il mio passaporto di cittadino romeno stabilito all'estero. ❷ Il suo articolo ha provocato un vero scandalo nel mondo letterario, poco abituato a questa mancanza di [buone] maniere. ❸ I due malfattori sono stati giudicati varie volte per furto, ma non sono mai stati condannati. ❹ In linea di massima, sono d'accordo con te, ma stavolta sono sicuro che esageri. ❺ La donna dalle gambe più lunghe al mondo (132 cm) è una russa di quasi due metri.

Exercițiul 2 – Completați

① Ho comprato il cane per fare la guardia alla casa, ma vedo che è troppo buono *(mite)* con gli estranei.
Am cumpărat .... ca să .... casa, dar ... că e prea ..... cu ....

② La storia dice che tutti i ladri si ritrovavano la sera nella Corte dei Miracoli.
.... spune că toți ..... se .... seara în Curtea ....

③ Si è trasferito dal suo appartamento in una villa con piscina, non lontano dalla città.
S-a ..... din .... lui într-o .... cu piscină, nu .... de oraș.

96

Lecția a nouăzeci și șasea

Așteptând poștașul

1 – A trecut deja poștașul? Nu cred să fi adus [1] ceva...
2 Am ieșit adineauri, dar nu era nimic în cutia de scrisori...
3 – Cred că nu vine decât la ora prânzului, în ajun de sărbătoare națională...
4 – Mi se pare că altădată trecea de două ori pe zi...

Note

1 **să fi adus**, *che abbia portato*, è un congiuntivo passato. Si tratta di una forma unica per tutte le persone, formata da **să fi** + participio passato del verbo. Va da sé che questo tempo non sia molto frequente e che la

❹ Sarei curioso di sapere chi può dire di capire che cosa sta accadendo adesso sul piano economico.
Aș fi . . . . . . să știu . . . . poate să spună că
. . . . ce se . . . . acum pe . . . . economic.

❺ I due medici sostengono nel loro libro che migliaia di medicine sono inutili o addirittura pericolose.
Cei . . . medici . . . . . . în cartea lor că . . . de
. . . . sunt . . . . sau chiar . . . .

Soluzioni dell'esercizio 2

❶ – câinele – păzească – văd – blând – străinii ❷ Istoria – hoții – întâlneau – Miracolelor ❸ – mutat – apartamentul – vilă – departe – ❹ – curios – cine – înțelege – întâmplă – plan – ❺ – doi – susțin – mii – medicamente – inutile – periculoase

Seconda ondata: lezione 46

Novantaseiesima lezione

Aspettando il postino

1 – È già passato il postino? Non credo che abbia portato qualcosa...
2 Sono appena uscito, ma non c'era niente nella cassetta delle lettere...
3 – Credo che venga soltanto all'ora di pranzo, prima *(in vigilia)* di [una] festa nazionale...
4 – Mi sembra che una volta passasse due volte al giorno...

frase **Nu cred că a adus ceva** (lett. Non credo che ha portato qualcosa) sia quella più usata nel linguaggio colloquiale (e non solo).

5 – Pe ce lume trăiești? S-ar zice că ai căzut din lună [2]!
6 Nu mai vine dimineața și seara de ani de zile...
7 Aștepți o scrisoare recomandată? Un colet [3]?
8 Nu pot să cred că ai comandat ceva pe Internet!
9 – În niciun caz! N-am încredere în plata on line [4],
10 evit să dau la oricine numărul cardului,
11 sistemul nu prezintă garanții suficiente...
12 Prefer să plătesc cu mandat poștal,
13 chiar dacă trebuie să mă deplasez până în centrul orașului.
14 – Fiindcă [5] veni vorba de poștă,
15 observ că de ceva vreme nu mai primim decât extrase de cont de la bancă,
16 facturi de electricitate și de gaz,
17 ca să nu mai vorbim de avizele de plată pentru tot felul de taxe și impozite...
18 – N-auzi soneria? E cineva la poartă,
19 câinele latră ca turbat!
20 – Știi că nu-i plac uniformele...

Note

2 Il romeno usa la stessa voce, **lună**, per riferirsi a due concetti diversi in italiano: *mese* e *luna*.

3 **colet (poștal)**, *pacco (postale)*, termine usato dall'amministrazione delle Poste, ha anche il sinonimo **pachet**.

Novantaseiesima lezione / 96

5 – In *(Su)* che mondo vivi? Si direbbe che sei cascato dalla luna!
6 Non viene più la mattina e la sera da anni *(di giorni)*...
7 Stai aspettando una lettera raccomandata? Un pacco?
8 Non posso credere che tu abbia *(hai)* ordinato qualcosa su Internet!
9 – Niente affatto *(In nessun caso)*! Non mi fido del *(ho fiducia nel)* pagamento online,
10 evito di dare a chiunque il numero della carta di credito,
11 il sistema non offre *(presenta)* sufficienti garanzie...
12 Preferisco pagare con un vaglia postale,
13 anche se mi devo recare *(spostare)* in centro *(fino nel centro della-città)*.
14 – Parlando *(Siccome venne parola-la)* di posta,
15 ho notato *(noto)* che da qualche tempo riceviamo soltanto *(non riceviamo che)* estratti conto dalla banca,
16 bollette dell'elettricità e del gas,
17 per non *(più)* parlare degli avvisi di pagamento per ogni genere di tasse e imposte...
18 – Non hai sentito *(senti)* il campanello? C'è qualcuno [davanti] al cancello,
19 il cane abbaia come [se fosse] arrabbiato!
20 – Sai che non gli piacciono le divise...

4 on line: un altro anglicismo legato al mondo dell'informatica.
5 La voce **fiindcă**, *siccome, perché, in quanto*, congiunzione subordinativa, è sinonima di **pentru că**, *perché*.

patru sute cincizeci • 450

21 E cu siguranță **⁶** poștașul
22 numai el sună întotdeauna de două ori... ☐

Note

6 Qui, invece di un avverbio, in romeno si può usare una costruzione formata da un sostantivo preceduto dalla preposizione **cu**, *con*: **cu siguranță**, *sicuramente* (lett. con sicurezza).

***

Exercițiul 1 – Traduceți

❶ Mai este încă o lună până la sărbătorile de iarnă, dar poștașul sună deja la ușă, cu calendarele de anul viitor. ❷ Ei locuiesc într-o cameră care nu e mai mare decât o cutie de chibrituri, dar sunt fericiți împreună. ❸ El crede că pe fața ascunsă a lunii trăiesc micii oameni verzi care ne vor răul. ❹ Dacă vrei să închiriezi o mașină, îți recomand să fii extrem de prudent când conduci noaptea. ❺ Ea primea sistematic colete din străinătate, cu lucruri care nu se găseau în magazinele noastre.

***

Exercițiul 2 – Completați

❶ La garanzia legale di due anni si applica a qualsiasi apparecchio, anche [se] comprato online.
.... legală de doi ani se ...... la orice ......, chiar cumpărat ....

❷ Ho attraversato la strada per evitarlo, non avevo voglia di salutarlo e di parlare con lui.
Am .... strada ca să-l ...., nu aveam .... să-l ..... și să .... cu el.

❸ Loro sono d'accordo nel dire che il nuovo sistema sanitario *(di sanità)* sarà basato sui bisogni dei cittadini.
Ei sunt de ..... să spună că noul ...... de .... va fi .... pe .... cetățenilor.

21 È sicuramente *(con sicurezza)* il postino,
22 [è] solo lui [che] suona sempre *(di)* due volte...

***

Soluzioni dell'esercizio 1

❶ C'è ancora un mese fino alle feste natalizie *(d'inverno)*, ma il postino suona già alla porta, con i calendari dell'anno prossimo. ❷ Loro abitano in una stanza che non è più grande di una scatola di fiammiferi, ma sono felici insieme. ❸ Lui crede che sulla faccia invisibile della luna vivano i piccoli uomini verdi che ci vogliono male. ❹ Se vuoi noleggiare una macchina, ti raccomando di essere estremamente prudente quando guidi di notte. ❺ Lei riceveva sistematicamente dei pacchi dall'estero, con cose che non si trovavano nei nostri negozi.

***

❹ Non verrò *(mi sposterò)* fin da te se non mi dai una ragione molto seria per farlo.
N-o să mă . . . . până la . . . . dacă nu-mi dai un . . . . . foarte . . . . . . ca să . . . fac.

❺ Nel weekend lui organizza delle gite per osservare da vicino gli animali del bosco.
În weekend el . . . . excursii pentru a
. . . . de . . . . animalele din . . . .

Soluzioni dell'esercizio 2

❶ Garanția – aplică – aparat – on line ❷ – traversat – evit – chef – salut – vorbesc – ❸ – acord – sistem – sănătate – bazat – nevoile – ❹ – deplasez – tine – motiv – serios – o – ❺ – organizează – observa – aproape – pădure

Seconda ondata: lezione 47

Lecţia a nouăzeci şi şaptea

La cabinetul medical

1 – Ce vă aduce la mine? Ce nu merge [1]?
2 – Domnule doctor, de obicei sunt sănătos tun [2],
3   dar de câteva zile sufăr ca un câine.
4 – Şi veniţi numai acum la consultaţie?
5 – Ştiţi, de obicei sunt curajos ca un leu,
6   dar când merg la doctor devin fricos ca un iepure [3]...
7 – Bine, bine, înţeleg... Nu sunteţi singurul...
8   Să vedem... Ce vă doare precis?
9   Aveţi febră [4]? Frisoane? Tuşiţi? Vă doare capul?
10 – Nu... Mă simt rău în general, e destul de vag.
11 – Ar putea fi o simplă răceală [5] sau o gripă, o boală de sezon, din cauza [6] frigului...
12 – Da, cred că un concediu medical ar fi binevenit...
13 – Asta rămâne de văzut...

Note

1   Il verbo **a merge**, *andare*, può essere usato in espressioni come **Cum îţi merge?**, *Come va?*; **Cum merge treaba?**, *Come vanno le cose?*

2   **tun**, *cannone*, che accompagna qui l'aggettivo **sănătos**, *sano*, gli dà un valore superlativo: **a fi sănătos tun** significa quindi *essere sano come un pesce*. Quando segue il verbo, lo stesso **tun** ne intensifica l'azione: **Dunărea a îngheţat tun**, *Il Danubio è completamente gelato*. Ricordate però che questo uso di **tun** è molto limitato.

3   La voce **iepure** indica sia il *coniglio*, sia la *lepre*. Il **iepure de casă** (lett. coniglio di casa) è il *coniglio domestico*.

Novantasettesima lezione

Dal medico *(Allo studio medico)*

1 – Che cosa La porta da me? Che cos'[è che] non va?
2 – (Signor) Dottore, di solito sono sano come un pesce *(sano cannone)*,
3 ma da qualche giorno soffro come un cane.
4 – Ed [è] solo adesso [che] viene a farsi vedere *(venite soltanto adesso a consultazione)*?
5 – Sa, normalmente sono coraggioso come un leone,
6 ma quando vado dal *(a)* dottore divento fifone come un coniglio…
7 – Bene, bene, capisco… Non è l'unico…
8 Vediamo… Che cosa Le fa male esattamente?
9 Ha la febbre? Brividi? Tossisce? Ha mal di testa?
10 – No… Mi sento male in generale, è abbastanza vago.
11 – Potrebbe essere un semplice raffreddore o un'influenza, un malanno di stagione, a causa del freddo…
12 – Sì, credo che prendere dei giorni di malattia *(che una vacanza medica)* **sarebbe opportuno** *(benvenuto)*…
13 – Questo resta da vedere…

---

4 Nel linguaggio colloquiale, in questo contesto compare spesso (ma a torto!) **temperatură**, *temperatura*, al posto di **febră**, *febbre*.

5 La traduzione letterale di **răceală** è "raffreddamento"; si usa anche il sinonimo **guturai**, mentre *prendere un raffreddore* si dice **a răci**.

6 Sapevate già che la locuzione preposizionale **din cauza**, *a causa di*, è seguita dal genitivo – qui il sostantivo **frigului**, *del freddo*. Se avete bisogno di dare una rispolverata all'argomento, ci rivediamo nella lezione di ripasso: faremo il punto delle preposizioni che reggono il genitivo.

Lecția a nouăzeci și șaptea

14 Dormiți bine noaptea sau aveți insomnii?
15 – Din fericire, adorm când pun capul pe pernă
16 și dorm ca un urs [7], până târziu dimineața.
17 – Somn normal, deci... Aveți poftă de mâncare?
18 – Și încă cum! Mănânc ca un lup!
19 – Apetit [8] normal, perfect! Obosiți ușor la efort?
20 – Da de unde! Alerg toată ziua ca un cal [9],
21 sunt harnic ca o albină, muncesc ca o vită de povară,
22 dar seara sunt încă plin de energie ca un berbec!
23 – În cazul ăsta, nu știu ce căutați în cabinetul meu!
24 Dumneavoastră aveți mai degrabă nevoie de un veterinar!

Note

[7] Un'espressione equivalente di **dorm ca un urs** (peraltro poco comune), sarebbe **dorm buștean**, *dormo [come un] tronco*.

[8] La voce **apetit**, *appetito*, è un neologismo che si usa soprattutto nel gergo medico.

***

Exercițiul 1 – Traduceți

❶ Adu-o acasă pe noua ta prietenă, ardem de nerăbdare să o cunoaștem, am auzit multe despre ea. ❷ Nu știu cum să fac să-i spun adevărul, o iubesc și nu vreau să sufere din cauza mea. ❸ Experiența ne arată că e ușor să fii curajos dacă te ții la distanță de pericol. ❹ Medicul mi-a spus că gripa durează o săptămână dacă iau medicamentele astea și șapte zile dacă nu le iau. ❺ Dacă tușești noaptea și nu poți să dormi, îți recomand să bei lapte cald cu miere.

14 Dorme bene la notte o ha l'insonnia?
15 – Per fortuna, mi addormento quando metto la testa sul cuscino
16 e dormo come un ghiro *(un orso)* fino alla mattina tardi.
17 – Sonno normale, quindi... Ha appetito?
18 – Eccome *(E ancora come)*! Mangio come un lupo!
19 – Appetito normale, perfetto! Si stanca presto se fa degli sforzi *(a sforzo)*?
20 – Ma per niente! Corro tutto il giorno come un cavallo,
21 sono operoso come un'ape, lavoro come un somaro,
22 ma la sera sono ancora pieno di energia come un ariete!
23 – In questo caso, non so che cosa sia venuto a fare *(cercate)* nel mio studio!
24 Lei ha bisogno piuttosto del veterinario!

---

9 Il plurale di **cal**, *cavallo*, è **cai**, *cavalli*. La trasformazione della -**l** finale in -**i** si deve a un'alternanza consonantica, fenomeno di cui riparleremo nella lezione di ripasso.

***

Soluzioni dell'esercizio 1

❶ Porta a casa la tua nuova ragazza, non vediamo l'ora *(bruciamo d'impazienza)* di conoscerla, abbiamo sentito [parlare] molto di lei. ❷ Non so come fare per dirle la verità, le voglio bene e non voglio che soffra per colpa *(da causa)* mia. ❸ L'esperienza ci insegna *(mostra)* che è facile essere coraggiosi *(coraggioso)* se si sta lontani *(se ti tieni a distanza)* dal pericolo. ❹ Il medico mi ha detto che l'influenza dura una settimana se prendo queste medicine e sette giorni se non le prendo. ❺ Se tossisci di notte e non riesci a dormire, ti consiglio *(raccomando)* di bere del latte caldo con miele.

Exercițiul 2 – Completați

❶ Corrono ogni giorno a *(con i)* piedi nudi nell'erba, fa bene alla *(è bene per la)* salute.
.... în fiecare .... cu ....
goale în ....., e .... pentru ....

❷ So benissimo che ci sono malattie che provocano brividi accompagnati da febbre.
.... foarte bine că există .... care ....
frisoane .... de ......

❸ Nel campo delle lingue moderne, l'errore di oggi diventa spesso la regola di domani.
În .... limbilor moderne, ... de azi
...... des ...... de mâine.

❹ In occasione della Pasqua, ha ricevuto come regalo un coniglietto di cioccolato al latte.
Cu ocazia ...., a primit ..... un ...... de
.... cu ......

98

Lecția a nouăzeci și opta

Recapitulare – Ripasso

1 Ancora sulle preposizioni

Lo ribadiamo: l'utilizzo corretto delle preposizioni è sempre tra le cose più difficili da imparare in una lingua straniera, ma conoscere questi piccoli dettagli è importante. Ci tenevamo quindi a soffermarci ancora sull'argomento. Vi ricordate tutte le regole?

1.1 Le preposizioni più comuni

La maggior parte delle preposizioni romene si costruisce con l'accusativo (forma identica al nominativo). Ecco qui di nuovo le forme più usate: **către**, *verso*; **cu**, *con*; **de**, *di*; **fără**, *senza*; **în**, *in*; **la**,

❺ È abbastanza pessimista da credere sinceramente che l'uomo sia un lupo per l'uomo.

E . . . . . . de . . . . ca să . . . . . . sincer că . . . . este un . . . pentru om.

Soluzioni dell'esercizio 2

❶ – aleargă – dimineață – picioarele – iarbă – bine – sănătate ❷ știu – boli – provoacă – însoțite – febră ❸ – domeniul – greșeala – devine – regula – ❹ – Paștilor – cadou – iepure – ciocolată – lapte ❺ – destul – pesimist – creadă – omul – lup –

Seconda ondata: lezione 48

Novantottesima lezione

a; **lângă**, accanto a; **pe**, su; **pentru**, per; **peste**, sopra; **până**, fino a; **spre**, verso; **sub**, sotto.
Queste preposizioni semplici si possono combinare: **din** (un altro di, che indica l'origine), per esempio, è composto da **de** e **în**. Ma a volte i due membri di una locuzione preposizionale rimangono separati: **până la**, fino a.

1.2 Preposizioni che reggono il dativo

È il caso di **datorită**, **grație**, **mulțumită**, tre equivalenti romeni dell'italiano grazie a. Ha imparato il romeno grazie al metodo Assimil si dirà quindi **A învățat românește datorită/grație/mulțumită metodei Assimil**…

1.3 Preposizioni e locuzioni preposizionali che reggono il genitivo

Le conoscete già tutte, non è vero? Ricordiamole rapidamente: **contra**, **împotriva**, *contro*; **înaintea**, *davanti a*; **în faţa**, *davanti a*; **din partea**, *da parte di*; **de-a lungul**, *lungo*. Da notare che, nel caso delle locuzioni preposizionali, l'ultimo elemento (**faţa**, **partea**, **lungul**) è un sostantivo determinato (cioè provvisto di articolo). Per esempio, avremo (fate attenzione al genitivo!): **domnul era înaintea mea**, *il signore era prima di me (davanti a me)*; **din partea unui prieten**, *da parte di un amico*.

1.4 Usi idiomatici delle preposizioni

Alcune preposizioni meritano speciale attenzione:
– Ovviamente, la preposizione **a**, che è la marca dell'infinito: **a citi**, *leggere*.
– La preposizione **de**, *di*, molto frequente e presente in diverse locuzioni preposizionali, spesso usata col supino: **maşină de cusut**, *macchina da cucire*.
– La preposizione **la**, *a*, che seguita da un sostantivo animato può sostituire il dativo: **am telefonat la prietenul meu**, *ho telefonato al mio amico*, invece di **am telefonat prietenului meu**. Il romeno moderno propone così delle scorciatoie analitiche per evitare il dativo e il genitivo, casi che richiedono forme che vengono avvertite come più pesanti. Per esempio, in **buzunarele de la pantaloni**, *le tasche dei pantaloni*, si usano **de** e **la** per non dover ricorrere al genitivo, **buzunarele pantalonilor**. Infine, nelle frasi esclamative, con un'intonazione specifica, **la** può significare *una gran quantità di*: **Câştigă la bani!**, *Guadagna un sacco di soldi!*

1.5 Combinazioni di preposizioni e articoli

Le preposizioni **în**, *in*, **din**, *di* e **prin**, *per, attraverso*, seguite da **un**, *un*, e **o**, *una* diventano rispettivamente **într-un**, *in un*; **într-o**, *in una*, e **dintr-un**, *da un*; **dintr-o**, *da una*; **printr-un**, *attraverso un*; **printr-o**, *attraverso una*.

1.6 Ulteriori osservazioni sulle preposizioni

Ricordatevi che in romeno la preposizione è seguita da un sostantivo senza articolo (**Merg la poştă**, *Vado alla [a] posta*), eccetto se:

– il sostantivo è seguito da determinanti: **Merg la poşta din colţ**, *Vado all'ufficio postale qui all'angolo*,

– il determinante è sottinteso, come nel caso dei sostantivi che indicano i familiari: **Merg la mama (mea)**, *Vado dalla (mia) mamma*,

– la preposizione in questione è **cu**, *con* (in senso strumentale o associativo), preposizione dopo la quale si può trovare un sostantivo con articolo determinativo: **călătoresc cu trenul**, *viaggio in treno*; **mă întâlnesc cu prietenii**, *ritrovo gli amici*.

2 Le congiunzioni

2.1 Le congiunzioni coordinative

Le congiunzioni e locuzioni congiuntive coordinative riuniscono elementi dello stesso livello sintattico: due frasi, due pezzi di frase o due parole. Quelle usate più spesso sono **şi**, *e*; **nici**, *né*; **dar**, *ma*; **iar**, *mentre*; **sau**, **ori**, *o*; **deci**, *dunque*; **în consecinţă**, *di conseguenza*.

2.2 Le congiunzioni subordinative

Le congiunzioni e locuzioni congiuntive subordinative riuniscono elementi della frase di cui uno è subordinato all'altro. Eccone qualche esempio: **că**, *che*; **dacă**, *se*; **deoarece**, *in quanto*; **deşi**, *benché*; **pentru că**, *perché*; **fiindcă**, *siccome, perché, dato che*; **în caz că**, *nel caso in cui*; **îndată ce**, *(non) appena*; **în timp ce**, *mentre*; **chiar dacă**, *anche se*; **ori de câte ori**, *ogni qual volta*; **în loc să**, *invece di*.

Da notare che alcune congiunzioni possono comparire due volte, per stabilire delle correlazioni all'interno della frase: **când... când...**, *ora... ora...*; **fie... fie...**, *sia... sia...*; **nici... nici...**, *né... né...*; **ori... ori...**, **sau... sau...**, *o... o...* Come in italiano, a volte le congiunzioni correlate possono essere diverse: **nu numai... ci şi...**, *non solo... ma anche...*

2.3 Come rendere la congiunzione *che* in romeno

Infine, sapete che l'italiano *che* è reso in romeno con **că** quando è seguito dall'indicativo (**Ştiu că nu înţelegi nimic!**, *So che non capisci niente!*) ma da **(ca) să** quando è seguito dal congiuntivo (**Vreau (ca) să înţelegi tot!**, *Voglio che tu capisca tutto!*).
D'altra parte, il **ca** romeno in italiano si traduce *di* dopo un comparativo: **Ea e mai inteligentă ca el**, *Lei è più intelligente di lui* e *come* negli altri casi: **Nimeni nu cîntă ca tine!**, *Nessuno canta come te!*
Per rendere un'idea di grandezza o misura, **ca** può essere sostituito da **cât**: **Copacul e înalt cât un bloc de zece etaje**, *L'albero è alto quanto un edificio di dieci piani*.

3 L'avverbio

3.1 Aggettivi qualificativi e avverbi di modo

Sapete che l'aggettivo qualificativo romeno al maschile singolare si può adoperare come avverbio di modo, senza alcuna modifica. L'aggettivo **sincer**, *sincero*, del gruppo nominale **un om sincer**, *un uomo sincero*, diventa avverbio, senza nessun cambiamento, in **cred sincer...**, *credo sinceramente...* Notate comunque che vi sono alcune eccezioni: all'aggettivo **bun**, *buono*, corrisponde l'avverbio **bine**, *bene*, e all'aggettivo **rapid**, *rapido*, l'avverbio **repede**, *rapidamente, velocemente*.

Gli aggettivi romeni che finiscono in **-esc** formano invece avverbi in **-eşte**: **românesc**, *romeno*, aggettivo – **româneşte**, *alla romena, alla maniera dei romeni*, avverbio (lett. "romenamente"). Questo spiega la serie di avverbi che si riferiscono ad alcune lingue, come per esempio: **vorbesc româneşte (englezeşte, franţuzeşte, ruseşte)**, *parlo romeno (inglese, francese, russo)*. Quando si tratta invece della capacità di parlare una lingua straniera, si può dire anche: **vorbesc româna**, *parlo il romeno*, o **vorbesc limba română** (lett. parlo la lingua romena). Il suffisso avverbiale **-eşte** svolge quindi un ruolo simile a quello dell'italiano **-mente**, come in **orbeşte**, *ciecamente*; **prosteşte**, *stupidamente*; **bărbăteşte**, *virilmente*. Esistono però anche avverbi in **-mente**, di origine letteraria: **actualmente**, *attualmente*.

Agli avverbi derivati da aggettivi si aggiunge una lunga lista di avverbi/locuzioni avverbiali che avete incontrato nel corso delle nostre lezioni: **cum**, *come*; **bine**, *bene*; **rău**, *male*; **aşa**, *così*; **degeaba**, *invano*; **împreună**, *insieme*; **încă**, *ancora*; **da**, *sì*; **nu**, *no*; **nici**, *né*; **deloc**, *affatto*; **cu siguranță**, *certamente*... Senza dimenticare, è chiaro, tutti gli avverbi indefiniti formati con i suffissi **-va** (lezione 47, frase 1) e **-ori** (lezione 65, nota 3), o con il prefisso **ori-** (lezione 87, nota 5). Ve li ricordate?

3.2 Ancora sugli avverbi di luogo e di tempo

Riepiloghiamo qui i più frequenti... che conoscete già, vero?

Avverbi di luogo	Avverbi di tempo
unde, *dove*; **aici**, *qui*; **acolo**, *là*; **sus**, *su*; **jos**, *giù*; **înainte**, *avanti*; **înapoi**, *indietro*; **aproape**, *vicino*; **departe**, *lontano*; **înăuntru**, *dentro*; **afară**, *fuori*; **nicăieri**, *da nessuna parte*; **din loc în loc**, *qua e là*; **ici și colo**, *qua e là*; **peste tot**, *ovunque*, *dappertutto*.	**când**, *quando*; **acum**, *adesso*; **adesea**, *spesso*; **rareori**, *raramente*; **azi**, *oggi*; **mâine**, *domani*; **ieri**, *ieri*; **înainte**, *prima*, *avanti*; **devreme**, *presto*; **târziu**, *tardi*; **niciodată**, *mai*; **cu timpul**, *con il tempo*; **după aceea**, *dopo*; **pe loc**, *subito*.

Da notare che il sostantivo **zi**, *giorno*, i momenti della giornata, i giorni della settimana e le stagioni si possono adoperare come avverbi, nel qual caso vanno accompagnati dall'articolo determinativo: **Noaptea, toate pisicile sunt negre**, *Di notte tutti i gatti sono neri*.

3.3 Gli avverbi d'intensità

Gli avverbi che esprimono gradi d'intensità sono spesso seguiti da **de**: **destul de bine**, *abbastanza bene*, ed è possibile incontrare avverbi diminutivi: **binișor** (**bine** + **-ișor**), *benino*.

4 Il passato remoto

4.1 Uso

Il passato remoto indica un'azione puntuale conclusa nel passato; nella lingua letteraria, è usato come tempo della narrazione o per identificare il personaggio che parla (**zise el**, *disse lui*). Nella lingua parlata, questa forma verbale si usa soltanto in alcune regioni della Romania, soprattutto nel linguaggio familiare.

4.2 Formazione

Il passato remoto romeno si forma a partire dalle stesse radici del piuccheperfetto (ottima occasione per rivedere questo tempo, lezione 84, § 2), alle quali si aggiungono le desinenze:

– **-i, -și, -ø, -răm, -răți, -ră** (verbi in **-a, -i, -î, -ea**; verbi in **-e**, il cui participio passato finisce in **-ut**),

– **-sei, -seși, -se, -serăm, -serăți, -seră** (verbi in **-e**, il cui participio passato finisce in **-s** o in **-pt**).

Ne risultano: **mâncai, mâncași, mâncă, mâncarăm, mâncarăți, mâncară** (*mangiai, mangiasti* ecc.); **fugii, fugiși, fugi, fugirăm, fugirăți, fugiră** (*scappai, scappasti* ecc.); **coborâi, coborâși, coborî, coborârăm, coborârăți, coborâră** (*scesi, scendesti* ecc.); **văzui, văzuși, văzu, văzurăm, văzurăți, văzură** (*vidi, vedesti* ecc.); **făcui, făcuși, făcu, făcurăm, făcurăți, făcură** (*feci, facesti* ecc.), e **mersei, merseși, merse, merserăm, merserăți, merseră** (*andai, andasti* ecc.).

Tutto quello che abbiamo detto quando vi abbiamo presentato il piuccheperfetto (lezione 84, § 2), sui verbi in **-e** il cui participio passato finisce in **-ut**, rimane valido nel caso del passato remoto.

Comunque sia, lo ripetiamo, il passato remoto nel linguaggio parlato ha una connotazione regionale, mentre nella lingua letteraria si usano soprattutto le terze persone.

5 Le alternanze consonantiche

Lo sapete già dalla lezione 91, le alternanze sono dovute all'alterazione delle consonanti della radice a causa della comparsa, a fine parola (sostantivo, aggettivo o verbo), di una vocale (**-e** o **-i**) a seguito della flessione (declinazione o coniugazione). Queste alternanze marcano così l'opposizione fra il singolare e il plurale dei nomi e fra le diverse persone del verbo. Ecco le più frequenti:
– **c** *[k]* diventa **ci** *[ci]*: **porc** → **porci**, *maiale, maiali*; **mic** → **mici**, *piccolo, piccoli*; **fac** → **faci**, *faccio, fai*;
– **d** diventa **z**: **verde** → **verzi**, *verde, verdi*; **aud** → **auzi**, *sento, senti*;
– **g** *[g]* diventa **gi** *[gi]* o **ge** *[ge]*: **coleg** → **colegi**, **colegă** → **colege**, *collega, colleghi/colleghe*; **lung, lungă** → **lungi**, *lungo, lunga, lunghi/lunghe*; **aleg** → **alegi, alege, alegem, alegeți**, *scelgo, scegli, sceglie, scegliamo, scegliete*;
– **l** è sostituito da **i**: **cal** → **cai**, *cavallo, cavalli*; **gol** → **goi**, *vuoto, vuoti*;
– **n** è sostituito da **i**: **vin** → **vii**, *vengo, vieni*;
– **t** diventa **ț**: **tată** → **tați**, *padre, padri*; **tot** → **toți**, *tutto, tutti*; **cânt** → **cânți**, *canto, canti*;
– **s** diventa **ș**: **urs** → **urși**, *orso, orsi*; **gras** → **grași**, *grasso, grassi*; **ies** → **ieși**, *esco, esci*;
– **z** diventa **j**: **treaz** → **treji**, *sveglio, svegli*;
– il gruppo **sc** diventa **șt**: **românească** → **românești**, *romena, romene*; **cunosc** → **cunoști**, *conosco, conosci*;
– il gruppo **șc** diventa **șt**: **mușc** → **muști**, *mordo, mordi*;
– il gruppo **st** diventa **șt**: **poveste** → **povești**, *racconto, racconti*; **trist** → **triști**, *triste, tristi*;
– il gruppo **str** diventa **știr**: **albastru** → **albaștri**, *azzurro, azzurri*.

Lecția a nouăzeci și opta

▶ Dialog de recapitulare

1 – Au spus la televizor că ninge la munte!
2 – Era timpul, mai bine mai târziu decât niciodată!
3 – Se pare că o să avem o iarnă ca în povești, cu multă zăpadă!
4 – Și de ce te bucuri așa? Asta înseamnă că o să fie frig,
5 temperatura riscă să coboare repede.
6 – Nu mi-e teamă de frig, dimpotrivă,
7 așteptam cu nerăbdare iarna ca să merg la schi!
8 Vreau să profit de prima zăpadă din an.
9 – Nu te grăbi, la munte e zăpadă până în martie!
10 Nu-ți ascund că eu prefer de departe vara,
11 iarna sufăr de frig, tușesc și am febră...
12 Și după experiența negativă de anul trecut,
13 să merg la schi ar fi o adevărată aventură,
14 pentru mine e un sport periculos!
15 În plus, e foarte scump, trebuie să fii echipat cum trebuie, să închiriezi schiuri și bețe...
16 – N-am pierdut încă speranța să te conving să vii cu mine,
17 gândește-te la ce pierzi, zăpada e foarte frumoasă,
18 chiar dacă nu schiezi, te poți plimba în peisaje de carte poștală...
19 – Știi că îmi place zăpada, dar prefer să o văd de departe,
20 de exemplu, în fotografiile pe care le-am făcut anul trecut,
21 înainte de a fi internată în spital cu un picior rupt!

Novantottesima lezione / 98

Traduzione

1 Hanno detto in TV che sta nevicando in montagna! **2** Era ora *(il tempo)*, meglio *(più)* tardi che mai! **3** Sembra che avremo un inverno come nelle fiabe, con molta neve! **4** E perché ti rallegri tanto? Vuol dire che farà freddo, **5** la temperatura rischia di scendere velocemente. **6** Non ho paura del freddo, al contrario, **7** aspettavo con impazienza l'inverno per andare a sciare! **8** Voglio approfittare della prima neve dell'anno. **9** Non aver fretta, in montagna c'è neve fino a marzo! **10** Non ti nascondo che io preferisco di gran lunga *(da lontano)* l'estate, **11** d'inverno soffro per il freddo, tossisco e ho la febbre... **12** E dopo l'esperienza negativa dell'anno scorso, **13** andare a sciare sarebbe una vera e propria avventura, **14** per me è uno sport pericoloso! **15** Inoltre, è molto caro, devi essere attrezzato come si deve, noleggiare gli sci e i bastoncini... **16** Non ho ancora perso la speranza di convincerti a venire con me, **17** pensa a quello che [ti] perdi, la neve è molto bella, **18** anche se non scii, puoi passeggiare in paesaggi da cartolina... **19** Sai che mi piace la neve, però preferisco vederla da lontano, **20** per esempio, nelle foto che ho fatto l'anno scorso, **21** prima di essere ricoverata *(internata in ospedale)* con una gamba rotta!

Seconda ondata: lezione 49

Lecția a nouăzeci și noua

O familie de poligloți

1 – Avem o mare rugăminte [1] la dumneavoastră,
2 am vrea să luăm ore [2] de română.
3 – Știți, eu am ieșit la pensie acum trei luni
4 și am încetat orice activitate profesională.
5 – Vă rugăm să faceți asta pentru noi!
6 Sunteți ultima noastră speranță,
7 trebuie să învățăm să vorbim românește cât mai repede și cât mai bine posibil.
8 – De acord, accept în mod excepțional.
9 Acestea fiind spuse, totul depinde de cât timp aveți la dispoziție:
10 e foarte important să aveți o pronunțare corectă și să asimilați regulile de gramatică.
11 – Sperăm că n-o să fie prea dificil pentru noi:
12 avem poligloți în familiile noastre – strămoșii [3] noștri sunt veniți din Italia și din Polonia.
13 – Asta va facilita [4] mult lucrurile!

Note

1 **rugăminte**, *richiesta, preghiera*, variante cortese di **cerere**, *domanda*, proviene dal verbo **a ruga**, *pregare*, da cui abbiamo anche **rugăciune**, *preghiera*, voce riservata all'ambito religioso.

2 Nel vocabolario scolastico, **oră**, il cui primo senso è di *ora*, significa anche *ora di lezione, lezione*: **Ea ia ore de franceză**, *Lei prende lezioni di francese*.

Novantanovesima lezione

Una famiglia di poliglotti

1 – Abbiamo un grande favore da chiederLe *(una grande richiesta da Lei)*:
2 vorremmo prendere delle lezioni di romeno.
3 – Sa, sono andato in *(uscito a)* pensione tre mesi fa
4 e ho cessato qualsiasi attività professionale.
5 – La preghiamo di fare questo per noi!
6 È la nostra ultima speranza,
7 dobbiamo imparare a parlare romeno il più in fretta e il meglio possibile.
8 – D'accordo, accetto in via eccezionale.
9 Detto ciò *(Queste essendo dette)*, tutto dipende da quanto tempo avete a disposizione:
10 è molto importante avere una pronuncia corretta e assimilare le regole della grammatica.
11 – Speriamo che non sarà troppo difficile per noi:
12 abbiamo dei poliglotti in famiglia *(nelle nostre famiglie)* – i nostri antenati sono arrivati dall'Italia e dalla Polonia.
13 – Questo faciliterà molto le cose!

---

3 **stră-** è un prefisso che esprime l'idea di anzianità: **strămoş**, *antenato*; **străvechi**, *antichissimo*.

4 Il verbo **a facilita**, *facilitare*, è sinonimo di **a uşura**, *facilitare, agevolare, alleggerire*; vi ricordate l'aggettivo **uşor**, *leggero* o *facile*?

14 Aveți un avantaj important, o bază lingvistică solidă.
15 – Am cumpărat deja un dicționar bilingv
16 recomandat cu căldură [5] de un prieten care a învățat românește fără efort, cu metoda Assimil...
17 Dacă sunteți disponibil, am prefera să vă vedem cât mai des!
18 Suntem, într-o oarecare măsură, presați de timp:
19 am adoptat anul trecut în România un nou-născut [6];
20 copilul nostru va începe să vorbească în curând
21 și am vrea să înțelegem ce spune...

Note

[5] Conoscete già questa struttura, nella quale la preposizione **cu**, *con*, seguita da un sostantivo, si comporta come avverbio: **cu căldură**, *caldamente* (lett. con calore); **cu siguranță**, *certamente* (lett. con sicurezza).

[6] Il plurale della parola composta **nou-născut**, *neonato*, è **nou-născuți**, *neonati*, perché **nou** è qui un avverbio.

***

Exercițiul 1 – Traduceți

❶ O să ies la pensie numai anul viitor, la întâi aprilie, dar trebuie să trimit toate actele necesare cu patru luni mai devreme. **❷** Rugămintea mea este să-mi spuneți adevărul, chiar dacă n-o să-mi convină ce-o să aud. **❸** În zadar a cheltuit o groază de bani luând ore de chineză, n-o să aibă niciodată o pronunțare corectă. **❹** Ei consideră că sufletele strămoșilor intervin în viața de toate zilele pentru a ajuta familia. **❺** Această decizie a fost luată pe baza unui studiu de piață foarte serios, făcut de specialiștii unui cabinet internațional.

14 Avete un vantaggio importante, una base linguistica solida.
15 – Abbiamo già comprato un dizionario bilingue
16 consigliato caldamente da un amico che ha imparato il romeno senza sforzo, con il metodo Assimil...
17 Se è disponibile, preferiremmo vederLa il più spesso [possibile]!
18 In qualche modo, il tempo stringe *(Siamo, in una qualche misura, pressati dal tempo)*,
19 abbiamo adottato un neonato l'anno scorso in Romania;
20 il nostro bambino comincerà *(in)* presto a parlare
21 e vorremmo capire che cosa dice...

Soluzioni dell'esercizio 1

❶ Andrò in pensione soltanto l'anno prossimo, il primo aprile, ma devo inviare tutti i documenti necessari quattro mesi prima. ❷ La prego *(La mia preghiera è)* di dirmi la verità, anche se non mi andrà bene ciò che sentirò. ❸ Ha buttato via un sacco di soldi per niente *(Invano ha speso un sacco di soldi)* prendendo lezioni di cinese, non avrà mai una pronuncia corretta. ❹ Loro ritengono che le anime degli antenati intervengano nella vita di tutti i giorni per aiutare la famiglia. ❺ Questa decisione è stata presa in base a uno studio di mercato molto serio, fatto dagli specialisti di uno studio internazionale.

Exercițiul 2 – Completați

❶ Se non hai l'ombrello, puoi rimanere da noi finché smette di piovere *(la pioggia)*.

. . . . nu ai . . . . , poți să . . . . . la noi până . . . . ploaia.

❷ Non ho mai perso la speranza di incontrarla per caso per strada.

N-am . . . . niciodată . . . . s-o întâlnesc . . . . pe . . . .

❸ Il tuo libro ha il vantaggio che le ricette di cucina sono accompagnate da foto a colori.

. . . . . . ta are . . . . că . . . . de . . . . sunt . . . . de . . . . în culori.

100

Lecția a o suta

Începutul unei noi aventuri

1. Ce repede [1] trece timpul! Iată-ne ajunși la ultima lecție a metodei
2. care v-a permis să învățați limba română fără efort.
3. Ați putut să vă dați seama că învățarea [2] unei limbi străine
4. e o călătorie care poate fi amuzantă și interesantă
5. și care vă dă o nouă viziune a realității:

Note

[1] In contesti esclamativi, **ce** può essere seguito direttamente da un aggettivo o da un avverbio: **Ce frumoasă e!**, *Com'è bella!*; **Ce bine cântă!**, *[Ma] come canta bene!*

❹ Devi sempre mantenere la speranza, anche se non è facile ogni giorno.
Trebuie să-ți .... întotdeauna ....,
chiar dacă nu e .... în fiecare ...

❺ Sostiene di aver trovato il miglior metodo per imparare senza sforzo qualsiasi lingua straniera.
.... că a ..... cea mai bună ...... de a
...... fără ..... orice ..... străină.

Soluzioni dell'esercizio 2
❶ Dacă – umbrelă – rămâi – încetează – ❷ – pierdut – speranța – întâmplător – stradă ❸ Cartea – avantajul – rețetele – bucătărie – însoțite – fotografii – ❹ – păstrezi – speranța – ușor – zi ❺ – Susține – găsit – metodă – învăța – efort – limbă –

Seconda ondata: lezione 50

Centesima lezione

L'inizio di una nuova avventura

1 Come passa veloce il tempo! Eccoci arrivati all'ultima lezione del metodo
2 che vi ha permesso di imparare la lingua romena senza sforzo.
3 Vi siete potuti rendere conto che lo studio di una lingua straniera
4 è un viaggio che può essere divertente e interessante
5 e che vi dà una nuova visione della realtà:

2 Il sostantivo **învățarea**, *lo studio* o *l'apprendimento*, si riferisce all'azione di studiare e al suo risultato. Da un punto di vista grammaticale, si tratta di una forma verbale sostantivata: un infinito lungo, che proviene dall'infinito latino. Conoscete già **a învăța** nel senso di *imparare*; può essere utilizzato anche nel senso di *studiare*. Nell'uso transitivo, **a învăța pe cineva** (lett. imparare qualcuno) significa *insegnare a qualcuno*.

6 o altă limbă este un alt mod de a gândi şi de a înţelege lumea.
7 Dar, cum se spune, orice sfârşit e şi [3] un început!
8 Vă încurajăm să continuaţi pe această cale,
9 păstrând la îndemână "Româna fără efort",
10 ca s-o puteţi consulta când vreţi.
11 Încercaţi să nu pierdeţi contactul cu limba română!
12 Dacă nu aveţi posibilitatea de a trăi în mijlocul [4] celor care au ca limbă maternă româna,
13 ideal ar fi să mergeţi în vacanţă în România, să vorbiţi româneşte la faţa locului [5].
14 Deocamdată, revedeţi din când în când lecţiile şi explicaţiile gramaticale,
15 faceţi-vă prieteni români şi vorbiţi cu ei cât mai des posibil.
16 Nu uitaţi să mergeţi să vedeţi filme româneşti în versiune originală
17 (multe dintre ele au obţinut premii la festivaluri internaţionale şi unii regizori, ca Lucian Pintilie şi Cristian Mungiu, sunt excelenţi),
18 să citiţi ziare şi cărţi, începând cu cele ale marilor scriitori Mihai Eminescu, Ion Creangă şi Ion Luca Caragiale,

Note

3 Il significato più comune di *şi* è *e*, ma questa parola significa inoltre… *anche* (come in **Vin şi eu**, *Vengo anch'io*); *allora* (come in **Ei şi?**, *E allora?*); *già* (come in **A şi plecat**, *È già partito*); *ancora* (come in **Şi mai repede!**, *Ancora più velocemente!*).

Centesima lezione / 100

6 un'altra lingua è un altro modo di pensare e di capire il mondo.
7 Ma, come si dice, ogni fine è anche un inizio!
8 Vi esortiamo a continuare su questa strada,
9 tenendo a portata di mano il "Romeno senza sforzo"
10 per poterlo consultare quando volete.
11 Cercate di non perdere il contatto con la lingua romena!
12 Se non avete la possibilità di vivere in mezzo a coloro che hanno come lingua madre il romeno,
13 l'ideale sarebbe andare in vacanza in Romania, per parlare romeno sul posto.
14 Per adesso, rivedete ogni tanto le lezioni e le spiegazioni grammaticali,
15 fatevi degli amici romeni e parlate con loro il più spesso possibile.
16 Non dimenticate di andare a vedere dei film romeni in versione originale
17 (molti di essi hanno ottenuto premi ai festival internazionali e alcuni registi romeni, come Lucian Pintilie e Cristian Mungiu, sono eccellenti),
18 di leggere giornali e libri, cominciando dai grandi scrittori Mihai Eminescu, Ion Creangă e Ion Luca Caragiale,

---

4 La locuzione preposizionale în mijlocul, *in mezzo (a)*, è seguita da un genitivo, qui celor, *dei quali*.

5 L'espressione la fața locului, *sul posto*, significa letteralmente "alla faccia del luogo".

19 să căutați informații pe Internet, ascultând o simfonie de George Enescu, de exemplu...

20 Pe scurt, spor [6] la lucru, noroc bun, și... pe foarte curând în România!

Note

[6] **Spor la lucru!**, o **Spor la treabă!**, *Buon lavoro!*, è la formula tradizionale per fare gli auguri a chi sta lavorando o si accinge a lavorare. **Spor** si-

***

Exercițiul 1 – Traduceți

❶ Dacă faci exact ce îți spun, te asigur că vei reuși să asimilezi repede toate cuvintele noi, fără efort. ❷ Ca să vă ușurăm sarcina, veți găsi aici răspunsuri la întrebările pe care și le pun clienții în această etapă. ❸ E un adevărat poliglot, are posibilitatea de a vorbi mai multe limbi fără greșeli și fără accent. ❹ E o femeie inteligentă, a ales o meserie care îi permite să trăiască foarte bine, deși e ocupată de dimineața până seara. ❺ În învățarea unei limbi străine, nimic nu înlocuiește contactul cu oamenii care o vorbesc ca limbă maternă.

***

Exercițiul 2 – Completați

❶ Le sue spiegazioni non mi hanno convinto affatto, penso che non sia sincero con me.

. . . . lui nu m-au . . . . deloc, ... că nu e . . . . . . cu . . . . .

❷ Ci intendiamo molto bene, ma non vediamo le cose allo stesso modo.

Ne . . . . foarte bine, dar nu . . . . . lucrurile în . . . . fel.

❸ Credo che sia il libro più divertente che abbia letto fino ad ora.

Cred că e . . . . . . cea mai . . . . pe care am citit-o . . . . acum.

19 di cercare informazioni su Internet, mentre ascoltate una sinfonia di George Enescu, per esempio...
20 Insomma *(Per corto)*, buon lavoro, buona fortuna e... a molto presto in Romania!

gnifica suppergiù *rendimento, profitto, efficienza, produttività* e compare in diverse espressioni, come **fără spor**, *non produttivo*; **a lucra cu spor**, *lavorare in modo efficiente*.

***

Soluzioni dell'esercizio 1
❶ Se fai esattamente ciò che ti dico, ti assicuro che riuscirai ad assimilare rapidamente tutte le parole nuove, senza sforzo. ❷ Per vostra comodità *(Per agevolarvi il compito)*, troverete qui le risposte alle domande che i clienti si fanno in questa fase. ❸ È un vero poliglotta, ha la possibilità di parlare più lingue senza errori e senza accento. ❹ È una donna intelligente, ha scelto un mestiere che le permette di vivere molto bene, anche se è occupata dalla mattina alla sera. ❺ Nell'imparare una lingua straniera, niente sostituisce il contatto con le persone che la parlano come lingua madre.

***

❹ Se non capisci una parola, puoi consultare in qualsiasi momento il dizionario che ti ho comprato.
.... nu înțelegi un ......, poți .... oricând
.... pe care ți l-am ....

❺ Dopo aver *(che ha)* ottenuto diversi premi internazionali, prosegue sulla strada del successo col suo nuovo film.
.... ce a .... mai multe ......
internaționale, el .... pe ..... succesului cu
noul său film.

Soluzioni dell'esercizio 2
❶ Explicațiile – convins – cred – sincer – mine ❷ – înțelegem – vedem – același – ❸ – cartea – amuzantă – până – ❹ Dacă – cuvânt – consulta – dicționarul – cumpărat ❺ După – obținut – premii – continuă – calea –

100 / Lecția a suta

Eccoci alla fine del nostro metodo! Ma vi rendete conto di tutti i progressi che avete fatto nel corso del vostro viaggio con noi? Ormai potete capire i romeni e parlare con loro assai facilmente. Complimenti! Ma come dice il dialogo, questo è solo l'inizio, prima di tutto perché dovete ancora finire la Seconda ondata (riprendendo ogni giorno una lezione dalla 51 alla 100) per consolidare quanto già imparato, e poi perché l'apprendimento di una lingua non finisce mai del tutto. Approfittate dei viaggi in Romania, degli scambi con i romeni, di tutto quel che sentirete e leggerete. Le risorse sono infinite! Buon proseguimento!

Seconda ondata: lezione 51

Appendice grammaticale

1	**Il sostantivo**	480
1.1	Il genere	480
1.2	Il numero	480
1.3	Il caso	481
2	**L'articolo**	482
2.1	L'articolo determinativo	482
2.2	L'articolo indeterminativo	483
2.3	L'articolo possessivo o genitivale	483
2.4	L'articolo aggettivale o dimostrativo	484
3	**L'aggettivo**	484
3.1	L'aggettivo qualificativo	484
3.2	L'aggettivo possessivo	485
3.3	L'aggettivo dimostrativo	485
3.4	L'aggettivo indefinito	486
3.5	L'aggettivo quantitativo	486
3.6	I gradi di comparazione	486
4	**Il pronome**	487
4.1	Il pronome personale soggetto	487
4.2	Il pronome personale complemento	487
4.3	Il pronome di cortesia	490
4.4	Il pronome riflessivo	490
4.5	Il pronome rafforzativo	490
4.6	Il pronome indefinito	491
4.7	Il pronome negativo	491
4.8	Il pronome possessivo	491
4.9	Il pronome dimostrativo	492
4.10	Il pronome d'identità	492
4.11	Il pronome di differenziazione	492
4.12	Il pronome interrogativo	493
4.13	Il pronome relativo	493
5	**Il verbo**	494
5.1	L'indicativo presente	494
5.2	Il passato prossimo	495
5.3	L'imperfetto	495

5.4	Il trapassato prossimo	496
5.5	Il passato remoto	497
5.6	Il congiuntivo presente	497
5.7	Il congiuntivo passato	498
5.8	Il futuro	498
5.9	Il futuro anteriore	498
5.10	Il condizionale presente	498
5.11	Il condizionale passato	499
5.12	L'imperativo	499
5.13	Il gerundio e il participio presente	499
5.14	Il presuntivo	500
5.15	Il supino	500
5.16	I verbi pronominali	500
5.17	La voce passiva	500
6	**L'avverbio**	**501**
7	**La preposizione**	**502**
8	**La congiunzione**	**502**
8.1	Le congiunzioni e locuzioni congiuntive coordinative	503
8.2	Le congiunzioni e locuzioni congiuntive subordinative	503
9	**Il numerale**	**503**
9.1	I numerali cardinali	503
9.2	I numerali collettivi	504
9.3	I numerali moltiplicativi	504
9.4	I numerali distributivi	504
9.5	I numerali ordinali	504
10	**L'interiezione**	**505**

1 Il sostantivo

1.1 Il genere

Il sostantivo romeno ha tre generi: maschile, femminile e neutro. I neutri designano, di solito, cose inanimate, e si comportano come maschili al singolare e come femminili al plurale; perciò c'è chi li chiama "ambigeneri".

1.2 Il numero

Per ottenere un plurale maschile:
– quando il sostantivo finisce in consonante, si aggiunge una **-i** al singolare: **pom**, *albero* → **pomi**, *alberi*.
– quando l'ultima lettera della parola è una **-l** o una vocale, la si sostituisce con una **-i**: **copil**, *bambino* → **copii**, *bambini*; **iepure**, *coniglio* → **iepuri**, *conigli*.
– quando il singolare finisce con una **-i**, non si cambia la forma del nome: **ochi**, *occhio* → **ochi**, *occhi*.

Al femminile plurale, una **-e** sostituisce la **-ă** finale: **casă**, *casa* → **case**, *case*.
Fra le eccezioni:
– **stradă**, *strada* → **străzi**, *strade*;
– se la parola finisce già in **-e** al singolare, si ricorre alla **-i** per il plurale: **familie**, *famiglia* → **familii**, *famiglie*;
– i femminili plurali che finiscono in vocale + **-ie** perdono la **-e** al plurale: **femeie**, *donna* → **femei**, *donne*;
– alcuni femminili plurali terminano in **-uri**: **marfă**, *mercanzia* → **mărfuri**, *mercanzie*.

I neutri plurali hanno le forme del femminile plurale. Per esempio: **oraș**, *città* → **orașe**, *città* (plur.); **studiu**, *studio* → **studii**, *studi*; **parc**, *parco* → **parcuri**, *parchi*.

Da notare che, a seguito del passaggio dal singolare al plurale, la radice del sostantivo può subire dei cambiamenti dovuti alle alternanze vocaliche (**masă**, *tavolo* → **mese**, *tavoli*) e consonantiche (**băiat**, *ragazzo* → **băieți**, *ragazzi*).

Certi sostantivi hanno la stessa forma al singolare e al plurale: **pui**, *pollo-polli*; **unchi**, *zio-zii*; **nume**, *nome-nomi*.

1.3 Il caso

Il romeno conosce 5 casi: il nominativo, l'accusativo, il genitivo, il dativo e il vocativo.

Tuttavia, nel corso della declinazione, il sostantivo romeno in genere non subisce modifiche (a eccezione dei femminili singolari e di alcuni vocativi): a ricevere le marche del caso sono gli articoli, determinativi o indeterminativi.

Al singolare, i femminili al genitivo/dativo subiscono modifiche nella radice della parola, che prende una forma di plurale: in **poarta casei**, *la porta della casa*, la marca del genitivo, **-i**, è attaccata a una radice che sembra essere il plurale **case**, *case*.

Vi ricordiamo che i neutri si declinano al singolare come maschili e al plurale come femminili.

Caso	Peculiarità
Il **nominativo** (caso del soggetto)	Forma che si trova nei dizionari
L'**accusativo** (caso del complemento oggetto)	Non ha una forma speciale. L'unica differenza rispetto al nominativo compare quando il complemento oggetto è un nome di persona, nel qual caso viene preceduto dalla preposizione **pe**: **îl văd pe Ion**, *vedo Ion*.
Il **genitivo** (caso del complemento di specificazione)	Esprime un rapporto attributivo fra 2 sostantivi: le desinenze sono **-lui** (masc. sing.), **-ei** o **-ii** (femm. sing.), **-lor** (masc. pl.), **-lor** (femm. pl.). <u>Esempi</u>: **tatăl lui Ion/băiatului/băieților**, *il padre di Ion/del ragazzo/dei ragazzi*; **mama Mariei/fetei/femeii/fetelor**, *la madre di Maria/della ragazza/della donna/delle ragazze*.
Il **dativo** (caso del complemento di termine)	Ha le stesse forme del genitivo.

Il **vocativo** (caso del complemento di vocazione – si applica soprattutto ai nomi di persona)	Al maschile, è contraddistinto da una **-e** finale, che si aggiunge alla parola (articolata o meno): **Doctore! Radule! Domnule! Frumosule!**
	Al femminile, può avere delle forme speciali in **-e**: **Marie!**, in **-ă**: **Ană!** o in **-o**: **Ano! Frumoaso!**
	Al plurale, prende la forma **-lor**: **Domnilor! Doamnelor! Frumoșilor! Frumoaselor!**
	È comunque accettabile chiamare una persona senza ricorrere a una forma speciale: **Radu! Ana!**

I sostantivi romeni diventano facilmente dei diminutivi, con l'aggiunta di suffissi come **-aș, -el, -ică, -ior, -șor, -oară, -iță, -uț, -uță**.

2 L'articolo

L'articolo può accompagnare un sostantivo (**omul**, *l'uomo*), un aggettivo (**fata cea frumoasă**, *la bella figlia*) o un numerale (**al treilea**, *il terzo*; **a patra**, *la quarta*).
I sostantivi preceduti da preposizioni non vanno articolati se non sono accompagnati da un determinante.

2.1 L'articolo determinativo

È enclitico, cioè si attacca alla fine di un sostantivo; quest'ultimo si considera già noto.

L'articolo determinativo maschile è **-l** al nominativo e all'accusativo singolare: si attacca alla fine delle parole che finiscono in **-u** (**tabloul**, *il quadro*). Siccome la maggior parte dei sostantivi romeni finisce in consonante, si aggiunge una **-u** prima della **-l** per agevolare la pronuncia: **prieten**, *amico* → **prietenul**, *l'amico*. Alcune parole che finiscono in **-e** hanno **-le** come articolo determinativo: **numele**, *il nome*. Al genitivo e al dativo, l'articolo determinativo è **-lui**. Al maschile plurale, si aggiunge una **-i** alla fine della parola per il nominativo e l'accusativo (**prietenii**, *gli amici*), **-lor** per il genitivo e il dativo.

L'articolo determinativo femminile singolare è **-a**, attaccato alla fine della parola, dove sostituisce la **ă** finale: **casă**, *casa* → **casa**, *la casa*. Per i sostantivi che finiscono in **-e** o in vocale accentata, va aggiunta una **-a** finale: **regiune**, *regione* → **regiunea**, *la regione*; **zi**, *giorno* → **ziua**, *il giorno* (la **-u**, vocale d'appoggio, viene inserita per agevolare la pronuncia della parola).

Per i sostantivi che finiscono in **-ie**, la **-e** di questo dittongo viene sostituita da una **-a**: **femeie**, *donna* → **femeia**, *la donna*.

Al genitivo e al dativo singolare, l'articolo determinativo è **-ei** o **-ii**.

Al plurale, i femminili prendono **-le** al nominativo e all'accusativo (**casele**, *le case*) e **-lor** al genitivo e al dativo.

2.2 L'articolo indeterminativo

È proclitico, cioè precede un sostantivo, che in questo caso viene considerato come ignoto.

L'articolo indeterminativo maschile è **un** (nominativo, accusativo: **un prieten**, *un amico*) e **unui** (genitivo-dativo).

L'articolo indeterminativo femminile è **o** (nominativo, accusativo: **o prietenă**, *un'amica*) e **unei** (genitivo-dativo).

Al plurale, per entrambi i generi, si può adoperare l'articolo indeterminativo **niște** al nominativo-accusativo (**niște prieteni/prietene**, *degli amici/delle amiche*) e **unor** al genitivo-dativo, ma il romeno preferisce usare i nomi senza articolo per rendere l'idea di indeterminatezza al plurale: **Ei au prieteni la București**, *Loro hanno (degli) amici a Bucarest*.

2.3 L'articolo possessivo o genitivale

Quest'articolo non esiste in italiano. In genere, la sua funzione è quella di collegare l'oggetto posseduto al possessore. Le sue forme sono **al** (masc.), **a** (femm.) al singolare e **ai** (masc.), **ale** (femm.) al plurale. In italiano lo si traduce con le preposizioni articolate a partire da *di*.

Nella sequenza "oggetto posseduto + possessore" (**vinul casei**, *il vino della casa*, per esempio), l'articolo è obbligatorio prima del secondo sostantivo quando l'oggetto posseduto non è accompagnato da articolo determinativo, o quando i due sostantivi sono separati da un'altra parola. Abbiamo quindi: **un vin al casei**, *un vino della casa*, e **vinul bun al casei**, *il buon vino della casa*.

Se l'articolo possessivo è seguito da un aggettivo possessivo, i due formano insieme un pronome possessivo: **al meu**, *il mio*.

L'articolo possessivo contribuisce alla formazione del numerale ordinale: **al doilea**, *il secondo*.

2.4 L'articolo aggettivale o dimostrativo

Collega un aggettivo al sostantivo reggente (**Petru cel Mare**, *Pietro il Grande*), contribuisce alla sostantivazione dell'aggettivo (**cel bun**, *il buono*) e del numerale (**cei doi**, *i due*) e alla formazione del superlativo relativo (**cel mai mare**, *il più grande*).
Le sue forme sono **cel** (masc.), **cea** (femm.) al singolare e **cei** (masc.), **cele** (femm.) al plurale. Le forme del genitivo-dativo al singolare sono **celui** (masc.), **celei** (femm.). C'è una sola forma per il genitivo-dativo plurale, comune a entrambi i generi: **celor**.

3 L'aggettivo

3.1 L'aggettivo qualificativo

Si accorda in genere, numero e caso con il sostantivo che accompagna. Conosce le stesse modifiche dei sostantivi a livello delle desinenze e a volte delle alternanze fonetiche. Al femminile singolare, finisce il più delle volte in **-ă** e in **-e**. Al plurale, il maschile finisce il più delle volte in **-i** e il femminile in **-e**.

Gli aggettivi qualificativi possono essere a quattro, a tre, a due o a una sola forma:

	masc. sing.	femm. sing.	masc. pl.	femm. pl.
4 forme	**bun**, *buono*	**bună**, *buona*	**buni**, *buoni*	**bune**, *buone*
3 forme	**mic**, *piccolo*	**mică**, *piccola*	**mici**, *piccole/piccoli*	
2 forme	**mare**, *grande*		**mari**, *grandi*	
1 forma	**maro**, *marrone*			

Normalmente, l'aggettivo viene collocato dopo il sostantivo; è quindi quest'ultimo a ricevere la marca del caso. Certi aggettivi precedono il sostantivo (quando si vuol dare loro un significato speciale), nel qual caso sono loro i portatori delle desinenze casuali.
Da notare che anche l'aggettivo, come il sostantivo, può ricevere dei suffissi a valore diminutivo.

3.2 L'aggettivo possessivo

Accompagna un sostantivo articolato con l'articolo determinativo: **tatăl meu**, **mama mea**. Le sue forme sono:

meu, mea, mei, mele	*mio, mia, miei, mie*
tău, ta, tăi, tale	*tuo, tua, tuoi, tue*
său (lui, ei), sa (lui, ei), săi (lui, ei), sale (lui, ei)	*suo (di lui/di lei), sua (di lui/di lei), suoi (di lui/di lei), sue (di lui/di lei)*
nostru, noastră, noștri, noastre	*nostro, nostra, nostri, nostre*
vostru, voastră, voștri, voastre	*vostro, vostra, vostri, vostre*
lor	*loro*

Il romeno fa una differenza alla 3ª persona: se **tatăl său** significa come in italiano *suo padre*, **tatăl lui** specifica che si tratta del *padre di lui* e **tatăl ei**, del *padre di lei*.

L'aggettivo possessivo cambia forma a seconda del genere, del numero e del caso del sostantivo che accompagna. In un gruppo nominale come **mama mea**, *mia madre*, la marca del genitivo/dativo andrà applicata a entrambe le parole: (a) **mamei mele**, *di/a mia madre*.

3.3 L'aggettivo dimostrativo

L'aggettivo dimostrativo romeno può essere anteposto (**acest om**, come in italiano) o posposto (**omul acesta**). In quest'ultimo caso, l'aggettivo riceve una **-a** finale e accompagna un sostantivo articolato con articolo determinativo.
Ci sono due tipi di aggettivi dimostrativi in romeno, che insistono come in italiano sulla distinzione spaziale vicino/lontano:

– **acest om/omul acesta**, *quest'uomo*;
– **acel om/omul acela**, *quell'uomo*.

Agg. dimostrativi di prossimità	Agg. dimostrativi di lontananza
acest, acesta, *questo*	**acel, acela**, *quel/quello*
această, aceasta, *questa*	**acea, aceea**, *quella*
acești, aceștia, *questi*	**acei, aceia**, *quei/quegli*
aceste, acestea, *queste*	**acele, acelea**, *quelle*

La 1ª forma nella tabella è quella dell'aggettivo anteposto, la 2ª è quella dell'aggettivo posposto.

3.4 L'aggettivo indefinito

Diversi pronomi indefiniti possono diventare aggettivi indefiniti, accompagnando sostantivi, nel qual caso si accordano con essi in genere, numero e caso.
Il pronome **fiecare**, *ciascuno*, non cambia forma quando diventa aggettivo, prima di un sostantivo: **fiecare om**, *ciascun uomo*.
Altri pronomi indefiniti, invece, in quel caso cambiano forma: per esempio *alt*, *altro*, aggettivo, e **altul**, *l'altro*, pronome: **A venit (un) altul**, *È venuto un altro* ≠ **El e (un) alt om**, *Lui è un altro uomo*.

3.5 L'aggettivo quantitativo

Gli aggettivi quantitativi romeni sono **mult**, *molto*; **cât**, *quanto*; **atâta**, *tanto*; **puțin**, *poco*; **destul**, *abbastanza*; le loro forme variano a seconda del genere e del numero del sostantivo che accompagnano. I primi tre si declinano al genitivo-dativo.

3.6 Gradi di comparazione

I gradi di comparazione degli aggettivi (e degli avverbi) si esprimono in romeno per mezzo di apposite costruzioni.
Il comparativo stabilisce rapporti d'uguaglianza (**tot așa de/tot atât de/la fel de... ca (și)**, *tanto... quanto*), d'inferiorità (**mai puțin... ca/decât**, *meno... di/che*) o di superiorità (**mai... ca/decât**, *più... di/che*).
Il superlativo relativo ha due forme: di superiorità (**cel mai...**, *il più...*) e d'inferiorità (**cel mai puțin**, *il meno...*).
Il **superlativo** assoluto più comune si forma con **foarte...**, *molto...*

4 Il pronome

Il pronome è una categoria particolarmente ricca della grammatica romena; nella maggior parte dei casi, gli stessi elementi si possono ritrovare sia da soli, come pronomi, sia accanto a un sostantivo, come determinanti (a volte con piccoli cambiamenti di forma).

4.1 Il pronome personale soggetto

Come in italiano, di solito il pronome soggetto non è necessario perché è la desinenza verbale a indicare la persona: **cred**, *credo*. Le forme sono: **eu**, *io* (**eu cred**, *io credo*); **tu**, *tu*; **el**, *lui*; **ea**, *lei*; **noi**, *noi*; **voi**, *voi*; **ei**, *loro (essi)*; **ele**, *loro (esse)*.

4.2 Il pronome personale complemento

Ha sia forme toniche che forme atone. Queste ultime però compaiono soltanto all'accusativo (complemento oggetto) e al dativo (complemento di termine).
Le forme atone dei pronomi personali complemento accompagnano i verbi e, come in italiano, possono precederli o seguirli (nel caso dell'imperativo e del gerundio). Nel caso del gerundio viene spesso intercalata una **u** eufonica: **văzându-l**, *vedendolo*; **dându-i**, *dandogli*.
Se ci sono due pronomi complemento, l'indiretto precede il diretto: **dă-mi-o!**, *dammela!*

Il pronome diretto, cioè all'accusativo, precede il verbo. Eccezione: il femminile singolare **o**, che si mette dopo il participio passato (**am văzut-o**, *l'ho vista*).
Ripetiamolo, i pronomi diretti possiedono sia forme toniche (che possono essere adoperate da sole) che forme atone (che accompagnano un verbo e sono prive di esistenza indipendente).
Le forme toniche sono:

(pe) mine	*me*
(pe) tine	*te*
(pe) el	*lui*

(pe) ea	lei
(pe) noi	noi
(pe) voi	voi
(pe) ei	loro (masc.)
(pe) ele	loro (femm.)

Le forme atone sono:

Forma piena	Forma breve	Traduzione
mă	m-	mi, m'
te		ti, t'
îl	l	lo, l'
o		la, l'
ne		ci
vă	v-	vi
îi	i	li, loro (masc.)
le		le, loro (femm.)

Si apocopa nel passato prossimo (**l-am văzut**, *l'ho visto*).
I pronomi **îl** e **îi** si apocopano quando sono preceduti dalla negazione **nu**: **nu-l văd**, *non lo vedo*.
Le forme atone servono anche per anticipare il complemento oggetto nome di persona: **îl văd pe Ion**, (lett. lo) *vedo Ion*.

Il pronome indiretto, cioè al dativo, è richiesto da certi verbi del tipo **a plăcea**, *piacere*, e **a trebui**, *occorrere, bisognare*.

Le forme toniche sono:

mie	a me
ție	a te
lui	a lui
ei	a lei
nouă	a noi
vouă	a voi
lor	a loro

Le forme atone sono:

Forma piena	Forma breve	Traduzione
îmi	mi	*mi*
îţi	ţi	*ti*
îi	i	*gli, le*
ne	ni	*ci*
vă	vi, v-	*vi*
le	li	*gli/loro*

Si elide nel passato prossimo: **i-am scris prietenei mele**, (lett. le) *ho scritto alla mia amica*.
Nella forma negativa, la presenza di **nu** provoca la sua elisione: **nu-i scriu prietenei mele**, *non* (lett. le) *scrivo alla mia amica*.
Le forme atone servono anche per anticipare il complemento di termine: **îi scriu prietenei mele**, (lett. le) *scrivo alla mia amica*.

Espressioni in cui interviene il pronome indiretto
Il pronome indiretto è presente (nella forma atona) nelle costruzioni verbali con **a fi**, *essere*, equivalenti delle strutture italiane con *avere*, del tipo *ho fame*, **mi-e foame** (lett. mi è fame). Qui, **mi-** è la variante elisa di **îmi** a contatto con la **e**; la serie continua con **ţi-e/i-e/ne e/vă e/le e foame**, *hai fame* (lett. ti è fame), *ha fame* (lett. gli è fame) ecc. Questa struttura romena si comporta come l'italiano *mi è difficile*.
Non di rado, come l'italiano, il romeno evita di esplicitare l'idea di possesso e di conseguenza rinuncia in molte situazioni all'uso dell'aggettivo possessivo; al suo posto subentra spesso però un pronome indiretto al dativo. In romeno, per dire *prendo la valigia* si usa **îmi iau valiza** (lett. mi prendo la valigia) o **îmi iau valiza mea** (lett. mi prendo la mia valigia) invece di **iau valiza mea*. Altri esempi: **mi-e prieten**, *è un mio amico* (lett. mi è amico); **îţi pleacă trenul**, *il tuo treno sta partendo* (lett. ti parte il treno); **i-a fost profesor**, *è stato il suo professore* (lett. gli è stato professore); **şi-a pierdut portofelul**, *ha perso il portafoglio* (lett. si è perso il portafoglio); in quest'ultimo esempio, **şi-** è la forma breve del pronome riflessivo **îşi**.

4.3 Il pronome di cortesia

Ea, *lei*, in romeno si usa solo come pronome personale di 3ª persona singolare, senza alcuna connotazione di cortesia.

Per marcare la deferenza, il romeno dispone di due pronomi specializzati, entrambi alla 2ª persona. Quello di gran lunga più usato è **dumneavoastră**, *Lei*, che si può riferire a uno o più interlocutori, ma si accorda sempre con il plurale. In determinate situazioni si può usare anche il meno formale **dumneata**, *voi*, che si può riferire a un solo interlocutore alla volta e si accorda sempre con il singolare. **Dumneata** si declina al genitivo/dativo: **dumitale**, *a/di voi*.

Per la 3ª persona, si usano **dumnealui**, *lui*; **dumneaei**, *lei*, e **dumnealor**, *loro,* tutte però molto formali.

4.4 Il pronome riflessivo

Il pronome riflessivo ha forme proprie soltanto alla 3ª persona, all'accusativo (**pe**) **sine/se**, *se stesso, si*) e al dativo (**sieși**, *a sé*; **își/și**, *si*).

Per le due 1ᵉ persone del singolare e del plurale, ha le forme del pronome personale all'accusativo (**mă**, *mi*; **te**, *ti*; **ne**, *ci*; **vă**, *vi*) o al dativo (**îmi**, *mi*; **îți**, *ti*; **ne**, *ci*; **vă**, *vi*), a seconda della costruzione del verbo.

Queste forme diventano riflessive soltanto se hanno la stessa persona del verbo. Prendete per esempio la coniugazione dei verbi **a se spăla**, *lavarsi* o **a-și aminti**, *ricordarsi*.

4.5 Il pronome rafforzativo

Accompagna un pronome o un sostantivo, diventando così una sorta di aggettivo rafforzativo. Al maschile, le forme sono:

însumi	*(io) stesso*
însuți	*(tu) stesso*
însuși	*(lui) stesso*
înșine	*(noi) stessi*
înșivă	*(voi) stessi*
înșiși	*(loro) stessi*

Al femminile:

însămi	(io) stessa
însăți	(tu) stessa
însăși	(lei) stessa
însene	(noi) stesse
însevă	(voi) stesse
înseși o însele	(loro) stesse

Nella lingua parlata viene sostituito dall'avverbio **chiar** o da parole come **singur**, **personal**, **în persoană**.
Per dire *io stesso*, per esempio, si può scegliere fra **eu însumi** (m.) / **însămi** (f.), **chiar eu** e, in certe situazioni, anche **eu personal**.

4.6 Il pronome indefinito

Ci sono molti pronomi indefiniti in romeno; i più usati sono **unul**, *uno*, **una**, *una*; **altul**, *l'altro* (masc.), **alta**, *l'altra* (femm.); **tot**, *tutto*, **toată**, *tutta*. Alcuni pronomi indefiniti sono composti con prefissi e suffissi, fra i quali **fie-** (**fiecare**, *ciascuno*) e **-va** (**cineva**, *qualcuno*). Quando si usano come aggettivi, alcuni pronomi indefiniti cambiano forma: **altul → alt**; **alta → altă**.

4.7 Il pronome negativo

È una variante del pronome indefinito, usata in frasi negative: **nimeni**, *nessuno*; **niciunul**, *nessuno*; **niciuna**, *nessuna*; **nimic**, *niente*. Con qualche modifica formale, alcune di queste forme fungono anche da aggettivi: **niciun**, **nicio**.

4.8 Il pronome possessivo

Le sue forme tengono conto della persona e del numero di oggetti posseduti; si costruiscono con l'ausilio dell'articolo possessivo-genitivale **al**, **a** ecc. + aggettivo possessivo:

al meu, al tău, al său	il mio, il tuo, il suo
a mea, a ta, a sa	la mia, la tua, la sua
al nostru, al vostru, al lor	il nostro, il vostro, il loro
a noastră, a voastră, a lor	la nostra, la vostra, la loro
ai mei, ai tăi, ai săi	i miei, i tuoi, i suoi

ale mele, ale tale, ale sale	le mie, le tue, le sue
ai noștri, ai voștri, ai lor	i nostri, i vostri, i loro
ale noastre, ale voastre, ale lor	le nostre, le vostre, le loro

Come per gli aggettivi possessivi, alla 3ª persona, quando c'è un solo possessore, si possono adoperare le forme **al lui** o **al ei**, per fare la differenza fra maschile e femminile. Avrete forse già notato che **lui**, **ei**, e **lor**, sono in realtà dei pronomi personali introdotti nel sistema dei possessivi.

4.9 Il pronome dimostrativo

Può essere:
– di prossimità: **acesta**, *questo*; **aceasta**, *questa*; **aceștia**, *questi*; **acestea**, *queste*.
– di lontananza: **acela**, *quello*; **aceea**, *quella*; **aceia**, *quelli*; **acelea**, *quelle*.
Ha anche alcune varianti popolari, estremamente frequenti nel parlato: **ăsta**, **ăla** ecc. (vedete la lezione 42, § 2).
Con piccole modifiche, i pronomi dimostrativi si usano in funzione di aggettivi, quando accompagnano un sostantivo.

4.10 Il pronome d'identità

Un'altra variante del pronome dimostrativo, il pronome d'identità, ha le seguenti forme:

acelaşi	lo stesso
aceeaşi	la stessa
aceiaşi	gli stessi
aceleaşi	le stesse

Per esempio, avremo: **Nu m-am schimbat, am rămas acelaşi**, *Non sono cambiato, sono rimasto lo stesso*.

4.11 Il pronome di differenziazione

Un altro tipo di dimostrativo, il pronome di differenziazione, viene anche chiamato pronome di scelta o di alterità:

celălalt	l'altro
cealaltă	l'altra
ceilalți	gli altri
celelalte	le altre

Per esempio, avremo: **Unul din fiii ei e croitor, celălalt e instalator**, *Uno dei suoi figli fa il sarto, l'altro fa l'idraulico*.
Può fungere anche da aggettivo.

4.12 Il pronome interrogativo

I pronomi interrogativi **cine?**, *chi?*; **care?**, *quale?* e **cât?**, *quanto?* si declinano, mentre **ce?**, *che?* è invariabile.
Il nominativo **cine?** diventa:
– **pe cine?**, *chi?* all'accusativo (complemento oggetto);
– **(al/a/ai/ale) cui?**, *di chi?* al genitivo (complemento di specificazione);
– **cui?**, *a chi?* al dativo (complemento di termine).
Il nominativo-accusativo **care?** diventa:
– **căruia?**, *al quale?* e **căreia?**, *alla quale?*, al genitivo-dativo singolare, e **cărora?**, *ai quali?/alle quali?* al plurale.
I nominativi-accusativi **cât?** (masc.), **câtă?** (femm.), **câți?** (masc. pl.), **câte?** (femm. pl.) diventano:
– **câtor?**, *di/a quanti/quante?* al genitivo-dativo (masc./femm. pl.).
Questi pronomi possono servire anche da aggettivi, ad eccezione di **cine**.

4.13 Il pronome relativo

I pronomi interrogativi **cine?**, **care?**, **ce?** e **cât?** fungono spesso da relativi, in assenza di interrogazione. Nel caso del pronome relativo composto **cel ce**, l'elemento **cel** varia a seconda del genere, del numero e del caso della parola che riprende:

Caso	Singolare		Plurale	
	Maschile	Femminile	Maschile	Femminile
nominativo-accusativo	**cel ce**, *quello che*	**ceea ce**, *quella che*	**cei ce**, *quelli che*	**cele ce**, *quelle che*
genitivo-dativo	**celui ce**, *di/a quello che*	**celei ce**, *di/a quella che*	**celor ce**, *di/a quelli/quelle che*	

Il femminile **ceea ce** può avere un senso neutro, che in italiano si può rendere con *il che* o *ciò che*. **Cel care** è sinonimo di **cel ce**; l'elemento **cel** si declina allo stesso modo, salvo al femminile singolare, in cui la forma del nominativo-accusativo è **cea care**, *quella che*.
I pronomi relativi sono alla base di diverse espressioni: **care mai de care**, *uno più… dell'altro*, **din ce în ce**, *sempre più…*

5 Il verbo

In base alla desinenza dell'infinito, i verbi romeni vengono suddivisi in quattro gruppi:
– i verbi in **-a**: **a cânta**, *cantare*; **a lucra**, *lavorare*;
– i verbi in **-ea**: **a vedea**, *vedere*;
– i verbi in **-e**: **a merge**, *andare*;
– i verbi in **-i** o **-î**: **a fugi**, *correre*; **a iubi**, *amare*; **a coborî**, *scendere*; **a hotărî**, *decidere*.

5.1 L'indicativo presente

Alla voce attiva, per formare l'indicativo presente dei verbi, si elimina la desinenza dell'infinito, ottenendo così una radice che rappresenta spesso la 1ª persona singolare: **a cânta**, *cantare* → **cânt**, *canto*. A questa radice si aggiungono le desinenze caratteristiche:

	Singolare	Plurale
1ª persona	Ø	**-ăm** (verbi in **-a**); **-em** (verbi in **-ea** e **-e**); **-im** (verbi in **-i**); **-âm** (verbi in **-î**)
2ª persona	**-i** "latente", tutti i gruppi verbali	**-ați** (verbi in **-a**); **-eți** (verbi in **-ea** e **-e**); **-iți** (verbi in **-i**); **-âți** (verbi in **-î**)
3ª persona	**-ă** (verbi in **-a**) e **-e** (gli altri tre gruppi)	**-ă** per i verbi del primo gruppo e nessuna desinenza per gli altri tre gruppi.

Alcuni verbi del 1º gruppo ricevono l'infisso supplementare **-ez** nelle prime due persone del singolare, che diventa **-eaz** nella 3ª persona plurale, fenomeno dovuto all'alternanza vocalica. Questo infisso si inserisce fra radice e desinenza, quando quest'ultima esiste: **(eu) lucrez**, **(tu) lucrezi**, **(el/ea/ei/ele) lucrează**.

In base allo stesso meccanismo, molti verbi del 4° gruppo ricevono l'infisso supplementare **-esc** (che, a causa dell'alternanza consonantica, si trasforma a volte in **-eșt-**): **(eu) citesc, (tu) citești, (el/ea) citește, (ei/ele) citesc.**

5.2 Il passato prossimo

Per formare il passato prossimo, il romeno adopera esclusivamente l'ausiliare **a avea**, *avere*, seguito dal participio passato (invariabile) del verbo da coniugare.
Notate che l'ausiliare ha una coniugazione semplificata, in alcune persone: **am, ai, a** (invece di **are**), **am** (invece di **avem**), **ați** (invece di **aveți**), **au**.

Il participio passato: per ottenere il participio passato dei verbi in **-a** (1° gruppo) e dei verbi in **-i** o **-î** (4° gruppo), si aggiunge una **-t** all'infinito. Ne risulta: **a cânta**, *cantare* → **cântat**, *cantato*; **a fugi**, *scappare* → **fugit**, *scappato*; **a coborî**, *scendere* → **coborât**, *sceso*. Attenzione! Nel participio passato dei verbi il cui infinito termina in **-î**, questa vocale viene trascritta **-â-**, in base alla regola che impone che una **î** si scriva **â** quando si trova all'interno della parola. Per la maggior parte dei verbi in **-e** (3° gruppo), le ultime due lettere dell'infinito verranno sostituite da una **-s**: **a merge**, *andare* → **mers**, *andato*. Alcuni verbi di questo gruppo hanno un participio in **-(p)t**: **a frige**, *friggere* → **fript**, *fritto*, mentre altri sostituiscono la desinenza dell'infinito con **-ut**: **a cere**, *chiedere* → **cerut**, *chiesto*.
I verbi in **-ea** (2° gruppo), quasi tutti irregolari, seguono quest'ultimo modello: **a putea**, *potere* → **putut**, *potuto*.

I participi passati degli ausiliari **a fi**, *essere* e **a avea**, *avere*, sono, rispettivamente, **fost**, *stato* e **avut**, *avuto*.

5.3 L'imperfetto

L'imperfetto indicativo si ottiene dalla stessa radice del presente (eliminando la desinenza dell'infinito), a cui si aggiungono:

-am, -ai, -a, -am, -ați, -au	per i verbi in **-a** e **-î**
-eam, -eai, -ea, -eam, -eați, -eau	per i verbi in **-ea, -e, -i**

Avremo, rispettivamente:
aveam, *avevo*; **aveai**, *avevi* ecc.;
cântam, *cantavo*; **cântai**, *cantavi* ecc.;
coboram, *scendevo*; **coborai**, *scendevi* ecc.;
vedeam, *vedevo*; **vedeai**, *vedevi* ecc.;
mergeam, *andavo*; **mergeai**, *andavi* ecc.;
fugeam, *scappavo*; **fugeai**, *scappavi* ecc.
Attenzione, i verbi che finiscono in vocale + **i** conservano questa **i** finale: **a locui**, *abitare*: **locuiam**, *abitavo*; **locuiai**, *abitavi* ecc. Restando nel tema, l'imperfetto di **a vrea**, *volere*, si forma a partire dalla variante **a voi** (usata altrove per costruire il futuro letterario): **voiam**, *volevo*; **voiai**, *volevi* ecc.

Qualche eccezione:
– **a da**: **dădeam**, *davo*; **dădeai**, *davi* ecc.,
– **a şti**: **ştiam**, *sapevo*; **ştiai**, *sapevi* ecc.,
– **a scrie**: **scriam**, *scrivevo*; **scriai**, *scrivevi* ecc.,
– **a fi**: **eram**, *ero*; **erai**, *eri* ecc.

5.4 Il trapassato prossimo

Il trapassato prossimo si ottiene:

– per i verbi in **-a** (1° gruppo), **-i** e **-î** (4° gruppo), aggiungendo alla forma dell'infinito le desinenze **-sem, -seşi, -se, -serăm, -serăţi, -seră** (**cântasem**, *avevo cantato*; **cântaseşi**, *avevi cantato* ecc.; **fugisem**, *ero scappato/a*; **fugiseşi**, *eri scappato/a* ecc.; **coborâsem**, *ero sceso/a*; **coborâseşi**, *eri sceso/a* ecc.). Notate che la î all'interno della parola si scrive **â**.
– per i verbi in **-ea** (2° gruppo), a partire dal participio passato, al quale viene soppressa la consonante finale, prima di aggiungere le desinenze già note. Quindi il participio passato di **a vedea** è **văzut**, e il trapassato prossimo **văzusem**, *avevo visto*; **văzuseşi**, *avevi visto* ecc.
– per i verbi in **-e** (3° gruppo), a partire dal participio passato, senza la consonante finale, al quale si aggiungono le desinenze **-sesem, -seseşi, -sese, -seserăm, -seserăţi, -seseră**. Quindi il participio passato di **a merge** è **mers** e il trapassato prossimo **mersesem**, *ero andato/a*; **merseseşi**, *eri andato/a* ecc.

Da notare che alcuni verbi in **-e**, il cui participio passato è in **-ut**, seguono l'esempio dei verbi in **-ea**. Di conseguenza, da **a trece** (participio passato: **trecut**), avremo **trecusem**, *ero passato/a*; **trecuseși**, *eri passato/a* ecc.

Fra gli irregolari:
- **a da** (**dădusem**, *avevo dato*; **dăduseși**, *avevi dato* ecc.),
- **a ști** (**știusem**, *avevo saputo*; **știuseși**, *avevi saputo* ecc.),
- **a fi** (**fusesem**, *ero stato/a*; **fuseseși**, *eri stato/a* ecc.),
- **a avea** (**avusesem**, *avevo avuto*; **avuseseși**, *avevi avuto* ecc.).

5.5 Il passato remoto

Si forma a partire dalle stesse radici del trapassato prossimo, a cui si aggiungono le desinenze:
- **-i, -și, -Ø, -răm, -răți, -ră** per i verbi in **-a, -ea, -i, -î**,
- **-sei, -seși, -se, -serăm, -serăți, -seră**, per gli altri verbi. Avremo, per esempio: **cântai**, *cantai*, **cântași**, *cantasti* ecc.; **văzui**, *vidi*, **văzuși**, *vedesti* ecc.; **mersei**, *andai*, **merseși**, *andasti* ecc.

Come per il trapassato prossimo, i verbi in **-e** il cui participio passato termina in **-ut** seguono l'esempio dei verbi in **-ea**. Siccome il participio passato di **a trece** è **trecut**, le forme del passato remoto sono **trecui**, *passai*; **trecuși**, *passasti* ecc.

I verbi irregolari sono: **a da** (**dădui**, *diedi*; **dăduși**, *desti* ecc.); **a ști** (**știui**, *seppi*; **știuși**, *sapesti* ecc.) e **a fi** (**fui**, *fui*; **fuși**, *fosti* ecc.).

5.6 Il congiuntivo presente

È particolarmente importante in romeno, in quanto è molto usato dopo i verbi modali, anche laddove l'italiano ricorre all'infinito: **vreau să plec**, *voglio partire*. Il congiuntivo romeno è preceduto dalla congiunzione **să**, equivalente del *che* italiano.
Il congiuntivo presente ha le stesse forme dell'indicativo presente, eccetto alla 3ª persona singolare e plurale. Semplificando, diciamo che alla 3ª persona, la **-ă** finale dell'indicativo presente diventa **-e** al congiuntivo: **el/ei cântă**, *lui canta/loro cantano* → **el/ei să cânte**, *che lui canti/che loro cantino*. Al contrario, i verbi che terminano in **-e** all'indicativo la sostituiscono con una **-ă** al congiuntivo: **el fuge**, *lui scappa* → **el să fugă**, *che lui scappi*.

5.7 Il congiuntivo passato

Raramente adoperato, il congiuntivo passato si forma dal participio passato del verbo principale preceduto da **să fi**. È una forma unica per tutte le persone: **să fi cântat**, *che abbia/abbiamo/abbiate/abbiano cantato*; **să fi văzut**, *che abbia/abbiamo/abbiate/abbiano visto*; **să fi mers**, *che sia/siamo/siate/siano andato/a/i/e*; **să fi fugit**, *che sia/siamo/siate/siano scappato/a/i/e*.

5.8 Il futuro

Ci sono diverse forme di futuro in romeno.
Il più usato nel parlato viene chiamato "**popolare**". Per ottenerlo, si mette una **o** prima delle forme del verbo principale al congiuntivo presente. Il congiuntivo di **a cânta**, *cantare*, alla 1ª persona del singolare è **să cânt**, *che io canti*; il futuro popolare è dunque **o să cânt**, *canterò*; **o să cânți**, *canterai* ecc.
Il cosiddetto futuro "**letterario**", usato soprattutto per iscritto, si forma a partire da una forma speciale di **a vrea**, **a voi** (che svolge qui il ruolo di ausiliare) seguita dall'infinito (senza **a**) del verbo principale. Ne risulta: **voi** (**vei, va, vom, veți, vor**) **cânta**, *canterò, canterai* ecc.; **voi** (**vei, va, vom, veți, vor**) **vedea**, *vedrò, vedrai* ecc.

5.9 Il futuro anteriore

Raramente usato nella lingua parlata, il futuro anteriore si forma in questo modo: futuro "letterario" del verbo **a fi** + participio passato del verbo da coniugare: **voi** (**vei, va, vom, veți**) **fi cântat**, *avrò cantato, avrai cantato* ecc., **voi** (**vei, va, vom, veți**) **fi văzut**, *avrò visto, avrai visto* ecc., **voi** (**vei, va, vom, veți**) **fi mers**, *sarò andato/a, sarai andato/a* ecc.

5.10 Il condizionale presente

È una forma analitica, composta da una forma speciale del verbo **a avea**, seguita dall'infinito (senza la preposizione **a**) del verbo da coniugare: **aș/ai/ar/am/ați/ar cânta**, *canterei, canteresti* ecc., **aș/ai/ar/am/ați/ar vedea**, *vedrei, vedresti* ecc., **aș/ai/ar/am/ați/ar merge**, *andrei, andresti* ecc., **aș/ai/ar/am/ați/ar fugi**, *scapperei, scapperesti* ecc.

5.11 Il condizionale passato

Si forma a partire dal condizionale presente del verbo **a fi**, seguito dal participio passato del verbo principale: **aș/ai/ar/am/ați/ar fi cântat**, *avrei cantato, avresti cantato* ecc., **aș/ai/ar/am/ați/ar fi văzut**, *avrei visto, avresti visto* ecc.

5.12 L'imperativo

L'imperativo è molto semplice e somiglia a quello italiano. Esiste soltanto la 2ª persona singolare e plurale. Per la maggior parte dei verbi, l'imperativo singolare coincide in realtà con la 3ª persona dell'indicativo presente senza pronome personale: **Cântă!**, *Canta!* L'imperativo dei verbi in **-ea** (2° gruppo) e in **-i** (senza il suffisso **-esc**) del 4° gruppo è ancora più semplice: è l'indicativo presente (2ª persona), con intonazione esclamativa: **Taci!**, *Taci!*; **Fugi!**, *Scappa!* Qualche eccezione: **Mergi!**, *Va'!*; **Oferă!**, *Offri!*; **Vino!**, *Vieni!*; **Du!**, *Porta!*; **Fii!**, *Sii!*, e **Ai!**, *Abbi!*

Per quanto riguarda l'imperativo negativo, al singolare, come in italiano, si nega l'infinito del verbo (senza la preposizione **a**): **Cântă!**, *Canta!* diventa **Nu cânta!**, *Non cantare!*

L'imperativo affermativo plurale coincide con la 2ª persona plurale del presente indicativo, con l'intonazione specifica: **Cântați!**, *Cantate!*

Per l'imperativo negativo plurale, come in italiano, si nega la forma affermativa: **Nu cântați!**, *Non cantate!*

5.13 Il gerundio e il participio presente

Il **gerunziu** romeno cumula le funzioni di gerundio e di participio presente. Si forma a partire dall'infinito (senza la preposizione **a**), al quale si sopprime la vocale finale (o il gruppo **-ea**, per i verbi del 2° gruppo), aggiungendo poi:

– **-ind** per i verbi in **-i, -ia, -chea, -ghea** (per es.: **fugind**, *correndo/corrente*),

– **-ând**, per gli altri verbi (per es.: **cântând**, *cantando*).

A seguito del gioco di alternanze vocaliche, la **-d** della radice di alcuni verbi si trasforma in **-z**; per esempio: **a vedea**, *vedere* → **văzând**, *vedendo*.

Qualche esempio di verbi irregolari: **a fi**, *essere* → **fiind**, *essendo*; **a scrie**, *scrivere* → **scriind**, *scrivendo*.

Nella forma negativa, la particella **ne-** è attaccata al verbo: **nefiind**, *non essendo*. Fra **ne-** e verbo si può inserire l'avverbio **mai**: **nemaiputând**, *non potendo più*.

5.14 Il presuntivo

Il gerundio compare in una perifrasi che alcuni ritengono un modo verbale a parte, il presuntivo, di uso assai limitato. Presenta un'azione, appunto, come presunta. Si costruisce così: futuro del verbo **a fi** + gerundio: **Va fi fiind** (oppure **o fi fiind**) **bolnav**, *Sarà malato* (in romeno anche il condizionale è possibile in questo contesto). Una forma più semplice per il presente sarebbe: **o fi bolnav**, *sarà malato*, e per il passato: **o fi fost bolnav**, *sarà stato malato*.

5.15 Il supino

È un participio passato accompagnato da una preposizione (in genere **de**), che sostituisce l'infinito italiano preceduto dalle preposizioni *da* o *a*, come in **ușor de spus**, *facile a dirsi*. I supini alla forma negativa si traducono spesso in italiano con un aggettivo: **de necrezut**, *incredibile (da non credere)*.

5.16 I verbi pronominali

L'azione espressa da questi verbi riguarda il soggetto che la compie. Il verbo (nella voce attiva) è preceduto dal pronome riflessivo al dativo o all'accusativo. In romeno ci sono due tipi di verbi pronominali:
– verbi il cui infinito contiene il pronome riflessivo al dativo: **a-și aminti**, *ricordarsi*,
– verbi il cui infinito contiene il pronome riflessivo all'accusativo: **a se bucura**, *rallegrarsi*.
Le forme atone dei pronomi riflessivi o dei pronomi complemento a valore riflessivo sono **îmi, îți, își, ne, vă, își** nel primo caso e **mă, te, se, ne, vă, se** nel secondo: **îmi amintesc**, *mi ricordo*, **îți amintești**, *ti ricordi* ecc. e **mă bucur**, *mi rallegro*, **te bucuri**, *ti rallegri* ecc.

5.17 La voce passiva

Nella voce passiva, il soggetto subisce l'azione compiuta dal complemento d'agente. Come in italiano, il participio passato del verbo è preceduto dalle forme della voce attiva del verbo **a fi**, *essere*.

Soltanto i verbi transitivi (quelli che accettano un complemento oggetto) possono essere trasformati al passivo; in questo passaggio, il complemento oggetto diventa soggetto e il soggetto, complemento di agente o di causa efficiente preceduto da **de (către)**, *da*. **Tata citește ziarul**, *Papà legge il giornale*, diventa **Ziarul e citit de (către) tata**, *Il giornale è letto da papà*.

6 L'avverbio

In base al loro significato, gli avverbi si suddividono principalmente in avverbi di modo (**bine**, *bene*; **rău**, *male*; **așa**, *così*; **cum**, *come*; **foarte**, *molto*; **mai**, *più*; **românește**, *alla romena*), di luogo (**acasă**, *a casa*; **aici**, *qui*; **acolo**, *là*; **departe**, *lontano*; **aproape**, *vicino*; **unde**, *dove*; **înainte**, *avanti*; **înapoi**, *indietro*; **sus**, *su*; **jos**, *giù*) e di tempo (**azi**, *oggi*; **ieri**, *ieri*; **mâine**, *domani*; **când**, *quando*; **totdeauna/mereu**, *sempre*; **acum**, *adesso*; **apoi**, *poi*; **niciodată**, *mai*; **târziu**, *tardi*).

Nella prima categoria si possono inserire anche gli avverbi di affermazione (**da**, *sì*; **evident**, *ovviamente*; **bineînțeles**, *beninteso, certamente*; **sigur/desigur**, *certamente*) e di negazione (**nu**, *no*; **ba**, *no*; **nici**, *né*).

Secondo lo stesso criterio, le locuzioni avverbiali si suddividono in locuzioni avverbiali di modo (**fără îndoială**, *senz'altro*), di luogo (**în spate**, *dietro*; **în față**, *davanti*; **din loc în loc**, *qua e là*) e di tempo (**din când în când**, *ogni tanto*).

Gli avverbi relativi **cum**, *come*; **unde**, *dove*; **când**, *quando*; **cât**, *quanto*; **ce**, *che*, hanno delle forme negative con il prefisso **nici-**, delle forme a valore indefinito con il suffisso **-va** e forme concessive con il prefisso **ori-**.

L'aggettivo qualificativo al maschile singolare può servire da avverbio: **Ea cântă frumos**, *Lei canta bene* (lett. *bello*).

Gli aggettivi in **-esc** formano gli avverbi in **-ește**: **românesc → românește**, *alla romena*. Altri suffissi: **-iș/-âș** (**pe furiș**, *furtivamente, di soppiatto*), e **-mente** (**realmente**, *realmente*).

Il sostantivo **zi** e i sostantivi che designano momenti della giornata, giorni della settimana e stagioni possono funzionare come avverbi; alcuni devono essere articolati (**ziua**, *di giorno*; **noaptea**, *di notte*; **vara**, *d'estate*).

Se il significato lo permette, alcuni avverbi accettano gradi di comparazione, che seguono le stesse regole di formazione che abbiamo visto nel caso degli aggettivi.

Come i sostantivi e gli aggettivi, gli avverbi possono acquisire un valore diminutivo, grazie ad appositi suffissi: **bine / binișor**, *bene / benino*.

7 La preposizione

Le preposizioni romene più frequenti sono **la**, *a*; **în**, *in*; **pe**, *su*; **sub**, *sotto*; **de**, *di*; **pentru**, *per*; **fără**, *senza*; **lângă**, *accanto a*; **până**, *fino a*... Ma non basta conoscere il significato di queste preposizioni per saperle usare correttamente. Bisogna considerare il contesto. Come piccolo assaggio, ricordatevi che un romeno *ha letto sul* (lett. in) *giornale*; **a citit în ziar**; *esce dalla* (lett. su) *porta*, **iese pe ușă**; e *passeggia per la* (lett. su) *strada*, **se plimbă pe stradă**...

È importante sapere che la maggior parte delle preposizioni romene introduce un nome all'accusativo senza articolo determinativo: **merg la bancă**, *vado in banca*. L'articolo è invece d'obbligo se il sostantivo è specificato da altri elementi: **merg la banca din strada Florilor**, *vado alla banca di via dei Fiori*.

La preposizione **cu** precede sostantivi determinati, in senso strumentale o associativo: **merge cu mașina**, *va in macchina*.

Alcune preposizioni e locuzioni preposizionali reggono il genitivo: **deasupra**, *sopra*; **contra/împotriva**, *contro*; **în fața**, *davanti*; **în spatele**, *dietro*; **din partea**, *da parte di*; **în urma**, *in seguito a*; **de-a lungul**, *lungo*. Un avverbio come **înainte**, *avanti*, può diventare una preposizione se è articolato con articolo determinativo: in questo caso, la preposizione **înaintea** regge il genitivo: **înaintea mea**, *davanti a me*.

Esistono anche preposizioni che reggono il dativo: **datorită**, **grație**, **mulțumită**, il cui significato è *grazie a*.

8 La congiunzione

Le congiunzioni si possono suddividere in due grandi gruppi: le congiunzioni coordinative e subordinative.

8.1 Le congiunzioni e locuzioni congiuntive coordinative

Le più frequenti sono **și**, *e*; **nici**, *né*; **dar/însă**, *ma*; **sau/ori/fie**, *o*; **deci/așadar**, *dunque*; **în consecință**, *di conseguenza*.

8.2 Le congiunzioni e locuzioni congiuntive subordinative

Le più frequenti sono **că/să**, *che*; **dacă**, *se*; **deși**, *benché*; **fiindcă**, *perché*; **în caz că**, *qualora*; **îndată ce**, *(non) appena*; **în timp ce**, *mentre*; **ca și când**, *come se*; **chiar dacă**, *anche se*; **în loc să**, *invece di*.

Alcune congiunzioni possono comparire due volte, per stabilire correlazioni nella frase: **nici... nici...**, *né... né...*; **sau... sa...**, *o... o...*

9 Il numerale

I numerali si suddividono in due categorie: i cardinali e gli ordinali. Nella prima categoria rientrano, oltre ai cardinali veri e propri, anche i numerali collettivi, moltiplicativi, distributivi, avverbiali e frazionari.

9.1 I numerali cardinali

I primi due numerali, **unu**, *uno*, e **doi**, *due*, hanno anche le forme femminili (**una**, *una*; **două**, *due*). Il primo (**unu**, **una**) ha delle varianti (**un**, *uno*; **o**, *una*) che si confondono con l'articolo indeterminativo, come in italiano. La serie continua con **trei**, *tre*; **patru**, *quattro*; **cinci**, *cinque*; **șase**, *sei*; **șapte**, *sette*; **opt**, *otto*; **nouă**, *nove*; **zece**, *dieci*.

Da undici a diciannove, i numerali si costruiscono secondo la formula **un + spre + zece** (lett. uno sopra dieci), **unsprezece**, **doisprezece**. Quando fanno parte di questi composti, alcuni numerali semplici possono apparire leggermente modificati: **paisprezece**, *quattordici*; **șaisprezece**, *sedici*.

Zece è anche l'equivalente di *decina*, e si usa il plurale **zeci** per continuare a contare: **douăzeci**, *venti*; **treizeci**, *trenta*... Come **zece**, **sută**, *cento* o *centinaio*, è un sostantivo femminile, il cui plurale è **sute**. **Mie**, *mille*, è femminile (pl. **mii**), mentre **milion**, *milione* (pl. **milioane**) e **miliard**, *miliardo* (pl. **miliarde**) sono neutri.

Fra decine e unità si inserisce la congiunzione **și**, *e*: **douăzeci și unu**, *ventuno*.

A partire da **douăzeci**, *venti*, bisogna inserire **de** fra il numerale e il sostantivo che segue: **patruzeci de minute**, *quaranta minuti*.
I numerali cardinali hanno anche delle varianti popolari: **unșpe, doișpe**...

9.2 I numerali collettivi

Di tutti i numerali collettivi che esistevano una volta in romeno, le forme più resistenti risultano essere **amândoi**, *entrambi*, e **amândouă**, *entrambe*. Questi numerali sono formati da due unità e si declinano secondo il genere e il caso (**amândurora** al genitivo-dativo).
Amândoi conosce nella lingua moderna anche l'alternativa **ambii** (femm. **ambele**), con la sua forma di genitivo-dativo **ambilor** (femm. **ambelor**).
A partire da **trei**, *tre*, il significato del numerale collettivo è reso dal numerale cardinale preceduto da **toți, toate**: **toți trei**, *tutti e tre*, **toate trei**, *tutte e tre*.

9.3 I numerali moltiplicativi

Si tratta in realtà di locuzioni avverbiali, costruite secondo lo schema **de** + numerale cardinale + **ori**: **de trei ori**, *tre volte*. Un'eccezione: **o dată**, *una volta*.
La struttura "numerale cardinale + prefisso **în-** + suffisso **-it**", può essere considerata anche come numerale moltiplicativo. Avremo quindi: **îndoit**, *doppio*, **întreit**, *triplo*, forme che vengono spesso sostituite da **dublu, triplu**.

9.4 I numerali distributivi

Sono formati da numerali cardinali preceduti dall'avverbio **câte**: **câte doi**, *a due a due*; **câte trei**, *a tre a tre*. Il numerale distributivo si può anche ripetere: **doi câte doi**, *a due a due*.

9.5 I numerali ordinali

I numerali ordinali si formano a partire da numerali cardinali preceduti, rispettivamente, da **al...** e seguiti da **-lea** al maschile: **al treilea**, *il terzo*, e da **a... -a** al femminile: **a treia**, *la terza*. La serie comincia con **întâiul**, *il primo*, **întâia**, *la prima*, che hanno come sinonimi **primul, prima**.

In alcuni contesti, c'è la tendenza a sostituire i numerali ordinali con i cardinali: **etajul patru** (lett. piano quattro), invece di **etajul al patrulea**, *il quarto piano*.

10 L'interiezione

Le interiezioni, di cui molte a intonazione esclamativa, esprimono sensazioni o stati d'animo (**ah!**), appelli o esortazioni (**hai!**, *dai!*), o imitano i versi degli animali (**miau!**, *miao!*), i rumori (**buf!**, *puffete!*) o i suoni che accompagnano atti fisiologici (**hapciu!**, *eccì!*); in questi ultimi tre casi, si può parlare di onomatopee.

Lessico di espressioni correnti

Legenda

Il primo numero si riferisce alla lezione, il secondo alla frase del dialogo dove compare l'espressione; C = nota culturale; N = nota al dialogo; S = paragrafo della lezione di ripasso.

Brevi interiezioni

Aoleo!, *Ahi! / Oddio!* 64, N1
Hei!, *Ehi!* 70, S4
Hm!, *Ehm!* 70, S4
Of!, *Uffa!* 70, S4
Sst!, *Ssh!* 70, S4
Uf!, *Uffa!* 70, S4

Auguri

(Să fie) într-un ceas bun!, *Auguri!* 72, N1

Saluti

Bună dimineața, *Buona mattinata* 25, C
Bună ziua, *Buongiorno* 25, C
Bună seara, *Buonasera* 25, C
Noapte bună, *Buonanotte* 25, C
La revedere, *Arrivederci* 2, 5
Pe curând, *A presto* 2, 5

Scambi di cortesie

Bine ai/ați venit!, *Benvenuto/a/i/e!* 33, 1
Bine te-am/v-am găsit!, *Contento/a di rivederti/La/vi!* 33, 2
Cu plăcere!, *Volentieri!* 6, 5; *Prego!*
Încântat de cunoștință!, *Piacere!* 22, T
Mersi, *Grazie* 20, 4
Mersi frumos/mult, *Molte grazie* 71, N4
Mulțumesc, *Ti/La ringrazio* 2, 3; 20, N4

Sărut mâna/mâinile!, formula che accompagna il baciamano 33, 2/C
Te/Vă rog, *Ti/La prego* 17, 2
Iartă-mă!/Iertaţi-mă!, *Perdonami!, Perdonatemi/Mi perdoni!* 24, N1
Scuză-mă!/Scuzaţi-mă!, *Scusami!, Scusatemi/Mi scusi!* 24, N1
Pardon!, *Permesso!* 24, N1

La spesa

Care e preţul?, *Qual è il prezzo?* 25, 8
Cât costă?, *Quanto costa?* 25, 8

A tavola!

Poftiţi/Poftim la masă!, *Accomodatevi/Accomodati a tavola!* 35, S3
Poftă bună!, *Buon appetito!* 20, N6
Noroc!, *Cin cin! Salute!* 3, N3
Să-ţi/Să vă fie de bine!, *Buon pro ti/Le/vi faccia!* 20, C

Richiesta di ripetere

Poftim?, *Prego?* 35, S3

Richieste... più o meno impellenti

Ajutor!, *Aiuto!* 52, N3
Ce oră e?, *Che ore sono?* 29, T
Plata!, *Il conto!* 64, N2
Despre ce e vorba?, *Di che cosa si tratta?* 52, 2

Esprimere sorpresa o stupore

Aoleo!, *Oddio!* 60, 2
De necrezut!, *Incredibile!* 85, 14
Dumnezeule!, *Dio mio!* 43, N5
Fugi de-aici!, *Ma va' là!* (fam.) 59, 16
Pe cuvântul meu!, *Parola d'onore!* 54, 6
Zău!, *Sul serio!* 70, S4; 74, 21

Esprimere delusione o scoraggiamento

Ce păcat!, *Che peccato!* 32, N1
La ce bun?, *Perché mai?* 62, 22
Las-o baltă!, *Lascia perdere!* 71, N10

Auguri

Felicitări!, *Auguri! Congratulazioni!* 33, 12

Esprimere indifferenza

Habar n-am!, *Non [ne] ho idea!* 48, 11
Ce-mi pasă?, *Che m'importa?* 64, N8
Puţin îmi pasă!, *Non me ne importa un fico secco!* 64, N8

Mettere in dubbio

Aiurea!, *Chiacchiere!* 86, 19
Ce vorbeşti!, *Ma che cosa dici?* 54, N3
Minţi de îngheaţă apele!, *Bugiardo/a!* 83, 8

Esprimere nervosismo

Ajunge!, *Basta!* 79, N4
Destul!, *Basta!* 53, N7
Drace!, *Diamine!* 51, 12
Gata!, *Basta! Finito!* 46, N1

Minacce e avvertimenti

Atenţie!, *Attenzione!* 85, N5
Fugi de-aici!, *Ma va' là!* 59, N5
Ia seamă!, *Fa' attenzione!* 65, N7
Las-o în pace!, *Lasciala stare!* 66, 10

Incoraggiamenti

Hai!, *Dai! / Su!* 18, 2
Haide!, *Dai! / Andiamo! / Forza!* 18, N2

Auguri specifici

Casă de piatră!, *Tanti auguri!* (matrimonio) 53, 22
Drum bun!, *Buon viaggio!* 68, 4
Rămâi cu bine, *Stammi bene* 44, N2
Să crească mare!, auguri in occasione della nascita 59, 6
Să fie sănătos!, auguri in occasione della nascita 59, 6
Să trăiţi!, *Lunga vita! Salute!* 59, C
Spor la lucru!, **Spor la treabă!**, *Buon lavoro!* 100, 20

Gratitudine

Vă rămân îndatorat!, *Le sarò grato!* 71, 12

Gergo militare

Să trăiţi!, *Agli ordini!* 59, C

Per concludere

Pe scurt, *Insomma* 100, 20

Lessico

Questo doppio lessico, dall'italiano al romeno e dal romeno all'italiano, fornisce la traduzione delle parole usate nei dialoghi del nostro metodo. Il significato riportato si riferisce soltanto a questi contesti specifici. Ciascuna parola è accompagnata dalla relativa traduzione nonché dal numero della lezione dove compare per la prima volta – nel dialogo, nelle note esplicative o nelle note culturali.

I sostantivi vengono riportati sempre al nominativo, il caso del soggetto. Nella maggior parte dei casi, il genere grammaticale di un sostantivo romeno coincide con quello italiano; per le eccezioni, tra parentesi indicheremo il genere romeno.

Gli aggettivi sono invece riportati al singolare (maschile e femminile). Qualora nel passaggio dal maschile al femminile cambi solo la vocale finale dell'aggettivo, ricorreremo alla seguente convenzione: **albastru/ă**, *azzurro/a*. Laddove il femminile comprenda una lettera finale in più rispetto al maschile, useremo invece: **blond(ă)**, *biondo/a*. Infine, se la radice femminile non coincide con la radice dell'aggettivo maschile, riporteremo le due forme integrali.

Per poter corredare di tutte le informazioni necessarie le voci elencate nel lessico, abbiamo usato qualche abbreviazione. Eccone il significato:

agg. – aggettivo; *avv.* – avverbio; *pron. dir.* – pronome diretto; *pron. indir.* – pronome indiretto; *pron. pers. compl.* – pronome personale complemento; *f.* – femminile; *m.* – maschile; *n.* – neutro; *pl.* – plurale; *poss.* – possessivo; *rifl.* – riflessivo; *sost.* – sostantivo; *prep.* – preposizione.

Lessico romeno-italiano

A

abătut(ă)	abbattuto/a 62
abonament (n.)	abbonamento 93
abonat(ă)	abbonato/a 73
absurd (n.)	assurdo 74
acasă	a casa 11
accelera (a ~)	accelerare 90
accelerat (n.)	accelerato (treno) 45
accelerator (n.)	acceleratore 90
accent (n.)	accento 10
accepta (a ~)	accettare 85
accident (n.)	incidente 90
același	stesso/a 45
acesta	questo/a 26, 38
acolo	lì/là 12, 23
acoperi (a ~)	coprire 70
acord (n.)	accordo 37
acru(ă)	acido/a 80
act (n.)	atto, documento 17
acțiune	azione 92
activitate	attività 99
actor	attore 82
actriță	attrice 82
actual(ă)	attuale 94
actualitate	attualità 73
actualmente	attualmente 98
acum	adesso 3
acumula (a ~)	accumulare 94
acvariu (n.)	acquario 89
adânc(ă)	profondo/a 39
adesea	spesso (avv.) 22
adevăr (n.)	verità 59
adevărat(ă)	vero/a 22
adineauri	appena 96
adolescență	adolescenza 13
adopta (a ~)	adottare 99
adormi (a ~)	addormentarsi 43
adormit(ă)	addormentato/a 88
adresă (f.)	indirizzo 31
aduce (a ~)	portare 70, 97
aduce aminte (a-și ~)	ricordar(si) 56
aduna (a ~)	raccogliere 93

cinci sute doisprezece • 512

aer (n.)	aria 47
aerian(ă)	aereo/a 68
aeroport (n.)	aeroporto 15
afacere (f.)	affare 53
afară	fuori 62
afla (a ~)	sapere 33
agenție	agenzia 50
aglomerat(ă)	affollato/a 45
agricultură	agricoltura 79
aici	qui 3
Aiurea!	Ma va' là! 86
ajun (n.)	vigilia 96
ajunge (a ~)	arrivare 15; bastare 79
ajuta (a ~)	aiutare 39
ajutor (mână de ~) (n.)	mano (aiuto) 52
ajutor (n.)	aiuto 52
alaltăieri	l'altro ieri 75
alb(ă)	bianco/a 46
albastru/ă	azzurro/a 27
albină	ape 97
alee	vicolo 31
alege (a ~)	scegliere 46
alerga (a ~)	correre 97
alo	pronto (tel.) 38
altădată	una volta 82
altceva	qualcos'altro 63
altcineva	qualcun altro 63
alteori	altre volte 65
alternativă	alternativa 71
altfel	altrimenti 82
altul	l'altro 63
altundeva	altrove 76
amabil(ă)	gentile 15
amândoi	entrambi 27
amândouă	entrambe 84
ambala (a ~)	incartare 73
ambele	entrambe 84
ambii	entrambi 84
ambiție	ambizione 33
amendă	multa 16
american(ă)	americano/a 49
american(că)	americano/a 44
amestec (n.)	miscuglio 78
amesteca (a se ~)	immischiarsi 62
ameți (a ~)	stordire, far girare la testa 57
amiază (f.)	mezzogiorno 29

amic	amico 52
aminti (a-şi ~)	ricordar(si) 56
amintire (f.)	ricordo 85
amuzant(ă)	divertente 100
an	anno 10
animal (n.)	animale 22
animat(ă)	animato/a 44
aniversare (f.)	anniversario, compleanno 34
anotimp (n.)	stagione 30
antipatie	antipatia 60
antrenor	allenatore 76
anunţa (a ~)	annunciare 75
aoleo	oddio 60, 64
apă	acqua 26
apăra (a ~)	difendere 78
aparat (n.)	apparecchio 73
apartament (n.)	appartamento 31
apel (n.)	appello 58
aperitiv (n.)	antipasto, aperitivo 26
apetit (n.)	appetito 97
aplica (a ~)	applicare 75
apoi	poi 93
aprecia (a ~)	apprezzare 58
aprilie	aprile 30
aprinde (a se ~)	accendere 67
aproape	vicino 24; quasi 37
apropia (a se ~)	avvicinarsi 57
apropiat(ă)	prossimo/a 89
apropo	a proposito 33
aranja (a ~)	sistemare 39
aranja (a se ~)	sistemarsi 74
arăta (a ~)	mostrare 17
arăta bine (a ~)	essere in forma, avere un bell'aspetto 30
arăta rău (a ~)	avere un brutto aspetto 30
arbore	albero 78
arde (a ~)	bruciare 67
Ardeal	Transilvania 10
ardei	peperone 47
ardelenesc/ardelenească	transilvano/a 10
argint	argento 39
arie	aria 60
armonie	armonia 78
artă	arte 78
articol (n.)	articolo 69
arunca (a ~)	buttare 73
aş	mah 70

așa	così 10
ascensor (n.)	ascensore 31
asculta (a ~)	ascoltare 34
ascunde (a ~)	nascondere 72
ascuns (n.) (pe ~)	di nascosto 66
aseară	ieri sera 61
așeza (a se ~)	sedersi 85
asigura (a ~)	assicurare 68
asimila (a ~)	assimilare 99
asorta (a se ~)	abbinarsi 46
asortat(ă)	abbinato/a 46
aspirator (n.)	aspirapolvere 61
aștepta (a ~)	aspettare 29
așteptare	attesa 36
astrologie	astrologia 72
atât	tanto (avv.) 36
atât(a)	tanto/a 9
atelier de reparații	officina meccanica 40
atent(ă)	attento/a 90
atenție	attenzione 9
atinge (a ~)	raggiungere 74
august	agosto 30
autobuz (n.)	bus 24
autocar (n.)	pullman 24
autostradă	autostrada 90
auzi (a ~)	sentire 40
avansare	promozione 39
avantaj (n.)	vantaggio 99
avea (a ~)	avere 3, 11
aventură	avventura 92
avion (n.)	aereo 16
aviz (n.)	avviso 96
azi	oggi 4

B

ba da	sì (risposta a domanda negativa) 8
bac/bacalaureat (n.)	maturità 12
bacșiș (n.)	mancia 26
băga (a ~)	ficcare, introdurre 58
bagaj (n.)	bagaglio 45
băiat	figlio, ragazzo 27
baie (f.)	bagno 41
băiețel	ragazzino 56
balcon (n.)	balcone 68
balet (n.)	balletto 43
baltă (f.)	pozzanghera, stagno 71

ban	soldi 32; centesimo 40
banc (n.)	barzelletta 19
bancă (f.)	banca 37; panchina 79
barbă	barba 19
bărbat	uomo (maschio) 19; marito 66
bărbătește	virilmente 88
bărbie (f.)	mento 59
bărbieri (a se ~)	farsi la barba 73
bărbierit (n.)	farsi la barba 86
bărbos/bărboasă	barbuto/a 86
basm (n.)	favola 83
băț (n.)	bastoncino 92
bate (a ~)	battere 41
bate joc (a-și ~)	prendere in giro 83
bătrân	vecchio 69
băutură	bevanda 20
bază	base 99
baza (a se ~)	contare 58
bea (a ~)	bere 5
bec (n.)	lampadina 67
bej	beige 46
benzină	benzina 40
benzinărie	distributore di benzina 40
berărie	birreria 6
berbec	ariete 72
bere	birra 6
bibliotecă	biblioteca 58
biftec (n.)	bistecca 92
bilet (n.)	biglietto 43
bilingv(ă)	bilingue 99
bine	bene 1
binevenit(ă)	benvenuto/a 97
binișor	benino 56
birou (n.)	ufficio 50
biserică	chiesa 48
bizar(ă)	strano/a 34
blană (f.)	pelo 69
blestemat(ă)	maledetto/a 66
bloc (n.)	condominio 31
blond(ă)	biondo/a 27
bluză	camicetta 46
boală	malattia 83
Bobotează	Epifania 45
bogat(ă)	ricco/a 36
bolnav(ă)	malato/a 30
botez (n.)	battesimo 57

brânză (f.)	formaggio 47
braț (n.)	braccio 59
bravo	bravo/a/i/e 70
bronzat(ă)	abbronzato/a 30
brunet(ă)	bruno/a 59
brusc	all'improvviso 90
bucată (f.)	pezzo 66
bucătar/bucătăreasă	cuoco/a 66
bucătărie	cucina 4
bucate (carte de ~) (f.)	libro di cucina 66
bucate (f. pl.)	piatto 66
bucura (a se ~)	essere contento/a 33
București	Bucarest 3
bucuros/bucuroasă	contento/a 33
budincă (f.)	piatto tipico romeno 60
buf	puff 70
buget (n.)	budget 69
buletin (n.)	bollettino, carta d'identità 17
bulevard (n.)	viale 31
bun(ă)	buono/a 2
bunicel/bunicea/bunicică	abbastanza buono/a 56
bunici	nonni 9
bunișor/bunișoară	abbastanza buono/a 56
buștean	tronco 97
buză (f.)	labbro 59
buzunar (n.)	tasca 51

C

ca	come 8
că	che 1, 57
cabinet (n.)	studio 97
cablu (n.)	cavo 82
cadă	vasca 58
cădea (a ~)	cadere 27
cadou (n.)	regalo 46
cafea (f.)	caffè 5
câine	cane 8
cal	cavallo 34
călător	viaggiatore 45
călători (a ~)	viaggiare 45
călătorie (f.)	viaggio 15
călca (a ~)	stirare 38; calpestare 62
calculator (n.)	calcolatrice 44
cald	caldo (sost.) 6
cale	via 45; strada 100
cale ferată	ferrovia 45

calendar (n.)	calendario 57
calificare	qualificazione 87
calma (a se ~)	calmarsi 74
calorifer (n.)	calorifero 67
caltaboş (m.)	salsiccia di interiora di maiale 52
căluşar	danzatore di un ballo folkloristico 45
cam	un po', un tantino, approssimativamente, circa 52
cămaşă	camicia 46
cameră	camera 25
cameră de zi (f.)	soggiorno 58
campion/campioană	campione(ssa) 87
canal (n.)	canale 82
canapea (f.)	divano 87
canar	canarino 89
când	quando 22
când (ca şi ~)	come se 62
când (de ~)	da che 62
când (din ~ în ~)	ogni tanto 62
când (pe ~)	mentre 62
cândva	una volta, a un certo punto 47
caniculă	canicola 89
cânta (a ~)	cantare, suonare 55
cântări (a ~)	pesare 92
cântec (n.)	canzone 60
cap (n.)	testa 18
capabil(ă)	capace 65
capăt (n.)	fine 74
căpătâi (n.)	capezzale 66
capră	capra 45
caracter (n.)	carattere 72
cărămidă (f.)	mattone 92
cărare	riga 86
card (n.)	carta di credito 25
care	che 20, 43, 49; quale 25, 49
carte poştală	cartolina 44
cartier (n.)	quartiere 31
cartof (m.)	patata 8
cartof prăjit (m.)	patatina fritta 18
casă	casa 12
Casă de piatră!	Auguri per un matrimonio felice! 53
căsători (a se ~)	sposarsi 32
căsătorie (f.)	matrimonio 53
căsătorit(ă)	sposato/a 32
căsnicie (f.)	matrimonio 62
câştiga (a ~)	vincere 34

cinci sute optsprezece • 518

căsuță	casetta 56
cât	quanto 25
catalog (n.)	catalogo 50
catastrofă	catastrofe 67
cățel	cagnetto 56
cățeluș	cagnolino 56
câteodată	a volte 62
câțiva	qualcuno 57
catolic(ă)	cattolico/a 42
către	verso (prep.) 70
cătun (n.)	frazione 94
câtva	qualche 63
căuta (a ~ nod în papură)	cercare il pelo nell'uovo 82
căuta (a ~)	cercare 4
cauză	causa 73
caz (n.)	caso 38
caz (în ~ că)	nel caso in cui 98
cazare la particulari	alloggio privato 25
ce	come 2; che 8; che cosa 25
ce (din ~ în ~)	sempre più 62
ceafă	nuca 86
ceai (n.)	tè 47
ceapă	cipolla 80
cearșaf (n.) l	enzuolo 89
ceas (n.)	ora, orologio 29
ceda (a ~)	cedere 85
ceferist	ferroviere romeno 45
celălalt/cealaltă	l'altro/a 87
celebru/ă	celebre 87
celibatar(ă)	celibe/nubile 80
celular (n.)	cellulare 38
centru (n.)	centro 29
cere (a ~)	chiedere 32
cerere	domanda 75
cerință	esigenza 88
certa (a se ~)	litigare 45
cetățean	cittadino 77
ceva	qualcosa 17; qualche 96
chef (a avea ~)	avere voglia 54
chef (a face ~)	fare baldoria 54
chef (n.)	voglia 54
cheie	chiave 68
cheie de conserve (f.)	apriscatole 80
chelner	cameriere 26
cheltuială	spesa 51
cheltuit(ă)	speso/a 43

chema (a se ~)	chiamarsi 22
chestie	cosa, roba, questione 71
chestiune	questione 95
chiar	proprio (avv.) 6
chibrit (n.)	fiammifero 71
chil (n.)	chilo 8
chinez(ă)	cinese 49
chinez(oaică)	cinese 49
chinezesc/ească	cinese 72
chinui (a se ~)	darsi da fare, sforzarsi, torturarsi 76
chioşc (n.)	chiosco 24
chirie (f.)	affitto 58
chiulul (a trage ~)	svincolarsi, marinare la scuola 61
cifră (f.)	numero 34
cina (a ~)	cenare 32
cină (f.)	cena 23
cincime (f.)	quinto (un ~) 84
cine	chi 3
cinematograf (n.)	cinema 24
cineva	qualcuno 38
cinste (f.)	onore, onestà 64
cinste (a face ~)	onorare, offrire (da bere) 64
cinstit(ă)	onesto/a 67
ciocolată (f.)	cioccolato 26
ciondăni (a se ~)	bisticciare 62
ciorbă (f.)	minestrone 26
circulaţie	circolazione 90
citi (a ~)	leggere 44
ciuda (în ~)	malgrado 73
ciudat(ă)	strano/a 34
civilizaţie	civiltà 73
clar(ă)	chiaro/a 69
clasă	classe 12
clasament (n.)	classifica 87
clasic(ă)	classico/a 43
clătită	crêpe 72
client	cliente 36
clipă (într-o ~)	in un batter d'occhio 68
clipă (f.)	istante 68
clipi (a ~)	battere le ciglia 68
coadă	coda 43
coafor (n.)	parrucchiere 59, 86
coborî (a ~)	scendere 45
cod (n.)	codice 37
cofetărie	pasticceria-sala da tè 72
coincidenţă (f.)	caso, coincidenza 34

cinci sute douăzeci • 520

colecție	collezione 79
coleg	collega 69
colet (n.)	pacco 96
colindă (f.)	canto natalizio 45
colivie	gabbia 89
colț (n.)	angolo 24
comandă	ordinazione 36
comanda (a ~)	ordinare 18
comedie	commedia 43
comenta (a ~)	commentare 76
comod(ă)	comodo/a 86
comodă (f.)	comodino 89
companie	compagnia 68
compara (a se ~)	paragonarsi 72
comparație (f.)	paragone 59
compartiment (n.)	scompartimento 45
complet	completamente 87
complicat(ă)	complicato/a 65
compromis (n.)	compromesso 62
comun(ă)	comune (agg.) 62, 75
comună (f.)	comune 94
concediu (n.)	ferie 50
concentrat(ă)	concentrato/a 90
concert (n.)	concerto 43
concluzie	conclusione 64
condamna (a ~)	condannare 95
condamnat(ă)	condannato/a 73
condiție	condizione 76
conducător	autista 90
conduce (a ~)	guidare 47
conducere	guida 90
confunda (a ~)	scambiare per 37
conjugal(ă)	matrimoniale 88
conjunctură	circostanza 94
consecință (în ~)	di conseguenza 98
conservă	conserva 37
considera (a ~)	considerare 88
consilier(ă)	consulente 88
consiliu (n.)	consiglio 94
conștient(ă)	cosciente 71
consulta (a ~)	consultare 66
consultație	visita (medica) 52
consum (n.)	consumo 90
consuma (a ~)	consumare 40
cont (n.)	conto 74
conta (a ~)	contare 51

contact (n.)	contatto 100
contemporan(ă)	contemporaneo/a 78
continua (a ~)	continuare 100
contra	contro 73
contră (din ~)	al contrario 89
control (n.)	controllo 17
controlor	controllore 45
convenabil(ă)	conveniente 50
conveni (a ~)	convenire 47
convențional(ă)	convenzionale 88
conversație	conversazione 19
convinge (a ~)	convincere 78
convins(ă)	convinto/a 41
copac	albero 78
copil	bambino 12
copilărie	infanzia 52
cor (n.)	coro 55
corect	correttamente 55
corect(ă)	corretto/a 94
corn (n.)	corno 94
corvoadă	scocciatura 86
costa (a ~)	costare 25
costum (n.)	costume 36
cozonac	panettone 52
Crăciun	Natale 45
cravată	cravatta 46
crede (a ~)	credere 10
credibil(ă)	credibile 82
crește (a ~)	crescere 59
cretin(ă)	cretino/a 82
cristal	cristallo 39
critică	critica 78
criză	crisi 74
croi (a ~)	fare vestiti 36
croitor	sarto 36
croitorie	sartoria 36
cu	con 3
culinar(ă)	culinario/a 80
culoar (n.)	corridoio 45
culoare (f.)	colore 12, 46
cultural(ă)	culturale 81
cum	come 8
cumnată	cognata 62
cumpăra (a ~)	comprare 8
cumpărătură (f.)	compera 37
cumsecade	perbene 19

cumva	in qualche modo 47
cunoaște (a ~)	conoscere 22
cunoștință	conoscenza 22
cununie (f.)	matrimonio in chiesa 53
cupă	coppa 87
cuptor (n.)	forno 51
curaj (n.)	coraggio 55
curajos/oasă	coraggioso/a 97
curând (pe ~)	a presto 2
curat(ă)	pulito/a 47
curățenie	pulizia 61
curent (n.)	corrente 73
curios/oasă	curioso/a 95
curiozitate	curiosità 93
curte (f.)	cortile 58
cutare	tizio, tale, cotale 63
cutie	cassetta 96
cuțit (n.)	coltello 39
cuvânt (n.)	parola 11, 17
cuvertură	coperta 89

D

da	sì 6
da (a ~)	dare 22
da (a ~ afară pe ușă)	cacciare via 62
da (a ~) drumul	mettere in moto, mollare la presa 75
da (a se ~ jos)	scendere 85
da gol (a ~)	segnare (un gol) 76
da înapoi (a ~)	restituire 51; fare marcia indietro 75
da seama (a-și ~)	rendersi conto 56
dacă	se 6
dansa (a ~)	ballare 83
dânsul	lui (media cortesia) 17
dar	ma 8
dată	volta 31
datora (a ~)	doversi 90
datora (a se ~)	doversi a 90
datorie (f.)	debito 51
datorită	grazie a 98
de	di 4; da 10
de ce	perché 5
de necrezut	incredibile 95
de-abia	appena 45
debarasa (a se ~)	liberarsi di 40
debil(ă)	stupido/a 82
decât	di 36

decembrie	dicembre 30
deci	quindi 83
decide (a ~)	decidere 50
decisiv(ă)	decisivo/a 87
decizie	decisione 50
declara (a ~)	dichiarare 17
dedica (a ~)	dedicarsi 65
defavorabil(ă)	sfavorevole 94
definitiv(ă)	definitivo/a 46
degeaba	invano 56
deget (n.)	dito 80
deja	già 11
dejun (n.)	pranzo 32
delict (n.)	reato 93
deloc	affatto 3
deltă (f.)	delta 81
demisie	dimissioni 94
demult	da un pezzo 64
dentist	dentista 36
deoarece	in quanto 98
deocamdată	per il momento 40
deoparte	da parte 69
deosebit	particolarmente 89
departe	lontano 24
depăși (a ~)	superare 16
depinde (a ~)	dipendere 59
deplasa (a se ~)	spostarsi 96
deranj (n.)	disturbo 38
deranja (a ~)	disturbare 38
descărca (a ~)	scaricare 79
deschide (a ~)	aprire 66
deschis(ă)	aperto/a 26
descoperi (a ~)	scoprire 81
descurca (a se ~)	cavarsela 74
desen (n.)	disegno 12
desena (a ~)	disegnare 12
deseori	spesso (avv.) 65
desert (n.)	dessert 26
deși	benché 58
desigur	certamente 25
despre	di 87
deștepta (a se ~)	destarsi 87
destin (n.)	destino 41
destinație	destinazione 50
Destul!	Basta! 53
destul(ă)	abbastanza, sufficiente 53

deveni (a ~)	diventare 97
devreme	presto 22
dezbatere (f.)	dibattito 78
dezinteresat(ă)	disinteressato/a 88
diavol	diavolo 51
dicta (a ~)	dettare 64
dicționar (n.)	dizionario 99
diferență	differenza 45
diferit(ă)	diverso/a 57
dificil(ă)	difficile 13
digera (a ~)	digerire 52
dilemă (f.)	dilemma 86
dimineață	mattinata 8
dimpotrivă	al contrario 89
din	di 10
dinainte	prima 92
dineu (n.)	cena di gala 32
dinte	dente 55
dintre	tra 44
direcție	direzione 48
dirija (a ~)	dirigere 87
dirijor	direttore d'orchestra 87
discuta (a ~)	discutere 19
diseară	stasera 50
dispărea (a ~)	sparire 51
disperat(ă)	disperato/a 66
disponibil(ă)	disponibile 67
dispoziție	disposizione 99
dispune (a ~)	disporre 93
dispus (bine ~)	di buon umore 60
dispus(ă)	disposto/a 60
distracție (f.)	divertimento, svago 43
distrat(ă)	distratto/a 93
divorța (a ~)	divorziare 72
doamnă	signora 2
doctor	dottore 8
doi	due 18
doime (f.)	mezzo 84
doină	melopea nostalgica 74
domeniu (n.)	settore 74
domn	signore 2
Domn	Signore 43
domnie	signoria 16
domnișoară	signorina 24
dor (n.)	nostalgia 47
dori (a ~)	desiderare 32

dormi (a ~)	dormire 20
dormitor (n.)	camera da letto 4
drac	diamine 51
drag(ă)	caro/a 27, 53
dragoste (f.)	amore 53
drăguț(ă)	carino/a, gentile 24
drept	diritto (avv.) 15; per 82
drept/dreaptă	destra 15
dreptate	ragione 10
drum (n.)	cammino 68, 75
drumeție	scarpinata 81
dublu	doppio 25
duce (a ~)	portare 50
duce (a se ~)	andare, andarsene, recarsi 50
dulap (n.)	armadio 89
dulăpior (n.)	armadietto 89
dulce	dolce (agg.) 80
dulceață	marmellata 72
duminică	domenica 23
dumitale	Suo (media cortesia) 28
dumneata	Lei (media cortesia) 16
dumneavoastră	Lei (cortesia) 16
după	da 10; dopo 23, 98
dura (a ~)	durare 79
durea (a ~)	avere male, fare male 18
durere (f.)	dolore 12
duș (n.)	doccia 55

E

ea	lei 10
ebrietate	ebbrezza 90
echipă	squadra 87
echipat(ă)	attrezzato/a 92
economic(ă)	economico/a 94
economie	economia 38
ecran (n.)	schermo 44
educație	educazione 85
efort (n.)	sforzo 82; pena 99
ei	loro 10, 14
el	lui 10, 14
ele	loro 13
electric(ă)	elettrico/a 67
electrician	elettricista 67
electricitate	elettricità 96
elegant(ă)	elegante 36
emancipat(ă)	emancipato/a 41

emoție	emozione 74
energie	energia 97
enerva (a se ~)	innervosirsi 60
esență	benzina 40
esențial(ă) e	ssenziale 86
este (+ sost.)	c'è (+ sost.) 18
etaj (n.)	piano 25
eu	io 5, 6; me 30
eu însumi	io stesso 86
european(ă)	europeo/a 87
eveniment (n.)	evento 57
eventual	eventualmente 94
evita (a ~)	evitare 96
exact(ă)	esatto/a 29
exagera (a ~)	esagerare 19
examen (n.)	esame 33
examina (a ~)	esaminare 9
excepțional(ă)	eccezionale 99
excursie	gita 81
exemplu (de ~)	per esempio 20
exemplu (n.)	esempio 20
există (+ sost.)	c'è (+ sost.) 18
exotism (n.)	esotismo 82
experiență	esperienza 53
explica (a ~)	spiegare 57
explicație	spiegazione 100
expoziție	mostra 78
extraordinar(ă)	straordinario 42
extras (n.)	estratto 96
extrem(ă)	estremo 42
ezita (a ~)	esitare 75

F

face (a ~)	fare, stare 2
face (a ~ cinste)	offrire (da bere) 64
facil(ă)	facile 45
facilita (a ~)	facilitare 99
factură	bolletta 96
faliment (n.)	fallimento 86
fals	falso 55
familie	famiglia 9
fapt (n.)	fatto 26
fapt (de ~)	in realtà 26
fără	meno 29; senza 53
farfurie (f.)	piatto 39
farfurioară (f.)	piattino 56

farmacie	farmacia 59
farmacist	farmacista 59
făt	ragazzo 88
fată	figlia, ragazza 27
față (f.)	faccia, viso 41
față de masă	tovaglia 41
față de pernă	federa 89
față de plapumă	copripiumino 89
febră	febbre 97
februarie	febbraio 30
fel (n.)	sorta 19; piatto (del menù) 26; modo 62
fel (la ~)	lo stesso 61
felicita (a ~)	congratularsi 75
felicitare	congratulazioni 33
femeie	donna 19
ferat(ă)	ferrato/a 45
fereastră	finestra 25
feri (a ~)	liberare 43
fericire (din ~)	per fortuna 79
fericit(ă)	felice 12
fezabilitate	fattibilità 94
fi (a ~)	essere 1, 7
ficat	fegato 52
fiecare	ogni 30
fier (n.)	ferro 65
fiert/fiartă	lesso/a 54
fiică	figlia 33
fiindcă	siccome 96
finală	finale (sost.) 87
finanțare (f.)	finanziamento 94
fine (în ~)	insomma 75
fir (n.) f	ilo 67
fir de nisip (n.)	granello di sabbia 67
fire	natura 88
fiu	figlio 33
fix(ă)	fisso/a 38
fixa (a ~)	stabilire 53
floare (f.)	fiore 12
foame	fame 26
foarte	molto 5
folosi (a ~)	usare 44; servire 53
formă	forma 78
formidabil(ă)	formidabile 42
fortificat(ă)	fortificato/a 81
fost(ă)	ex 72
fotbal (n.)	calcio 43

fotografie	foto 9
fotoliu (n.)	poltrona 87
frâna (a ~)	frenare 90
frână (f.)	freno 90
francez(ă)	francese (agg.) 48
francez/franțuzoaică	francese (sost.) 49
frânge (a ~)	rompere, spezzare 61
frânt(ă)	rotto/a 61
franțuzesc/franțuzească	francese (agg.) 48
frate	fratello 27
frecventa (a ~)	frequentare 85
frică	paura 44
fricos/fricoasă	fifone/a 97
frig	freddo (sost.) 4
frigider (n.)	frigorifero 4
friptură (f.)	arrosto 26
frison (n.)	brivido 97
frizer	parrucchiere (per uomo) 86
frizerie (f.)	parrucchiere (per uomo) 86
frontieră	frontiera 17
fruct (n.)	frutto 8
frumos	bellamente 71
frumos/frumoasă	bello/a 6
frunte	fronte 59
fugi (a ~)	scappare 59; correre 63
fuma (a ~)	fumare 64
fumat	atto di fumare 71
fumător/fumătoare	fumatore/fumatrice 71
fura (a ~)	rubare 93
furcă	forchetta 39
furculiță	forchetta 39
furiș (pe ~)	furtivamente 83
furt (n.)	furto 93
fustă	gonna 46

G

gălăgie (f.)	baccano 60
galben(ă)	giallo/a 48
găleată (f.)	secchio 64
găleata (a ploua cu ~)	piovere a catinelle 64
galerie	galleria 78
gând (n.)	pensiero 56
gândi (a se ~)	pensare 53
gară	stazione 24
garaj (n.)	garage 40
garanta (a ~)	garantire 76

garantat(ă)	garantito/a 82
garanție	garanzia 96
garnitură (f.)	guarnizione, contorno 67
garsonieră (f.)	monolocale 95
găsi (a ~)	trovare 19
gât (n.)	collo 83
gata	pronto/a, finito/a, basta, pronto 46
găti (a ~)	cucinare 51
gaură (f.)	buco 69
gaz (n.)	gas 67
gazdă (f.)	anfitrione, ospite (che ospita) 89
găzdui (a ~)	ospitare 89
gazetă	gazzetta 73
geamăn(ă)	gemello/a 13, 86
geamantan (n.)	valigia 92
gen (n.)	genere 43
general (în ~)	in generale 97
generație	generazione 85
german(ă)	tedesco/a (agg.) 48
gheață (f.)	ghiaccio 37
ghici (a ~)	indovinare 60
ghid (n.)	guida 81
ghinion (n.)	jella 41
ghișeu (n.)	biglietteria 93
gimnastică	ginnastica 54
glumi (a ~)	scherzare 44
gol/goală	vuoto/a, nudo/a 37
goli (a ~)	svuotare 89
gospodină	casalinga 80
grăbi (a se ~)	avere fretta 29
grăbit(ă)	affrettato/a, di fretta 2, 5
grădină (f.)	giardino 12
grădină de vară (f.)	giardino d'estate (bar all'aperto) 6
grădiniță	scuola materna 12
grămadă (f.)	mucchio 50
grămadă de bani (f.)	caro/a 50
gramatică	grammatica 99
gramatical(ă)	grammaticale 100
gras(ă)	grasso/a 52
grătar (n.)	grigliata 18
grație	grazie a 98
grav(ă)	grave 37
greșeală (f.)	errore 11
greși (a ~)	sbagliarsi 38
greșit(ă)	sbagliato/a 94
greu/grea	pesante 24, 45; difficile 45

gri	grigio/a 46
gripă	influenza 97
groază (f.)	orrore 54
groază (o ~ de)	un sacco di, mille (una grande quantità) 61
grup (n.)	gruppo 55
gură	bocca 56
gust (n.)	gusto 57
gustos/oasă	gustoso/a 20
guturai (n.)	raffreddore 97

H

haină (f.)	vestito 36; giacca 83
halbă (f.)	boccale, pinta 64
han (n.)	albergo tradizionale 25
harnic(ă)	diligente 33
hartă	mappa 81
hoț	ladro 70
hotărâtor/hotărâtoare	decisivo/a 87
hotărî (a se ~)	decidersi 46

I

iad (n.)	inferno 43
ianuarie	gennaio 30
iar	mentre 98
iarbă	erba 47
iarnă (f.)	inverno 30
iată	ecco 17
iaurt (n.)	yogurt 54
ici și colo	qua e là 98
ideal (n.)	ideale 88
idee	idea 18
identitate	identità 17
idiot/idioată	idiota 82
ieftin(ă)	economico/a 25
iepure	coniglio 97
ierta (a ~)	perdonare 24
ieși (a ~)	uscire 31
ilustrat(ă)	illustrato/a 66
iluzie	illusione 62
imagina (a-și ~)	immaginare 56
imagine	immagine 73
imbecil(ă)	imbecille 82
imediat	subito 32
imobil (n.)	immobile (sost.) 58
implica (a ~)	implicare 62
important(ă)	importante 34

importanță	importanza 25
imposibil(ă)	impossibile 48
impozit (n.)	imposta 96
impresie	impressione 34
impresiona (a ~)	impressionare 39
incapabil(ă)	incapace 71
incompatibilitate	incompatibilità 72
inconfortabil(ă)	scomodo/a 61
inconștient	incosciente 90
incredibil(ă)	incredibile 68
independență	indipendenza 31
indigna (a se ~)	indignarsi 82
individual(ă)	autonomo/a 94
infern (n.)	inferno 43
infernal(ă)	infernale 61
informatică	informatica 44
informație	informazione 100
inimă (f.)	cuore 24
inima (a-și lua ~ în dinți)	prendere il coraggio a due mani 55
insista (a ~)	insistere 20
insolență	sfacciataggine 95
insomnie	insonnia 97
inspirație	ispirazione 57
instalator	idraulico 67
intelectual(ă)	intellettuale 92
inteligent(ă)	intelligente 19
interesa (a ~)	interessare 72
interesant(ă)	interessante 34
interna (a ~)	ricoverare 52
internațional(ă)	internazionale 87
interval (n.)	intervallo 93
interveni (a ~)	intervenire 62
intervenție (f.)	intervento 76
interzice (a ~)	vietare 66
interzis(ă)	vietato/a 71
intim(ă)	intimo/a 88
intra (a ~)	entrare 83
intrigă	trama 82
inutil(ă)	inutile 78
inventa (a ~)	inventare 54
inventiv(ă)	inventivo/a 74
invers	contrario 51
inversa (a ~)	invertire 67
invidia (a ~)	invidiare 55
invita (a ~)	invitare 80
invitat	ospite 23

invitație (f.)	invito 23
istorie	storia 57
italian	italiano 1
italian(că)	italiano/a 49
italienesc/italienească	italiano/a 49
itinerar (n.)	itinerario 81
iubi (a ~)	amare 53
iubită	amata, cara 60
iulie	luglio 30
iunie	giugno 30

Î

îl	io (pron. pers. compl.) 27
îmbrăca (a se ~)	vestirsi 46
îmi	mi (pron. pers. compl.) 16
împăca (a ~)	mettere d'accordo, riconciliare 79
împărți (a ~)	condividere 80
împlini (a ~)	compiere 85
împotriva	contro 73
împotrivă (avv.)	contro 47
împreună	insieme 29
împrumut (n.)	prestito 51
împrumuta (a ~)	prestare, dare in prestito 51
în	in 3, 92
înainte	avanti 15, 98
înaintea	davanti 41
înalt(ă)	alto/a 27
înapoi	indietro 75
înăuntru	dentro 33
încă	ancora 10
încălzi (a ~)	riscaldare 60
încălzit(ă)	scaldato/a 93
Încântat(ă)	Piacere! 22
încăpățâna (a se ~)	intestardirsi 79
începe (a ~)	cominciare 75
început (n.)	inizio 80
încerca (a ~)	provare 65
încercare	prova 61
încet	piano 48
înceta (a ~)	cessare 99
încetișor	pian pianino 56
închipui (a-și ~)	immaginare 56
închiria (a ~)	noleggiare 58
închis(ă)	chiuso/a 37
încredere	fiducia 44
încrucișat(ă)	incrociato/a 74

încuraja (a ~)	esortare 100
îndată ce	(non) appena 98
îndatorat(ă)	indebitato/a 71
îndatorat(ă) (a rămâne ~)	essere debitore/debitrice 71
îndemână (la ~)	a portata di mano 100
îndeplini (a ~)	compiere 85
îndoială (f.)	dubbio 53
îndoit	doppio 84
îndrăgosti (a se ~)	innamorarsi 53
îndrăzni (a ~)	osare 81
înger	angelo 55
înghesuială (f.)	affollamento 93
îngheța (a ~)	gelare 83
îngrășa (a ~)	fare ingrassare 18
îngrijorat(ă)	preoccupato/a 83
înlocui (a ~)	sostituire 51
înmatriculare (număr de ~)	targa 48
înnăscut(ă)	innato/a 85
înota (a ~)	nuotare 85
înscrie (a ~)	un gol segnare una rete 76
înșela (a se ~)	sbagliarsi 37
însemna (a ~)	significare, segnare 65
însoți (a ~)	accompagnare 76
însura (a se ~)	sposarsi (per un uomo) 32
întâiul/întâia	primo/a 12
întâlni (a se ~)	incontrarsi 29
întâlnire (f.)	appuntamento 29
întâmpla (a se ~)	capitare 48; succedere 50
întâmplător	per caso 60
întârzia (a ~)	essere in ritardo 29
întârziere (f.)	ritardo 92
înțelege (a ~)	capire 16
înțelege (a se ~)	andare d'accordo 62
întemeia (a ~)	mettere su 88
întins(ă)	liscio/a 39
întoarce (a se ~)	tornare 23
întoarcere (f.)	ritorno 47
întotdeauna	sempre 36
într-adevăr	infatti 68
într-o	in un 23
întreba (a ~)	chiedere 27
întreba (a se ~)	chiedersi 19
întrebare	domanda 13
întreg/întreagă	intero/a 61
întreit	triplo 84
întreprindere	azienda 61

întreprinzător	imprenditore 94
întuneric (n.)	buio 43
învârti (a se ~)	girare 48
învăța (a ~)	imparare 11; studiare, insegnare 100
învățare (f.)	studio, apprendimento 100
înzecit	decuplo 84

J

jaz (n.)	jazz 63
jenă	vergogna 62
joc (n.)	gioco 75
jofră	torta al cioccolato 72
joi (f.)	giovedì 23
jos	giù 24
jos (pe ~)	per terra, a piedi 24
juca (a ~)	giocare 34
jucător	giocatore 76
judeca (a ~)	giudicare 95
județ (n.)	distretto 94
județean(ă)	distrettuale 94
jumătate	metà 16
jura (a ~)	giurare 72
jurnal (n.)	giornale 73

K

kilogram (n.)	chilo 8

L

la	a, al, da 2, 23
la	revedere arrivederci 2
labă	zampa 89
lână	lana 36
lângă	accanto (a) 6, 24
lansa (a ~)	buttare 88
lanternă	torcia 66
lapte	latte 50
lăsa (a ~)	lasciare 38
lăsa baltă (a ~)	lasciar perdere 71
lăsa de (a se ~)	smettere di 71
lat(ă)	largo/a 48
lătra (a ~)	abbaiare 96
lăuda (a se ~)	vantarsi 76
lecție	lezione 27
lectură	lettura 66
legal(ă)	legale 16
legătură (f.)	contatto, legame 52
legumă	verdura 8

leit(ă)	uguale 59
lemn (n.)	legno 41
lene	pigrizia 49
lesă (f.)	guinzaglio 95
leu	leone 32
liber(ă)	libero/a 16
liceu (n.)	liceo 27
licitație	asta 93
lift (n.)	ascensore 31
limbă	lingua 1
limbaj (n.)	linguaggio 65
limită (f.)	limite 62, 74
linge (a ~)	leccare 80
linge (a-și ~ degetele)	leccarsi i baffi 80
lingură (f.)	cucchiaio 39
linguriță (f.)	cucchiaino 39
lingvistic(ă)	linguistico/a 99
liniștit(ă)	tranquillo/a 43
lipsă (a duce ~)	mancare 60
lipsă	mancanza 60
lipsi (a ~)	mancare 55
listă	lista 53
literar(ă)	letterario/a 65
litoral (n.)	litorale 81
litru	litro 40
living (n.)	soggiorno 58
loc (n.)	posto 33
loc (din ~ în loc)	qua e là 98
loc (în ~ să)	invece di 98
loc (la fața ~ului)	sul posto 100
loc (pe ~)	subito 98
local(ă)	locale (agg.) 94
locui (a ~)	abitare 31
logică	logica 73
lor	loro (agg. poss.) 28
lua (a ~)	prendere 15
lua (a-și ~)	scappare 74
lua rămas bun (a-și ~)	congedarsi 56
lucra (a ~)	lavorare 36
lucru (n.)	cosa 45; lavoro 61
lui	suo (di lui) 27
lume (f.)	mondo 31
lume (ca ~a)	come si deve 80
lumea-n cap (a-și lua ~)	scappare in capo al mondo 74
lumină	luce 67
lună (f.)	mese 30; luna 96

lung(ă)	lungo/a 20
lungul (de-a ~)	lungo (prep.) 98
luni (f.)	lunedì 23
lup	lupo 97
lupta (a ~)	lottare 74

M

mă	mi (pron. dir. e pron. rifl.) 15, 19, 22
mac	semi di papavero 52
macaroane (f.)	maccheroni 60
macaronar (m.)	italiano (scherz.) 60
măgar	asino 70
mai	ancora 2; più 5
mai	maggio 30
mai degrabă	piuttosto 48
mai întâi	prima 37
mamă	madre 9
mămică	mamma 56
mână	mano 33
mănăstire (f.)	monastero 81
mânca (a ~)	mangiare 18
mânca (a-i ~ nervii)	dare sui nervi 62
mâncare (f.)	cibo 52; piatto (gastronomico) 80
mâncare (a face de ~)	cucinare 80
mandat (n.)	vaglia 96
manieră	maniera 85
mantou (n.)	cappotto 69
manual (n.)	manuale 57
marcă	marca 48
marca (a ~) un gol	segnare una rete 76
mare	grande 9
mare	mare 25
marfă	merce 79
mărita (a se ~)	sposarsi (per una donna) 32
maro	marrone 22
Marș!	Via! 95
marți (f.)	martedì 23
martie	marzo 30
martor	testimone 53
mărturisi (a ~)	confessare 88
masă	tavolo 4; pasto 23
masă de dimineață	prima colazione 23
masă de prânz	pranzo 23
masă de seară	cena 23
masculin(ă)	maschile 88
mașină	macchina 40

măslină	oliva 80
măsură	misura 36
matern(ă)	materno/a 65
maternitate	maternità 59
mătușă	zia 32
mda	beh 57
mecanică	meccanica 40
meci (n.)	partita 43
medic	medico 52
medical(ă)	medico/a (agg.) 97
medicament (n.)	medicina 20
memorie	memoria 37
meniu (n.)	menù 26
menține (a se ~)	mantenersi 85
merge (a ~)	andare 2
merita (a ~)	meritare 36, 50
mers (n.)	marcia 85; andatura, andamento 92
mersi	grazie 20
meserie (f.)	mestiere 82
metodă (f.)	metodo 98
metru	metro 15
meu	mio 8, 9
mic	rotolo di carne tritata 64
mic(ă)	piccolo/a 12
microb	microbo 20
mie	mi (pron. indir.) 22
miercuri (f.)	mercoledì 23
miere (f.)	miele 80
miez (n.)	cuore, mezzo, mollica 79
miime (f.)	millesimo 84
mijloc (n.)	mezzo 86
milion (n.)	milione 34
milionar	milionario 76
mincinos	bugiardo 70
mineral(ă)	minerale 26
minister (n.)	ministero 79
minte	mente, memoria 48
minte (ținere de ~)	memoria 48
minți (a ~)	mentire 83
minunat(ă)	meraviglioso/a 50
minune (f.)	miracolo 74; meraviglia 92
minut (n.)	minuto 24
mioriță	agnella 74
mira (a se ~)	stupirsi 75
miracol (n.)	miracolo 92
mirare (f.)	stupore 55

mirare (de ~)	sorprendente 55
mire/easă	sposo/a 53
mirosi (a ~)	sentire 80
mișcare (f.)	movimento 73
mititel	rotolo di carne tritata 64
mititel/mititica	piccolino/a 56
mobil (n.)	telefono cellulare 5
mobilă (f.)	mobili 58
mod (n.)	maniera, modo 71
mod (n.) (în ~ normal)	normalmente 71
modă	moda 79
model (n.)	modello 48
modern(ă)	moderno/a 41
modest(ă)	modesto/a 80
mofturos/mofturoasă	schizzinoso/a 80
Moldova	Moldavia 10
moment (n.)	momento 53
mondial(ă)	mondiale 81
monument (n.)	monumento 48
morcov (m.)	carota 54
mort/moartă	morto/a 78
moșteni (a ~)	ereditare 32
moștenire	eredità 55
motiv (n.)	motivo 54
motor (n.)	motore 40
mult(ă)	molto/a 11
mulțumesc	grazie 2
mulțumi (a ~)	ringraziare 36
mulțumi (a se ~)	accontentarsi 88
mulțumit(ă)	contento/a, soddisfatto/a 36
mulțumită	grazie a 98
muncă (f.)	lavoro 20
munci (a ~)	lavorare 61
muncitor	lavoratore 85
municipiu (n.)	municipio 94
munte (m.)	montagna 50
Muntenia	Muntenia 10
murdar(ă)	sporco/a 95
muri (a ~)	morire 47
musafir	ospite 39
mușca (a ~)	mordere, pungere (insetti) 83
mușchetar	moschettiere 84
muștar (n.)	senape 64
mustață (f.)	baffi 86
muta (a se ~)	traslocare 58
muzeu (n.)	museo 48

muzică	musica 27
muzică populară	musica folklorica 27
muzical(ă)	musicale 55
muzician	musicista 27

N

naiv(ă)	ingenuo/a 74
nas (n.)	naso 59
naș	padrino 53
nașă	madrina 53
naște (a ~)	partorire 59
naște (a se ~)	nascere 34
național(ă)	nazionale 73
natură	natura 78
ne	ci (pron. rifl.) 23
neamț/nemțoaică	tedesco/a (sost.) 48
neapărat	assolutamente 50
neașteptat(ă)	inatteso/a 93
neatent(ă)	sbadato/a 93
neatenție	disattenzione 41, 42
nebun(ă)	pazzo/a 42
nebunie	follia 53
necăsătorit(ă)	celibe/nubile 42
necesar(ă)	necessario/a 81
necrezut	incredibile 85
nedeclarat(ă)	non dichiarato/a 42
nefericit(ă)	infelice 42
negativ(ă)	negativo/a 74
neglija (a ~)	trascurare 87
negru/neagră	nero/a 41
neguvernamental(ă)	non governativo/a 42
nehotărât(ă)	indeciso/a 88
nemțesc/nemțească	tedesco/a (agg.) 48
nemulțumit(ă)	scontento/a 39
nenoroc (n.)	sfortuna 42
neobosit(ă)	instancabile 42
neplăcere (f.)	dispiacere 42
neplăcut(ă)	spiacevole 42
nepoți	nipoti 9
nepotrivit(ă)	inopportuno/a 69; incompatibile, mal abbinato/a 72
neprevăzut(ă)	imprevisto/a 51
nerăbdare	impazienza 75
nervi (a călca pe ~)	dare sui nervi 62
nervos/nervoasă	nervoso/a 45
nesănătos/nesănătoasă	malsano/a 42

nesigur(ă)	incerto/a, indeciso/a 42
nesperat(ă)	insperato/a 79
nesuportat (de ~)	insopportabile 61
nevastă	moglie 62
nevoie (f.)	bisogno 16
nicăieri	da nessuna parte 98
nici	né 4; neanche 44
nicio	nessuna 43
niciodată	mai 18
niciun	nessun 43
niciunul	nessuno, alcuno 63
nimeni	nessuno 60
nimic	niente 17
ninge (a ~)	nevicare 30
nisip (n.)	sabbia 67
niște	dei/degli/delle, qualche 23
noapte	notte 25
nod (n.)	nodo 82
noi	noi 3
noiembrie	novembre 30
nonguvernamental(ă)	non governativo/a 42
nopții (miezul ~) (n.)	mezzanotte 79
nor (m.)	nuvola 51
normal	normalmente 19
normal(ă)	normale 33
noroc (n.)	fortuna 3
Noroc!	Cin cin! 3
nostru/noastră	nostro/a 27
notă (f.)	voto 33; nota 55
nota (a ~)	segnare 31
notă de plată	conto (al bar/ristorante) 64
nou(ă)	nuovo/a 11
nou-născut	neonato 59
noutate	notizia, novità 44
nu	non 1
nu... decât	voglio soltanto 26
nucă	noce 52
numai	soltanto 12
număr (n.)	numero 24
număra (a ~)	contare 58
nume (n.)	nome 22
numi (a se ~)	chiamarsi 22
nuntă	nozze 53

O

o	una 1

oaie	pecora 80
oară	volta 38
oarecare	qualsiasi 63
oaspete	ospite 33
obicei (n.)	al solito 8
obiect (n.)	oggetto 93
obișnuit(ă)	solito/a 82
obliga (a ~)	obbligare 22
oboseală	stanchezza 61
obosi (a ~)	stancarsi 90
obosit(ă)	stanco/a 5
obraznic(ă)	sfacciato/a 95
obrăznici (a se ~)	diventare sfacciato/a 95
obrăznicie	sfacciataggine 95
observa (a ~)	notare 96
obține (a ~)	ottenere 76
ocazie	occasione 60
ochelari	occhiali 86
ochi	occhio 27
ochi (n.)	maglia 76
octombrie	ottobre 30
ocupa (a se ~)	occuparsi 68
ocupat(ă)	occupato/a 38
odihnă (f.)	riposo 71
odihni (a se ~)	riposarsi 68
oferi (a ~)	offrire 70
oficial(ă)	ufficiale (agg.) 46
oglindă (f.)	specchio 41
om	uomo (essere umano) 19
omenie	compassione, empatia, umanità (compassione), 81
omenire	umanità (l'insieme degli umani) 81
omletă	frittata 80
omorî (a ~)	ammazzare 20
onoare (f.)	onore 53
operă	opera 43, 65
opinie	opinione 50
oportunitate	opportunità 65
opri (a ~)	fermare 48
optimist(ă)	ottimista 74
oră	ora 16; lezione 99
orar (n.)	orario 92
oraș (n.)	città 3
orășel (n.)	cittadina 56
orb/oarbă	cieco/a 83
orbește	alla cieca 88

orchestră	orchestra 87
ordin (n.)	ordine 64
orez (n.)	riso 54
organiza (a se ~)	organizzarsi 51
organizare	organizzazione 45
organizație	organizzazione 42
ori	o 98
ori de câte ori	ogni qual volta 98
oricând	in qualsiasi momento 87
oricare	qualsiasi 63
oricât	qualsiasi quantità 63
orice	qualsiasi cosa 48, 63
oricine	chiunque 63
oricum	ad ogni modo 73
original(ă)	originale 100
origine	origine 65
orizont (n.)	orizzonte 92
ortodox(ă)	ortodosso/a 57
os (n.)	osso 61
ospitalier(ă)	ospitale 39
oțet (n.)	aceto 80
ou (ouă ochiuri)	uovo (uova al tegamino) 76

P

păcat (Ce ~!)	Che peccato! 32
păcat (n.)	peccato 32
păcate (n.) (din ~)	purtroppo 32
pace	pace 31
pachet (n.)	pacchetto 71
pacient	paziente 36
pădure (f.)	bosco 88
pahar (n.)	bicchiere 39
pâine (f.)	pane 37
palid(ă)	pallido/a 62
până	fino a 24
pană (în ~)	rotto/a 40
pantalon	pantaloni 46
pantof (m.)	scarpa 46
pânză	tela 78
papă	papa 42
papuc (m.)	pantofola 64
papură (f.)	giunco 82
păr	pelo 59
păr (fir de ~) (n.)	capello 59
păr (m. sing.)	capelli 59
păr (m.)	capigliatura 59

paradis (n.)	paradiso 43
paradox (n.)	paradosso 74
parc (n.)	parco 31
parca (a ~)	parcheggiare 90
parcare (f.)	parcheggio 37
Pardon!	Permesso! 24
părea (a ~)	parere 16
părea (a se ~)	sembrare 50
părere	opinione 50
parfum (n.)	profumo 83
paria (a ~)	scommettere 34, 59
părinte	genitori 9
pariu (a face ~)	scommettere 59
parking (n.)	parcheggio 37
parte	parte 71
parter (n.)	pianterreno 95
participant	partecipante 63
pârtie	pista da sci 92
pas	passo 18
păsa (a-i ~)	non importare a qualcuno 64
pașaport (n.)	passaporto 17
pasionat(ă)	appassionato/a 40
pasiune	passione 87
păstra (a ~)	conservare 38
pat (n.)	letto 25
patimă	passione 75
pătrime (f.)	quarto (un ~) 84
patrimoniu (n.)	patrimonio 81
patru	quattro 25
pătură	coperta 66
pătuț (n.)	lettino 56
păzi (a ~)	difendere 95
pe	su 4; a 13; in 22
peisaj (n.)	paesaggio 78
penibil(ă)	imbarazzante 75
pensie	pensione 99
pensiune	pensione 25
pensiune agroturistică (f.)	agriturismo 25
pentru	per 1
pentru că	perché 1
pereche	coppia 72
perfect(ă)	perfetto/a 23
perfecționat(ă)	perfezionato/a 73
periculos/periculoasă	pericoloso/a 95
permis (n.)	permesso 90
permis de conducere	patente 90

permite (a ~)	permettere 100
peron (n.)	binario 92
perseverență	perseveranza 71
persoană	persona 90
personaj (n.)	personaggio 44
personal	di persona 27
personal (n.) (treno)	personale 45
pesimist(ă)	pessimista 74
peste	fra, al di là (di), sopra 16
peste tot	ovunque 81
pește	pesce 37
peștișor	pesciolino 89
petrece (a ~)	passare 44
pian (n.)	piano 27
piață (f.)	mercato 2; piazza 31
piatră	pietra 53
pic (n.)	goccia (piccola quantità), (un) po' 79
picătură	goccia 59
picior (n.)	piede 18; gamba 95
picta (a ~)	dipingere 78
pictor	pittore 78
pictură	pittura 78
picura (a ~)	gocciolare 67
piele	pelle 64
pieptăna (a se ~)	pettinarsi 86
pieptene	pettine 86
pierde (a ~)	perdere 34
pierdere	perdita 66
piesă (f.)	pezzo 40
pieton	pedone 90
piftie	carne in gelatina 52
pilă	raccomandazione, limetta 75
pildă (f.)	esempio 59
pilulă	pillola 54
piper (n.)	pepe 58
piperat(ă)	pepato/a, (importo) salato 58
pipi (n.)	pipì 95
pireu (n.)	purea 26
piscină	piscina 85
pisică (f.)	gatto 22
plăcea (a ~)	piacere 18
plăcere (f.)	piacere (sost.) 6
plăcintă (f.)	torta salata ripiena 60
plăcut(ă)	piacevole 15
plajă	spiaggia 54
plan (n.)	progetto 94

plânge (a ~)	piangere 43, 47
plânge (a se ~)	lamentarsi 47
plasă	rete 76
plată (f.)	pagamento 64
Plata!	Il conto! 64
plăti (a ~)	pagare 6
pleca (a ~)	partire 16
plictisi (a ~)	annoiare 43
plimba (a se ~)	passeggiare 18
plimbare	passeggiata 22
plin(ă)	pieno/a 36
ploaie	pioggia 64
ploua (a ~ cu găleata)	piovere a catinelle 64
ploua (a ~)	piovere 12
Plugușor (n.)	piccolo aratro, rituale di Capodanno 45
plus	più 60
plus (în ~)	inoltre 60
poartă	porta 37
poate	forse 5
poem (n.)	poema 65
poezie	poesia 66
poftă	voglia 20
poftă (a avea ~)	avere voglia 54
poftă de mâncare (f.)	appetito 20
pofti (a ~)	avere voglia, favorire 33
poliglot	poliglotta 99
politețe	buona educazione 85
politică	politica 65
politicos/politicoasă	cortese 72
poliție	polizia 17
polițist(ă)	giallo (genere) 92
polonez(ă)	polacco/a 67
poluare (f.)	inquinamento 30
pom	albero 12
popă	prete ortodosso 43
popor (n.)	popolo 73
popular(ă)	folklorico/a 60
porc	maiale 8
porcărie	porcheria 82
portar	portiere 37
portbagaj (n.)	portabagagli 47
porțelan (n.)	porcellana 39
porție	porzione 54
portocală	arancia 54
portofel (n.)	portafoglio 93
portret (n.)	ritratto 78

poșetă (f.)	borsa 46
posibil(ă)	possibile 36
posibilitate	possibilità 94
post (n.)	posto (di lavoro) 94
poștă	posta 96
poștaș	postino 96
potrivi (a se ~)	accordarsi, andare bene, abbinarsi 46
potrivit(ă)	opportuno/a 69; adatto/a 88
poveste (f.)	storia 83
povesti (a ~)	raccontare 83
poză	foto 9
poziție	posizione 61
practic	praticamente 60
praf (n.)	polvere 61
prăji (a ~)	friggere 26
prăjit(ă)	fritto/a 18; tostato/a 54
prăjitură (f.)	dolce (sost.) 26
prânz (n.)	pranzo 23, 32
prea	troppo 12
precis	di preciso 25
preface (a se ~)	fare finta 66
prefect	prefetto 94
prefera (a ~)	preferire 19
preferabil(ă)	preferibile 86
preferință	preferenza 68
pregătit(ă)	preparato/a 60
premiu (n.)	premio 100
prenume (n.)	nome (di battesimo) 57
preot	prete 43
presă	stampa 73
presat(ă)	schiacciato/a 99
preț (n.)	prezzo 25
preț (cu orice ~) (n.)	a tutti i costi 50
pretenție	pretesa 80
pretext (n.)	pretesto, scusa 44
prevăzător/prevăzătoare	previdente 51
prevedea (a ~)	prevedere 69
preveni (a ~)	avvertire 60
prevenitor/prevenitoare	cortese 85
previziune	previsione 89
prezent(ă)	presente 9
prezenta (a se ~)	presentarsi 22
pricepe (a se ~)	intendersi 48
priceput(ă)	bravo/a, abile 67
prieten	amico 3
prietenă	ragazza (fidanzata) 65

prietenie	amicizia 51
prim/primă	primo/a 15
primar	sindaco 94
primărie (f.)	municipio 29
primăvară	primavera 30
primi (a ~)	ricevere 39
prin	per 79
principiu (n.)	principio 95
printre	tra 39
privi (a ~)	guardare 74
privilegia (a ~)	privilegiare 94
probabil	probabilmente 62
problemă (f.)	problema 13
profesional(ă)	professionale 99
profesor	professore 11
profita (a ~)	approfittare 32
program (n.)	programma 87
progres (n.)	progresso 11
proiect (n.)	progetto 94
promite (a ~)	promettere 40
pronunța (a ~)	pronunciare 48
pronunțare	pronuncia 99
propriu/proprie	proprio/a 81
propune (a ~)	proporre 47
propunere	proposta 39
prosop (n.)	asciugamano 89
prost/proastă	stupido/a 41; cattivo/a 45
prostește	stupidamente 88
prostie	stupidaggine 41
protecție	protezione 79
provizoriu	provvisoriamente 68
provoca (a ~)	provocare 67
prudent(ă)	prudente 50
prună	prugna 20
public	pubblico (sost.) 55
pui	pollo, cucciolo 47
punct (n.)	punto 62
pune (a ~)	fare 13; mettere 89
pur și simplu	semplicemente 78
pur(ă)	puro/a 36
purgatoriu (n.)	purgatorio 43
purice (m.)	pulce 95
purta (a ~)	portare 41
putea (a ~)	potere 16
putere	potere (sost.) 74
puțin(ă)	poco/a 11

R

răbdare	pazienza 62
răceală (f.)	raffreddore, raffreddamento 97
răci (a ~)	prendere un raffreddore 97
răci (a se ~)	raffreddarsi 52
răcitură	carne in gelatina 52
râde (a ~)	ridere 43
rade (a se ~)	farsi la barba 86
rade (a-şi ~)	radersi 73
rai (n.)	paradiso 43
râie	scabbia 95
rămâne (a ~)	rimanere 22
rând (n.)	turno 64
rapid (n.) (treno)	rapido 45
rapid(ă)	rapido/a 11
rar	raramente 71
rareori	raramente 98
răspunde (a ~)	rispondere 38
răspuns (n.)	risposta 76
răsturna (a ~)	rovesciare 41
rata (a ~)	mancare 87
rău	male 16
rău/rea	cattivo/a 38, 74
răufăcător	malfattore 75
răuvoitor	malintenzionato/a, in mala fede 75
reacţiune	reazione 93
real(ă)	reale 65
realist(ă)	realista 82
realitate	realtà 59
rece	fresco/a, freddo/a 6
recepţie	reception 68
reclamă	pubblicità 76
reclama (a ~)	rivendicare 93
recomanda (a ~)	raccommandare 54
recomandat(ă)	raccomandato/a 96
recunoaşte (a ~)	riconoscere 9
recunoscător/recunoscătoare	grato/a 85
recupera (a ~)	recuperare 61
reducere (f.)	sconto 69
refuza (a ~)	rifiutare 8
regie	regia 82
regim (n.)	regime 54
regiune	regione 81
regizor	regista 100
regreta (a ~)	dispiacersi 16

regulă	regola 17
regulament (n.) de circulație	codice stradale 90
regulat	regolarmente 85
reîncălzit(ă)	riscaldato/a 93
reîncepe (a ~)	ricominciare 91
reînnoi (a ~)	rinnovare 93
relație	relazione 88
relativ	relativamente 69
remarcabil(ă)	notevole 78
rentabil(ă)	redditizio/a 36
renunța (a ~)	rinunciare 38
repara (a ~)	aggiustare 40
repede	velocemente 5
repezi (a se ~)	precipitarsi 86
reportaj (n.)	resoconto 65
repriză (f.)	tempo (sportivo) 76
reproduce (a ~)	riprodurre 55
republică	repubblica 59
respect (n.)	rispetto 71
respecta (a ~)	osservare 57
respira (a ~)	respirare 47
responsabilitate	responsabilità 50
restaurant (n.)	ristorante 6
resursă	risorsa 83
rețetă	ricetta 54
reuniune	riunione 83
reuși (a ~)	riuscire 55
reușită	riuscita 88
revedea (a ~)	rivedere 100
revelion (n.)	Capodanno 52
revistă	rivista 54
revoltător/oare	scandaloso/a 45
rezerva (a ~)	prenotare 68
rezervare	prenotazione 81
rezonabil(ă)	ragionevole 67
rezultat (n.)	risultato 85
ridicol(ă)	ridicolo/a 44
risc (n.)	rischio 94
risca (a ~)	rischiare 16
risipă (f.)	spreco 86
roată	ruota 40
robinet (n.)	rubinetto 67
rochie (f.)	vestito 46
rochiță (f.)	vestitino 56
rol (n.)	ruolo 34
român(ă)	romeno/a 1

roman (n.)	romanzo 66
româncă	romena 49
românesc/românească	romeno/a 49
românește	romeno (lingua) 1
românește	alla romena 1
România	Romania 10
roșcat(ă)	rosso/a 59
roșie (f.)	pomodoro 47
rost (n.)	senso 64, 79; scopo, ragion d'essere, motivo 64
rost (n.) (pe de ~)	a memoria 64
roșu/roșie	rosso/a 47
roz	rosa (agg.) 46
rudă (f.)	parente 23
rude (f.)	parente 9
rufă (f.)	panno 38
ruga (a ~)	pregare 17
rugăciune	preghiera (religione) 99
rugăminte (f.)	favore, richiesta, preghiera (richiesta) 99
ruj (n.)	rossetto 83
rupe (a ~)	rompere 61
rupte (pe ~)	a più non posso 61
rus(ă)	russo/a 49
rus(oaică)	russo/a 49
rusesc/rusească	russo/a 49
rușine	vergogna 48

S

să	che 8; di 18
sacoșă	borsone 45
sacou (n.)	giacca 46
sală	sala 36
sală de așteptare	sala d'attesa 36
salariu (n.)	stipendio 51
salată	insalata 8
salon (n.)	soggiorno 58
salut (n.)	ciao 32
saluta (a ~)	salutare 71
sâmbătă (f.)	sabato 23
sănătate	salute 56
sănătos/sănatoasă	sano/a 20
sandviș (n.)	panino 32
sânge (n.)	sangue 52
sângerete	sanguinaccio 52
săptămână	settimana 23
săpun (n.)	sapone 89
sărac(ă)	povero/a 40

sărat(ă)	salato/a 80
sărbătoare	festa 45
sărbători (a ~)	festeggiare 46
sarcină (f.)	incarico, missione, compito, carica, gravidanza 80
sare (f.)	sale 41
sarma (f.)	cavolo farcito 52
sărut (n.)	bacio 33
săruta (a ~)	baciare 33
sat (n.)	villaggio 94
sătura (a se ~)	essere stufo/a, essere sazio/a 18
sau	o 24
scandal (n.)	scandalo 95
scăpa (a ~)	liberarsi 71
scară	scala 31, 41
scenariu (n.)	sceneggiatura 82
scenograf	scenografo 82
schi (n.)	sci 92
schimb	cambio 86
schimb (în ~)	in cambio 86
schimba (a ~)	cambiare 38
schimbare (f.)	cambiamento 86
schior	sciatore 92
scoate (a ~)	ritirare 37
scor (n.)	punteggio 87
scrie (a ~)	scrivere 44
scriitor	scrittore 100
scrisoare	lettera 44
scula (a se ~)	alzarsi 41
scump(ă)	caro/a 25
scurt(ă)	corto/a 86
scurtcircuit (n.)	cortocircuito 67
scuza (a ~)	scusare 15
se	si 20
seama (a-și da ~)	rendersi conto 65
seamă (de bună ~)	certamente 65
seamă (mai cu ~)	soprattutto 65
seară (f.)	sera 22
secol (n.)	secolo 69
secret (n.)	segreto 75
sector (n.)	circoscrizione 94
sejur (n.)	soggiorno 81
semafor (n.)	semaforo 15
semăna (a ~)	assomigliare 33
semn (n.)	segno 41
semna (a ~)	firmare 58

semnaliza (a ~)	mettere la freccia 90
sens (n.)	senso 78
sentiment (n.)	sentimento 53
sentimental	sentimentale 65
separat	separatamente 62
septembrie	settembre 30
serios/serioasă	serio/a 53
sertar (n.)	cassetto 89
service (n.)	officina meccanica 40
service (la ~)	dal meccanico 40
serviciu (n.)	ufficio 51; impiego 94
sete	sete 26
sever(ă)	severo/a 60
sex (n.)	sesso 82
sezon (n.)	stagione 97
sfânt	santo 57
sfârșit (n.)	fine (sost.) 58
sfârșit (în ~)	finalmente 58
sfat (n.)	consiglio 32
sfătui (a ~)	consigliare 32
sfert (n.)	quarto (d'ora) 29
sigur(ă)	sicuro/a 30
siguranță	sicurezza 96
siguranță (cu ~)	sicuramente 96
simfonie	sinfonia 87
simpatic(ă)	simpatico/a 19
simplu/ă	semplice 34, 78
simț (bun ~) (n.)	buon senso 54
simț (n.)	senso 54
simți (a se ~)	sentirsi 30
sincer(ă)	sincero/a 85
sine	se stesso 88
single (n.)	singola (camera) 68
singur(ă)	solo/a 3
sistem (n.)	sistema 96
sistematic	sistematicamente 66
sit (n.)	sito 81
site (n.)	sito Internet 81
situație	situazione 71
slab(ă)	magro/a 54
slăbi (a ~)	dimagrire 54
slăbire (f.)	dimagrimento 54
slăbuț(ă)	magrolino/a 56
slavă	gloria 52
slujbă (f.)	lavoro 94
smântână	panna 60

soacră	suocera 62
soare	sole 47
sold (n.)	saldo 69
solid(ă)	solido/a 99
solist	solista 55
solniță	saliera 41
soluție	soluzione 50
somn (n.)	sonno 49
sonerie (f.)	campanello 31
soră	sorella 27
Sorcovă	bastoncino rituale 45
sosi (a ~)	arrivare 39
soț	marito 11
soție	moglie 18
spăla (a ~)	lavare 38
spaniol(ă)	spagnolo/a 49
spaniol(oaică)	spagnolo/a 49
sparge (a ~)	rompere 41
spate (n.)	spalla 92
special (n.) (treno)	speciale 45
special (în ~)	soprattutto 78
special(ă)	speciale 19
specialist	specialista 67
spectacol (n.)	spettacolo 43
spera (a ~)	sperare 29
speranță	speranza 93
spital (n.)	ospedale 52
splendid(ă)	splendido/a 30
sponsor	sponsor 94
spor (n.)	produttività, profitto, rendimento, efficienza 100
spor (n.) (cu ~)	in modo efficiente 100
sport (n.)	sport 73
sportiv(ă)	sportivo/a 65
spre	su, verso 25
spune (a ~)	dire 13
sta (a ~)	abitare 31; aspettare 50; sedersi 85
stabili (a ~)	stabilire 80
stâng(ă)	sinistro/a 15
stare (f.)	stato 89
stare (în ~)	capace 89
stat (n.)	stato 77
stație	fermata 15
stea	stella 45
sticlă (f.)	bottiglia 47; vetro 87
stimat(ă)	stimato/a 45

stinge (a ~)	spegnere 66
stomac (n.)	stomaco 52
stradă	via 15
străin(ă)	straniero/a 1
străinătate (f.)	estero (sost.) 32
strămoș	antenato 99
străvechi/e	antichissimo/a 99
strica (a se ~)	rompersi, non funzionare più, alterarsi (cibo), andare a male 51
stricat(ă)	guasto/a 29
striga (a ~)	gridare 61
studiu (n.)	studio 94
stupid(ă)	stupido/a 82
sub	sotto 4
subiect (n.)	soggetto 78
suc (n.)	succo 54
succes (n.)	successo 75
suedez(ă)	svedese 49
suferi (a ~)	soffrire 97
suficient(ă)	sufficiente 96
sufla (a ~)	soffiare 51
sufla (a-i ~ vântul în buzunare)	avere le tasche vuote 51
suflet (n.)	anima, cuore 53
sufragerie (f.)	soggiorno 4
sugestie (f.)	suggerimento 57
sumă	somma 69
suna (a ~)	suonare, chiamare, telefonare 5
supă	zuppa 26
supăra (a se ~)	offendersi 24
supermagazin	supermercato 37
supermarket (n.)	supermercato 37
superstițios/superstițioasă	superstizioso/a 41
supliment (n.)	supplemento 45
suporta (a ~)	sopportare 38
supraviețui (a ~)	sopravvivere 73
surd(ă)	sordo/a 83
surprinde (a ~)	sorprendere 80
surpriză	sorpresa 40
sursă	fonte 57
sus	su 98
susține (a ~)	sostenere 20
sută (f.)	cento 13
sutime (f.)	centesimo 84

Ș

șampanie	prosecco 52

șampon (n.)	shampoo 89
șansă	fortuna 58
șapte	sette 23
șaten(ă)	castano/a 59
școală	scuola 12
ședea (a ~)	soggiornare 68
ședere (f.)	soggiorno 68
ședință	riunione 79
șef	capo 39
și	e 3; anche, allora, ancora, già 100
șofer	autista 90
șort (n.)	pantaloncini corti 76
șosetă (f.)	calzino 46
spriț (n.)	mix di vino e acqua frizzante 47
șterge (a ~)	asciugare 61
ști (a ~)	sapere 5
știință	scienza 72
știre	notizia 44, 65
știre (a da de ~)	fare sapere 65
șuncă (f.)	prosciutto 47

T

tablou (n.)	quadro 78
tacâm (n.)	coperto (sost.) 39
tăcea (a ~)	tacere 66
taior (n.)	giacca 46
tale	tuoi 13
talent (n.)	talento 78
tâmpit(ă)	cretino/a 82
tâmplă	tempia 86
tânăr(ă)	giovane 53
tare	forte 42
târziu	tardi 5
tată	padre 12
tătic	papà 53
tău/ta	tuo/a 16
taur	toro 94
taxă	tassa 96
teamă	paura 49
teatru (n.)	teatro 43
tehnic(ă)	tecnico/a 73
tehnică (n.)	tecnica 44
telefon (n.)	telefono 38
telejurnal (n.)	telegiornale 73
televizor (n.)	TV 43
temperatură	temperatura 97

terasă (f.)	terrazzo 6
teren (n.)	terreno 76
termina (a ~)	finire 68
termos (n.)	thermos 47
text (n.)	testo 66
timid(ă)	timido/a 55
timp	tempo 5, 73
timp (în ~ ce)	mentre 98
tipic(ă)	tipico/a 74
toamnă (f.)	autunno 30
tobă (f.)	carne in gelatina 52
tocmai	appena 69
tonă	tonnellata 92
tot	tutto 9, 11
totuși	comunque 36
tovarăș	compagno 17
tradiție	tradizione 57
trage (a ~)	tirare 75
tragedie	tragedia 43
trăi (a ~)	vivere 59
tramvai (n.)	tram 24
transforma (a ~)	trasformare 57
Transilvania	Transilvania 10
transmite (a ~)	trasmettere 95
transpira (a ~)	sudare 76
transport (n.)	trasporto 68
transporta (a ~)	trasportare 58
traversa (a ~)	attraversare 41
treabă (f.)	affare 53
treabă (a avea ~)	aver da fare 53
treabă (a face ~ bună) (f.)	fare un buon lavoro 53
treabă (a fi ~ cuiva)	essere l'affare di qualcuno 53
treabă (a se pune pe ~)	mettersi a lavorare 53
treaptă (f.)	gradino 58
treaz(ă)	sveglio/a 56, 98
trebui (a ~)	dovere, bisognare 15
trece (a ~)	passare 37
trecere (f.)	strisce 90
trecut(ă)	scorso/a 89
trei	tre 13
treime (f.)	terzo (un ~) 82
tren (n.)	treno 24
trezi (a ~)	svegliare 88
tribună	tribuna 76
tricolor	tricolore 87
trimite (a ~)	inviare 44

triplu	triplo 84
trist(ă)	triste 30
troleibuz (n.)	filobus 24
trompetă	tromba 55
trotuar (n.)	marciapiede 90
tu	tu 6
tun (n.)	cannone 97
tunde (a ~)	tagliare 86
tunde (a se ~)	farsi tagliare i capelli 86
tur (n.)	giro 81
turbare	rabbia 95
turcesc/turcească	turco/a 72
turism (n.)	turismo 50
turist	turista 81
tuși (a ~)	tossire 97
tutun (n.)	tabacco 71

Ț

țigară	sigaretta 71
ține (a ~)	tenere 39
ține (a se ~ de cuvânt)	essere di parola 67
țuică	grappa 20
țânțar (m.)	zanzara 83
țară (f.)	paese 10; campagna 23
Țara Românească	Muntenia 10

U

ud(ă)	bagnato/a 38
uda (a ~)	bagnare 64; annaffiare 89
uimi (a ~)	stupire 88
uimitor/uimitoare	sorprendente 55
uita (a ~)	dimenticare 27
uita (a se ~)	guardare 29
uite	ecco 59
ulei (n.)	olio 40
ultimul/ultima	ultimo/a 61
uman(ă)	umano/a 83
umbră	ombra 79
umbrelă (f.)	ombrello, ombrellone 64
umor (n.)	umorismo 19
umple (a ~)	riempire 92
un	un 6
unchi	zio 32
unde	dove 4
undeva	da qualche parte 47
uneori	a volte 65

uni (a ~)	unire 21
uniformă	divisa 96
unit(ă)	unito/a 77
universitate	università 11
unt	burro 37
unul	l'uno 63
ura (a ~)	augurare 53
urca (a ~)	salire 45
ureche (f.)	orecchio 55
urgență	urgenza 52
urmă	orma 71; traccia 93
următor/următoare	prossimo/a 85
urs	orso 45
ușă	porta 31
ușor/ușoară	facile 1; leggero/a 45
ușura (a ~)	facilitare 99

V

vă	Le (pron. pers. compl.) 17
vacă	mucca 26
vacanță	vacanza 17
văcuță	mucca (dim.) 26
vag(ă)	vago/a 97
vagon (n.)	carrozza 45
vai	ahimè 60
Valahia	Valacchia 10
vale	valle 92
valiză	valigia 24
valoare (f.)	valore 93
valora (a ~)	valere 40
vamă	dogana 17
vânătă	melanzana 26
vânt (n.)	vento 51
vară	estate 30
vârf (n.)	punta, vetta 93
vărsa (a ~)	versare 60
vârstă	età 13
vârstă (în ~) (f.)	anziano/a/i/e 13
varză (f.)	cavolo 79
vas (n.)	piatto, vaso, vascello 38
vast(ă)	ampio/a 76
vechi/e	vecchio/a 9
vecin	vicino (di casa) 22
vedea (a ~)	volere 12
vedea (a se ~)	vedersi 32
vedere	vista 25

vegetarian(ă)	vegetariano/a 8
veni (a ~)	arrivare 17; venire 23
veni (a-i ~ să)	avere voglia di 74
veni înapoi (a ~)	rientrare, tornare indietro 75
verifica (a ~)	controllare 44
versiune	versione 100
vesel(ă)	allegro/a 30
veselă	stoviglie 39
veste	notizia 44, 58
veterinar	veterinario 97
viață	vita 34
viciu (n.)	vizio 71
victimă	vittima 93
viețui (a ~)	vivere 73
viitor (n.)	futuro 72
viitor/oare	prossimo/a 89
vilă	villa 95
vin (n.)	vino 42
vină	colpa 30
vinde (a se ~)	vendersi 82
vindeca (a ~)	guarire 83
vineri (f.)	venerdì 23
vioară (f.)	violino 27
violență	violenza 82
violonist	violinista 55
virtute	virtù 74
vis (n.)	sogno 53, 88
visa (a ~)	sognare 88
vită (f.)	manzo 26
vită de povară	somaro 97
viteză	velocità 16
vitrină	vetrina 79
viu/e	vivo/a 19
viză (f.)	visto (sost.) 17
vizavi	di fronte 24
vizibil(ă)	visibile 85
vizita (a ~)	visitare 48
viziune	visione 100
voce	voce 55
voi (a ~)	volere 8
voiaj (n.)	viaggio 68
voie (f.)	permesso 22
voievod	principe regnante 57
voință	volontà 71
voință (bună ~)	buona volontà 71
volan (n.)	volante 40

vorbă	parola 41
vorbi (a ~)	parlare 1
vostru/voastră	vostro/a 16
vrea (a ~)	volere 6
vreme (f.)	tempo 30
vreunul	qualcuno 63
vulpe	volpe 69

Z

zadar (în ~)	invano 48
zahăr (n.)	zucchero 80
zăpadă	neve 92
zare (f.)	orizzonte 92
zaț (n.)	fondo di caffè 72
Zău!	Giuro! 74
zbor (n.)	volo 68

zbura (a ~)	volare 81
zece	dieci 10
zecime (f.)	decimo (un ~) 84
zero	zero 87
zi (f.)	giorno, giornata 2
zi (a doua ~)	l'indomani 57
ziar (n.)	giornale 4
zice (a ~)	dire 20
zilei (zorii ~) (m. pl.)	alba 83
zilnic	ogni giorno 54
zodiac (n.)	zodiaco 72
zodie (f.)	segno zodiacale 72
zori (m. pl.)	alba 79
zugrăvi (a ~)	tinteggiare 78
zvon (n.)	voce (pettegolezzo) 75

Lessico italiano-romeno

A

a	la 2; pe 13
a casa	acasă 11
a più non posso	pe rupte 61
a proposito	apropo 33
a tutti i costi	cu orice preț (n.) 50
a un certo punto	cândva 47
a volte	câteodată 62; uneori 65
abbastanza buono/a	bunicel/bunicea/bunicică, bunișor/bunișoară 56
abbattuto/a	abătut(ă) 62
abbaiare	a lătra 96
abbastanza	destul(ă) 53
abbinarsi	a se asorta 46; a se potrivi 72
abbinato/a	asortat(ă) 46
abbonamento	abonament (n.) 93
abbonato/a	abonat(ă) 73
abbronzato/a	bronzat(ă) 30
abile	priceput(ă) 67
abitare	a locui, a sta 31
accanto (a)	lângă 6, 24
accelerare	a accelera 90
accelerato (treno)	accelerat (n.) 45
acceleratore	accelerator (n.) 90
accendere	a se aprinde 67
accento	accent (n.) 10
accettare	a accepta 85
accompagnare	a însoți 76
accontentarsi	a se mulțumi 88
accordarsi	a se potrivi 46
accordo	acord (n.) 37
accordo (andare d'~)	a se înțelege 62
accordo (mettere d'~)	a împăca 79
accumulare	a acumula 94
aceto	oțet (n.) 80
acido/a	acru/ă 80
acqua	apă 26
acquario	acvariu (n.) 89
ad ogni modo	oricum 73
adatto/a	potrivit(ă) 88
addormentarsi	a adormi 43
addormentato/a	adormit(ă) 88

adesso	acum 3
adolescenza	adolescență 13
adottare	a adopta 99
aereo	avion (n.) 16
aereo/a	aerian(ă) 68
aeroporto	aeroport (n.) 15
affare	afacere (f.), treabă (f.) 53
affare (essere l'~ di qualcuno)	a fi treabă cuiva 53
affatto	deloc 3
affitto	chirie (f.) 58
affollamento	înghesuială 93
affollato/a	aglomerat(ă) 45
affrettato/a	grăbit(ă) 2, 5
agenzia	agenție 50
aggiustare	a repara 40
agnella	mioriță 74
agosto	august 30
agricoltura	agricultură 79
agriturismo	pensiune agroturistică (f.) 25
ahimè	vai 60
aiutare	a ajuta 39
aiuto	ajutor (n.) 52
al di là (di)	peste 16
alba	zori 79; zorii zilei (m. pl.) 83
albergo tradizionale	han (n.) 25
albero	pom 12, 78; arbore, copac 78
alcuno	niciunul 63
allegro/a	vesel(ă) 30
allenatore	antrenor 76
alloggio privato	cazare la particulari 25
allora	și 100
alterarsi (cibo)	a se strica 51
alternativa	alternativă 71
alto/a	înalt(ă) 27
altre volte	alteori 65
altrimenti	altfel 82
altro (l'~)	altul 63; celălalt/cealaltă 87
altroieri (l'~)	alaltăieri 75
altrove	altundeva 76
alzarsi	a se scula 41
amare	a iubi 53
amata	iubită 60
ambizione	ambiție 33
americano/a	american(că) 44; american(ă) 49
amicizia	prietenie 51
amico	prieten 3; amic 52

ammazzare	a omorî 20
amore	dragoste (f.) 53
ampio/a	vast(ă) 76
anche	și 100
ancora	mai 2; încă 10; și 100
andamento	mers (n.) 92
andare	a merge 2; a se duce 50
andare a male	a se strica 51
andare bene	a se potrivi 46
andarsene	a se duce 50
andatura	mers (n.) 92
anfitrione	gazdă (f.) 89
angelo	înger 55
angolo	colț (n.) 24
anima	suflet (n.) 53
animale	animal (n.) 22
animato/a	animat(ă) 44
annaffiare	a uda 89
anniversario	aniversare (f.) 34
anno	an 10
annoiare	a plictisi 43
annunciare	a anunța 75
antenato	strămoș 99
antichissimo/a	străvechi/e 99
antipasto	aperitiv (n.) 26
antipatia	antipatie 60
anziano/a/i/e	în vârstă (f.) 13
ape	albină 97
aperitivo	aperitiv (n.) 26
aperto/a	deschis(ă) 26
apparecchio	aparat (n.) 73
appartamento	apartament (n.) 31
appassionato/a	pasionat(ă) 40
appello	apel (n.) 58
appena	de-abia 45; tocmai 69; adineauri 96
appetito	poftă de mâncare (f.) 20; apetit (n.) 97
applicare	a aplica 75
apprendimento	învățare (f.) 100
apprezzare	a aprecia 58
approfittare	a profita 32
approssimativamente	cam 52
appuntamento	întâlnire (f.) 29
aprile	aprilie 30
aprire	a deschide 66
apriscatole	cheie de conserve (f.) 80
arancia	portocală 54

argento	argint 39
aria	aer (n.) 47; arie 60
ariete	berbec 72
armadietto	dulăpior (n.) 89
armadio	dulap (n.) 89
armonia	armonie 78
arrivare	a ajunge 15; a veni 17; a sosi 39
arrivederci	la revedere 2
arrosto	friptură (f.) 26
arte	artă 78
articolo	articol (n.) 69
ascensore	ascensor (n.), lift (n.) 31
asciugamano	prosop (n.) 89
asciugare	a şterge 61
ascoltare	a asculta 34
asino	măgar 70
aspettare	a aştepta 29; a sta 50
aspetto (avere un bell'~)	a arăta bine 30
aspetto (avere un brutto ~)	a arăta rău 30
aspirapolvere	aspirator (n.) 61
assicurare	a asigura 68
assimilare	a asimila 99
assolutamente	neapărat 50
assomigliare	a semăna 33
assurdo (sost.)	absurd (n.) 74
asta	licitaţie 93
astrologia	astrologie 72
attento/a	atent(ă) 90
attenzione	atenţie 9
attesa	aşteptare 36
attività	activitate 99
atto	act (n.) 17
attore	actor 82
attraversare	a traversa 41
attrezzato/a	echipat(ă) 92
attrice	actriţă 82
attuale	actual(ă) 94
attualità	actualitate 73
attualmente	actualmente 98
augurare	a ura 53
Auguri per un matrimonio felice!	Casă de piatră! 53
autista	conducător, şofer 90
autonomo/a	individual(ă) 94
autostrada	autostradă 90
autunno	toamnă (f.) 30
avanti	înainte 15, 98

avere	a avea 3, 11
avere da fare	a avea treabă 53
avere le tasche vuote	a-i sufla vântul în buzunare 51
avventura	aventură 92
avvertire	a preveni 60
avvicinarsi	a se apropia 57
avviso	aviz (n.) 96
azienda	întreprindere 61
azione	acțiune 92
azzurro/a	albastru/ă 27

B

baccano	gălăgie (f.) 60
baciare	a săruta 33
bacio	sărut (n.) 33
baffi	mustață (f.) 86
bagaglio	bagaj (n.) 45
bagnare	a uda 64
bagnato/a	ud(ă) 38
bagno	baie (f.) 41
balcone	balcon (n.) 68
baldoria (fare ~)	a face chef 54
ballare	a dansa 83
balletto	balet (n.) 43
bambino	copil 12
banca	bancă 37
barba	barbă 19
barba (farsi la ~)	a se bărbieri 73; a se rade, bărbierit (n.) 86
barbuto/a	bărbos/bărboasă 86
barzelletta	banc (n.) 19
base	bază 99
basta	gata 46
Basta!	Destul! 53
bastare	a ajunge 79
bastoncino	băț (n.) 92
bastoncino rituale	Sorcovă 45
battere	a bate 41
battere le ciglia	a clipi 68
battesimo	botez (n.) 57
beh	mda 57
beige	bej 46
bellamente	frumos 71
bello/a	frumos/frumoasă 6
benché	deși 58
bene	bine 1
benino	binișor 56

benvenuto/a	binevenit(ă) 97
benzina	benzină, esență 40
bere	a bea 5
bevanda	băutură 20
bianco/a	alb(ă) 46
biblioteca	bibliotecă 58
bicchiere	pahar (n.) 39
biglietteria	ghișeu (n.) 93
biglietto	bilet (n.) 43
bilingue	bilingv(ă) 99
binario	peron (n.) 92
biondo/a	blond(ă) 27
birra	bere 6
birreria	berărie 6
bisognare	a trebui 15
bisogno	nevoie (f.) 16
bistecca	biftec (n.) 92
bisticciare	a se ciondăni 62
bocca	gură 56
boccale	halbă (f.) 64
bolletta	factură 96
bollettino	buletin (n.) 17
borsa	poșetă (f.) 46
borsone	sacoșă (f.) 45
bosco	pădure (f.) 88
bottiglia	sticlă 47
braccio	braț (n.) 59
bravo/a	priceput(ă) 67; bravo 70
brivido	frison (n.) 97
bruciare	a arde 67
bruno/a	brunet(ă) 59
Bucarest	București 3
buco	gaură (f.) 69
budget	buget (n.) 69
bugiardo	mincinos 70
buio	întuneric (n.) 43
buono/a	bun(ă) 2
burro	unt 37
bus	autobuz (n.) 24
buttare	a arunca, aruncat(ă) 73, a lansa 88

C

c'è (+ sost.)	este/există (+ sost.) 18
cacciare via	a da afară pe ușă 62
cadere	a cădea 27
caffè	cafea (f.) 5

cagnetto	cățel 56
cagnolino	cățeluș 56
calcio	fotbal (n.) 43
calcolatrice	calculator (n.) 44
caldo (sost.)	cald 6
calendario	calendar (n.) 57
calmarsi	a se calma 74
calorifero	calorifer (n.) 67
calpestare	a călca 62
calzino	șosetă (f.) 46
cambiamento	schimbare (f.) 86
cambiare	a schimba 38
cambio	schimb 86
cambio (in ~)	în schimb 86
camera	cameră 25
camera da letto	dormitor (n.) 4
cameriere	chelner 26
camicetta	bluză 46
camicia	cămașă 46
cammino	drum (n.) 68, 75
campagna	țară 23
campanello	sonerie (f.) 31
campione(ssa)	campion/campioană 87
canale	canal (n.) 82
canarino	canar 89
cane	câine 8
canicola	caniculă 89
cannone	tun (n.) 97
cantare	a cânta 55
canto natalizio	colindă (f.) 45
canzone	cântec (n.) 60
capace	capabil(ă) 65; în stare 89
capelli	păr (m. sing.) 59
capello	fir de păr (n.) 59
capezzale	căpătâi (n.) 66
capigliatura	păr (m.) 59
capire	a înțelege 16
capitare	a se întâmpla 48
capo	șef 39
Capodanno	revelion (n.) 52
cappotto	mantou (n.) 69
capra	capră 45
cara	iubită 60
carattere	caracter (n.) 72
carica	sarcină 80
carino/a	drăguț(ă) 24

cinci sute șaptezeci • 570

carne	carne 8
carne in gelatina	piftie, răcitură, tobă 52
caro/a	scump(ă) 25; drag(ă) 27, 53
caro/a	grămadă de bani (f.) 50
carota	morcov (m.) 54
carrozza	vagon (n.) 45
carta	carte 75
carta d'identità	buletin (n.) 17
carta di credito	card (n.) 25
cartolina	carte poștală 44
casa	casă 12
casalinga	gospodină 80
casetta	căsuță 56
caso	coincidență 34; caz (n.) 38
caso (nel ~ in cui)	în caz că 98
caso (per ~)	întâmplător 60
cassetta	cutie 96
cassetto	sertar (n.) 89
castano/a	șaten(ă) 59
catalogo	catalog (n.) 50
catastrofe	catastrofă 67
cattivo/a	rău/rea 38, 74; prost/proastă 45
cattolico/a	catolic(ă) 42
causa	cauză 73
cavallo	cal 34
cavarsela	a se descurca 74
cavo	cablu (n.) 82
cavolo	varză (f.) 79
cavolo farcito	sarma (f.) 52
cedere	a ceda 85
celebre	celebru/ă 87
celibe/nubile	necăsătorit(ă) 42; celibatar(ă) 80
cellulare	celular (n.) 38
cellulare (telefono ~)	mobil (n.) 5
cena	cină, masă de seară 23
cena di gala	dineu (n.) 32
cenare	a cina 32
centesimo	ban 32; sutime (f.) 84
cento	sută (f.) 13
centro	centru (n.) 29
cercare	a căuta 4
cercare il pelo nell'uovo	a căuta nod în papură 82
certamente	desigur 25; de bună seamă 65
cessare	a înceta 99
che	că 1, 57; ce 2, 8, 25; să 8; care 20, 43, 49
Che peccato!	Ce păcat! 32

chi	cine 3
chiamare	a suna 5
chiamarsi	a se chema, a se numi 22
chiaro/a	clar(ă) 69
chiave	cheie 68
chiedere	a întreba 27; a cere 32
chiedersi	a se întreba 19
chiesa	biserică 48
chilo	chil (n.), kilogram (n.) 8
chiosco	chioşc (n.) 24
chiunque	oricine 63
chiuso/a	închis(ă) 37
ci (pron. rifl.)	ne 23
ciao	salut (n.) 32
cibo	mâncare (f.) 52, 80
cieca (alla ~)	orbeşte 88
cieco/a	orb/oarbă 83
Cin cin!	Noroc! 3
cinema	cinematograf (n.) 24
cinese	chinez(ă/oaică), 49; chinezesc/chinezească 72
cioccolato	ciocolată (f.) 26
cipolla	ceapă 80
circa	cam 52
circolazione	circulaţie 90
circostanza	conjunctură 94
circoscrizione	sector (n.) 94
città	oraş (n.) 3
cittadino	cetăţean 77
cittadina	orăşel (n.) 56
civiltà	civilizaţie 73
classe	clasă 12
classico/a	clasic(ă) 43
classifica	clasament (n.) 87
cliente	client 36
coda	coadă 43
codice	cod (n.) 37
codice stradale	regulament (n.) de circulaţie 90
cognata	cumnată 62
coincidenza	coincidenţă 34
collega	coleg 69
collezione	colecţie 79
collo	gât (n.) 83
colore	culoare (f.) 12, 46
colpa	vină 30
coltello	cuţit (n.) 39
come	ce 2; ca, cum 8

come se	ca și când 62
come si deve	ca lumea (f.) 80
cominciare	a începe 75
commedia	comedie 43
commentare	a comenta 76
comodino	comodă (f.) 89
comodo/a	comod(ă) 86
compagnia	companie 68
compagno	tovarăș 17
compassione	omenie 81
compera	cumpărătură (f.) 37
compiere	a împlini, a îndeplini 85
compito	sarcină (f.) 80
compleanno	aniversare (f.) 34
completamente	complet 87
complicato/a	complicat(ă) 65
comprare	a cumpăra 8
compromesso	compromis (n.) 62
comune	comun(ă) 62, 75
comune	comună 94
comunque	totuși 36
con	cu 3
concentrato/a	concentrat(ă) 90
concerto	concert (n.) 43
conclusione	concluzie 64
condannare	a condamna 95
condannato/a	condamnat(ă) 73
condividere	a împărți 80
condizione	condiție 76
condominio	bloc (n.) 31
confessare	a mărturisi 88
congedarsi	a-și lua rămas bun 56
congratularsi	a felicita 75
congratulazioni	felicitare 33
coniglio	iepure 97
conoscenza	cunoștință 22
conoscere	a cunoaște 22
conseguenza (di ~)	în consecință 98
conserva	conservă 37
conservare	a păstra 38
considerare	a considera 88
consigliare	a sfătui 32
consiglio	sfat (n.) 32; consiliu (n.) 94
consulente	consilier(ă) 88
consultare	a consulta 66

consumare	a consuma 40
consumo	consum (n.) 90
contare	a conta 51; a se baza, a număra 58
contare (su)	a se baza pe 58
contatto	legătură (f.) 52; contact (n.) 100
contemporaneo/a	contemporan(ă) 78
contento/a	bucuros/bucuroasă, 33; mulțumit(ă) 36
contento/a (essere ~)	a se bucura 33
continuare	a continua 100
conto	cont (n.) 74
conto (al bar/ristorante)	notă de plată (f.) 64
contorno	garnitură (f.) 67
contrario	invers 51
contrario (al ~)	din contră, dimpotrivă 89
contro	împotrivă (avv.) 47; contra 73
controllare	a verifica 44
controllo	control (n.) 17
controllore	controlor 45
conveniente	convenabil(ă) 50
convenire	a conveni 47
convenzionale	convențional(ă) 88
conversazione	conversație 19
convincere	a convinge 78
convinto/a	convins(ă) 41
coperta	pătură 66; cuvertură 89
coperto (sost.)	tacâm (n.) 39
coppa	cupă 87
coppia	pereche 72
copripiumino	față de plapumă (f.) 89
coprire	a acoperi 70
coraggio	curaj (n.) 55
coraggio (prendere il ~ a due mani)	a-și lua inima în dinți 55
coraggioso/a	curajos/curajoasă 97
corno	corn (n.) 94
coro	cor (n.) 55
corrente	curent (n.) 73
correre	a fugi 63; a alerga 97
correttamente	corect 55
corretto/a	corect(ă) 94
corridoio	culoar (n.) 45
cortese	politicos/politicoasă 72; prevenitor/prevenitoare 85
cortile	curte (f.) 58
corto/a	scurt(ă) 86

cortocircuito	scurtcircuit (n.) 67
cosa	lucru (n.) 45; chestie 71
cosciente	conștient(ă) 71
così	așa 10
costare	a costa 25
costume	costum (n.) 36
cotale	cutare 63
cravatta	cravată 46
credere	a crede 10
credibile	credibil(ă) 82
crêpe	clătită 72
crescere	a crește 59
cretino/a	cretin(ă), tâmpit(ă) 82
crisi	criză 74
cristallo	cristal 39
critica	critică 78
cucchiaino	linguriță (f.) 39
cucchiaio	lingură (f.) 39
cucciolo	pui 47
cucina	bucătărie 4
cucina (libro di ~)	carte de bucate (f.) 66
cucinare	a găti 51; a face de mâncare 80
culinario/a	culinar(ă) 80
culturale	cultural(ă) 81
cuoco/a	bucătar/bucătăreasă 66
cuore	inimă (f.) 24; suflet (n.) 53; miez (n.) 79
curiosità	curiozitate 93
curioso/a	curios/curioasă 95

D

da	după 10; de, la 23
da che	de când 62
da nessuna parte	nicăieri 98
danzatore di un ballo folkloristico	călușar 45
dare	a da 22
dare in prestito	a împrumuta 51
dare sui nervi	a-i mânca nervii 62
darsi da fare	a se chinui 76
davanti	înaintea 41
debito	datorie (f.) 51
debitore/debitrice (essere ~)	a rămâne îndatorat(ă) 71
decidere	a decide 50
decidersi	a se hotărî 46
decimo (un ~)	zecime (f.) 84
decisione	decizie 50
decisivo/a	decisiv(ă), hotărâtor/hotărâtoare 87

decuplo	înzecit 84
dedicarsi	a dedica 65
definitivo/a	definitiv(ă) 46
dei/degli/delle	nişte 23
delta	deltă (f.) 81
dente	dinte 55
dentista	dentist 36
dentro	înăuntru 33
desiderare	a dori 32
dessert	desert (n.) 26
destarsi	a se deştepta 87
destinazione	destinaţie 50
destino	destin (n.) 41
destro/a	drept/dreaptă 15
dettare	a dicta 64
di	de 4; din 10; să 18; decât 36; despre 87
diamine	drac 51
diavolo	diavol 51
dibattito	dezbatere (f.) 78
dicembre	decembrie 30
dichiarare	a declara 17
dieci	zece 10
difendere	a apăra 78; a păzi 95
differenza	diferenţă 45
difficile	dificil(ă) 13; greu/grea 45
digerire	a digera 52
dilemma	dilemă (f.) 86
diligente	harnic(ă) 33
dimagrimento	slăbire (f.) 54
dimagrire	a slăbi 54
dimenticare	a uita 27
dimissioni	demisie 94
dipendere	a depinde 59
dipingere	a picta 78
dire	a spune 13; a zice 20
direttore d'orchestra	dirijor 87
direzione	direcţie 48
dirigere	a dirija 87
diritto (avv.)	drept 15
disattenzione	neatenţie 41, 42
discutere	a discuta 19
disegnare	a desena 12
disegno	desen (n.) 12
disinteressato/a	dezinteresat(ă) 88
disperato/a	disperat(ă) 66
dispiacere	neplăcere (f.) 42

dispiacersi	a regreta 16
disponibile	disponibil(ă) 67
disporre	a dispune 93
disposizione	dispoziție 99
disposto/a	dispus(ă) 60
distratto/a	distrat(ă) 93
distretto	județ (n.) 94
distrettuale	județean(ă) 94
distributore di benzina	benzinărie 40
disturbare	a deranja 38
disturbo	deranj (n.) 38
dito	deget (n.) 80
divano	canapea (f.) 87
diventare	a deveni 97
diventare sfacciato/a	a se obrăznici 95
diverso/a	diferit(ă) 57
divertente	amuzant(ă) 100
divertimento	distracție (f.) 43
divisa	uniformă 96
divorziare	a divorța 72
dizionario	dicționar (n.) 99
doccia	duș (n.) 55
documento	act (n.) 17
dogana	vamă 17
dolce (agg.)	dulce 80
dolce	prăjitură (f.) 26
dolore	durere (f.) 12
domanda	întrebare 13; cerere 75
domenica	duminică 23
donna	femeie 19
dopo	după 23, 98
doppio	dublu 25; îndoit 84
dormire	a dormi 20
dottore	doctor 8
dove	unde 4
dovere	a trebui 15
doversi	a datora 90
doversi a	a se datora 90
dubbio	îndoială (f.) 53
due	doi 18
durare	a dura 79

E

e	și 3
ebbrezza	ebrietate 90
eccezionale	excepțional(ă) 99

ecco	iată 17; uite 59
economia	economie 38
economico/a	ieftin(ă) 25; economic(ă) 94
educazione	educație 85
educazione (buona ~)	politețe 85
efficiente (in modo ~)	cu spor (n.) 100
efficienza	spor 100
elegante	elegant(ă) 36
elettricista	electrician 67
elettricità	electricitate 96
elettrico/a	electric(ă) 67
emancipato/a	emancipat(ă) 41
emozione	emoție 74
empatia	omenie 81
energia	energie 97
entrambe	amândouă, ambele 84
entrambi	amândoi 27; ambii 84
entrare	a intra 83
Epifania	Bobotează 45
erba	iarbă 47
eredità	moștenire 55
ereditare	a moșteni 32
errore	greșeală (f.) 11
esagerare	a exagera 19
esame	examen (n.) 33
esaminare	a examina 9
esatto/a	exact(ă) 29
esempio	exemplu (n.) 20; pildă (f.) 59
esempio (per ~)	de exemplu 20
esigenza	cerință 88
esitare	a ezita 75
esortare	a încuraja 100
esotismo	exotism (n.) 82
esperienza	experiență 53
essenziale	esențial(ă) 86
essere	a fi 1, 7
essere di parola	a se ține de cuvânt 67
estate	vară 30
estero	străinătate (f.) 32
estratto	extras (n.) 96
estremo/a	extrem(ă) 42
età	vârstă 13
europeo/a	european/europeană 87
evento	eveniment (n.) 57
eventualmente	eventual 94
evitare	a evita 96

ex

fost(ă) 72

F

faccia	față 41
facile	ușor/ușoară 1; facil(ă) 45
facilitare	a facilita, a ușura 99
fallimento	faliment (n.) 86
falso	fals 55
fame	foame 26
famiglia	familie 9
fare	a face 2; a pune 13
fare finta	a se preface 66
fare girare la testa	a ameți 57
fare marcia indietro	a da înapoi 75
fare vestiti	a croi 36
farmacia	farmacie 59
farmacista	farmacist 59
fattibilità	fezabilitate 94
fatto	fapt (n.) 26
favola	basm (n.) 83
Favole!	Basm de adormit copiii! 83
favore	rugăminte (f.) 99
favorire	a pofti 33
febbraio	februarie 30
febbre	febră 97
federa	față de pernă 89
fegato	ficat 52
felice	fericit(ă) 12
ferie	concediu (n.) 50
fermare	a opri 48
fermata	stație 15
ferrato/a	ferat(ă) 45
ferro	fier (n.) 65
ferrovia	cale ferată 45
ferroviere romeno	ceferist 45
festa	sărbătoare 45
festeggiare	a sărbători 46
fiammifero	chibrit (n.) 71
ficcare	a băga 58
fiducia	încredere 44
fifone/a	fricos/fricoasă 97
figlia	fată 27
figlio	băiat 27
figlio/a	fiu/fiică 33
filo	fir (n.) 67
filobus	troleibuz (n.) 24

finale (sost.)	finală 87
finalmente	în sfârșit 58
finanziamento	finanțare (f.) 94
fine	sfârșit (n.) 58; urmă 71; capăt (n.) 74
finestra	fereastră 25
finire	a termina 68
finito/a	gata 46
fino	a până 24
fiore	floare (f.) 12
firmare	a semna 58
fisso/a	fix(ă) 38
folklorico/a	popular(ă) 60
follia	nebunie 53
fondo di caffè	zaț (n.) 72
fonte	sursă 57
forchetta	furcă, furculiță 39
forma	formă 78
forma (essere in ~)	a arăta bine 30
formaggio	brânză (f.) 47
formidabile	formidabil(ă) 42
forno	cuptor (n.) 51
forse	poate 5
forte	tare 42
fortificato/a	fortificat(ă) 81
fortuna	noroc (n.) 3; șansă 58
fortuna (per ~)	din fericire (f.) 79
foto	fotografie, poză 9
fra	peste 16
francese	franțuzesc/franțuzească, francez(ă) 48; francez/franțuzoaică 49
fratello	frate 27
frazione	cătun (n.) 94
freddo	frig 4
freddo/a	rece 6
frenare a	frâna 90
freno	frână (f.) 90
frequentare	a frecventa 85
fresco/a	rece 6
fretta (avere ~)	a se grăbi 29
fretta (di ~)	grăbit(ă) 2
friggere	a prăji 26
frigorifero	frigider (n.) 4
frittata	omletă 80
fritto/a	prăjit(ă) 18
fronte	frunte 59
fronte (di ~)	vizavi 24

frontiera	frontieră 17
frutto	fruct (n.) 8
fumare	a fuma 64
fumare (atto di ~)	fumat 71
fumatore/fumatrice	fumător/fumătoare 71
funzionare (non ~ più)	a se strica 51
fuori	afară 62
furtivamente	pe furiș 83
furto	furt (n.) 93
futuro	viitor (n.) 72

G

gabbia	colivie 89
galleria	galerie 78
gamba	picior (n.) 18, 95
garage	garaj (n.) 40
garantire	a garanta 76
garantito/a	garantat(ă) 82
garanzia	garanție 96
gas	gaz (n.) 67
gatto	pisică (f.) 22
gazzetta	gazetă 73
gelare	a îngheța 83
gemello/a	geamăn(ă) 13, 86
generale (in ~)	în general 97
generazione	generație 85
genere	gen (n.) 43
genitori	părinte 9
gennaio	ianuarie 30
gentile	amabil(ă) 15; drăguț(ă) 24
ghiaccio	gheață (f.) 37
già	deja 11; și 100
giacca	sacou (n.), taior (n.) 46; haină 83
giallo/a	galben(ă) 48
giallo (genere)	polițist(ă) 92
giardino	grădină (f.) 12
giardino d'estate (bar all'aperto)	grădină de vară (f.) 6
ginnastica	gimnastică 54
giocare	a juca 34
giocatore	jucător 76
gioco	joc (n.) 75
giornale	ziar (n.) 4; jurnal (n.) 73
giornata	zi 2
giorno	zi (f.) 2
giovane	tânăr(ă) 53
giovedì	joi (f.) 23

girare	a se învârti 48
giro	tur (n.) 81
gita	excursie 81
giù	jos 24
giudicare	a judeca 95
giugno	iunie 30
giunco	papură (f.) 82
giurare	a jura 72
Giuro!	Zău! 74
gloria	slavă 52
goccia	picătură 59
goccia (piccola quantità)	pic (n.) 79
gocciolare	a picura 67
gonna	fustă 46
gradino	treaptă (f.) 58
grammatica	gramatică 99
grammaticale	gramatical(ă) 100
grande	mare 9
granello di sabbia	fir de nisip (n.) 67
grappa	țuică 20
grasso/a	gras(ă) 52
grato/a	recunoscător/recunoscătoare 85
grave	grav(ă) 37
gravidanza	sarcină 80
grazie	mulțumesc 2; mersi 20
grazie	a datorită, grație, mulțumită 98
gridare	a striga 61
grigio/a	gri 46
grigliata	grătar (n.) 18
gruppo	grup (n.) 55
guardare	a se uita 29; a privi 74
guarire	a vindeca 83
guarnizione	garnitură 67
guasto/a	stricat(ă) 29
guida	ghid (n.) 81; conducere 90
guidare	a conduce 47
guinzaglio	lesă (f.) 95
gusto	gust (n.) 57
gustoso/a	gustos/oasă 20

I

idea	idee 18
ideale (sost.)	ideal (n.) 88
identità	identitate 17
idiota	idiot/idioată 82
idraulico	instalator 67

ieri sera	aseară 61
Il conto!	Plata! 64
illusione	iluzie 62
illustrato/a	ilustrat(ă) 66
imbarazzante	penibil(ă) 75
imbecille	imbecil(ă) 82
immaginare	a-și imagina, a-și închipui 56
immagine	imagine 73
immischiarsi	a se amesteca 62
immobile	imobil (n.) 58
imparare	a învăța 11
impazienza	nerăbdare 75
impiego	serviciu (n.) 94
implicare	a implica 62
importante	important(ă) 34
importanza	importanță 25
importare (non ~ a qn.)	a-i păsa 64
impossibile	imposibil(ă) 48
imposta	impozit (n.) 96
imprenditore	întreprinzător 94
impressionare	a impresiona 39
impressione	impresie 34
imprevisto/a	neprevăzut(ă) 51
improvviso (all'~)	brusc 90
in	în 3; pe 22, 92
in qualche modo	cumva 47
in un	într-o 23
in un batter d'occhio	într-o clipă 68
inatteso/a	neașteptat(ă) 93
incapace	incapabil(ă) 71
incarico	sarcină (f.) 80
incartare	a ambala 73
incerto/a	nesigur(ă) 42
incidente	accident (n.) 90
incompatibile	nepotrivit(ă) 72
incompatibilità	incompatibilitate 72
incontrarsi	a se întâlni 29
incosciente	inconștient 90
incredibile	incredibil(ă) 68; necrezut 85; de necrezut 95
incrociato/a	încrucișat(ă) 74
indebitato/a	îndatorat(ă) 71
indeciso/a	nesigur(ă) 42; nehotărât(ă) 88
indietro	înapoi 75
indignarsi	a se indigna 82
indipendenza	independență 31
indirizzo	adresă (f.) 31

indomani (l'~)	a doua zi 57
indovinare	a ghici 60
infanzia	copilărie 52
infatti	într-adevăr 68
infelice	nefericit(ă) 42
infernale	infernal(ă) 61
inferno	iad (n.), infern (n.) 43
influenza	gripă 97
informatica	informatică 44
informazione	informație 100
ingenuo/a	naiv(ă) 74
ingrassare (fare ~)	a îngrășa 18
inizio	început (n.) 80
innamorarsi	a se îndrăgosti 53
innato/a	înnăscut(ă) 85
innervosirsi	a se enerva 60
inoltre	în plus 60
inopportuno/a	nepotrivit(ă) 69
inquinamento	poluare (f.) 30
insalata	salată 8
insegnare	a învăța 100
insieme	împreună 29
insistere	a insista 20
insomma	în fine 75
insonnia	insomnie 97
insopportabile	de nesuportat 61
insperato/a	nesperat(ă) 79
instancabile	neobosit(ă) 42
intellettuale	intelectual(ă) 92
intelligente	inteligent(ă) 19
intendersi	a se pricepe 48
interessante	interesant(ă) 34
interessare	a interesa 72
internazionale	internațional(ă) 87
intero/a	întreg/întreagă 61
intervallo	interval (n.) 93
intervenire	a interveni 62
intervento	intervenție (f.) 76
intestardirsi	a se încăpățâna 79
intimo/a	intim(ă) 88
introdurre	a băga 58
inutile	inutil(ă) 78
invano	în zadar 48; degeaba 56
invece di	în loc să 98
inventare	a inventa 54
inventivo/a	inventiv(ă) 74

inverno	iarnă (f.) 30
invertire	a inversa 67
inviare	a trimite 44
invidiare	a invidia 55
invitare	a invita 80
invito	invitație (f.) 23
io	eu 5, 6
io stesso	eu însumi 86
ispirazione	inspirație 57
istante	clipă (f.) 68
italiano (scherz.)	macaronar 60
italiano/a	italian(că) 1; italienesc/italienească 49
itinerario	itinerar (n.) 81

J

jazz	jaz (n.) 63
jella	ghinion (n.) 41

L

l'uno	unul 63
là	acolo 12
labbro	buză (f.) 59
ladro	hoț 70
lamentarsi	a se plânge 47
lampadina	bec (n.) 67
lana	lână 36
largo/a	lat(ă) 48
lasciar perdere	a lăsa baltă 71
lasciare	a lăsa 38
latte	lapte 50
lavare	a spăla 38
lavorare	a lucra 36; a munci 61
lavorare (mettersi a ~)	a se pune pe treabă 53
lavoratore	muncitor 85
lavoro	muncă (f.) 20; lucru (n.) 61; slujbă (f.) 94
lavoro (fare un buon ~)	a face treabă bună (f.) 53
Le (pron. pers. compl.)	vă 17
leccare	a linge 80
leccarsi i baffi	a-și linge degetele 80
legale	legal(ă) 16
legame	legătură (f.) 52
leggere	a citi 44
leggero/a	ușor/ușoară 45
legno	lemn (n.) 41
lei	ea 10
Lei (cortesia)	dumneavoastră 16

Lei (media cortesia)	dumneata 16
lenzuolo	cearşaf (n.) 89
leone	leu 32
lesso/a	fiert/fiartă 54
lettera	scrisoare 44
letterario/a	literar(ă) 65
lettino	pătuţ (n.) 56
letto	pat (n.) 25
lettura	lectură 66
lezione	lecţie (f.) 27; oră (f.) 99
lì/là	acolo 12, 23
liberare	a feri 43
liberarsi	a scăpa 71
liberarsi di	a se debarasa 40
libero/a	liber(ă) 16
liceo	liceu (n.) 27
limetta	pilă 75
limite	limită (f.) 62, 74
lingua	limbă 1
linguaggio	limbaj (n.) 65
linguistico/a	lingvistic(ă) 99
liscio/a	întins(ă) 39
lista	listă 53
litigare	a se certa 45
litorale	litoral (n.) 81
litro	litru 40
lo (pron. pers. compl.)	îl 27
locale	local(ă) 94
logica	logică 73
lontano	departe 24
loro	ei 10, 14; ele 13
loro (agg. poss.)	lor 28
lottare	a lupta 74
luce	lumină 67
luglio	iulie 30
lui	el 10, 14
lui (media cortesia)	dânsul 17
luna	lună 96
lunedì	luni (f.) 23
lungo (prep.)	de-a lungul 98
lungo/a	lung(ă) 20
lupo	lup 97

M

ma	dar 8
Ma va' là!	Aiurea! 86

maccheroni	macaroane (f.) 60
macchina	mașină 40
madre	mamă 9
madrina	nașă 53
maggio	mai 30
maglia	ochi (n.) 76
magro/a	slab(ă) 54
magrolino/a	slăbuț(ă) 56
mah	aș 70
mai	niciodată 18
maiale	porc 8
mal abbinato/a	nepotrivit(ă) 72
mala fede (in ~)	răuvoitor 75
malato/a	bolnav(ă) 30
malattia	boală 83
male	rău 16
male (avere ~)	a durea 18
male (fare ~)	a durea 18
maledetto/a	blestemat(ă) 66
malfattore	răufăcător 75
malgrado	în ciuda 73
malintenzionato/a	răuvoitor 75
malsano/a	nesănătos/nesănătoasă 42
mamma	mămică 56
mancanza	lipsă 60
mancare	a lipsi 55; a duce lipsă 60; a rata 87
mancia	bacșiș (n.) 26
mangiare	a mânca 18
maniera	mod (n.) 71; manieră 85
mano	mână 33
mano (a portata di ~)	la îndemână 100
mano (aiuto)	mână de ajutor (n.) 52
mantenersi	a se menține 85
manuale	manual (n.) 57
manzo	vită (f.) 26
mappa	hartă 81
marca	marcă 48
marcia	mers (n.) 85
marciapiede	trotuar (n.) 90
mare	mare 25
marinare la scuola	a trage chiulul 61
marito	soț 11; bărbat 66
marmellata	dulceață 72
marrone	maro 22
martedì	marți (f.) 23
marzo	martie 30

maschile	masculin(ă) 88
materna (scuola ~)	grădiniță 12
maternità	maternitate 59
materno/a	matern(ă) 65
matrimoniale	conjugal(ă) 88
matrimonio	căsătorie (f.) 53; căsnicie (f.) 62
matrimonio in chiesa	cununie (f.) 53
mattinata	dimineață 8
mattone	cărămidă (f.) 92
maturità	bacalaureat (n.), bac (n.) 12
me	eu 30
meccanica	mecanică 40
meccanico (dal ~)	la service (n.) 40
medicina	medicament (n.) 20
medico	medic 52
medico/a (agg.)	medical(ă) 97
melanzana	vânătă 26
melopea nostalgica	doină 74
memoria	memorie 37; minte, ținere de minte 48
memoria (a ~)	pe de rost (n.) 64
meno	fără 29
mente	minte 48
mentire	a minți 83
mento	bărbie (f.) 59
mentre	pe când 62; iar, în timp ce 98
menù	meniu (n.) 26
meraviglia	minune 92
meraviglioso/a	minunat(ă) 50
mercato	piață (f.) 2
merce	marfă 79
mercoledì	miercuri (f.) 23
meritare	a merita 36, 50
mese	lună (f.) 30
mestiere	meserie (f.) 82
metà	jumătate 16
metodo	metodă (f.) 98
metro	metru 15
mettere	a pune 89
mettere la freccia	a semnaliza 90
mettere in moto	a da drumul 75
mettere su	a întemeia 88
mezzanotte	miezul nopții (n.) 79
mezzo	miez (n.) 79; doime (f.) 84; mijloc (n.) 86
mezzogiorno	amiază (f.) 29
mi (pron. dir.)	mă 22
mi (pron. indir.)	mie 22; îmi 16, 19

mi (pron. rifl.)	mă 15
microbo	microb 20
miele	miere (f.) 80
milionario	milionar 76
milione	milion (n.) 34
mille (una grande quantità)	o groază de 61
millesimo	miime (f.) 84
minerale	mineral(ă) 26
minestrone	ciorbă (f.) 26
ministero	minister (n.) 79
minuto	minut (n.) 24
mio	meu 8, 9
miracolo	minune (f.) 74; miracol (n.) 92
miscuglio	amestec (n.) 78
missione	sarcină 80
misura	măsură 36
mix di vino e acqua frizzante	șpriț (n.) 47
mobili	mobilă (f.) 58
moda	modă 79
modello	model (n.) 48
moderno/a	modern(ă) 41
modesto/a	modest(ă) 80
modo	fel (n.) 62; mod (n.) 71
moglie	soție 18; nevastă 62
mollare la presa	a da drumul 75
Moldavia	Moldova 10
mollica	miez (n.) 79
molto	foarte 5; mult(ă) 11
momento	moment (n.) 53
momento (in qualsiasi ~)	oricând 87
momento (per il ~)	deocamdată 40
monastero	mănăstire (f.) 81
mondiale	mondial(ă) 81
mondo	lume (f.) 31
mondo (scappare in capo al ~)	a-și lua lumea-n cap 74
monolocale	garsonieră (f.) 95
montagna	munte (m.) 50
monumento	monument (n.) 48
mordere	a mușca 83
morire	a muri 47
morto/a	mort/moartă 78
moschettiere	mușchetar 84
mostra	expoziție 78
mostrare	a arăta 17
motivo	motiv (n.) 54

motore	motor (n.) 40
movimento	mișcare (f.) 73
mucca	vacă, văcuță (dim.) 26
mucchio	grămadă (f.) 50
multa	amendă 16
municipio	primărie (f.) 29; municipiu (n.) 94
Muntenia	Muntenia, Țara Românească 10
museo	muzeu (n.) 48
musica	muzică 27
musica folklorica	muzică populară 27
musicale	muzical(ă) 55
musicista	muzician 27

N

nascere	a se naște 34
nascondere	a ascunde 72
nascosto (di ~)	pe ascuns (n.) 66
naso n	as (n.) 59
Natale	Crăciun 45
natura	natură 78; fire 88
nazionale	național(ă) 73
né	nici 4
neanche	nici 44
necessario	necesar(ă) 81
negativo/a	negativ(ă) 74
neonato	nou-născut 59
nero/a	negru/neagră 41
nervi (dare sui ~)	a călca pe nervi 62
nervoso/a	nervos/nervoasă 45
nessuno	niciun 43; nimeni 60; niciunul 63
nessuna	nicio 43
neve	zăpadă 92
nevicare	a ninge 30
niente	nimic 17
nipoti	nepoți 9
noce	nucă 52
nodo	nod (n.) 82
noi	noi 3
noleggiare	a închiria 58
nome	nume (n.) 22
nome (di battesimo)	prenume (n.) 57
non	nu 1
non appena	îndată ce 98
non dichiarato/a	nedeclarat(ă) 42
non governativo/a	neguvernamental(ă), nonguvernamental(ă) 42

nonni	bunici 9
normale	normal(ă) 33
normalmente	normal 19; în mod normal 71
nostalgia	dor (n.) 47
nostro/a	nostru/noastră 27
nota	notă 55
notare	a observa 96
notevole	remarcabil(ă) 78
notizia	noutate 44; știre 58; veste 65
notte	noapte 25
novembre	noiembrie 30
novità	noutate 44
nozze	nuntă 53
nuca	ceafă 86
nudo/a	gol/goală 37
numero	număr (n.) 24; cifră (f.) 34
nuotare	a înota 85
nuovo/a	nou(ă) 11
nuvola	nor (m.) 51

O

o	sau 24; ori 98
obbligare	a obliga 22
occasione	ocazie 60
occhiali	ochelari (m.) 86
occhio	ochi 27
occuparsi	a se ocupa 68
occupato/a	ocupat(ă) 38
oddio	aoleo 60, 64
offendersi	a se supăra 24
officina meccanica	atelier de reparații, service (n.) 40
offrire	a oferi 70
offrire (da bere)	a face cinste 64
oggetto	obiect (n.) 93
oggi	azi 4
ogni	fiecare 30
ogni giorno	zilnic 54
ogni qual volta	ori de câte ori 98
ogni tanto	din când în când 62
olio	ulei (n.) 40
oliva	măslină 80
ombra	umbră 79
ombrello	umbrelă (f.) 64
ombrellone	umbrelă (f.) 64
onestà	cinste 64
onesto/a	cinstit(ă) 67

onorare	a face cinste (f.) 64
onore	onoare (f.) 53; cinste (f.) 64
opera	operă 43, 65
opinione	opinie, părere 50
opportunità	oportunitate 65
opportuno/a	potrivit(ă) 69
ora	oră 16; ceas (n.) 29
orario	orar (n.) 92
orchestra	orchestră 87
ordinare	a comanda 18
ordinazione	comandă 36
ordine	ordin (n.), rost (n.) 64
orecchio	ureche (f.) 55
organizzarsi	a se organiza 51
organizzazione	organizație 42; organizare 45
originale	original(ă) 100
origine	origine 65
orizzonte	orizont (n.), zare (f.) 92
orma	urmă 71
orologio	ceas (n.) 29
orrore	groază (f.) 54
orso	urs 45
ortodosso/a	ortodox(ă) 57
osare	a îndrăzni 81
ospedale	spital (n.) 52
ospitale	ospitalier(ă) 39
ospitare	a găzdui 89
ospite	invitat 23; oaspete 33; musafir 39
ospite (che ospita)	gazdă (f.) 89
osservare	a respecta 57
osso	os (n.) 61
ottenere	a obține 76
ottimista	optimist(ă) 74
ottobre	octombrie 30
ovunque	peste tot 81

P

pacchetto	pachet (n.) 71
pacco	colet (n.) 96
pace	pace 31
padre	tată 12
padrino	naș 53
paesaggio	peisaj (n.) 78
paese	țară (f.) 10
pagamento	plată (f.) 64
pagare	a plăti 6

pallido/a	palid(ă) 62
panchina	bancă 79
pane	pâine (f.) 37
panettone	cozonac 52
panino	sandviş (n.) 32
panna	smântână 60
panno	rufă (f.) 38
pantaloncini corti	şort (n.) 76
pantaloni	pantalon 46
pantofola	papuc (m.) 64
papa	papă 42
papà	tătic 53
papavero (semi di ~)	mac 52
paradiso	paradis (n.), rai (n.) 43
paradosso	paradox (n.) 74
paragonarsi	a se compara 72
paragone	comparaţie (f.) 59
parcheggiare	a parca 90
parcheggio	parking (n.), parcare (f.) 37
parco	parc (n.) 31
parente	rude (f.) 9; rudă (f.) 23
parere	a părea 16
parlare	a vorbi 1
parola	cuvânt (n.) 11, 17; vorbă 41
parrucchiere (per donne)	coafor 59, 86
parrucchiere (per uomini)	frizer, frizerie (f.) 86
parte	parte 71
parte (da ~)	deoparte 69
partecipante	participant 63
particolarmente	deosebit 89
partire	a pleca 16
partita	meci (n.) 43
partorire	a naşte 59
passaporto	paşaport (n.) 17
passare	a trece 37; a petrece 44
passeggiare	a se plimba 18
passeggiata	plimbare 22
passione	patimă 75; pasiune 87
passo	pas 18
pasticceria-sala da tè	cofetărie 72
pasto	masă (f.) 23
patata	cartof (m.) 8
patatina fritta	cartof prăjit (m.) 18
patente	permis de conducere (n.) 90
patrimonio	patrimoniu (n.) 81
paura	frică 44; teamă 49

paziente	pacient 36
pazienza	răbdare 62
pazzo/a	nebun(ă) 42
peccato	păcat (n.) 32
pecora	oaie 80
pedone	pieton 90
pelle	piele 64
pelo	păr 59; blană (f.) 69
pena	efort (n.) 99
pensare	a se gândi 53
pensiero	gând (n.) 56
pensione	pensiune 25; pensie 99
pepato/a	piperat(ă) 58
pepe	piper (n.) 58
peperone	ardei 47
per	pentru 1; prin 79; drept 82
perbene	cumsecade 19
perché	pentru că 1; de ce 5
perdere	a pierde 34
perdita	pierdere 66
perdonare	a ierta 24
perfetto/a	perfect(ă) 23
perfezionato/a	perfecționat(ă) 73
pericoloso/a	periculos/periculoasă 95
permesso	voie 22; pardon 24; permis (n.) 90
permettere	a permite 100
perseveranza	perseverență 71
persona	persoană 90
persona (di ~)	personal 27
personaggio	personaj (n.) 44
personale (treno)	personal (n.) 45
pesante	greu/grea 24
pesare	a cântări 92
pesce	pește 37
pesciolino	peștișor 89
pessimista	pesimist(ă) 74
pettinarsi	a se pieptăna 86
pettine	pieptene 86
pezzo	piesă (f.) 40; bucată (f.) 66
pezzo (da un ~)	demult 64
piacere	plăcere (f.) 6; a plăcea 18
piacevole	plăcut(ă) 15
pian pianino	încetișor 56
piangere	a plânge 43, 47
piano	etaj (n.) 25; pian (n.) 27; încet 48
pianterreno	parter (n.) 95

piattino	farfurioară (f.) 56
piatto	vas (n.) 38; farfurie (f.) 39; bucate (f. pl.) 66
piatto (del menù)	fel (n.) 26
piatto (gastronomico)	mâncare (f.) 80
piatto tipico romeno	budincă (f.) 60
piazza	piață 31
piccolino/a	mititel/mititică 56
piccolo/a	mic(ă) 12
piccolo aratro	Plugușor (n.) 45
piede	picior (n.) 18
piedi (a ~)	pe jos 24
pieno/a	plin(ă) 36
pietra	piatră 53
pigrizia	lene 49
pillola	pilulă 54
pinta	halbă 64
pioggia	ploaie 64
piovere	a ploua 12
piovere a catinelle	a ploua cu găleata 64
pipì	pipi (n.) 95
piscina	piscină 85
pista da sci	pârtie 92
pittore	pictor 78
pittura	pictură 78
più	mai 5; plus 60
più (sempre ~)	din ce în ce 62
piuttosto	mai degrabă 48
po'	pic 79
po' (un ~)	cam 52
poco/a	puțin(ă) 11
poema	poem (n.) 65
poesia	poezie 66
poi	apoi 93
polacco/a	polonez(ă) 67
poliglotta	poliglot 99
politica	politică 65
polizia	poliție 17
pollo	pui 47
poltrona	fotoliu (n.) 87
polvere	praf (n.) 61
pomodoro	roșie (f.) 47
popolo	popor (n.) 73
porcellana	porțelan (n.) 39
porcheria	porcărie 82
porta	ușă 31; poartă 37
portabagagli	portbagaj (n.) 47

portafoglio	portofel (n.) 93
portare	a purta 41; a duce 50; a aduce 70, 97
portiere	portar 37
porzione	porție 54
posizione	poziție 61
possibile	posibil(ă) 36
possibilità	posibilitate 94
posta	poștă 96
postino	poștaș 96
posto	loc (n.) 33
posto (di lavoro)	post (n.) 94
posto (sul ~)	la fața locului 100
potere	a putea 16; putere 74
povero/a	sărac(ă) 40
pozzanghera	baltă 71
pranzo	prânz (n.) 23, 32; masă de prânz (f.) 23; dejun (n.) 32
praticamente	practic 60
precipitarsi	a se repezi 86
preciso (di ~)	precis 25
preferenza	preferință 68
preferibile	preferabil(ă) 86
preferire	a prefera 19
prefetto	prefect 94
pregare	a ruga 17
preghiera	rugăciune, rugăminte 99
premio	premiu (n.) 100
prendere	a lua 15
prendere in giro	a-și bate joc 83
prenotare	a rezerva 68
prenotazione	rezervare 81
preoccupato/a	îngrijorat(ă) 83
preparato/a	pregătit(ă) 60
presentarsi	a se prezenta 22
presente	prezent(ă) 9
prestare a	împrumuta 51
prestito	împrumut (n.) 51
presto	devreme 22
presto (a ~)	pe curând 2
prete	preot 43
prete ortodosso	popă 43
pretesa	pretenție 80
pretesto	pretext (n.) 44
prevedere	a prevedea 69
previdente	prevăzător/prevăzătoare 51
previsione	previziune 89

cinci sute nouăzeci și șase • 596

prezzo	preț (n.) 25
prima	mai întâi 37; dinainte 92
prima colazione	masă de dimineață 23
primavera	primăvară 30
primo/a	întâiul/întâia 12; prim/primă 15
principe regnante	voievod 57
principio	principiu (n.) 95
privilegiare	a privilegia 94
probabilmente	probabil 62
produttività	spor (n.) 100
professionale	profesional(ă) 99
professore	profesor 11
profitto	spor (n.) 100
profondo/a	adânc(ă) 39
profumo	parfum (n.) 83
progetto	proiect (n.), plan (n.) 94
programma	program (n.) 87
progresso	progres (n.) 11
promettere	a promite 40
promozione	avansare 39
pronto (tel.)	alo 38
pronto/a	gata 46
pronuncia	pronunțare 99
pronunciare	a pronunța 48
proporre	a propune 47
proposta	propunere 39
proprio	chiar 6; propriu/proprie 81
prosciutto	șuncă (f.) 47
prosecco	șampanie 52
prossimo/a	următor/următoare 85; viitor/viitoare, apropiat(ă) 89
protezione	protecție 79
prova	încercare 61
provare	a încerca 65
provocare	a provoca 67
provvisoriamente	provizoriu 68
prudente	prudent(ă) 50
prugna	prună 20
pubblicità	reclamă 76
pubblico	public 55
puff	buf 70
pulce	purice (m.) 95
pulito/a	curat(ă) 47
pulizia	curățenie 61
pullman	autocar (n.) 24
pungere (insetti)	a mușca 83

punta	vârf (n.) 93
punteggio	scor (n.) 87
punto	punct (n.) 62
purea	pireu (n.) 26
purgatorio	purgatoriu (n.) 43
puro/a	pur(ă) 36
purtroppo	din păcate (n.) 32

Q

qua e là	ici și colo, din loc în loc 98
quadro	tablou (n.) 78
qualche	niște 23; câtva 63; ceva 96
qualche parte (da ~)	undeva 47
qualcos'altro	altceva 63
qualcosa	ceva 17
qualcun altro	altcineva 63
qualcuno	cineva 38; careva 47; câțiva 57; vreunul 63
quale	care 25
qualificazione	calificare 87
qualsiasi	oarecare, oricare 63
qualsiasi cosa	orice 48, 63
qualsiasi quantità	oricât 63
quando	când 22
quanto	cât 25
quanto (in ~)	deoarece 98
quartiere	cartier (n.) 31
quarto (un ~)	sfert (n.) 29; pătrime (f.) 84
quasi	aproape 37
quattro	patru 25
questa	acesta 26
questione	chestie 71; chestiune 95
questo	acesta 38
qui	aici 3
quindi	deci 83
quinto (un ~)	cincime (f.) 84

R

rabbia	turbare 95
raccogliere	a aduna 93
raccomandato/a	recomandat(ă) 96
raccomandazione	pilă (f.) 75
raccommandare	a recomanda 54
raccontare	a povesti 83
radersi	a-și rade 73
raffreddamento	răceală (f.) 97
raffreddarsi	a se răci 52

cinci sute nouăzeci și opt • 598

raffreddore	guturai (n.), răceală (f.) 97
raffreddore (prendere un ~)	a răci 97
ragazza	fată 27; prietenă 65
ragazzino	băiețel 56
ragazzo	băiat 27; făt 88
raggiungere	a atinge 74
ragion d'essere	rost (n.) 64
ragione	dreptate 10
ragionevole	rezonabil(ă) 67
rapido/a	rapid(ă) 11
rapido (treno)	rapid (n.) 45
raramente	rar 71; rareori 98
reale	real(ă) 65
realista	realist(ă) 82
realtà	realitate 59
realtà (in ~)	de fapt 26
reato	delict (n.) 93
reazione	reacțiune 93
recarsi	a se duce 50
reception	recepție 68
recuperare	a recupera 61
redditizio/a	rentabil(ă) 36
regalo	cadou (n.) 46
regia	regie 82
regime	regim (n.) 54
regione	regiune 81
regista	regizor 100
regola	regulă 17
regolarmente	regulat 85
relativamente	relativ 69
relazione	relație 88
rendersi conto	a-și da seama 56, 65
rendimento	spor (n.) 100
repubblica	republică 59
resoconto	reportaj (n.) 65
respirare	a respira 47
responsabilità	responsabilitate 50
restituire	a da înapoi 51, 75
rete	plasă 76
ricco/a	bogat(ă) 36
ricetta	rețetă 54
ricevere	a primi 39
richiesta	rugăminte 99
ricominciare	a reîncepe 91
riconciliare	a împăca 79
riconoscere	a recunoaște 9

ricordar(si)	a-și aminti, aduce aminte 56
ricordo	amintire (f.) 85
ricoverare	a interna 52
ridere	a râde 43
ridicolo/a	ridicol(ă) 44
riempire	a umple 92
rientrare	a veni înapoi 75
rifiutare	a refuza 8
riga	cărare 86
rimanere	a rămâne 22
ringraziare	a mulțumi 36
rinnovare	a reînnoi 93
rinunciare	a renunța 38
riposarsi	a se odihni 68
riposo	odihnă (f.) 71
riprodurre	a reproduce 55
riscaldare	a încălzi 60
riscaldato/a	reîncălzit(ă) 93
rischiare	a risca 16
rischio	risc (n.) 94
riso	orez (n.) 54
risorsa	resursă 83
rispetto	respect (n.) 71
rispondere	a răspunde 38
risposta	răspuns (n.) 76
ristorante	restaurant (n.) 6
risultato	rezultat (n.) 85
ritardo	întârziere (f.) 92
ritardo (essere in ~)	a întârzia 29
ritirare	a scoate 37
ritorno	întoarcere (f.) 47
ritratto	portret (n.) 78
rituale di Capodanno	Plugușor (n.) 45
riunione	ședință 79; reuniune 83
riuscire	a reuși 55
riuscita	reușită 88
rivedere	a revedea 100
rivendicare	a reclama 93
rivista	revistă 54
roba	chestie 71
Romania	România 10
romanzo	roman (n.) 66
romena (alla ~)	românește 1
romeno (lingua)	românește 1
romeno/a	român(ă) 1; româncă, românesc/românească 49

rompere	a sparge 41; a frânge, a rupe 61
rompersi	a se strica 51
rosa (agg.)	roz 46
rossetto	ruj (n.) 83
rosso/a	roșu/roșie 47; roșcat(ă) 59
rotolo di carne tritata	mic, mititel 64
rotto/a	în pană 40; frânt(ă) 61
rovesciare	a răsturna 41
rubare	a fura 93
rubinetto	robinet (n.) 67
ruolo	rol (n.) 34
ruota	roată 40
russo/a	rus(ă), rus(oaică), rusesc/rusească 49

S

sabato	sâmbătă (f.) 23
sabbia	nisip (n.) 67
sala	sală 36
sala d'attesa	sală de așteptare 36
salato/a	sărat(ă) 80
salato/a (di un importo)	piperat(ă) 58
saldo	sold (n.) 69
sale	sare (f.) 41
saliera	solniță 41
salire	a urca 45
salsiccia	cârnat (m.) 52
salsiccia di interiora di maiale	caltaboș (m.) 52
salutare	a saluta 71
salute	sănătate 56
sangue	sânge (n.) 52
sanguinaccio	sângerete 52
sano/a	sănătos/sănatoasă 20
santo	sfânt 57
sapere	a ști 5; a afla 33
sapere (fare ~)	a da de știre 65
sapone	săpun (n.) 89
sarto	croitor 36
sartoria	croitorie 36
sazio/a (essere ~)	a se sătura 18
sbadato/a	neatent(ă) 93
sbagliarsi	a se înșela 37; a greși 38
sbagliato/a	greșit(ă) 94
scabbia	râie 95
scala	scară 31, 41
scaldato/a	încălzit(ă) 93
scambiare per	a confunda 37

scandalo	scandal (n.) 95
scandaloso/a	revoltător/revoltătoare 45
scappare	a fugi 59; a-și lua 74
scaricare	a descărca 79
scarpa	pantof (m.) 46
scarpinat	a drumeție 81
scegliere	a alege 46
scendere	a coborî 45; a se da jos 85
sceneggiatura	scenariu (n.) 82
scenografo	scenograf 82
schermo	ecran (n.) 44
scherzare	a glumi 44
schiacciato/a	presat(ă) 99
schizzinoso/a	mofturos/mofturoasă 80
sci	schi (n.) 92
sciatore	schior 92
scienza	știință 72
scocciatura	corvoadă 86
scommettere	a paria 34; a face pariu 59
scomodo/a	inconfortabil(ă) 61
scompartimento	compartiment (n.) 45
scontento/a	nemulțumit(ă) 39
sconto	reducere (f.) 69
scopo	rost (n.) 64
scoprire	a descoperi 81
scorso/a	trecut(ă) 89
scrittore	scriitor 100
scrivere	a scrie 44
scuola	școală 12
scusa	pretext (n.) 44
scusare	a scuza 15
se	dacă 6
se stesso	sine 88
secchio	găleată (f.) 64
secolo	secol (n.) 69
sedersi	a sta, a se așeza 85
segnare	a nota 31; a însemna 65
segnare (una rete)	a da gol, a înscrie/marca un gol 76
segno	semn (n.) 41
segno zodiacale	zodie (f.) 72
segreto	secret (n.) 75
semaforo	semafor (n.) 15
sembrare	a se părea 50
semplice	simplu/ă 34, 78
semplicemente	pur și simplu 78
sempre	întotdeauna 36

senape	muștar (n.) 64
senso	simț (n.) 54; rost (n.) 64, 79; sens (n.) 78
senso (buon ~)	bun simț (n.) 54
sentimentale	sentimental 65
sentimento	sentiment (n.) 53
sentire	a auzi 40; a mirosi 80
sentirsi	a se simți 30
senza	fără 53
separatamente	separat 62
sera	seară (f.) 22
serio/a	serios/serioasă 53
servire	a folosi 53
sesso	sex (n.) 82
sete	sete 26
sette	șapte 23
settembre	septembrie 30
settimana	săptămână 23
settore	domeniu (n.) 74
severo/a	sever(ă) 60
sfacciataggine	insolență, obrăznicie 95
sfacciato/a	obraznic(ă) 95
sfavorevole	defavorabil(ă) 94
sfortuna	nenoroc (n.) 42
sforzarsi	a se chinui 76
sforzo	efort (n.) 82, 99
shampoo	șampon (n.) 89
si	se 20
sì	da 6
sì (risposta a domanda negativa)	ba da 8
siccome	fiindcă 96
sicuramente	cu siguranță 96
sicurezza	siguranță 96
sicuro/a	sigur(ă) 30
sigaretta	țigară 71
significare	a însemna 65
signora	doamnă 2
signore	domn 2
Signore	Domn 43
signoria	domnie 16
signorina	domnișoară 24
simpatico/a	simpatic(ă) 19
sincero/a	sincer(ă) 85
sindaco	primar 94
sinfonia	simfonie 87
singola (camera)	single (n.) 68

sinistro/a	stâng(ă) 15
sistema	sistem (n.) 96
sistemare	a aranja 39
sistemarsi	a se aranja 74
sistematicamente	sistematic 66
sito	sit (n.) 81
sito Internet	site (n.) 81
situazione	situație 71
smettere di	a se lăsa de 71
soddisfatto/a	mulțumit(ă) 36
soffiare	a sufla 51
soffrire	a suferi 97
soggetto	subiect (n.) 78
soggiornare	a ședea 68
soggiorno	sufragerie 4; cameră de zi (f.), living (n.), salon (n.) 58; ședere (f.) 68; sejur (n.) 81
sognare	a visa 88
sogno	vis (n.) 53, 88
soldi	ban 32, 40
sole	soare 47
solido/a	solid(ă) 99
solista	solist 55
solito (al ~)	obicei (n.) 8
solito/a	obișnuit(ă) 82
solo/a	singur(ă) 3
soltanto	numai 12
soluzione	soluție 50
somaro	vită de povară 97
somma	sumă 69
sonno	somn (n.) 49
sopportare	a suporta 38
sopra	peste 16
soprattutto	mai cu seamă 65; în special 78
sopravvivere a	supraviețui 73
sordo/a	surd(ă) 83
sorella	soră 27
sorprendente	de mirare, uimitor/uimitoare 55
sorprendere	a surprinde 80
sorpresa	surpriză 40
sorta	fel (n.) 19, 26
sostenere	a susține 20
sostituire	a înlocui 51
sotto	sub 4
spagnolo/a	spaniol(ă), spaniol(oaică) 49
spalla	spate (n.) 92
sparire	a dispărea 51

specchio	oglindă (f.) 41
speciale	special(ă) 19
speciale (treno)	special (n.) 45
specialista	specialist 67
spegnere	a stinge 66
speranza	speranță 93
sperare	a spera 29
spesa	cheltuială 51
speso/a	cheltuit(ă) 43
spesso	adesea 22; deseori 65
spettacolo	spectacol (n.) 43
spezzare	a frânge 61
spiacevole	neplăcut(ă) 42
spiaggia	plajă 54
spiegare	a explica 57
spiegazione	explicație 100
splendido/a	splendid(ă) 30
sponsor	sponsor 94
sporco/a	murdar(ă) 95
sport	sport (n.) 73
sportivo/a	sportiv(ă) 65
sposa	mireasă 53
sposarsi	a se căsători 32
sposarsi (per un uomo)	a se însura 32
sposarsi (per una donna)	a se mărita 32
sposato/a	căsătorit(ă) 32
sposo	mire 53
spostarsi	a se deplasa 96
spreco	risipă (f.) 86
squadra	echipă 87
stabilire	a fixa 53; a stabili 80
stagione	anotimp (n.) 30; sezon (n.) 97
stagno	baltă (f.) 71
stampa	presă 73
stancarsi	a obosi 90
stanchezza	oboseală 61
stanco/a	obosit(ă) 5
stare	a face 2
stasera	diseară 50
stato	stat (n.), stare (f.) 77, 89
stazione	gară 24
stella	stea 45
stesso (lo ~)	la fel 61
stesso/a	același 45
stimato/a	stimat(ă) 45
stipendio	salariu (n.) 51

stirare	a călca 38
stomaco	stomac (n.) 52
stordire	a ameți 57
storia	istorie 57; poveste 83
stoviglie	veselă 39
strada	cale 100
straniero/a	străin(ă) 1
strano/a	bizar(ă), ciudat(ă) 34
straordinario/a	extraordinar(ă) 42
strisce	trecere (f.) 90
studiare	a învăța 11, 100
studio	studiu (n.) 94; cabinet (n.) 97; învățare (f.) 100
stufo/a (essere ~)	a se sătura 18
stupidaggine	prostie 41
stupidamente	prostește 88
stupido/a	prost/proastă 41; debil(ă), stupid(ă) 82
stupire	a uimi 88
stupirsi	a se mira 75
stupore	mirare (f.) 55
su	pe 4; spre 25; sus 98
subito	imediat 32; pe loc 98
succedere	a se întâmpla 50
successo	succes (n.) 75
succo	suc (n.) 54
sudare	a transpira 76
sufficiente	destul(ă) 53; suficient(ă) 96
suggerimento	sugestie (f.) 57
suo (di lui)	lui 27
Suo (media cortesia)	dumitale 28
suocera	soacră 62
suonare	a suna 5; a cânta 55
superare	a depăși 16
supermercato	supermarket (n.), supermagazin 37
superstizioso/a	superstițios/superstițioasă 41
supplemento	supliment (n.) 45
svago	distracție (f.) 43
svedese	suedez(ă) 49
svegliare	a trezi 88
sveglio/a	treaz(ă) 56, 98
svincolarsi	a trage chiulul 61
svuotare	a goli 89

T

tabacco	tutun (n.) 71
tacere	a tăcea 66
tagliare	a tunde 86

tagliare (farsi ~ i capelli)	a se tunde 86
tale	cutare 63
talento	talent (n.) 78
tantino (un ~)	cam 52
tanto/a	atât(a) 9, 36
tardi	târziu 5
targa	număr de înmatriculare 48
tasca	buzunar (n.) 51
tassa	taxă 96
tavolo	masă (f.) 4
teatro	teatru (n.) 43
tecnica	tehnică (n.) 44
tecnico/a	tehnic(ă) 73
tedesco/a	german(ă), neamț/nemțoaică, nemțesc/nemțească 48
tela	pânză 78
telefonare	a suna 5
telefono	telefon (n.) 38
telegiornale	telejurnal (n.) 73
temperatura	temperatură 97
tempia	tâmplă 86
tempo	timp 5, 73; vreme (f.) 30
tempo (sportivo)	repriză (f.) 76
tenere	a ține 39
terra (per ~)	pe jos 24
terrazzo	terasă (f.) 6
terreno	teren (n.) 76
terzo (un ~)	treime (f.) 82
testa	cap (n.) 18
testimone	martor 53
testo	text (n.) 66
tè	ceai (n.) 47
thermos	termos (n.) 47
ti (pron. pers. compl.)	tu 5
timido/a	timid(ă) 55
tinteggiare	a zugrăvi 78
tipico/a	tipic(ă) 74
tirare	a trage 75
tizio	cutare 63
tonnellata	tonă 92
torcia	lanternă 66
tornare	a se întoarce 23
tornare indietro	a veni înapoi 75
toro	taur 94
torta al cioccolato	jofră 72

torta salata ripiena	plăcintă (f.) 60
torturarsi	a se chinui 76
tossire	a tuși 97
tostato/a	prăjit(ă) 54
tovaglia	față de masă 41
tra	printre 39; dintre 44
traccia	urmă 93
tradizione	tradiție 57
tragedia	tragedie 43
tram	tramvai (n.) 24
trama	intrigă 82
tranquillo/a	liniștit(ă) 43
Transilvania	Ardeal, Transilvania 10
transilvano/a	ardelenesc/ardelenească 10
trascurare	a neglija 87
trasformare	a transforma 57
traslocare	a se muta 58
trasmettere	a transmite 95
trasportare	a transporta 58
trasporto	transport (n.) 68
tre	trei 13
treno	tren (n.) 24
tribuna	tribună 76
tricolore	tricolor 87
triplo	întreit, triplu 84
triste	trist(ă) 30
tromba	trompetă 55
tronco	buștean 97
troppo	prea 12
trovare	a găsi 19
tu	tu 6
tuo/a	tău/ta 16
tuoi	tale 13
turco/a	turcesc/turcească 72
turismo	turism (n.) 50
turista	turist 81
turno	rând (n.) 64
tutto	tot 9, 11
TV	televizor (n.) 43

U

ufficiale (agg.)	oficial(ă) 46
ufficio	birou (n.) 50; serviciu (n.) 51
uguale	leit(ă) 59
ultimo/a	ultimul/ultima 61
umanità (compassione)	omenie 81

umanità (l'insieme degli umani)	omenire 81
umano/a	uman(ă) 83
umore (di buon ~)	bine dispus 60
umorismo	umor (n.) 19
un	un 6
un sacco di	o groază de 61
una	o 1
una volta	cândva 47
unire	a uni 21
unito/a	unit(ă) 77
università	universitate 11
uomo (essere umano)	om 19
uomo (maschio)	bărbat 19
uovo (uova al tegamino)	ou (ouă ochiuri) 76
urgenza	urgenţă 52
usare	a folosi 44
uscire	a ieşi 31

V

vacanza	vacanţă 17
vaglia	mandat (n.) 96
vago/a	vag(ă) 97
Valacchia	Valahia 10
valere	a valora 40
valigia	valiză 24; geamantan (n.) 92
valle	vale 92
valore	valoare (f.) 93
vantaggio	avantaj (n.) 99
vantarsi	a se lăuda 76
vasca	cadă 58
vascello	vas (n.) 38
vaso	vas (n.) 38
vecchio/a	vechi/e 9; bătrân 69
vedersi	a se vedea 32
vegetariano/a	vegetarian(ă) 8
velocemente	repede 5
velocità	viteză 16
vendersi	a se vinde 82
venerdì	vineri (f.) 23
venire	a veni 23
vento	vânt (n.) 51
verdura	legumă 8
vergogna	ruşine 48; jenă 62
verità	adevăr (n.) 59
vero/a	adevărat(ă) 22

versare	a vărsa 60
versione	versiune 100
verso (prep.)	spre 25; către 70
vestirsi	a se îmbrăca 46
vestitino	rochiță (f.) 56
vestito	haină (f.) 36; rochie (f.) 46
veterinario	veterinar 97
vetrina	vitrină 79
vetro	sticlă (f.) 87
vetta	vârf (n.) 93
via	stradă 15; cale 45
via!	marș 95
viaggiare a	călători 45
viaggiatore	călător 45
viaggio	călătorie (f.) 15; voiaj (n.) 68
viale	bulevard (n.) 31
vicino	aproape 24
vicino (di casa)	vecin 22
vicolo	alee 31
vietare a	interzice 66
vietato/a	interzis(ă) 71
vigilia	ajun (n.) 96
villa	vilă 95
villaggio	sat (n.) 94
vincere	a câștiga 34
vino	vin (n.) 42
violenza	violență 82
violino	vioară (f.) 27
violinista	violonist 55
virilmente	bărbătește 88
virtù	virtute 74
visibile	vizibil(ă) 85
visione	viziune 100
visita (medica)	consultație 52
visitare	a vizita 48
viso	față (f.) 41
vista	vedere 25
visto	viză (f.) 17
vita	viață 34
vittima	victimă 93
vivere	a trăi 59; a viețui 73
vivo/a	viu/vie 19
vizio	viciu (n.) 71
voce	voce 55
voce (pettegolezzo)	zvon (n.) 75
voglia	poftă 20; chef (n.) 54

voglia (avere ~)	a pofti 33; a avea poftă, a avea chef 54
voglia (avere ~ di)	a-i veni să 74
voglio soltanto	nu... decât 26
volante	volan (n.) 40
volare	a zbura 81
volere	a vrea 6; a voi 8; a vedea 12
volo	zbor (n.) 68
volontà	voință 71
volontà (buona ~)	bună voință 71
volpe	vulpe 69
volta	dată 31; oară 38
volta (una ~)	altădată 82
vostro/a	vostru/voastră 16
voto	notă (f.) 33
vuoto/a	gol/goală 37

Y
yogurt — iaurt (n.) 54

Z
zampa — labă 89
zanzara — țânțar (m.) 83
zero — zero 87
zia — mătușă 32
zio — unchi 32
zodiaco — zodiac (n.) 72
zucchero — zahăr (n.) 80
zuppa — supă 26

Il romeno

Questo libro rispetta le foreste!

Il romeno - Collana Senza Sforzo
Stampato in Italia - ottobre 2023
Stampa: Vincenzo Bona s.p.a. - Torino